厦大中文学报

Journal of Chinese Studies, Xiamen University

【第九辑】

李无未 林丹娅　主编

厦门大学出版社　国家一级出版社
XIAMEN UNIVERSITY PRESS　全国百佳图书出版单位

图书在版编目（CIP）数据

厦大中文学报. 第九辑 / 李无未，林丹娅主编. --
厦门：厦门大学出版社，2022.12
　　ISBN 978-7-5615-8787-4

　　Ⅰ. ①厦… Ⅱ. ①李… ②林… Ⅲ. ①厦门大学－学
报 Ⅳ. ①C55

中国版本图书馆CIP数据核字(2022)第189644号

出 版 人	郑文礼
责任编辑	曾妍妍
电脑制作	张雨秋
技术编辑	朱　楷

出版发行　厦门大学出版社

社　　址　厦门市软件园二期望海路 39 号

邮政编码　361008

总 编 办　0592-2182177　0592-2181253(传真)

营销中心　0592-2184458　0592-2181365

网　　址　http://www.xmupress.com

邮　　箱　xmupress@126.com

印　　刷　厦门市明亮彩印有限公司

开本　787 mm×1 092 mm　1/16

印张　15.5

字数　392 千字

版次　2022 年 12 月第 1 版

印次　2022 年 12 月第 1 次印刷

定价　80.00 元

厦门大学出版社
微信二维码

厦门大学出版社
微博二维码

编 委 会

刊 首 语

《厦大中文学报》(*Journal of Chinese Studies，Xiamen University*)系由厦门大学中文系创办的中国语言文学学术研究丛刊。厦大建校伊始，中文即为重镇。学界名流鲁迅、林语堂、沈兼士、罗常培、周辨明、施蛰存、林庚等教授其间，学术基础，乃得奠定。迄今百年，薪火相传，生生不息，斯风日炽。于兹创立本刊，秉持"追求真理、注重实学、崇尚创新、鼓励争鸣"之宗旨，立足东南，面向世界，刊发高质量、前沿性之学术文章，展示中文研究成果，增强学人了解互动，促进学界交流合作，为推动中国语言文学学科的繁荣和发展，贡献力量。

厦门大学中文系
2022 年 5 月

Contents 目 录

目 录

语言学研究

中国古代文学研究

中国现当代文学研究

中国文献学研究

书评

本刊征文启事附本刊中文注释技术规范

Contents

From the Editor

Language and Linguistic Studies

Classical Chinese Literature Studies

Modern and Contemporary Chinese Literature Studies

Chinese Documentation Studies

Book Reviews

Guidelines for Submissions

语言学研究

Journal of
Chinese Studies,
Xiamen University

主持人语

李无未

    本期论文选刊缀文三篇,分别为:李无未《近现代日本汉语学史文献概述》、杨永忠《多重量词结构的推导》、张品格《日本"汉文典"与清季文法教学》。李无未重在述及东亚汉字文化圈内日本汉语学史之目录,此乃蹒跚学步于张孝达之举要也。此种研究,纵使无如黄季刚所称之发明与发现,亦为求史之必要门径。祈愿有志于此道者可由此举要正路而入,则也定不会空手而归也。杨永忠释多重量词结构,内层、外层、表层、移位,形式呈现与描写结合,颇具超迈之气。张品格言及日本"汉文典"与中国学者编撰"国文典"著作之关系,有所发明。认定其在一定程度上推动中国文法教学与研究独立之进程,此诚为中国汉语语法学史"汉文典学"之权舆,学者不可不察也。

    三篇缀文,三种语学范畴,各如其意,吾人不由得不思之宋人陈简斋《再赋》诗之禅机。陈氏"欲识道人门径深,水仙多处试来寻"之句,言犹在耳。每一学术皆有其入道之门径,然欲识其入道门径谈何容易?必至殚精竭虑者数十年而已!即便入其道学之门径,而"试来寻"之认知其道学则愈艰,唯有析理必穷其微,求真须核其实,然后诚于中,形于外,才可深于其道学之内者,进而当得释消此凝滞,能与世推移也。

近现代日本汉语学史文献概述[*]

李无未

（厦门大学　中文系,福建　厦门　361005）

摘要:本文从整体性、综合性以及各个分支学科领域对近现代日本汉语学史作一概述,力图粗线条地展示近现代日本汉语学史基本面貌。文中涉及大量的文献,有许多在中国第一次论及,对进一步研究现近现代日本汉语学史提供了一定的文献资料。

关键词:近现代日本;汉语学史;文献;概述

我们在这里从整体性、综合性,以及各个分支学科角度概述近现代日本汉语学史研究情况,以期对近现代日本汉语学史有一个初步的了解。

一、近现代日本汉语学史整体性、综合性研究概述

近现代日本汉语学史整体性、综合性研究的相关论著是我们关注的重点之一。就目前来说,系统而完整地研究近现代日本汉语学史的论著还未见到,但我们必须注意与之相关的日本汉语学史整体性、综合性研究成果。在这里,我们不局限于近现代日本汉语学史文献,举出重要者。

(一)日本学者汉语学史整体性、综合性研究成果

1. 冈井慎吾《日本汉字学史》(1934)分为上世篇、中世篇、近世篇三篇。与汉语言文字研究相关的条目可见:汉字传来、汉文训读、唐通事、《杨氏汉语抄》、中国音奖励、《东宫切韵》、《原本玉篇》佚存、《说文》与《韵镜》的发现、宋元音、《韵镜》的古注、《韵镜》的刊行、《韵镜开奁》及其之前诸注释、限制汉字使用运动、汉文法的研究、助词等的研究[①]。

2. 高田时雄编《小川环树中国语学讲义》(2011)[②],有中国音韵史、中国语方言学史、语义沿革举例、中国小说史四部分。"中国小说史"之外都是属于中国语学史内容。"中国音韵史"第一章就是"时代划分"。他举钱玄同《文字学音篇》(1918)的分期。钱玄同分为六期,属于章太炎五期分期的延续。他也提到了魏建功《古音系研究》(1935)的分期。第二章,就是

＊ 本文为国家哲学社会科学基金冷门绝学研究专项学术团队项目"东亚汉语音韵学史文献发掘与研究"(批准号:21VJXT014)成果之一。

① 冈井慎吾.日本汉字学史[M].东京:明治书院,1934.

② 高田时雄、尾崎雄二郎.小川环树中国语学讲义[M].京都:临川书店,2011.

"高本汉研究"，介绍《中国音韵学研究》(1915—1926)分期。其他各章，谈到了韵书起源、中国语音声和音韵、《广韵》以后音韵变迁、所谓官韵是另外系统韵书、上古汉语等。"中国语方言学史"内容丰富，视角独特，第一章"方言一词内涵及其使用"认为，日本方言一词内涵与中国方言一词不同，中国语言内部方言差别太大。由此，小川环树理解的中国方言内涵至少包含四个意思，并以许多海内外文献事实说明。其中提到的文献，有一些迄今仍然是很少有学者研究的，比如《汉语乡谈正音杂字》。他对中国方言内涵的解释很特别。其他则是，扬雄《方言》、清朝时代方言研究、国学派的方言研究、欧美人的中国语方言研究，民国以后的中国方言研究。他对中国学者的成果吸取也很明显，比如章太炎论今世方言分类、黎锦熙《国语教学法》(1924)汉语方言 12 分区、林语堂《语言学论丛》前汉方言十四系、王力中国五大方音，以及赵元任《现代吴语的研究》《湖北方言调查报告》，还有罗常培《临川音系》《厦门音系》等著作。"语义沿革举例"主要指的是单词和字的同一性、界限、变化、变化方向，以及风流、雅俗、连绵字等问题。

3. 日本国立国语研究所资料汇编《明治以来国语学关系刊行书目》(1955)①。这个书目很重要，列举了 1867—1955 年之间日本国语学研究书目，当然也包括了中国语言学史的研究文献，比如大岛正健《中国古韵史考前篇》《韵镜音韵考》《汉音吴音研究》、高田忠周《汉字原理》《汉字详解》《古籀篇》、佐藤仁之助《汉字音韵提要》、大矢透《韵镜考》、小仓进平《朝鲜语学史》、石山福治《考订中原音韵》、鱼返善雄《大陆的语言与文学》、松下大三郎《标准汉文法》、冈田博《中国语教授新论》、冈井慎吾《玉篇研究》《汉语与国语》《日本汉字学史》、仓石武四郎《中国语教授的理论与实际》《中国语发音篇》、后藤朝太郎《改订汉字音系统》《文字的研究》《文字史》、大阪外国语大学中国语学研究室《中国语发音字典》、井上翠《日华语学辞林》、石山福治《最新中国语大辞典》、平冈龙城、包象寅、宫岛吉敏、张廷彦的《日华大辞典》三册、竹田复《中国语新辞典》、旺文社《华日大辞典》、"台湾总督府"《日台大辞典》、后藤朝太郎《佛印泰中国言语交流》，以及与之相关的寺川喜四男《与台湾相关的国语音韵论》《大东亚诸语言和日本语》、原敬《汉字减少论》、田中弘之《汉字限制批判》、山中秀男《汉字保存论》等，非常丰富。但与中国语言学研究相关的典籍也遗漏了不少，如猪狩幸之助《汉文典》(1898)、儿岛献吉郎《汉文典》(1903)等。

山田房一《言语关系刊行书目》(1942)的"言语学"部分设置"中国语论"②，提到了岩村忍与鱼返善雄合译高本汉《中国言语学概论》(1937)、鱼返善雄译 D.カ-《现代中国语科学》(1939)、佐藤三郎译王力《中国言语学概论》(1940)、猪俣庄八与金坂博合译王力《中国言语学概论》(三省堂，1941)、吴主惠《中国言语组织论》(1941)几本与汉语研究相关的书籍。

4. 日本中国语学研究会《中国语研究史》(1957)；中国学者王立达编译后命名为《汉语研究小史》(1959)，包括序、凡例、研究史篇、辞典与研究书解题四部分。其中研究史篇就有"日本的中国语研究"两节，分为明治前与明治后论述。明治前涉及汉文训读与直读、唐通事、禅师、蘐园派和译社、翻译与翻案等内容。明治后又分为明治前期与明治后期。明治前期涉及口语小说词汇、唐音、北京话学习书等内容；明治后期，以广部精《亚细亚语言集中国官话之部》为标志，以民间中国语学校教育、《急救篇》《日清字音建》《清国官话韵镜》《中国语

---

① 国立国语研究所资料汇编.明治以来国语学关系刊行书目[M].东京：秀英出版，1955.

② 山田房一.言语关系刊行书目[M].大阪：永井日英堂，1942.

正音发微》发表为重要标志,突出中国语研究成就。"中国语建设"一小节,认定 1937—1938 年是个分水岭,称之为脱离中国语研究"旧壳",以《仓石中等中国语》《中国语语法篇》《中国语发音篇》,以及鱼返善雄《华语基础读本》为突破口,进入一个关键时刻。日本全面侵华战争,大大地刺激了日本汉语研究的发展,"热度"骤然升高。介绍王力、黎锦熙语法书,鱼返善雄与岩村忍合译高本汉《中国言语学概论》,也成为日本汉语学界重要事情。辞典与研究书解题设置"中日、日中"内容,介绍了许多辞典,比如石山福治《最新中国语大辞典》、井上翠《井上中国语中辞典》、竹田复《中国语新辞典》、旺文社《华日大字典》。

5. 日本中国语学研究会《中国语学事典》(1958)是与中国语学相关诸问题构成一个大项目而解说的事典,也是辞典的一种。分为概论篇、比较研究篇、研究史篇、实用中国语(1)、实用中国语(2)、附录新的中国语单词各册。由中国语学研究会会长仓石武四郎作"序",藤堂明保、牛岛德次、村尾力、赖惟勤、松本昭、桥本万太郎、平山久雄为编辑委员。《中国语学事典》研究史篇与《中国语研究史》相配套。其他各篇,也各有特色,比如比较研究篇,语音的比较,有中古汉语和现代方言、借用汉字音的比较;像语法的比较,有文言白话的语法比较、中国语法发达史、新兴语法、汉文训读和日中语法不同。就是今天看来,理念也是非常先进的。①

其实,以日本语研究为主的辞典也包含着许多与日本汉语研究史相关的内容,也不可忽视,比如杉本つとむ、岩渊匡合编《日本语学辞典》(おうふう,1994)"日本语研究略年表",就列有大量的汉语学史内容,比如《文镜秘府论》(819)、《篆隶万象名义》(835)、《东宫切韵》(862)、《悉昙藏》(880)、《和名抄》(934)、《龙龛手鉴》(997)、《重修广韵》(1010)、《七音略》(1102—1160)、《韵镜》(1161)、《刊本韵镜》(1528)、《西儒耳目资》(1626)、《字汇》(1626)、《东雅》(1719)、《东音谱》(1719)、《唐话纂要》(1716)、《磨光韵镜》(1744)、《汉字三音考》(1785)、《汉吴音图》(1815)、《韵镜考》(1924)、《宋元以来俗字谱》(1930)等。

6. 牛岛德次、香坂顺一、藤堂明保主编的《言语》(1967)汇集了众多日本学者(只有王育德一人是华人)的研究,从性质上来说,既是汉语史研究,也包括了汉语学史研究成果。② 分为序说、音韵论、文法论、中国的文字改革、中国的方言几个方面。比如音韵论,有藤堂明保"上古汉语的音韵"、水谷真成"上中古之间音韵史上诸问题"、平山久雄"中古汉语音韵"、菊田正信"现代汉语音韵",比如文法论,词汇与文法放在一起,有望月八十吉"汉语文法论诸问题"、牛岛德次"文法研究略史"、牛岛德次"古典语语法"、户川芳郎"古典语语汇"、志村良治"中古汉语语法与语汇"、香坂顺一"近世、近代汉语语法与语汇"和"现代语语法"、大河内康宪"现代语语汇"等章节。再有就是舆水优"中国的文字改革"、王育德"中国的方言"章节。牛岛德次"文法研究略史"一章是比较典型的汉语发展史与汉语学术史的结合产物。比如第一部分,是中国语文法的历史,赞同王力《汉语史稿》(上册,1957)汉语发展历史分期观点,根据汉语语法历史实际提出自己的看法,将汉语语法发展历史分为:上古期,公元 3 世纪之前,3—4 世纪为过渡期;中古期,公元 4 世纪到 12 世纪,12—13 世纪为过渡期;近代期,公元 13 世纪到 19 世纪 40 年代,1840—1919 年为过渡期;现代期,20 世纪,1919 年以后。第二部分是关于中国语文法的研究历史。根据郑奠、麦梅翘编《古汉语语法学资料汇编》(中华书

① 中国语学研究会.中国语学事典[M].东京:江南书院,1958.
② 牛岛德次、香坂顺一、藤堂明保.言语[M].东京:大修馆书店,1967.

局，1965)提供的资料，中国汉代已经有语法研究成果，但作为近代语法学的一环，有系统进行研究是 19 世纪以后的事情，比如《马氏文通》，由此，以《马氏文通》为界限，分为《马氏文通》之前与《马氏文通》之后两个时期。《马氏文通》之前又分为汉代到宋代，明代到清代两个时期。《马氏文通》之后，以 1949 年为界限，分为两个时期。1949 年是文言语法和口语语法交替而混杂出现时期，而 1949 年以后，文言语法和口语语法界限分明。

7. 六角恒广日本中国语研究文献系列。

(1)六角恒广《日本中国语教育史研究》(1988)①。本书以日本中国语教育史为基本研究对象，内容包括："序论"，中国语教育史基本问题，比如研究内涵及应该关注的问题。第一编，草创期的南京语教育；第二编，向北京官话教育转换时期；第三编，"中国语"教育态势基础成立时期；第四编，进入上海的"中国语教育"；第五编，附论，长崎唐通事与唐话。日本中国语教育时间截止到 1900 年，所以，1900 年到 1945 年这段时间很少涉及中国语教育内容。《日本中国语教育史研究》涉及我们关注的日本汉语学史内容很多，以教科书式文献为例，比如唐话课本《二才子》《闹里闹》《译家必备》"发音"与"二字话""三字话"词汇问题。《汉语跬步》出现后，与汉语研究相配套的语音词汇内容调整。1873—1874 东京外国语学校学科课程已经有了"授音""句法""授语"内容，近代语言意识萌芽。广部精以威妥玛《语言自迩集》为底本编的《亚细亚言语集中国官话部》(卷一)于 1879 年出版，标志着北京官话语音教学获得了新的正统地位，也预示着日本北京官话研究的时代到来。1876 年，东京外国语学校聘请薛乃良开始讲授北京官话。此后龚恩禄、张滋昉相继任教，他们以编写教材为契机研究北京官话。中日甲午战争之后，善邻书院宫岛大八编写的官话《急就篇》，成为经典性教科书。不仅如此，他还培养了青柳笃恒、宫岛吉敏等优秀学者从事北京官话研究，并与东京的中国教师，比如金国璞、张廷彦建立了十分密切的语言研究协作关系。此外，伊泽修二《日清字音鉴》的出版，标志着北京官话语音研究进入一个更为精细的历史阶段。后来，冈本正文《中国声音字汇》开始用威妥玛式记音符号，也是一种变革。上海东亚同文书院的《华音萃编》，针对不同层次学生学习而编写，汉语语言学习理念更加成熟。

(2)六角恒广《日本中国语教学书志》(1994)②。其内容为：以"书志"形式对从明治初年到第二次世界大战结束期间，对日本具有重要影响的 156 种汉语教科书、工具书作了比较详细的题解、介绍。其中有许多是难以寻觅，鲜为人知的原始珍本，从另一个侧面，揭示了这个历史时期日本汉语教育的全貌。比如第一章，介绍的第一本书就是《汉语跬步》，这一组都是唐话教科书。第二章，则是《语言自迩集》系列，包括《语言自迩集》《文件自迩集》《清语阶梯语言自迩集》；第三章，则是《北京官话伊苏普喻言》《亚细亚言语集，中国语官话部》等；第四章，《官话指南》系列；第五章，《英清会话自学入门》《自迩集平仄编四声联珠》等。第六章，《日汉英语言合璧》《沪语便商》之外，还收有十分重要的村上秀吉《中国文典》、大槻文彦《中国文典》(乾坤)、金谷昭训点《大清文典》。但六角恒广收录的文献，与我们心目中的汉语学史概念标准要求还有一些距离，比如第六章收录的大槻文彦《中国文典》(乾坤)属于典型的

---

① 六角恒广.日本中国语教育史研究[M].东京：东方书店，1988；王顺洪，译，北京：北京语言学院出版社，1992.

② 六角恒广.日本中国语教学书志[M].东京：不二出版社，1994；王顺洪，译，北京：北京语言大学出版社，2000.

日本学者研究汉语口语语法著作,被学术界认定为日本研究汉语口语语法的最为重要的著作,但与之相关的一些文言语法著作,比如冈三庆《冈氏之中国文典》(1887)、猪狩幸之助《汉文典》(1898)、儿岛献吉郎《汉文典》(1903)、广池千九郎《中国文典》(1905)等没有收入,就让人感到存在着明显的缺憾。其他像高田忠周《汉字原理》(1904)、伊泽修二等《日清字音鉴》(1895)、后藤朝太郎《现代中国语学》、鱼返善雄与岩村忍合译高本汉《中国言语学概论》(1937)没有收录,更是让人感到降低了日本汉语学史文献的学术价值。

(3)六角恒广《中国语学习余闻》(1998)是与日本近现代汉语研究史、近现代日本汉语教育史相关的论文集①。其内容比如汉语事始、《语言自迩集》与《文件自迩集》、威妥玛先生、伊苏普故事、口传在于师匠、四声、福岛安正与《四声联珠》、台湾教会罗马字、切望改良中国语读法、唐通事、台湾语事、东京外语清学科特别科、明治初期中国研究、兴亚会和兴亚学校、上海创办中国语学校、用英语书写的中国语辞典、《文学书官话》之事、称之为时文的中国语、官话是什么? 富国和中国语、强兵与中国语、中国人先生们、北京先生们、旗袍旗人八旗、拉丁化新文字、中国语检定考试、渡海之日本北京官话、中国语之不幸。

(4)六角恒广《中国教育史稿拾遗》补充了近现代日本汉语教育史研究许多薄弱点,尤其是研究目录整理,成为日本中国教育史学术研究的基础②。目录是:商业教育与中国语、陆军参谋组织和中国语、明治中国人汉语教师、明治以降汉文直读论、中国语学习和中国、中国语教育法。附稿一:"中国语"学习杂志的消长;附稿二:中国语教育史研究著书论文资料目录。

(5)六角恒广《中国语教本类集成》,全10集40卷(1992—1997),成为研究1945年前日本中国语教科书和工具书,以及近现代日本中国语学史非常重要的参考书③。对每一本文献,都做了解题,然后选择珍贵版本刊印,是一次近现代中国日本中国语教科书和工具书、日本中国语学史学术著作的大汇聚,为推动近现代中国语学术史研究做出了重要贡献。

(6)六角恒广《中国语关系书书目(增补版,1867—2000)》(2001),是当时世界上出版的最为全面的日本中国语教科书和工具书、日本中国语学史著作的目录。它分为两部;第一部,收录1867—1945年之间出版的书籍目录,计1437部;第二部,收录1946—2000年之间出版的书籍目录,计1113部。其中,第一部是研究近现代汉语学史的重要目录文献之一。

(7)安藤彦太郎《中国语与近代日本》(1988)④与六角恒广《日本中国语教育史研究》相比,虽然都是日本中国语教育史著作,但内容选取上有很大的不同,在研究时间上明显延伸到了1945年以后,1970年之前。其目录为:第一章,中国语和战前教育制度。"特殊语学"、明治前期的中国语教育制度、民间、中国语与眼药的关系。第二章,《急救篇》及其周边。宫岛大八和二叶亭四迷、"问答体"教本的系谱、围绕《急救篇》、"问答体"教本之后。第三章,中国语教育的流派。中国语教育的流派、中国语教师的类型、科学研究的先驱、先驱已经取得的一种成绩。第四章,战争和中国语。"战争语学"、时文、"沿线官话"、战时一种经验。第五章,战时下的胎动。中国新动向、曲折与摸索一、曲折与摸索二、投向"理论与实际"一石。第

① 六角恒广.中国语学习余闻[M].东京:同学社,1998.
② 六角恒广.中国教育史稿拾遗[M].东京:不二出版社,2002.
③ 六角恒广.中国语教本类集成(全10集40卷)[M].东京:不二出版社,1992—1997.
④ 安藤彦太郎.中国语与近代日本[M].东京:岩波书店,1988.

六章,战后中国语普及运动。"中国语是外国语"、发音标记问题、问"友好"。第七章,从溪流到大河。关于辞书、作为异文化、几个问题点、作为教养的中国语。

(8)赖惟勤著,水谷诚编《中国语学史讲义》(1996)①,目录:序章。第一章,小学书之先驱。《汉书·艺文志》《尔雅》、六书、小学书、《说文》、《方言》、《释名》、"传"与"注"等。第二章,韵书的形成.提到《玉篇》、反切、声调、《切韵》系韵书、韵图。第三章,小学书的发展。宋代小学、元代小学、明代韵书、《西儒耳目资》、宋代以后的形书、宋代以后的义书、音之书及之后。作者重视《西儒耳目资》的罗马字标记革新作用;在"宋代以后的形书"一节中,突出强调《俗字谱》的价值,还有金石学和经学关系。"宋代以后的义书"一节,讲了字书部首的简略化问题,也突出了类书,丛书"义"之研究意义。"音之书"重点研究上古音学史。书中注解内容十分丰富,加上了许多日本学者研究成果,比如《切韵》,有上田正《切韵诸本反切总览》(1975);《蒙古字韵》,有石浜纯太郎摄影的大英博物馆《蒙古字韵》二卷(1956)。甲骨文献包括松丸道雄、高岛谦一《甲骨文字释总览》(1993)等。其他还有仓石武四郎《贾公彦〈仪礼疏〉一》(《汉字会杂志》10—1,1942);山田孝雄《五十音图的历史》(1938)等 。

(9)大岛正二《中国言语学史》(2003)②。"写在前面的话"说到,他写学术史的原则有三点:其一,以理清学问的系统、资料价值、学史位置为基本目的,构建中国语言学史。其二,避免站在今日研究的方向和水准评价每一项研究成果和著述,努力从研究者、著述者的意识和语言观角度叙述,但考虑基于学史为今后的方向,在区别此等史的价值和学问的价值之上,做必要的判断时,要依据客观的基准而评价。其三,要求以客观的、专业的理解方式加以对待,涉及专业术语等事项,在文本中加上注释予以解说,希望人们对此有一个正确的理解。可见,大岛正二写作《中国言语学史》的目标和学术领域范畴是清楚的。

从《中国言语学史》构架可以看出他研究中国语言学史的思路。序章,有研究的脚步、汉字的性格——表语文字、中国语特质、一字一语原则、汉字的构成要素、研究对象、本书的构成。第一章,义书——训诂学。分《尔雅》《方言》《释名》来阐述。第二章,字书——文字学。包括字书诞生前史——识字教科书编纂;字书的诞生——文字学的金字塔《说文解字》;《说文解字》的继承和展开;字书的诞生——楷书的规范化;字书的变容——从《说文》脱离出来。第三章,韵书——音韵学。包括反切的成立与四声的发现、韵书的出现——《切韵》前史、《切韵》增修——《切韵》系韵书、官韵书《广韵》及其略本、韵书的革新、曲韵书《中原音韵》。第四章,等韵图——等韵学。有等韵图诞生前史、《韵镜》登场、等韵图的展开。第五章,清朝语言研究——考证学。有音韵学、文字学、训诂学——语义语源研究、文法学。第六章,近代语言研究(至1940年代)。有音韵研究、文法研究、方言调查和古文字研究。附录有《中国言语学史年表》等。大岛正二研究的特点明显,以中国学者研究为主,兼而涉及一些日本等国学者的成果,但对日本近现代汉语学史研究成果吸取很有限。

大岛正二还有一本书,名字是《中国语的历史》(2011)以汉语言文字变迁为研究对象,但也兼顾语言学史,比如汉字字形之话,有汉字的变迁——从甲骨到楷书、字书的编纂之流动——以部首法为中心。汉字字音之话,有音韵学夜之光明、让古代中国语音苏醒之资料、从中古音到唐代·现代音。汉字字义之话,义书的编集——古代语收集与整理、语汇诸种面

① 赖惟勤.中国语学史讲义［M］.东京:大修馆书店,1996.
② 大岛正二.中国言语学史［M］.增订版.东京:汲古书院,2003 年.

貌。中国语文法之话,包括中国语基本句子构造、文法研究夜之黎明前、文法研究夜之黎明、文法研究之创造、表现法之移变。近现代日本汉语学史研究内容需要补充论述。

(10)波多野太郎《中国语学资料丛刊》,全五编共 20 册(1985)①。比如《燕语社会风俗官话翻译古典小说·精选课本编》第一卷,收录《中国语教科书北京风土编》《言文对照北京纪闻》《官话北京事情》《京华事略》《北京市井风俗篇》《北京风俗问答》《北京官话今古奇观》《三国选粹,中国最新官话》、《北京官话收奇新编》等。所收资料有的是中国人写的,有的是日本人编的,都与北京官话学习有关,是日本人学习北京官话的教科书。从研究北京官话演变史来说,这些又都是第一手资料,也是日本人研究近现代汉语学史的重要组成部分之一。

(11)竹越孝、远藤光晓主编《元明汉语文献目录》(2016)②。其"凡例"说,此目录是以元、明两代汉语为对象的综合性研究文献目录。涵盖各个时期和东亚各个国家和地区,因而此书汉字一律使用繁体字。每一章节首先列举了《原始资料参考书目》和《研究文献参考书目》,收录该章节编者查找原始资料和研究文献时使用的书目与网页。"原始资料"部分分为现存文本、影印本、排印本、翻译、辞典、索引、文本研究等类,现存文本部分按版本排列,并写明该文本的所藏单位以及图书号码,还有补充信息。"研究文献"部分收录该文献的语言研究论著,按发表年份顺序排列。其文献来源,除了参考一些目录文献之外,还注意吸取网络文献,比如中国国家图书馆及中国国家数字图书馆、京都大学人文科学研究所全国汉籍目录网。《元明汉语文献目录》收录了日本学者研究元明汉语学史的大量文献目录,是当前最为完备的目录书之一。其中包括元代音韵、明代音韵、词汇语法总论、方言资料、日本江户时代元明汉语资料等类别,尤其是与近现代日本汉语学史的相关资料值得注意。

(12)竹越孝、远藤光晓主编《清代民国汉语文献目录》(2011)③。其"凡例"说,本目录是以 1636—1911 年和 1911—1949 年这两个时期的汉语为对象的综合性研究文献目录,其收录标准是以反映当时的口语的资料为主,不包括文言资料。为检索电子版时的方便,文中统一使用繁体字,而字符则使用日本工业标准 JIS,文字号码不完全与 GB 或 BIG5 等一致。各个目录首先列举了《原始资料参考书目》和《研究文献参考书目》,收录搜索原始资料和研究文献时使用的书目和网页。很显然,编排形式与《元明汉语文献目录》基本一致。其目录包括:本土资料(日本的研究)、官话国语资料、满蒙汉资料、唐话资料、日本的汉语教材(明治至昭和初期)、琉球资料、泰西资料、北方资料、吴语早期文献资料、客家语早期文献资料、闽语早期文献资料、粤语早期文献资料、外来词、韩国对清代民国文学作品的研究及中韩翻译文献(文学部分)、中韩翻译文献(非司译院系汉语会话书)、华夷译语关系文献目录等。《清代民国汉语文献目录》收录了日本学者研究清代民国汉语学史的大量文献目录,是当前最为完备的目录书之一。

(13)内田庆市、吾妻重二、原田正俊、篠原启方、冰野善宽《关西大学东西学术研究所藏〈鳟泽文库目录〉》(2017)④。目录以东京日本大学鳟泽彰夫教授 2014 年捐赠的 1 万多册藏

① 波多野太郎.中国语学资料丛刊(全五编,20 册)[M].东京:不二出版,1985.
② 竹越孝,远藤光晓.元明汉语文献目录[M].上海:中西书局,2016.
③ 竹越孝,远藤光晓.清代民国汉语文献目录[M].首尔:学古房,2011.
④ 内田庆市,吾妻重二,原田正俊,等.关西大学东西学术研究所藏《鳟泽文库目录》[M].大阪:未刊稿,2017.

书为主,加上原有的一些收藏资料为辅而编制。鳟泽彰夫《我搜集明治以降汉语教育史资料全部经历》指出自己的收集文献的范围:以明治以来汉语教育史为中心的资料群、中国文化大革命资料群(日本等国家)、汉籍藏书文献目录(第11—25页)。冰野善宽《鳟泽彰夫氏寄赠图书构成和稀靓本》提到了许多珍贵文献,比如《北京官话全编》(1886—1889)、九江书会版《官话指南》(1893)、《亚细亚言语集》初版(1880),与中国语学习关系密切的1945年以前的杂志,比如《华语月刊》《月刊善邻》《中国语杂志》等,写本《译官杂字簿》《南山俗语考》,以及中国《华日经济用语辞典》的草稿等(26—28页)。内田庆市《〈鳟泽文库〉稀靓本》(第29—42页)讨论得更为详细,是阅读这批资料的入门文章,读者可以此为门径而深入研究。

(二)中国学者近现代日本汉语学史整体性、综合性研究成果

1945年前,一些学者对日本汉语学史文献有一些零星介绍。清末黎庶昌《古逸丛书》收集了日本所藏中国语言文字学典籍,比如《尔雅》三卷,晋郭璞注,据覆宋蜀大字本影刊;《广韵》五卷,坿校札一卷,宋陈彭年等重修,清黎庶昌撰校札,据宋本影刊;《广韵》五卷,宋陈彭年等重修,据元泰定本影刊;《韵镜》一卷,阙名撰,据日本永禄本影刊。《日本国见在书目录》一卷,日本藤原佐世撰,据日本旧钞卷子本景刊。《日本国见在书目录》记载了大量中国传统小学与日本模仿中国小学著作而编纂的文献,非常重要。这当中,《韵镜》失传,又失而复得,是中国音韵学研究的一件大事。1919年,张元济先生主持的商务印书馆,继黎氏未竟之功,以丛书体例影印刊行《续古逸丛书》,宋本《尔雅疏》、宋本《说文解字》、宋本《礼部韵略》、宋本《龙龛手鉴》等小学文献尽收其中。

来裕恂《汉文典》(1906)的序提到了猪狩幸之助《汉文典》(1898)、儿岛献吉郎《汉文典》(1903),这些《汉文典》著作以研究汉语文言语法为主,但也涉及中国训诂、音韵、文字,乃至于方言学的内容。

胡以鲁《国语学草创》(1912)暗引日本学者,如上田万年《国语学》、藤冈胜二《国语研究法》等研究中国汉语学史的成果,是值得发掘的。我们在《任尔西东:〈国语学草创〉原理》(2021)中有详细的论述①。

雷通群译安藤正次《言语学概论》(1927)而命名为《言语学大纲》(1931);王古鲁改编安藤正次《言语学概论》(1927)而成《言语学通论》(1930)。雷通群与王古鲁都大小不同程度地介绍了日本学者研究汉语的文献,还介绍了小林英夫翻译索绪尔的成果《言语学原论》(1928)。张世禄《语言学概论》(1934)提到新村出《东方言语史丛考》。罗常培《汉语拼音字母演进史》(1934)专门介绍伊泽修二《中国语正音发微》。林祝敔《语言学史》(1943)说:"在日本,《中国古韵史》的作者大岛正健是有名的人物。"传递了近现代日本汉语学史的一些信息。

1. 王立达《汉语研究小史》(1959)。中国学者王立达编译日本中国语学研究会《中国语研究史》(1957)后命名为《汉语研究小史》。《汉语研究小史》"编译者的几点说明"称,编译者对有些地方做了必要的或尽可能的删节;原书有的地方写得比较粗糙,有的地方不符合事实,材料也有安排不够恰当的地方,做了必要的整理。由于原著各章是分别由不同的人执笔的,对同一问题或事实在个别地方就有不同的说法,并且各章所用术语也未尽统一,由此尽

---

① 李无未.任尔西东:《国语学草创》原理[M].厦门:厦门大学出版社,2021.

可能统一。《汉语研究小史》是最早全面介绍日本及其相关国家近现代汉语学史研究的重要成果,影响力很大,成为中国学者了解近现代日本汉语学史研究进展的重要窗口。

2. 唐作藩《中国语言文字学大辞典》(2007)[①],涉及日本汉语学史内容如著作与人物比较多。包括太田辰夫《汉语史通考》(第262页)、卢宗迈《卢宗迈切韵法》(日本抄本,第394页)、渡边薰太郎《女真馆来文通解》(第451页)、石田干之助《女真语研究的新资料》(第452页)、白川静(第859页)、坂井健一(第860页)、波多野太郎(第861页)、仓石武四郎(第863页)、池上二良(第874页)、大岛正二(第876页)、服部四郎(第886页)、高田时雄(第891页)、古屋昭弘(第893页)、花登正宏(第905页)、今西春秋(第914页)、内田庆市(第957页)、牛岛德次(第958页)、前间恭作(第961页)、平山久雄(第960页)、平田昌司(第961页)、桥本万太郎(第964页)、太田辰夫(第978页)、太田斋(第978页)、尾崎雄二郎(第993页)、西田龙雄(第998页)、小仓进平(第1000页)、小川环树(第1000页)、小川尚义(第1000页)、岩田礼(第1010页)、远藤光晓(第1023页)、志村良志(第1041页)、中岛干起(第1041页)等。书中也遗漏了不少知名学者,比如大岛正健、后藤朝太郎、大矢透、满田新造、水谷真诚、藤堂明保、三根谷彻等。对日本汉语学史重要文献介绍也很少,远不如介绍朝鲜汉语学史文献为多。其中有许多是近现代汉语研究著作与学者的事迹。

3. 李庆《日本汉学史》(2010)[②],是以日本汉学研究历史为主要对象的重要成果,时间从1868年到现在,跨度达150年左右。第一部,起源与确立(1868—1918);第二部,成熟与迷途(1919—1945);第三部,转折与发展(1946—1971);第四部,新的繁盛(1972—1988);第五部,变迁和展望(1989—)。章培恒的"序"称,至迟从20世纪初期开始,中国的文史研究就受到日本汉学研究日益深刻的影响。要明白中国文史研究的来龙去脉,就非对日本的汉学研究有所了解不可,在今后研究中为了进一步提高中国文史研究的质量,也得吸收国外的同类研究的成果,而日本的汉学研究正是其中的重要一环。可惜的是,日本国内迄今为止尚无日本汉学史一类的著作。此书就日本汉学史本身的研究来说,具有重要的开拓性,在理清中国文史之学的进程与日本汉学发展的关系也具有重大的开创作用。

第一部并没有设置专门的日本汉语学史"部章",但设有"有关文字、语言方面的著述"小节,提到了不少的研究著作与人物。第一编第五章"明治初期日本的中国研究概况",所提及的研究著作有小畑中务校《说文解字注》(1869)、医师元长《汉语便览》(1871)、近藤元粹《画引新选汉语字引大全》(1876)、都贺庭钟训点《康熙字典》(1876)、镰田环斋《增续四声字林集韵》(出版年未记)、《广益正字通》、皆川淇园《助字详解》、大槻文彦《中国文典》、二口美久《中国俗语考》、市州清流《雅俗汉语译解》等。第三编第四章有"语言学研究"小节只提到了重野安绎等人《汉和大辞典》(1903)、赤崛又次郎《汉文读法集成》(1903)、林泰辅《汉字要览》(1908)、日本国语调查委员会《周代古音考》(大矢透,1914)、安川敬一《论语俚解》(又名《论语俗话》,1915)几部著作。第五章,提到了林泰辅甲骨文金文研究成果。李庆对这一时期日本汉语学史文献研究调查还有些不足,许多知名的汉语学史文献没有提及。第二部,第七章在"文化、语言和艺术的研究者"一节介绍了后藤朝太郎(《汉字音的系统》《文字的研究》)、神田喜一郎(介绍王筠《说文抄》)、冈井慎吾(《玉篇研究》《日本汉字学史》)、大矢透(《周代古音

① 唐作藩.中国语言文字学大辞典[M].北京:中国大百科全书出版社,2007.
② 李庆.日本汉学史(1—5部)[M].上海:上海人民出版社,2010.

及其韵征《隋唐韵图》《韵镜考》）、诸桥辙次《大汉和辞典》、大岛正健（《韵镜音韵考》《改订韵镜》《中国古韵史》）、满田新造（《中国音韵史论考》）几位学者的语言文字学成果。在"宫岛大八、田中庆太郎和其他语言学研究者"中，介绍了宫岛大八《急就篇》，以及田中庆太郎《中国动词用法》等著作。第三部，第四章的"古代中国语言学的研究"提到了仓石武四郎、长天夏树、赖惟勤、水谷真诚、藤堂明保、三根谷彻、河野六郎、太田辰夫、香坂顺一、小川环树、辻本春彦、白川静、上田正、西田龙雄、坂井健一、六角恒广等学者的研究论文。第七章"语言和艺术等领域的研究者"，提到了岛邦男。第八章"语言学和艺术史的研究"，设置诸节论述中国语言学研究概况、文字学的研究者白川静、音韵学和方言的研究者、词汇语法史的研究者、藤堂明保和其他语言学研究者。第四部，第八章"语言和艺术等的研究"，主要设置"中国古代语言研究"一节，介绍桥本万太郎、牛岛德次、尾崎雄二郎，以及西田龙雄等的学术业绩。第五部，第七章"语言学和其他领域的研究者"，设置诸节论述音韵方言的研究者，如平山久雄、望月真澄、花登正宏、古屋昭弘、平田昌司、远藤光晓；汉字和中国语言学史的研究者，如阿辻哲次、佐藤进、大岛正二等；词汇和比较语言学的研究者，如高田时雄、金丸邦三、荒川清秀、内田庆市、水上静夫。李庆《日本汉学史》以关注日本汉学文献为主，没有全面研究日本汉语学史，所关注的著作如没有全面具体。无论如何，他提供了研究近现代日本汉语学史的一些线索，是难能可贵的。

4. 陈东辉日本汉语史研究。陈东辉的日本汉语史研究成果有《日本的汉语史研究之历史与现状》（2010）、《试论汉日比较对汉语史研究的重要价值》（2010）[①]、《汉语史史料学》（2013）。其中，《日本的汉语史研究之历史与现状》是目前中日两国研究汉语史及汉语学史必备的参考文献之一。

陈东辉在《日本的汉语史研究之历史与现状》中说，除了中国本土之外，日本的汉语史研究者是世界上最多的，约有数百人。他们基本上在各所大学从事汉语教学，但他们研究的内容几乎涉及汉语史研究的所有领域，在音韵学、方言学、中古近代汉语词汇和语法、佛经词汇、古文字学以及中日汉字词比较等方面均有突出的成绩，乃是日本汉学研究的重要组成部分。日本学者关于汉语史研究的成果，在不少方面甚至超过了中国学者，非常值得我们关注和借鉴。陈东辉认为，日本学者汉语史学者十分注重研究的基础工作，在从事某一项研究之前，常常亲自动手编制索引、目录、资料汇编等工具书。陈东辉的介绍如下：

（1）训诂学及古汉语语法学（尤其是近代汉语词汇语法）研究领域。代表性作品有：太田辰夫的《中国语历史文法》《中国语史通考》等；香坂顺一的《白话语汇研究》《水浒语汇研究》；波多野太郎的《白话虚词研究资料丛刊》《中国方志所见方言汇编》等；入矢义高的《〈敦煌变文集〉口语语汇索引》《〈洛阳伽蓝记〉译注》等；鸟居久靖的《〈金瓶梅〉歇后语研究》《〈儿女英雄传〉集谚初稿》《日本中国语学史稿》等；宫田一郎的《宫田一郎中国语学论集》等；牛岛德次的《汉语文法论（古代编）》《汉语文法论（中古编）》《日本中国语文法研究史》；铃木直治的《中国古代语法研究》；佐藤晴彦关于《三言》语法词汇的研究及《宋元语法史试论》《元明语法史试论》等；盐见邦彦的《唐诗口语研究》；志村良治的《中国中世语法史研究》；植田均的《近代汉语语法研究》《〈醒世姻缘传〉的语言》等；森野繁夫的《六朝古小说语汇集》等。

（2）音韵学研究领域。陈东辉指出，在国外汉语史学界有一个值得注意的现象，即音韵

---

①　陈东辉.中日典籍与文化交流史研究[M].台中：文听阁，2010：27-82.

学往往是其强项。因为国外学者研究汉语史，首先必须过语音这一关，所以，一般都在音韵学方面投入很大的精力，日本也不例外。比如大矢透的《假名源流及正本写真》(1911)、《周代古音考》(1914)、《韵镜考》(1924)等；金井保三《关于中原音韵》(1913)，石山福治《考订中原音韵》(1925)，后藤朝太郎《汉字音系统》(1938)，仓石武四郎《段懋堂的音韵学》(1974)、服部四郎《中原音韵研究》(与藤堂明保合作，1958)；满田新造《中国音韵历史的研究》(1915)、《中国音韵史论考》(1963)；有坂秀世《上代音韵考》《国语音韵史的研究》；大岛正健《中国古韵考》(1898)、《韵镜音韵考》(1912)、《中国古韵史》(1929)、《汉音吴音研究》(1931)等；河野六郎《朝鲜汉字音研究》《玉篇反切音韵研究》《东国正韵与洪武正韵译训》(1979—1980)；水谷真诚《中国语史研究——中国学与印度学的接点》(1994)等；上田正《切韵逸文的研究》(1984)、《切韵残卷诸本补正》(1973)、《切韵诸本反切综览》(1975)；藤堂明保《中国语音韵论》(1957)、《音注韵镜校本》(与小林博合作，1971)等；小川环树《中国语学研究》(1977)、赖惟勤《中国音韵论集》(1989)、三根谷彻《中古汉字音与越南汉字音》(1993)、坂井健一《魏晋南北朝字音研究——经典释文所引音义考》(1971)、尾崎雄二郎《中国语音韵史研究》(1980)、辻本春彦《广韵切韵谱》(1986)、平山久雄《平山久雄语言学论文集》(2005)、大岛正二《唐代字音的研究》(1980)、庆谷寿信《庆谷寿信教授纪念中国语学论文集》(2002)、冈本勋《日本汉字音的比较音韵史研究》(1991)、花登正宏《古今韵会举要研究——中国近世音韵史的一个侧面》(1997)、水谷诚《集韵系韵书的研究》(2004)、佐藤昭《中国语语音史》(2002)、森博达《古代音韵与日本书纪的成立》(1991)、三泽谆治郎《韵镜研究》(1960)、马渊和夫《韵镜校本与广韵索引》(1970)、《日本韵学史研究》(1962—1965)、桥本万太郎《桥本万太郎著作集》"音韵卷"(1997)与《语言地理类型论》(1985)、远藤光晓《中国音韵学论集》(2001)、平田昌司系列论文(后来结集出版《文化制度和汉语史》)、高田时雄《依据敦煌资料对中国语史的研究》(1988)、小仓肇《日语吴音研究》(1995)、古屋昭弘《张自烈〈正字通〉字音研究》、佐佐木猛《集韵切韵谱》、赖惟勤《中国语音韵研究文献目录》等。涉及近现代日本汉语学史内容的不少。

（3）古文字及今文字学研究领域。他提到林泰辅《清国河南省汤阴县发现之龟甲牛骨》(1909)、《商代汉字的研究》(博士论文，1914)、白川静《说文新义》《金文通释》《甲骨金文学论丛》等。贝冢茂树《中国古代史学的发展》(1946)、《京都大学人文研究所所藏甲骨文字》(1959—1961)、岛邦男《殷墟卜辞研究》(1958)、《殷墟卜辞综类》(1967)、高田忠周《古籀篇》(1925)、《汉字详解》(1969)、冈井慎吾《汉字形音义》(1916)、《玉篇研究》(1933)、杉本つとむ《异体字研究资料集成》(1995)、福田襄之介《中国字书史研究》(1979)、松丸道雄《甲骨文字字释综览》(1993)、藤堂明保《汉字源》(1978)、《汉字的起源》(1966)、阿辻哲次《汉字学——〈说文解字〉的世界》(1985)、佐藤喜代治《汉字百科大事典》(1996)、加藤常贤《汉字的起源》(1970)等。还提到大庭修、池田温、伊藤道治、木村秀海等学者的名字，但没有提到滨田耕作、梅原末治、河野清一的名字，对内藤湖南的研究阐述也不够。也许是这些学者主要以历史学与考古学为主要研究方向的缘故。

（4）日本中国语教育史研究领域。有六角恒广《中国语书志》(1994)、《中国语关系书目(1867—1945)》(1985)、《欧美人著作中国语关系书书目》(1993)，日本近代汉语研究会编的《中国语·中国语学参考文献目录》(2000)等。他还提到了《中国语学》《中国语学研究·开篇》《俗语言研究》等。

（5）日本汉字音以及日汉对音等领域研究。他提到三根谷彻、城田俊、高松正雄、筑岛裕、真武直、冈本勋、汤泽质幸、清水正明、和田正彦等人的成果，与近现代日本汉语学史相关的内容也值得注意。

陈东辉总结，日本汉语史研究与日本古典文献研究相辅相成，大体勾勒了日本汉语史研究的轮廓，学术贡献显著。其中与近现代日本汉语学史相关的研究阐发，功力甚深。

5. 李无未等《日本汉语教科书汇刊（江户明治编）》及《提要》（2015）①。汇集了 1716 年到 1912 年之间日本有代表性的汉语教科书 134 种。其中第三卷"明治语法语音文字课本"涉及《虚字解》、《中国文典》（大槻文彦）、《冈氏中国文典》、《日清字音鉴》、《中国文字史》、《汉字原理》、《清语文典》、《中国语正音发微》等；其他的，比如第六卷"明治方言课本"《中国语学文法》等，所发掘的很多都是过去学者们很少关注的近现代日本汉语学史文献，弥补了六角恒广等学者的视野之不足。

二、近现代日本汉语学史各个分支学科领域研究概述

近现代日本汉语学史各个分支学科领域研究相关论著是我们关注的中心议题，这里仅以汉语语法学史、汉语音韵学史、汉语词汇学史、汉语文字学史为专论而述之。

(一)汉语语法学史

1. 后藤朝太郎《文字的研究》。
后藤朝太郎《文字的研究》（1910）②"附录"中专门列有"语言的参考书目"（1364—1382 页）列有汉语语法相关的文献。比如猪狩幸之助《汉文典》，儿岛献吉郎《汉文典》，皆川愿《虚字解正续》与《虚字详解》，清张文炳撰、日本荻原裕校点《虚字注释备考》，毛利贞斋《冠解注语辞》，王引之《经传释词》，吴昌莹《经词衍释》，卢以纬《助语辞》，美国高第丕清国张儒珍同撰《大清文典》，三好似山《助语辞》，皆川愿《实字解》，清柳笃恒《中国语助词用法（附应用问题及答解）》，三宅缉明《助字解》，伊藤长胤《助字考》，景槐《助字鹄》，东条一堂等《助词新释》，富永贡《助字通释》，荻原乙彦《助辞灯》，冈白驹《助词译通》等。

其"附录"之"与文字音韵相关的西人著述"（第 1883—1407 页）还提到了不少的欧美学者语法著作，比如甲柏连孜《汉文经纬》（1881）等。

山田房一《言语关系刊行书目》（1942）列"中国语文法"：广池千九郎《中国文典》（1905）、宫岛吉敏《中国小文典》（1936）、大阪外国语学校中国语研究会译《黎氏中国语文典》（1937）、奥平定世译注《萨伊迭尔简易中国语文典》（1939）、香坂顺义《黎锦熙氏周有光氏著书为基础中国语文法详解》（1941）、内藤尧佳译黎锦熙著作《中国语构成法》（1941）。在"国语文法"一节中，列举了大量日本国语文法，其中，"汉文法"指的是汉语文言语法，列举了松下大三郎《标准汉文法》（1930）、野本薰阳《汉文法与复文的研究》（1941），在"中国语论"中列猪俣庄八与金坂博译王力《中国言语学概论》（1941）、吴主惠《中国言语组织论》（1941）。

---

① 李无未.日本汉语教科书汇刊（江户明治编）及《提要》[M].北京：中华书局，2015.
② 后藤朝太郎.文字的研究[M].东京：关书院，1910.

国立国语研究所资料汇编《明治以来国语学关系刊行书目》(1955)"文法"与山田房一《言语关系刊行书目》同类别目录相比,汉文法只有野本薰阳《汉文法与复文的研究》(1941),而不见松下大三郎《标准汉文法》(1930),更不见猪狩幸之助《汉文典》与儿岛献吉郎《汉文典》等,国语语法与汉语文言语法意识发生变化。

2. 牛岛德次《日本中国语文法研究史》。

牛岛德次《日本中国语文法研究史》(1989)[①]是日本第一部研究日本汉语语法学史著作,具有重要的开拓性意义。其体例为:序论部分,第 1 章"中国之中国语文法研究史概观";第 2 章"日本之中国语文法研究史参考资料";本论部分,第 1 章"日本之中国语文法研究史"。与日本鸟井克之《中国文法学说史》(关西大学出版社,1995)关注中国学者研究的角度有明显的区别。

在"中国之中国语文法研究史概观"中,牛岛德次提到了中国学者的几本语法学史书:胡附与文錬《汉语语法学简史》、王力《语法的兴起及其发展》、孙玄常《汉语语法学简史》、林玉山《汉语语法学史》、马松亭《汉语语法学史》。在"日本之中国语文法研究史参考资料"中,分为 1945 年以前与 1945 年以后介绍。1945 年前,日本学者研究汉语语法学史的成果是:广池千九郎《中国文法学沿革略述》、平野彦次郎《德川时代助字、虚字、实字之著书》、冈井慎吾《汉文法的研究》、青木正儿《文法研究沿革概要》、编辑部《主要中国语文法书》、野村瑞峰《文法参考书》。而 1945 年以后日本学者研究汉语语法学史的成果是:鸟居鹤美《中国口语文法书解题》《近十年中国文法书解题——中国之部(一)》《近十年中国文法书解题——中国之部(二)》《现代中国语文法研究文献目录(试稿)》《现代中国语文法研究史年表(试稿)》,太田辰夫《中国语法书解题(中国之部)》,大原信一、伊地智善继《中国语文法发展及吕叔湘教授》,那须清《中国语文法研究资料假目录》《中国语文法研究资料假目录——从《马氏文通》到 1950 年》、中国语学研究会《中国语学事典》《中国语学文献目录:1945.8—1957.7》《中国语学文献目录 2:附,少数民族语(1957.8—1961.2)》,牛岛德次《主要汉语文法研究书目录》《主要汉语文法研究论文目录》。

在"日本之中国语文法研究史"中,分为萌芽期(江户时代初期—幕末,1841—1868)、黎明期(明治初年—日本投降,1868—1945)、成长期(日本投降—现在,1945—1989)三期。其萌芽期,主要内容有助字名称、《助语辞》《鳌头助语辞》、荻生徂徕助字虚字、伊藤东涯助字虚字、皆川淇园助字虚字。其黎明期,主要内容有前期"助字"研究的余韵、汉文典(大槻文彦《中国文典》、冈三庆《冈氏之中国文典》、儿岛献吉郎《汉文典》、广池千九郎《中国文典》、官话文法(《新著国语文法》概要、《新著国语文法》影响、《中国文法革新新论》及余波)。其成长期,内容有中国语学研究会成立及其活动、第一次文法革新运动余势、第二次文法革新运动的影响。日本汉语语法学史整体性、系统性线索基本清楚了。

就我们关心的内容来说,很显然,1945 年前,日本学者研究汉语语法学史的参考资料为后人研究近现代日本汉语语法学史提供了重要的文献线索。但因为是概括性论述,近现代日本汉语语法学史部分还有许多珍贵文献没有提及,并且,其某些认识,局限性很大,这就给后来学者提供了接续研究的历史机遇。

———————————

① 日文版由东京东方书店 1989 年出版,中文版由甄岳刚翻译,北京语言学院出版社 1993 年出版。

3. 邵敬敏《汉语语法学史稿》。

邵敬敏《汉语语法学史稿》(1990)第八章第二节"国外的汉语语法研究"中"日本的汉语语法研究"①，认为日本汉语语法研究可分为四个时期：早期研究(17世纪以后)、中期研究(1900—1945)、后期研究(1945—1965)、近期研究(1965年迄今)。中期研究，提到了仓石武四郎《中国语法篇》、新乐金桔《先秦时代文法研究》、香坂顺一《中国语语法详解》。后期研究，提到如香坂顺一、鸟居鹤美、藤堂明保、太田辰夫的著作。近期研究，提到牛岛德次《汉语语法论》等。看起来，由于当时中日汉语语法学交流处于刚刚开放时期，中国学者对日本汉语语法学史文献了解十分有限，其中近现代日本汉语语法学更是如此。

4. 何群雄《中国语文法学事始》。

何群雄《中国语文法学事始》(2000)主要以《马氏文通》之前基督教传教士中国语语法书为研究对象，进行绵密分析，构筑新的传教士汉语语法学史②。主要目录是：序章，问题提起；第1章，中国语文法学事始；第2章，瓦罗及其《官话文法》；第3章，马约瑟及其《汉语札记》；第4章，传教势力的转换；第5章，马礼逊及其《通用汉言之法》；第6章，马士曼及其《中国言法》；第7章，艾约瑟之中国语研究；第8章，晚清学者毕华珍；第9章，《马氏文通》与耶稣会；第10章，中国语学近代化的进程。此书可以说是开辟了汉语版语法学史研究的新领域，其学术内涵十分丰富，引起了海内外学者的广泛关注。

5. 李无未《日本近现代汉语语法学史》。

李无未《日本近现代汉语语法学史》(2018)③，系中国学者所写第一部近现代日本汉语语法学史著作。此书体例：分为口语编、文言编、综合编三部分。目录为：东亚近现代"文典式品词"语法理论"环流"模式(代序)。口语篇，第一章，《中国文典》(1877)：日本汉语口语法研究的先声；第二章，《清语文典》(1905)：日本明治后期北京官话语法教学理论；第三章，《官话文法》(1905)《中国语文法》(1908)等：实用性与工具性有效结合；第四章，《中国语语法》(1921)：从句法结构分析入手；第五章，《北京官话文法》(1928)：日本汉语语法学史上的另类体系构建；第六章，《中国语语法篇》(1938)：仓石武四郎等对黎锦熙《新著国语文法》的编译意义；第七章，编译刘复、王力等文法著作(1937—1943)：呼应中国文法革新论争；第八章，《中国语杂志》(1938—1943)：汉语语法研究专辑。文言编，第九章，《冈氏之中国文典》(1887)：日本汉语文言语法体系初次构建；第十章，《马氏文通》与日本广池《中国文典》(1905)：清末中日汉语文言语法理论体系的建立；第十一章，《汉文典》(1877—1911)：清末中日文言语法"谱系"；第十二章，《标准汉文法》(1927)：结构主义"文典"模式。综合编，第十三章，《日清会话》(1894)：日本明治时期北京官话"会话"课本系列；第十四章，《日华会话辞典》(1906)：日本明治时期北京官话"会话"工具书；第十五章，《中国语学》(1907)：对传播北京官话的意义；第十六章《现代中国语学》(1908)：汉语现代语言学理论体系初次构建。

此书最大的特点是，选取日本明治时期至1945年出现的经典性汉语语法著作进行深入分析，从而将日本近现代汉语语法学史历史进程按照自己的方式表述出来，并建立了以东亚视角审视的理论与方法分析模式。随着学者们对近现代日本汉语语法学史文献的新发掘与

---

① 邵敬敏.汉语语法学史稿[M].上海：上海教育出版社，1990：346-348.
② 何群雄.中国语文法学事始[M].东京：三元社，2000.
③ 李无未.日本近现代汉语语法学史[M].北京：商务印书馆，2018.

新认识,此书的局限性也显露出来,因此,需要重新补充与修订。

日本大阪产业大学张黎教授承担邵敬敏教授中国国家社科基金重大项目"境外汉语语法学史及数据库建设"(2016)子课题"日本汉语语法学史"部分。张黎《当代日本汉语语法研究》(2019)是一篇非常重要的专门论述 1945 年以后日本汉语语法学史的论文①。文章对当代日本汉语语法学史研究做了初步的概括和描写,涉及当代日本现代汉语语法研究的分期,代表性的研究成果,在日本的中国学者的研究,以及日本当代汉语语法研究的特点,对未来日本汉语语法研究展望。张黎认为,当代汉语语法研究的特点为:用日本语的眼光审视汉语语法;及时译介学界最新成果,敏感的问题意识等,非常恰当。《当代日本汉语语法研究》还只是个研究纲要,今后,张黎教授可以在此学术框架内,进一步展开,并深入思考与研究相关的一系列重要问题,包括近现代日本汉语语法研究的相关问题,由此引发学者们对当代日本汉语语法学史的兴趣。

需要指出的是,有一些中国学者在自己的著作中对日本近现代汉语语法学史文献已经有所涉及,比如林玉山《汉语语法学史》(1983)附录四"外国对汉语语法的研究"介绍了汉语文言虚词,以及仓石武四郎等人的贡献。石汝杰《日本的汉语研究概况》语法部分②进行了简要介绍,比如太田辰夫、入矢义高、香坂顺一、牛岛德次、志村良治等。提到名字的是伊地智善继、望月八十吉、大河内康宪、鸟井克之、荒川清秀、杉村博文、木村英树等。但对 1945 年前的日本学者研究汉语语法并不提及。

中国学者翻译日本学者汉语语法史著作,主要是:太田辰夫《中国语历史文法》(1958)③、太田辰夫《汉语史通考》(1988)④、志村良治《中国中世语法史研究》⑤。其中,太田辰夫《中国语历史文法》"跋"提出的"同时资料""后时资料"汉语史文献运用理论非常有名。其"引用书目"史经过精心考订后的文献目录,影响甚大。中国学者没有译介的太田辰夫著作,比如《古典中国语文法》(1964)、《中国语文论集(语学篇元杂剧篇)》(1995)等,也非常重要。《中国语文论集(语学篇元杂剧篇)》所收《北京语的文法特点》,就是研究者必须参考的名篇。通过这些著作,中国学者了解到了日本学者汉语语法研究历史的一些基本情况,并在思考相关问题时,进行联系性考虑,由此,这些译作在促进中日汉语语法研究交流上发挥了重要作用。

日本国语学者研究国语语法著作,也涉及汉语语法"模式"源流问题,对这类著述也应该予以关注,比如山东功《明治前期日本文典研究》(2002)提到了"洋式日本文典"问题,并以中根淑《日本文典》(1876)为依据⑥。《日本文典》(1876)由文字论、言语论、文章论三部分构成,其中,言语论讨论的主要是词法内容,而文章论则以句法为研究对象。这种"文典"式的语法研究,来源于欧美文典。与《英吉利文典》(1867)加以比较,就可以看出二者之间的相承关系。由研究《日本文典》(1876)模式,进而论及冈三庆《冈氏之中国文典》(1887)、猪狩幸之

---

① 张黎.当代日本汉语语法研究[J].中国语文法研究,2019(8):1-14.

② 石汝杰.日本的汉语研究概况[M]//石锋.汉语研究在海外.北京:北京语言学院出版社,1995:202-206.

③ 太田辰夫.中国语历史文法[M].蒋绍愚、徐昌华,译.北京:北京大学出版社,1987.

④ 太田辰夫.汉语史通考[M].江蓝生、白维国,译.四川:重庆出版社,1991.

⑤ 志村良治.中国中世语法史研究[M].江蓝生,白维国,译.北京:中华书局,1995.

⑥ 山东功.明治前期日本文典研究[M].大阪:和泉书院,2002.

助《汉文典》(1898)、儿岛献吉郎《汉文典》(1903)，以及至于中国来裕恂《汉文典》(1906)，就可以明了其线索如何。原来，洋式文典模式，也是文字、语音、语法三结合，与中国传统小学模式十分相近，只不过是中国传统小学没有"语法"内容罢了。日本学者吸取中国传统小学与欧美文典两个方面长处，嫁接出新的日本文典模式，并以此模式研究古代汉语，创造了音韵、文字、语法三结合的"汉文典"新形式。可见，研究近现代日本汉语语法学史，如果不和近现代日本国语语法史结合，许多问题是很难解释清楚的。

(二)汉语音韵学史

古屋昭弘《近二十年来音韵学海外研究动向》(2005)①对 20 年来日本之外的汉语音韵学研究进行了介绍，意在通过日本学者的眼光加以观察，认识汉语音韵学的发展态势、是一篇非常重要的学术动向的文章。当然，古屋昭弘以中国学者研究为中心，以西方学者研究为两翼，但很少涉及日本学者的研究。古屋昭弘的文章沿袭的是近现代日本学者注重学术研究态势观察的传统。

1. 现代日本学者与中国汉语音韵学文献考证的关系是十分密切的，比如仓石武四郎，曾在 1930 年 1 月 1 日到 8 月 6 日之间到中国留学，他在中国遍访多位学术大家，又在北京大学、北京师范大学师从许多知名学者，对中国汉语语言学的研究情况十分了解，与此同时，不断收集中国文献，甚至亲自校勘，这可以从《仓石武四郎中国留学记》(2002)中找到许多证据，比如他对中国音韵学文献所下功夫就是值得注意的：1 月 11 日，送《音释》(第 20 页)；1 月 12 日阅读书目中，就提到了《玉篇》《广韵》《字音辨义》(第 23 页)；1 月 14 日，获江慎修(永)《音学辨微》影印本(第 27 页)；1 月 14 日，《经典释文》诸条，校诸卢刻，脱误不鲜(第 29 页)；1 月 17 日，得夏燮《述韵》(第 31 页)；1 月 27 日，校顾亭林《古音表》(第 42 页)；2 月 8 日，笔记《国音沿革》(第 60 页)；2 月 9 日，笔记《国音沿革续篇》(第 60 页)；2 月 10 日，笔记《国音沿革》毕(第 62 页)；2 月 11 日，购排印本《韵略汇通》《玉篇》《广韵》(第 63 页)；2 月 16 日，向马幼渔借《古韵标准》《江氏音书》《韵略易通》(67/108 页)；2 月 17 日，抄《音学辨微》夏燮校语，选购《四声切韵表》(136 页又提到)、内府藏《王仁煦残本切韵》，夜校《古韵标准》(第 70 页)；2 月 19 日获李光地《音韵阐微》，校《古韵标准》(74 页)；2 月 20 日，校《古韵标准》《音学辨微》毕，校对"音学三书"之功几乎其成矣(第 76 页)；3 月 2 日，文奎堂送《洪武正韵》(第 83 页)；3 月 6 日，看旧抄本《平水韵略》(第 87 页)；3 月 22 日，斐云先生课，借予《广韵》校本两册(第 100 页)；4 月 2 日—4 月 4 日，校《广韵》(第 109 页)；4 月 13 日，托文奎堂抄补张刻《广韵》(第 116 页)；5 月 2 日，玄同先生课(133 页)；5 月 14 日，获《毛诗古音考》(第 143 页)；6 月 23 日，收宋刻綦斐轩《词林韵释》，对是否宋本表示异议(第 177 页)。

2. 近现代日本学者对汉语音韵学研究文献进行系统总结的，最应该提及的是后藤朝太郎《文字的研究》(1910)。《文字的研究》第二编"音韵之部"第二章"音韵研究参考资料"说②，旧的音韵学，是悉昙之学，以及中国古典，即韵书之类的文字韵字排列、《韵镜》等文献研究为能事。而此后，泰西语言学、音声学兴盛，造就了今日的音韵学，但又成为"昔流"，不

---

① 古屋昭弘.近二十年来音韵学海外研究动向[M]//董琨，冯蒸.音史新论：庆祝邵荣芬先生八十寿辰学术论文集.丁峰，切通筱，译，北京：学苑出版社，2005：358-367.

② 后藤朝太郎.文字的研究[M].东京：关书院，1936：351-362.

能令人满足。在研究材料中，一定要参照旧的资料，与此同时，也要注意活的语言音声、音调，以及各地方音发生变化的情况调查文献，成为此等研究方法最需要关注之点。后藤朝太郎对音韵研究参考资料有所介绍，与音韵学有直接关系的参考书主要有谢启昆《小学考》。第二十九卷到第四十四卷对《隋书·经籍志》所见魏李登《声类》、清朝江永《音学辨微》、潘遂先《声音发原图解》、戴震《转语》解题。不过，有一些所说的"存"，后藤朝太郎也觉得很难找到。他又提到了桂湖村氏《汉籍解题》。此书介绍了《西儒耳目资》等珍本。后藤朝太郎列了一个音韵之书的参考书目：紫庭《古今中外音韵通例》、顾炎武《音学五书》、江昱《韵岐》、佚名《韵镜》、张畊《古韵发明》、清允禄等《音韵阐微》、清虞德升等《谐声品字笺附》、安古《古韵溯源》、梁顾野王《玉篇》（零本）、隋陆法言《广韵》、朝鲜本《奎章全韵》（御定）、宝田敬《四书反切一览》、大岛正健《中国古韵考》（前编）、宋丁度《集韵》、伊泽修二《日清字音鉴》、小川尚义《日台大辞典》、清江永《古音标准》、朝鲜本《译语类解》、朝鲜本《正音通释》、韩朴性源《华东正音通释韵考》、清裕恩《音韵逢源》、江（按，应为洪）亮吉《汉魏音》、龙启瑞《古韵通说》、夏燮《述韵》、段玉裁《说文解字注》、张成孙《说文谐声谱》、苗夔《说文声读表》、苗夔《说文声订》、江沅《说文音均表》、严可均《说文声类》、朱骏声《说文通训定声》、胡秉虔《说文管见》、王筠《说文韵谱考》、王筠《说文释例》、姚文田《说文声系》。但后藤朝太郎所述书名与实际作者有一些不大妥当的提法，如，《古今中外音韵通例》作者是胡垣；《音韵阐微》作者是李光地、王兰生；《广韵》，修订者应为陈彭年等；《汉魏音》作者应该为洪亮吉而不是江亮吉。这是其所列的直接参考书。此外还列有间接参考书，比如《金史语解》《辽史拾遗》《岭外代答》《经籍籑诂》《五车韵瑞》《华夷译语》《荷华文语类参》《大南国音字汇解大法国音》《英粤字典》《汉文经纬》等。有的即使在现在，也是罕见的音韵文献。

在《文字的研究》"附录"中专门列有"音韵参考书目"（第 1350—1363 页），有 280 部左右是东亚汉语音韵学史上十分重要的文献目录。其眼界开阔，覆盖东亚，迄今仍有非常重要的学术价值。其中许多文献，值得注意。比如《韵镜》文献有 16 种，冈本保孝《韵镜考》就是最为重要的一种之一。其他文献如近藤子业《韵学楷梯》、田川周芳《韵学口诀》、荻生茂卿《韵概》、斋宫必简《音例》、屋代弘贤《汉音考》、冈本保孝《汉吴音图补正》、冈本保孝《古音表》、冈本保孝《四十四音论辨误》、冈本保孝《磨光韵镜考》、文雄《九弄辨》、盛典《九弄反纽相传和解》、韩版《三韵通考》、师錬《三重韵》、师錬《聚分韵略》、伊藤善韶《四声汇辨》、崔世珍《四声通解》、毛利香之呕《字韵早鉴大成》、文雄《字汇庄岳音》、星野多重《发音辨义》、安南本《三千字解释》（附序）等，大多也是迄今很少有人关注的，需要进一步挖掘其学术价值。

在《文字的研究》"附录"中专门列有"语言的参考书目"（第 1364—1382 页），还列出了一些音韵学文献，比如阴时夫《韵府群玉》、颜懋功《鼋头韵府》、中井干斋《韵府一隅》、玄应《一切经音义》、董佳明铎《音汉清文鉴》、吴元满《谐声指南》、佚名《海篇直音》、吕坤《交泰韵》、猪狩幸之助《汉文典》、火源洁《华夷译语》、高井伴宽《三音四声字贯》、汤文潞《诗韵合璧》、余照春《诗韵集成》、袁子让《字学元元》、冈本保孝《字音假字用格存疑》、梅膺祚《字汇》、佚名《尔雅音图》、中野焕《四声玉篇和训大成》、菉斐轩《词林韵释》、佚名《翌轩词韵》、胡文焕《文会堂词韵》、陶承学《并音连声字学集要》、司马光《类篇》等。

其《文字的研究》"附录"之"与文字音韵相关的西人著述"（第 1883—1407 页）还提到了不少的音韵著作。

3. 山田房一《言语关系刊行书目》（1942）"中国语论"列举了名义上是汉语语言学理论

著作,但实际上与汉语音韵学相关的著作:岩村忍与鱼返善雄译高本汉《中国言语学概论》(1937)、鱼返善雄译迭志耶尔《现代中国语科学》(1939)。在"音声学"中列有坂秀世《音韵论》(1940)。在"音声各论"列举了许多与汉语音韵学研究相关的著作:大岛正健《中国古韵考》(1898)、后藤朝太郎《汉字音的系统》(1899)、小金泽久吉《汉字形声谱》(1911)、大岛正健《韵镜音韵考》(1912)、大岛正健《改订韵镜》(1912)、日本国语调查委员会《周代古音考及韵征同附图》(1914)、冈井慎吾《汉字的形音义》(1917)、佐藤仁之助《汉字音韵提要》(1924)、松村任三《汉字和音》(1924)、大矢透《韵镜考》(1924)、石山福治《考定中原音韵》(1925);大岛正健《韵镜与唐韵广韵》(1926)、《韵镜新解》(1926)、《中国古韵史》(1929)、《汉字音韵考》(1930);中山久四郎《唐音十八考》(1931)、大岛正健《汉音吴音的研究》(1931)、藤枝丈夫《现代中国语发音指导》(1938)、仓石武四郎《中国语发音篇》(1938)、栗山茂《中国语发音要义》(1940)、鱼返善雄译高本汉《北京语的发音》(1941)、饭田利行《残存于日本的中国古韵研究》(1941)等。

日本国立国语研究所资料汇编《明治以来国语学关系刊行书目》(1955)"音韵、音声"专题中所列,除了与山田房一《言语关系刊行书目》(1942)相同者之外,尚有北里阑《日本古代语韵组织考》(1926)、佐藤仁之助《韵镜研究法大意》(1929)、大岛正健《汉字之音的变化》(1933)、幸田露伴《音幻论》(1947)。

4. 赖惟勤《中国语音韵研究文献目录》(1987)是日本学者编写的最为权威的汉语音韵学研究的目录著作,最初分别刊载樱美林大学《中国文学论丛》的第 1—4 号(1968—1972年)与《中国语学》(第 142、143 号,1964 年 7、8 月分载)。此后,据此增补修订而成书①。所收文献时间段以 1957 年为下限。其体例,分为 5 部:第 1 部,总记,包括语言学、中国语概论、中国语史概论、系统分布概论、中国语学史概论等。第 2 部,方言。包括总记,方法论,通观研究、语言地理学、实验音声学、声调、拾遗等。汉语方言,旧学、官话及群小方言。南方大方言,吴语、闽语、粤语、客家语等。关联语,侗台语系、越南语、藏缅语系、苗瑶语系,以及对音、借音等。第 3 部,文献、资料。包括上古音,比如韵文、《说文》、异文、古代文字。上古、中古音之间,韵文、训诂、韵书、反切、对音借音。中古,反切、韵书、字音、音义、韵文、声母、韵图、声调、通论、对音借音。近古、近世,通论、韵图、韵书、韵文、对音借音、音韵史。第 4 部,音韵史,包括旧学,韵学、对转、分部、声调、声类、通论、右文说。高本汉,高说的先驱、高说的发展、高说的结果、高说论争、论争年表。个别问题包括歌戈鱼虞模、上古方言、闭口韵附舌根韵尾、上古塞音韵尾、上古复辅音声母、匣喻母、全浊音、次浊音、舌上音、轻唇音、等韵、上古中古精说、重纽问题附脂微分部、声调与近古近世音等。第 5 部,包括应用、论文集、杂志专号、参考文献、书目等。赖惟勤目录特点是:汉语音韵学体系结构严谨,世界各国音韵学论著覆盖面极其广泛,几乎网罗殆尽,出处准确而明晰,是研究全球汉语音韵学史最为重要的文献目录。对于日本汉语音韵学史来说,尤其是研究近现代日本汉语音韵学史都是极其重要的参考文献。

5. 日本国语学会、国立国语研究所编《国语学研究文献索引·音韵篇》(1994)②,以1945—1985 年为限,也酌量收取 1945 年前的文献。此书分为两部分:第一部分,音韵、音声

---

① 赖惟勤.中国语音韵研究文献目录[M].东京:汲古书院,1987.

② 日本国语学会、国立国语研究所.国语学研究文献索引·音韵篇[M].东京:秀英出版,1994.

关系,史的研究与音韵、音声关系,现代语研究;第二部分,声调、语调关系,史的研究与声调语调关系,现代语研究。这本文献,以日本国语音韵学研究为主要对象,这是可以肯定的。但因为日本国语音韵学与汉语音韵学有时界限很模糊,属于"两属",这也是日本汉语音韵学研究的一个特色。所以,有相当一部分成果是与汉语音韵学研究,比如对音、译音相关的,应该可以补充赖惟勤《中国语音韵研究文献目录》收录之不足。比如三根谷彻《汉字安南音》(《人文》第 2 号第 2 期,1948 年 9 月)、小川环树《反切的起源和四声以及五音》(《言语研究》第 19 号、第 20 号,1951 年 12 月)、金田一春彦《日本四声古义》(《国语声调论丛》,1951 年 12 月)之类,内涵十分丰富。

其他专门性的音韵文献,有的是目录性质的,比如《日本中国学会报》(1949—2019)"语学"论著目录音韵部分,以及京都大学人文科学研究所汉籍分类目录的音韵部分等都是重要的文献。

6. 石汝杰《日本的汉语研究概况》音韵部分(1995)[①]说,汉语音韵学是日本汉语研究的一个强项,是日本汉语研究中成绩最为卓越的一个领域。早期研究者有大岛正健、大矢透、满田新造等,有坂秀世是其中优秀的代表,他既是日语学者,又是汉语学者,其评价高本汉的拗音说很有名。书中对服部四郎、河野六郎、藤堂明保、水谷真成、赖惟勤、三根谷彻、平山久雄、上田正、大岛正二、日下恒夫、佐藤昭、落合守合、平田昌司、高田时雄等学者也有简要介绍,其中有一些学者就是 1945 年前取得学术成就的。

7. 李无未主编《音韵学论著指要与总目》(2007)[②],共 140 万字。就其规模与内容含量而言,应该说是目前国内外汉语音韵学论著目录中较为完整而系统的一部文献。全书在编排上分"指要"和"总目"两部分,兼及不同的阅读群体,既满足了初学者对百年来汉语音韵学论著及汉语音韵学研究概况的了解,为其初学提供门径,同时又照顾到研究者进一步检索与科研的需要。其中,日本学者的研究成果占有相当大的比重。

"指要"部分从诸多汉语音韵学著作中,精选出代表性著作 322 部,也包括了许多日本学者论著,进行钩稽介绍,包括两部分内容:"汉语音韵学研究著作""指要",共收录自 1918 年的《文字学音篇》到 2006 年 5 月的汉语音韵学研究类著作 294 部。"音韵古籍文献指要",共收录古代音韵学经典著作 28 部。"指要"部分的编写体例为:首先列书名、作者、出版年月、出版社及全书页数;其次介绍每部书的分章情况及各章节的主要内容;最后略评其价值与地位。日本学者 1945 年前的著作也占了相当的比例。

"总目"部分主要是 2006 年之前的海内外学者汉语音韵学研究论著的目录索引,共收录11928 条,包括了许多日本学者论著。这些论著目录分成以下七类:(1)总论,收录了汉语音韵学中具有综合性质的音韵论著。(2)上古音研究。(3)中古音研究。(4)近代音研究。在近代音之下又细分出通论、声母研究、韵母研究、声调研究、对音译音研究。(5)现代语音研究,其下细分出通论、普通话声母、普通话韵母、普通话声调。(6)等韵研究,下细分出等韵理论、韵图。(7)方言研究,下细分出通论、汉语古代各区域方言研究、汉语现代各区域方言研究。卷尾附"音韵学论著总目《人名检索》"。"总目"的编制体例为:每条索引大致依作者、篇

---

① 石汝杰.日本的汉语研究概况[M]//石锋.汉语研究在海外.北京:北京语言学院出版社,1995:193-198.

② 李无未.音韵学论著指要与总目(上、下)[M].北京:作家出版社,2007.

名、发表时间、发表刊物、期刊卷/次/号、页码的顺序编定；每一目录下的内容均以论著发表或出版的时间先后顺序进行排列（至以前 2006 年）；同一目录下同一年份的论著目录，发表期刊或出版机构相同的论著编在一起，并且论著以大陆部分、港台部分、日韩部分、欧美及其他的顺序进行编排；发表或出版年代不确定的论著也附于相应目录之后；"人名检索"按人名姓氏拼音顺序进行编排，每个人名之下列有人名所在条目的序号。日本学者 1945 年前的论文也占了相当的比例。

《音韵学论著指要与总目》特点是：体现"史"的概念，分类力求科学，符合一般汉语音韵学学科内涵范畴，兼顾一般读者与专业读者的需要；所收资料全面、覆盖面宽；打破了国与国的界限，放眼世界，力求反映世界范围内的学术成果及进展情况。其中，日本近现代汉语音韵学研究是引人瞩目的部分。日本学者 2007 年之后的论著情况则需要后继者进一步补充与修订。

8. 李无未《日本汉语音韵学史》（2011）[①]系中国学者所写第一部全面而系统地研究日本汉语音韵学史的著作，论述了日本汉语音韵学各个发展历史时期的特点和历史贡献；分专题对日本汉语音韵学发展的脉络进行了梳理，由此，全面展现了日本汉语音韵学的真实面貌。书中对日本各个历史时期有代表性的汉语音韵学著作进行了介绍和客观评述；也有选择地对在日本汉语音韵学史上具有重要影响的学术流派和其代表人物进行了研究，就和中国的学术渊源关系及学术差异进行了探讨，也就其存在问题进行了分析，为进一步研究奠定了良好的基础。为了整体性把握日本汉语音韵学史，此书没有按以往惯例以时间顺序论述日本汉语音韵学历史，而是把按时间顺序叙述和空间专题研究结合起来，求得对日本汉语音韵学历史的总体把握。因此，此书的整体构架是：第一编，把 2010 年之前日本汉语音韵学发展的线索按阶段性特点总结出来，给人以强烈的历史感，突显出日本学者在各个历史时期的贡献和所具有的学术魅力。第二编，以中日音韵原典文献，尤其是中国音韵原典文献为中心，以汉语语音史为框架形式，分专题讲述日本汉语音韵学发展脉络，突显出日本汉语音韵学与中国汉语音韵学的你中有我，我中有你的互为依存的"同一"关系。第三编，日本学者自古以来就重视发挥译音对音文献对研究汉语音韵学的作用，因此，译音对音文献和汉语语音史研究的结合，就是日本汉语音韵学的一个独到亮点。结语部分归结到和中国汉语音韵学研究的比较上，寻求异同，力求突出了日本汉语音韵学个性特征。各个部分，交互依存，互为犄角，结构紧密。

《日本汉语音韵学史》对近代与现代日本汉语音韵学特点有所把握，但限于当时学术视野，还有许多问题需要重新思考。近些年来，学术界对近代与现代日本汉语音韵学文献的挖掘呈现积极态势，这给我们研究这一段日本汉语音韵学史提供了非常难得的学术契机。

（三）汉语词汇学史

1. 后藤朝太郎《文字的研究》（1910/1936）"附录""语言的参考书目"，中国学者研究汉语词汇著作之外，也著录不少日本学者著作：松崎校《影宋本尔雅校讹》、狩谷望之《广雅外传》、五井纯祯《尔雅演》、穗积以贯《小说俗语大全》、穗积以贯《译文明辨》、增岛固《小尔雅疏证》、野子苞《俗语录》、源顺撰、狩谷望之校本《和名类聚抄》、贝原好古《倭尔雅》等。

---

① 李无未.日本汉语音韵学史[M].北京：商务印书馆，2011.

山田房一《言语关系刊行书目》(1942)涉及汉语词汇内容不多,只是在语源学中提及,比如新村出《东亚语源志》(1930)、日本国立国语研究所资料汇编《明治以来国语学关系刊行书目》(1955)也是如此,只有大矢透《国语溯源》(1899)、冈井慎吾《汉语与国语》(1933)等与之相关。

2. 牛岛德次、香坂顺一、藤堂明保主编《言语》(1967),汇集了众多日本学者(只有王育德一人是华人)合作研究成果。与词汇相关的是户川芳郎"古典语语汇"、志村良治"中古汉语语法与语汇"、香坂顺一"近世、近代汉语语法与语汇"、大河内康宪"现代语语汇"。"古典语语汇"中有量词的类别作用、具象化;谐声文字的类别作用、单词家族语义分化。"中古汉语语法与语汇"谈到复音节语增加与复音节化问题,强调了《世说新语》、六朝小说、《游仙窟》、敦煌变文资料的研究意义。归纳了中古末期语汇语法变化的特征;参考文献有《文语解》《助字辨略》俗语;著作有王力《汉语史稿》、太田辰夫《中国语历史文法》、蒋礼鸿《敦煌变文字义通释》、入矢义高《〈敦煌变文集〉口语语汇索引》等。"近世、近代汉语语法与语汇",从并用到单用,如第一人称代名词的时代变化;从单音节语到复音节语,如单音节语和复音节语的比率在发生变化;音韵构造由简单化渐渐失去独立性而朝着复音节化方向发展;复合词的语素顺序不稳定性突出;名词代名词的接尾词,如子、儿、头扩大化;虚词的复合化等。中国语单词从综合性到分析性倾斜;语言的连续性问题,比如口语对文言的影响;从发口头语到书面语的转换等。"现代语语汇",五四以前的翻译与新造语;五四以后语汇的增大;音译语的方法与种类;意译语的方法与种类;借用日本语;从方言与文言中吸取语汇;语汇的规范化;语汇表现的精密化;语的机能变化和扩大。此书的词汇部分,等于是对中国各个时代词汇研究的一次大的汇总,具有重要的参考价值。

3. 太田辰夫《汉语史通考》(1988/1991)①,以汉语语法史、汉语词汇史研究为主要对象,所以,统称为汉语史研究。在第一部上古汉语"序说"中,太田辰夫提出自己的汉语史分期看法:上古时代,第一期是商(殷)周;第二期是春秋战国;第三期是汉。中古时代,第四期为魏晋南北朝。近古时代,第五期为唐五代;第六期为宋元明。近世时代,第七期为清。现代时代,第八期是民国以降。

太田辰夫认为,在中国最早写成的文言文法书是马建忠《马氏文通》,它很少引用第一期和第四期的作品,限于引用第二期、第三期的文章,以及第五期韩愈等人的拟古文。作为文言的规范文法,这一做法完全妥当,在学术上也可以说是正确的。学者刘复曾批判《马氏文通》云:"中间有近千年的空白。"(《中国文法通论》)这个空白指第四期。这个时期是此前的古代汉语发生质变的时期,作为规范的文法,不从那里取材是理所当然的。刘复接着说:"完全无视韩愈以后的千余年。"请问无视了1000多年的什么?如果说无视了白话,那么,作为文言文法是当然的;如果说无视了1000多年的文言,那么,宋以后的文言文在语言上看不出新的发展,只是在模仿过去的样子中有所不同,作为文言的规范文法的《马氏文通》不以此作对象是理所当然的。

在近古时代,太田辰夫"甚么"考;《老乞大谚解》《朴通事谚解》《老乞大》语言;关于汉儿言语——试论白话发展史,都是宋元明白话词汇研究的经典之作。在近时代,专论"近代汉语"内涵。然后,论及《红楼梦》《儿女英雄传》《金瓶梅》《小额》,以及社会小说《北京》的词汇,

---

① 太田辰夫.汉语史通考[M].江蓝生、白维国,译.重庆:重庆出版社,1991.

考证详实。

3. 劳宁《近年来日本的汉语研究简况》（1978）提到①，专攻汉语词汇史研究的波多野太郎在《横滨市立大学学报》上连续发表了《中国方志所录方言汇编》。曾在我国侨居过的汉语学者长泽规矩也主编《明清俗语辞书集成》，1974 年分三卷出版，这是他整理过的中国明清两代人所作有关近代汉语词汇和俗语的原著影印集。第一卷收有明代的《俚言解》《世事通考》，清代的《土风录》《直语补正》《常语搜》《异号类编》；第二卷收有清末的《称谓录》《通俗常言疏证》；第三卷收有清末民初的《说徽》《正音撮要》《里语征实》《官话汇解便览》《军语》《新名词训纂》《俗语考原》。编者在卷首说到他整理这些书的目的是给现代汉语词汇研究学者提供一些有益的资料。

4. 蒋绍愚《近代汉语研究概要》（2017）②专门谈及"国外对近代汉语词汇的研究"，并以日本学者研究为主。16、17 世纪日本出现一批解释汉文词语著作，像伊藤东涯《秉烛谈》（1729）、无著道忠《葛藤语笺》（1744）、释大典《诗语解》（1763）、《文语解》（1772）、《诗家推敲》（1799）、六如上人《葛原诗话》（1787）、津阪东阳《葛原诗话纠谬》《夜航诗话》、佚名《诸录俗语解》等，都有一定参考价值。20 世纪五六十年代开始，日本学者青木正儿、吉川幸次郎、入矢义高、田中谦二注释《元曲选释》（1951—1977）；荻尾长一郎《中国旧白话小说语汇》（1964—1989）、寺村政男《宋元白话语汇汇释》（1980—1986）、香坂顺一《白话语汇的研究》（1983）、植田均《金瓶梅词话词语汇释》（1986—1995），以及波多野太郎《中国小说戏曲词汇研究辞典·综合索引篇》（1956—1961）、长泽规矩也《明清俗语辞书集成》（1974）等。

中国一些学者发表的论文也涉及日本汉语词汇学史文献认识问题，比如董志翘《〈入唐求法巡礼行记〉词汇研究》（2000）、何华珍《日本汉籍与汉语词汇史研究》（2013）等。但从学史的角度上看，中国学者对近现代日本汉语词汇学史研究还需要进一步投入，以便更好地把握近现代日本汉语词汇学史基本问题脉络。

5. 近现代中日词汇交流史的研究，成果丰硕。内田庆市等《邇迩贯珍》（2005）、《官话指南书志研究》（2016）、《北京官话全编研究》（2018）等。沈国威《近代日中语汇交流史》（1994）、《新尔雅及其词汇》（1995）、《近代启蒙的足迹》（与内田庆市合作，2002）、《近代中日词汇交流研究：汉字新词的创制、容受与共享》（2010）、《新语往还：中日近代语言交涉史》（2020），以及千叶谦悟《东西语言文化交流中的中国语——近代翻译语的创造和传播》（2010）等。除此之外，陈力卫《和制汉语的形成及其展开》（2001）等、奥村佳代子《近世东亚中国语口语文研究——中国朝鲜日本》（2019）、于冬梅《中日同形异义汉字词研究》（2013）等相关论著成绩显著，也引起了国内外近现代汉语词汇学学术界的广泛关注。

日本汉语词汇学史内容十分丰富，成就巨大，但在中日两国，迄今尚未有一部翔实的日本汉语词汇学史著作，当然也就更没有近现代日本词汇学史著作了，这对于想要深入研究日本汉语词汇学史的学者来说，很明显，是一个很大的缺憾。

(四)汉语文字学史

冈井慎吾《日本汉字学史》（1934）"近世篇"列有"汉字研究书频出，附字书、熟语辞典、甲

---

① 劳宁.近年来日本的汉语研究简况[J].语言学动态，1978(2)：2.
② 蒋绍愚.近代汉语研究概要[M].北京：北京大学出版社，2017.

骨文字的研究"一节①，谈到，比如日本国语调查委员会编纂《汉字要览》(1908)、后藤朝太郎《汉字音系统》(1909)、安达常正《汉字的研究》(1909)、樋口铜牛《汉字杂话》(1910)、后藤朝太郎《文字研究》(1910)、冈井慎吾《汉字的形音义》(1917)、武内义雄《中国文字学》(1931)、冈井慎吾《国语科学讲座汉字的研究》(1933)。

后藤朝太郎《文字的研究》(1910/1936)附录二"参考文字资料书目"与附录三"文字的参考书目"列有许多研究文字的重要文献。资料来源主要是：岩崎静嘉堂文库、帝室博物馆、早稻田大学图书馆、河井仙郎藏、高田忠周藏、后藤朝太郎藏、听水阁三井家文库等。中国学者文献占主体部分，有庄述祖、阮元、吴大澂、陆心源、罗振玉、商承祚（与罗振玉合作）等。中国学者之外，日本等国学者书目主要有：中根璋《异体字辨》，市河三亥《楷行荟编》，高田忠周《汉字系谱》《汉字原理》《汉字详解》《国定汉字谚解》《日用汉字正解》《朝阳阁字鉴》，竹山（高田忠周）《永寿灵壸斋吉金文字》，关克明撰，男思亮辑《行书类纂》，伊藤长胤《训蒙字谱》，三岛筱《草汇》，狩谷望之《字形广狭》，细井知慎《篆体异同歌》，冈本保孝《辨似录》《倭字考》，太宰纯《和楷正讹》，安南版《三千字解释国语》，住友吉左卫门《泉屋清赏》《泉屋清赏续编》《陈氏旧藏》，滨田青陵《删订泉屋清赏》，冈井慎吾《日本汉字学史》，朝鲜金晚植《说文解字翼征》。

在"附录"中专门列有"语言的参考书目"可见，空海《篆隶万象名义》，英国湛约翰撰、清王杨安释《康熙字典撮要》，井泽长秀《汉字和训》《难字训》，狩谷望之《检字篇》《转注说补遗》，高田忠周《转注假借论》，新井白石《同文通考》，日尾约《形状字林》，石川鸿斋《日本大玉篇》，冈本保孝《说文解字疏》《说文新附字考证》，山梨治宪《说文纬》等。

山田房一《言语关系刊行书目》(1942)专门列"文字学"类文献，比如青木武助《文字之话》(1902)，高桥龙雄《世界文字学》(1904)，后藤朝太郎《文字的智识》(1923)、《文字的沿革》(1926)、《文字学概说》(1933)、《文字的研究》(1935)，山田孝雄《国语史第九卷文字篇》(1937)，福井久藏《国语学大系第 8 卷文字》(1940)。在"汉字"类中，有高田忠周《古籀篇》(1902)、《汉字原理》、《朝阳阁字鉴》、《汉字系谱》，日本国语调查委员会编纂《汉字要览》(1908)，安达常正《汉字的研究》(1909)，樋口铜牛《汉字杂话》(1910)，后藤朝太郎《明治的汉字》(1912)、《文字沿革建筑编》(1915)，日下部重太郎《实用汉字根本研究》(1920)，平野彦次郎《汉字调查报告书》(1925)，高田忠周《汉字详解》(1925)，角田贯次《汉字所表现的中国古代文化》(1925)，中村不折《文字八存》(1926)，高田忠周《汉字的起源与中国古代文化》(1928)、《朝阳字鉴精华》(1929)，后藤朝太郎《文字史的研究》(1930)，塚田宗之助《这是有趣的常用汉字研究》(1031)，武内义雄《中国文字学》(1931)，冈井慎吾《玉篇研究》(1933)、《汉字研究》(1933)，高田忠周《日用汉字正解》(1934)，冈井慎吾《日本汉字学史》(1934)，高田忠周《大系汉字明解》(1936)，押目赖明《改订日本象形文字语源学豫报》(1937)，水谷碧云《汉字的科学》(1938)，桑文社《正确运用汉字》(1938)，青井六幽《汉字的真原》(1938)，影山修《汉字起源研究》(1939)，井原彻山《中国文字解说》(1940)，后藤朝太郎《汉字学与教的方法》(1940)等。

日本国立国语研究所资料汇编《明治以来国语学关系刊行书目》(1955)的"文字"专题与山田房一《言语关系刊行书目》同类别目录相比，除了相同的之外，还补充了一些书目，比如

---

① 冈井慎吾.日本汉字学史[M].东京：明治书院，1934.

入田整三《日本金石文纲要》(1923)、田崎仁义《绘文字及源始文字》(1928)、后藤朝太郎《文字的行脚》(1936)和《文字讲话》(1943)、加藤常贤《汉字的起源》(1949)等。

真正反映出土文献古文字研究实况的是贝冢茂树《中国古代史学的发展》(1946)一书[①]。《中国古代史学的发展》重点论述甲骨文金文学术发展史,是研究近现代日本汉语文字学史最为重要的著作之一。其目录是:序论,中国古代史研究的两条道路——疑古与释古。第一部,中国古代史学的最新进展。第一章,金文学的发展,有所谓金文字体及其解读、金文学史、金文编年等内容。第二章,甲骨文的新进展,有甲骨学史、甲骨文断代研究法及其书体变迁观批判。第二部,通过新史料而见到殷周王朝文化。余论。贝冢茂树吸收中日等国学者古文字研究成果,结合考古发现,去研究殷周历史,与纯粹的古文字学史研究着眼点并不一样。

白川静《金文学史》(1975)[②]也涉及近现代日本中国古文字研究的历史问题。第一章,讨论经传与金文、彝器观的变迁、秦汉的古器物学、古代文字之学。第二章,讨论唐宋的古文字学、《集古录》跋尾、图释的盛行、彝器散佚与款识之学。第三章,讨论彝器的仿铸与辨伪、篆籀之学与金文、乾嘉时期的金文学、道光时期的金文学。第四章,讨论图释之书、款识之学、孙罗王郭之学。这四章之外,第五章"考古学的研究方法"与第六章的"金文学的研究方法"、第七章的"历法的研究方法",也应该是白川静探讨金文学史理论与方法的重要内容之一。在这七章的内容中,涉及林泰辅甲骨文研究贡献,以及郭沫若、容庚等学者吸取滨田耕作、梅原末治、白川静古文字研究学术理论与方法的问题上,也隐含着一个明显的日本化的中国金文学史意识,这也是需要我们注意的学术倾向性。

中国学者研究日本的中国古文字成果,散见于一些研究性论著中,比如陈梦家《中国铜器综述》第三章"重要出版物",专门列有"日本出版物"一节,表明其重要程度,比如田岛志一《中国古铜器集》(1910)、滨田耕作《泉屋清赏》等19种。姚孝遂等《中国文字学史》(1995)和黄德宽、陈秉新《汉语文字学史(增订本)》(2006)等著作也涉及许多日本学者的古文字研究成果。某一类古文字研究,比如王宇信和杨升南《甲骨学一百年》(1999年)、吴浩坤《中国甲骨学史》(2006)等著作涉及林泰辅、岛邦男等学者成果,也是如此。白冰《中国金文学史》专门设置"日本国铭文着录""日本国铭文著作"内容加以介绍。中国研究生以日本学者古文字研究为学位论文选题的有王颖《高田忠周〈古籀篇〉陶文研究(一~二〇卷)》(安徽大学硕士论文,2007)、刘思婷《林泰辅史学研究——以甲骨文中心》(广东外语外贸大学硕士论文,2015)等。中国学者介绍日本学者古文字研究成果的论文有:王献堂《评高田忠周之〈古籀篇〉》(《山东省立图书馆季刊》1931年)、冯佐哲《日本著名史学家贝冢茂树》(《国外社会科学》1979年)、王震中《伊藤道治先生甲骨文与商史研究五十年》(《殷都学刊》1997年第3期)、白冰《白川静〈金文学史〉的汉语文字学成就》(《江西社会科学》2004年第6期)、刘海宇《日本汉学家白川静及其文字学思想》(《汉字文化》2007年第4期)、徐在国《〈古籀篇〉所录古陶文研究》(《中国文字学报》2012年第1期)。

中国学者何华珍《日本汉字和汉字词研究》(2004)比较早介绍日本汉字研究情况。潘钧

---

① 贝冢茂树.中国古代史学的发展[M].东京:中央公论社,1946.

② 白川静.金文学史[M]//白川静著作集.东京:平凡社,1975:1-171.

《日本汉字的确立及其历史演变》(2013)也很有代表性①。严绍璗序言说,其研讨了既是"汉字史"上的,也是"文明史"上的一个极有价值又极具趣味的课题,以宽阔的文化视阈和丰厚的原典材料为读者提供了一个学者的思考。此书以"汉字"东传日本列岛作为研究的基点,在多年研究日语汉字的基础上,把"日本汉字"放置于历史演进中的各个相关的时间段上,又在各个相关时段的特定"文化语境"中进行了综合性的研究阐述。此书讨论的基本问题是:汉字的传入、表记体系的初步形成、汉字的历史演变、汉字的使用与文体、汉字的日本化、现代日语中的汉字、日本汉字的研究、日本汉字的未来。因为此书研究的目标是日本汉字史,其关注汉字的角度有所不同,故而对日本学者中国古文字学研究历史,以及日本学术界关于汉字"存废"论争问题讨论得不多,这是一个很明显的学术倾向性问题。

就目前来看,学术界对日本汉语文字学史的研究还有许多不尽如人意的地方,尽管已经有一些学者做了很多的工作,像译介日本学者的成果,例如岛邦男《殷墟卜辞研究》,由濮茅佐、顾伟良翻译,上海古籍出版社 2006 年出版;林巳奈夫《殷周青铜器综览》(一)、(二),广濑薰雄、近藤晴香翻译,上海古籍出版社 2017 年、2019 年出版。白川静《汉字的世界:中国文化的原点》,由陈强翻译,四川人民出版社 2018 年出版;白川静、小山铁郎《神秘的汉字》,刘名扬翻译,重庆出版社 2018 年出版,等等。大量的日本中国古文字与中国今文字研究成果,仍然没有翻译与介绍,需要更多的学者去努力做这项工作。

近现代日本汉语古文字学史研究也是一样,比如近现代日本汉语古文字学史文献发掘与研究,以及近现代日本汉语古文字学史与近现代中国古文字学史学术关系之研究还没有学者进行全面而系统的梳理,所以,许多需要关注的重要学术问题还没有一个令人满意的解释。林泰辅在中日甲骨文金文研究史上的开拓性地位评估;高田忠周金文研究价值和意义、贝塚茂树等日本学者论及罗振玉与王国维古文字研究学术贡献的评价;浜田耕作、梅原末治商周青铜器考古及古文字研究学术理论来源,以及浜田耕作、梅原末治与郭沫若、容庚等的学术研究关系等问题,还需要深入进行研究。

对近现代日本汉语文字学史的研究,无论是日本还是中国,都是新的亟待开拓的研究领域,目前还没有一部专门而系统的"近现代日本汉语文字学史"学术著作问世,这也是需要跟进的。

除了近现代汉语语法学史、汉语音韵学史、汉语词汇学史、汉语文字学史之外,近现代日本汉语语言学理论学史、汉语辞书学史也应该是需要我们关注的焦点。比如汉语辞书学史,近藤杢《中国辞书的梗概》(1937)对中国辞书史进行了比较全面的论述②。比如训故辞书,如《尔雅》、《小尔雅》、扬雄《方言》、孙炎《尔雅注》、张揖《广雅》、颜师古《匡谬正俗》等字书,以及《史籀篇》《仓颉篇》《急救篇》《说文解字》《玉篇》等。以音韵为主的辞书,如李登《声类》、吕静《韵集》、陆法言《切韵》、陈彭年等修订《广韵》、毛晃《增修互注礼部韵略》、韩道昭《五音集韵》、宋濂等《洪武正韵》等。类书,如《皇览》《艺文类聚》《太平御览》《永乐大典》等。附录有本邦汉字书。《中国辞书的梗概》的特点是,把日本的汉语辞书纳入研究中,构成了中日汉语辞书研究史的学术框架。

---

① 潘钧.日本汉字的确立及其历史演变[M].北京:商务印书馆,2013.
② 近藤杢.中国辞书的梗概[M].东京:东亚研究会,1937.

福田襄之介《中国字书史》(1979)的研究范围限定在中国字书研究上[①]。第一编,从《尔雅》流变为《方言》;第二编,从《说文解字》流变为《类篇》;第三编,从部首法流变为笔画法。其中,涉及日本模仿中国字书的文献不少,比如第二编第十一节,"我国的许学"中有藏于日本的《说文解字》善本,日本《说文解字》翻刻本,日本的《说文解字》研究,这些都属于日本《说文解字》学史内容,文献收集十分丰富,所涉及问题非常广泛。但就近现代日本学者研究中国字书的学术史情况来说,还有相当大的拓展空间。

An Overview of the Literature on the History of Chinese Language Studies in Modern Japan

Li Wuwei

(Department of Chinese Language and Literature，Xiamen University, Xiamen, Fujian，361005)

Abstract：This paper summarizes the history of Chinese language studies conducted by contemporary Japanese scholars from two aspects：integrity，comprehensiveness and various branches of disciplines，and outlines the basic features of Chinese language studies in contemporary Japan. This paper involves a large number of documents，many of which are discussed for the first time in China. This paper also provides new materials to further the studies on the history of contemporary Chinese language Studies in Japan.

Key words：modern Japan；history of Chinese studies；literature；summary

（学术编辑：许彬彬）

李无未,男,厦门大学中文系特聘教授。

---

① 福田襄之介.中国字书史[M].东京:明治书院,1979.

多重量词结构的推导

杨永忠

（云南财经大学　国际语言文化学院，云南　昆明　650221）

摘要：在对多重量词结构这一句法现象进行充分描写的基础上，本文提出：多重量词结构应当视为一个双层 DP 结构，是一个以内层 DP 为核心、NumP 为补足语的名词性结构，内层 DP 成分统制 NumP。NumP 跨界（ATB）移位至外层 DP 的标志语位置，形成多重量词结构的表层语序。多重量词结构种类量词移位的根本原因在于数词空缺。这种假设可以对以往多重量词结构研究中许多令人困惑的问题做出合理的解释。

关键词：多重量词结构；名词删略；数词空缺；特征核查

一、引言

多重量词结构指的是一种特殊的名词性短语，其线性顺序为"数词＋量词$_1$＋指示词＋量词$_2$＋名词"。其中，量词$_1$一般为个体量词，量词$_2$一般为种类量词。近年来，这一现象虽然在国外学界已有讨论，但汉语学界却鲜有论及。目前，学者们主要关注该现象的结构性质、内部成分、语义解读机制和限制因素等方面，但对其内部结构和生成机制并未涉及。根据 Chierchia[①②]，汉语属于论元型语言，没有冠词，名词可以自由出现于论元位置；名词表示类指、实体，语义类型为$\langle e \rangle$；由于名词均具有不可数特征，因此需要借助于量词方可计算，量词的语义类型为$\langle e,\langle e,t\rangle\rangle$。据此，多重量词结构的语义结构可以表示为：$[_{ICLP,\langle e,t\rangle}$ ICL，$\langle e,\langle e,t\rangle\rangle[_{DP,\langle e\rangle}$ D，$\langle\langle e,t\rangle,e\rangle[_{KCLP,\langle e,t\rangle}$ KCL，$\langle e,\langle e,t\rangle\rangle$ NP，$\langle e\rangle]]]$。这一将汉语名词语义类型分析为$\langle e\rangle$的假设存在问题。D 的作用在于将名词从性质转化为实体，即将$\langle e,t\rangle$变为$\langle e\rangle$。如果汉语光杆名词本身就表示实体，语义类型为$\langle e\rangle$，那么，具有 D 作用的"这""那"等指示词就会显得多余，换言之，"这""那"等指示词不可出现于多重量词结构。这样的结论与汉语

---

①　CHIERCHIA G. Reference to kinds across languages[J]. Natural language semantics 1998（6）：339-405.

②　CHIERCHIA G. Plurality of mass nouns and the notion of "semantic parameter"[M]//Susan Rothstein（ed.）. Events and Grammar. Dordrecht：Kluwer，1998：53-103.

事实不符。为此，Cheng and Sybesma[①②]提出，汉语光杆名词表示陈述，语义类型为$\langle e,t\rangle$；量词的作用相当于冠词，语义类型为$\langle\langle e,t\rangle e\rangle$；指示词充当修饰语，语义类型为$\langle\langle e,t\rangle,\langle e,t\rangle\rangle$。据此，多重量词结构的语义结构可以表示为：$[_{ICLP,\langle e\rangle}\ ICL,\langle\langle e,t\rangle\langle e\rangle\rangle[_{KCLP,\langle e,t\rangle}\ Dem,\langle\langle e,t\rangle,\langle e,t\rangle\rangle[_{KCL',\langle e,t\rangle}\ KCL,\langle\langle e,t\rangle,\langle e,t\rangle\rangle\ NP,\langle e,t\rangle]]]$。依此分析，KCL 的语义类型必须为$\langle\langle e,t\rangle,\langle e,t\rangle\rangle$，KCL'和 KCLP 的语义类型方为$\langle e,t\rangle$，下一步运算方能展开。然而，这样分析就会造成不同种类的量词具有不同的语义类型，与不同种类量词搭配的数词也将具有不同的语义类型。这种分析势必导致语义类型分析混乱，因而同样不可取。在吸收 Chierchia、Cheng and Sybesma 合理成分的基础上，Liao and Wang[③]提出：汉语光杆名词表示集合，语义类型为$\langle e,t\rangle$；量词的功能相当于一个算子[u]；量词的作用为分化名词的歧义，语义类型为$\langle\langle e,t\rangle,\langle e,t\rangle\rangle$。据此，多重量词结构的语义结构可以表示为：$[_{ICLP,\langle e,t\rangle}\ Num,\langle\langle e,t\rangle\langle e,t\rangle\rangle[_{ICL',\langle e,t\rangle}\ ICL,\langle\langle e,t\rangle,\langle e,t\rangle\rangle[_{PartP,\langle e,t\rangle}\ Part,\langle e,\langle e,t\rangle\rangle\ [_{DP,\langle e\rangle}\ D,\langle\langle e,t\rangle,e\rangle[_{KCLP,\langle e,t\rangle}\ Num,\langle\langle e,t\rangle,\langle e,t\rangle\rangle[_{KCL',\langle e,t\rangle}\ KCL,\langle\langle e,t\rangle,\langle e,t\rangle\rangle\ NP,\langle e,t\rangle]]]]]]$。这一分析解决了语义类型不匹配问题，并统一了种类量词和非种类量词的语义类型。然而，该分析也存在诸多问题。第一，该分析对阻断原则的理解有误。根据 Chierchia[④]，只有显性句法操作手段会阻断隐性语义操作，反之则不然。然而，Liao and Wang[⑤]中的"这""那"都是显性句法操作手段，并不会被光杆名词类型转化这一隐性语义操作所阻断。第二，该分析对量词的分析存在前后矛盾，量词的功能既是分化歧义，语义类型为$\langle\langle e,t\rangle,\langle e,t\rangle\rangle$，又是功能算子[u]，然而，根据 Chierchia，算子的语义类型为$\langle e,\langle e,t\rangle\rangle$，功能在于将类转化为原子集。显然，Liao and Wang 对量词的分析前后不一致。第三，该分析将多重量词结构等同于部分结构，缺乏语义和结构上的支持。就语义而言，部分结构具有典型的部分义，而多重量词结构则没有；就结构而言，部分结构有表示部分关系的标记词，如汉语的"的"，而多重量词结构则没有。第四，该分析无法证明空语类投射 PartP 存在的合理性。根据 Boucher[⑥]，只有当一个功能语类投射的中心语或指示语位置有显性语言成分出现时，该功能语类投射方可被激活，或者说，该功能语类投射方可存在。然而，Liao and Wang 的功能语类投射 PartP 中没有任何显性成分，完全是一个空语类，因此，PartP 并没有存在的依据。为此，郑伟娜[⑦]提出，汉语光杆名词

①　L L-S. CHENG，SYBESMA R. Bare and not-so-bare nouns and the structure of NP[J]. Linguistic inquiry，1999，30(4)：509-542.

②　L L-S. CHENG，SYBESMA R. Classifiers in four varieties of Chinese[M]// CINQUE G，KAYNE R(eds.). The Oxford Handbook of Comparative Syntax. Oxford：Oxford University Press，2005：259-292.

③　LIAO W W，WANG Y Y. Multiple-classifier constructions and nominal expressions in Chinese[J]. Journal of East Asian linguistics，2011，20(2)：145-168.

④　CHIERCHIA G. Reference to kinds across languages[J]. Natural language semantics 1998(6)：339-405.

⑤　CHENG L L-S，SYBESMA R. Bare and not-so-bare nouns and the structure of NP[J]. Linguistic inquiry，1999，30(4)：509-542.

⑥　BOUCHER P. Definite reference in old and modern French：the rise and fall of DP[M]// BATLLORI M，HERNANE M-L，PICALLO M C，et al. Grammaticalization and parametric variation. Oxford：Oxford University Press，2005：95-108.

⑦　郑伟娜.多重量词结构再议[J].中国语文，2015(6)：536-548.

的语义类型为〈e〉;量词的作用相当于一个语义转化算子,语义类型为〈e,〈e,t〉〉,是从类到原子集、从实体到性质的投射[1][2];多重量词结构是数量名结构的一种特殊形式,在语境允许的情况下所指称的概念完全一致;种类量词和其他量词的语义类型一致,前后两个数词的语义类型一致。据此,多重量词结构的语义结构就可表示为:$[_{ICLP,\langle e,t\rangle}$ Num,$\langle\langle e,t\langle e,t\rangle\rangle$ $[_{ICL',\langle e,t\rangle}$ ICL,$\langle e,\langle e,t\rangle\rangle$ $[_{DP,\langle e\rangle}$ Specφ $[_{D',\langle e\rangle}$ D,$\langle\langle e,t\rangle,e\rangle$ $[_{KCLP,\langle e,t\rangle}$ Num,$\langle\langle e,t\rangle,\langle e,t\rangle\rangle$ $[_{KCL',\langle e,t\rangle}$ KCL,$\langle e\rangle,\langle e,t\rangle\rangle$ NP,$\langle e\rangle]]]]]]$ 或 $[_{CLP,\langle e,t\rangle}$ NumP,$\langle\langle e,t\rangle\langle e,t\rangle\rangle$ $[_{CL',\langle e,t\rangle}$ CL,$\langle e,\langle e,t\rangle\rangle$ $[_{KCLP,\langle e\rangle}$ Demp,$\langle\langle e,t\rangle,e\rangle$ $[_{KCLP,\langle e,t\rangle}$ NumP,$\langle\langle e,t\rangle,\langle e,t\rangle\rangle$ $[_{KCL',\langle e,t\rangle}$ KCL,$\langle e,\langle e,t\rangle\rangle$ NP,$\langle e\rangle]]]]]$。然而,该分析同样存在诸多问题。首先,多重量词结构的语义并不能完全等同于数量名结构。其次,前后两个数词的语义类型并不等值,前者具有无定、无指特征,而后者则具有定、有指特征。最后,虽然数词与名词之间必须有量词,但指示词与名词直接组合,而无需借助于量词,如"这书""这人""这屋""这事""这山""这地方"等。显然,郑伟娜(2015)的多重量词结构生成构拟分析同样无法准确反映汉语语言事实。

　　鉴于此,本文拟在生成语法理论框架内对多重量词结构现象作进一步研究,借以分析多重量词结构的内部结构及其生成过程,并对可能的多重量词结构做出预测,同时对所构建的理论模型进行验证,因为多重量词结构毕竟是一种句法现象,其生成必然首先而且最主要也是受制于句法规则,对其所进行的研究也应当主要从句法入手,才能发现其句法规律和句法条件。

二、多重量词结构的句法特征

　　多重量词结构具有以下句法特征:①两个量词不可相同,不仅形式不同,而且语义不同。②第二个量词多为表示种类的名量词,其前必须有指示词,数词往往隐而不显;第一个量词的形式、语义不受限制,其前有数词,数词前可有指示词,通常情况下,指示词往往不出现。需要注意的是,两个指示词不可相同,不仅形式不同,而且语义不同。③第一个量词的选择依据名词而定,二者间存在语义选择关系。第二个量词的句法表现形式一般为"种"。④一般不具有语义分配性解读涵义,因而,既不同于分配性或存在性量词结构(如"每个人三本书""一个人三本书"),也不同于一般数量名结构(如"三本书")或部分格结构(如"这些书中的三本")。分配性或存在性量词结构中,数量词前无指示词等限定语,两个量词都属于个体量词,可以作分配性语义解读。一般数量名结构中,数量词前可有指示词,也可省去指示词,属于一般数量词结构。部分格结构中,数量词前无指示词,但结构中必须包含虚词"的"。相比之下,多重量词结构不具有部分义或部分格特征,名词前必须出现指示词。就语义而言,部分格结构具有典型的部分义,表示已知复数集合中的一部分,而多重量词结构表示的是非已知的复数集合,因而缺乏典型的部分义。就结构而言,部分格结构具有标记词"的",而多

---

① CHIERCHIA G. Plurality of mass nouns and the notion of "semantic parameter"[M]//Susan Rothstein (ed.). Events and Grammar. Dordrecht:Kluwer,1998:53-103.

② Li J. Nominal arguments and language variation[D]. Ph. D. dissertation,Harvard University,2012.

重量词结构没有该标记词。① ⑤定指名词短语具有集合义和单调性，与部分格相似。⑥定指名词短语在数量词前具有话题特征，在数量词后具有中心语性质。因此，定指名词短语具有确指性意义，同时也具有同一性含义。例如，"三本这种书"并不完全等同于"三本书"，因为前者具有确指性含义，表达的是有限集合，而后者则具有确指性含义和非确指性含义，表达的是无限集合。定指名词短语表示所称谓的名词概念具有均质性或同一性，相比之下，非定指名词短语则表示所称谓的名词概念具有非均质性或非同一性。

值得注意的是，多重量词结构无论怎样排列，只有两种结构形式合法，其他均不合法，如下所示：

(1)a. 这种书三本　　b. 三本这种书　　c. ＊三种这本书　　d. ＊这种三本书

　　e. ＊三本书这种　　f. ＊书这种三本　　g. ＊书三本这种

正如(1)所示，个体量词始终跟在数词后面，而种类量词始终跟在指示词后面，名词则始终跟在种类量词后面，三者看起来就像一个不可分割的结构体，一旦拆分，就会形成不合法的结构。因此，我们认为，多重量词结构的基础结构为：指示词＋种类量词＋名词＋数词＋个体量词。"数词＋个体量词＋指示词＋种类量词＋名词"的表层语序是"数词＋个体量词"整体移位的结果，如(2)所示。

(2)a. $[_{DP}[_{DP}$ D KCl N$]$ $[_{NumP}$ Num ICl$]]$②

　　b. $[_{DP}[_{NumP}$ Num ICl$]_i[_{DP}$ D KCl N$]t_i]$

"数词＋个体量词"是作为一个句法体(syntactic object)移位，因此，不可能生成"这种三本书"这类不合法结构。我们假设量词和数词衍生于名词之后的某个位置，即量词结构的基本语序为：名＋数＋量。我们的这一假设有两方面的依据。根据普遍公认的观点，汉语名词性结构中量词的原始结构为"名＋数＋量"，"数＋量＋名"结构是到了魏晋时期方才出现，唐代之后才得以广泛使用并一直沿用至今。③④⑤ 换言之，上古汉语中的数量词均有实词性特征，因而在表层结构中位于结构的末端，与其底层结构相对应。在现代汉语中，它们都已虚化为功能语类，具有[＋D]特征，因而在表层结构中占据名词之前的位置。⑥ 这是历时的证据。另外，除汉语以外的其他汉藏语系其他量词型语言，其量词结构有"数＋量＋名""名＋数＋量""名＋量＋数""量＋名＋数""量＋量＋名"等类型，与汉语接触较多的语言一般多采用"数＋量＋名"型结构，这意味着，其原始结构应为"名＋量"或"名＋数＋量"型结构。"名＋数＋量"是量词结构的基础结构，所有量词型语言量词结构都是以此为基础通过量词移位和数词移位的方式生成。

如果确指性名词短语中含有"二"或以上数词，那么，多重量词结构可作分配性解读或非

---

①　郑伟娜.多重量词结构再议[J].中国语文，2015(6)：536-548.

②　D＝determiner(限定词)，DP＝determiner phrase(限定词短语)，ICl＝individual classifier(个体量词)，KCl＝kind classifier(种类量词)，N＝noun(名词)，NP＝noun phrase(名词短语)，NumP＝numeral phrase(数量词短语)，t＝trace(语迹)。

③　王力.汉语史稿[M].北京：科学出版社，1958：302-336.

④　HASHIMOTO M J. The genealogy and the role of the classifier in Sino-Tibetan[J]. Computational Analyses of Asian & African Languages，1977(7)：69-78.

⑤　贝罗贝.上古、中古汉语量词的历史发展[J].语言学论丛，1998(21)：99-122.

⑥　程工.语言共性论[M].上海：上海外语教育出版社，1999：190.

分配性解读(即集合性解读)。①

(3)三杯这两种饮料

a. 这两种饮料各三杯　b. 这两种饮料共三杯

可以说,此时的多重量词结构存在歧义性,如(4)所示。

(4)a.$[_{DP}[_{DP}$三杯 $[_{DP}$这两种饮料$]]]$(有歧义)

b.$[_{DP}[_{DP}$饮料$_i[_{DP}$三杯$[_{DP}$ t$_i[_{DP}$这两种 t$_i]]]]]$

c.$[_{DP}[_{DP}$三杯$_i[_{DP}$饮料$_j[_{DP}$ t$_i[_{DP}$这两种 t$_j]]]]]$

这样的歧义同样存在于英语和德语的对应表达方式中,如(5)和(6)所示。

(5)a.$[_{DP}[_{DP}$ three glasses of$[_{DP}$ drinks of the two kinds$]]]$(有歧义)

b.$[_{DP}[_{DP}$ drinks$_i[_{DP}$ three glasses of$[_{DP}$ t$_i[_{DP}$ of the two kinds t$_i]]]]]$

c.$[_{DP}[_{DP}$ three glasses of$_i[_{DP}$ drinks$_j[_{DP}$ t$_i[_{DP}$ of the two kinds t$_j]]]]]$

(6)a.$[_{DP}[_{DP}$ drei Gläser $[_{DP}$ Getränke von dieser zwei Sorten$]]]$(有歧义)

b.$[_{DP}[_{DP}$ Getränke$_i[_{DP}$ drei Gläser $[_{DP}$ t$_i[_{DP}$ von dieser zwei Sorten t$_i]]]]]$

c.$[_{DP}[_{DP}$ drei Gläser$_i[_{DP}$ Getränke$_j[_{DP}$ t$_i[_{DP}$ von dieser zwei Sorten t$_j]]]]]$

(5)和(6)显示,与汉语多重量词结构对应的英语和德语数名结构同样存在歧义,可以分别作分配性解读和非分配性解读。然而,如果指示词与种类量词之间无数词,或者说,默认数词为"一",那么,多重量词结构就没有歧义,如(7)—(9)所示。

(7)a.$[_{DP}[_{DP}$三杯 $[_{DP}$这(一)种饮料$]]]$(无歧义)

b.$[_{DP}[_{DP}$饮料$_i[_{DP}$三杯$[_{DP}$ t$_i[_{DP}$这(一)种 t$_i]]]]]$

c.$[_{DP}[_{DP}$三杯$_i[_{DP}$饮料$_j[_{DP}$ t$_i[_{DP}$这(一)种 t$_j]]]]]$

(8)a.$[_{DP}[_{DP}$ three glasses of$[_{DP}$ drinks of this kind$]]]$(无歧义)

b.$[_{DP}[_{DP}$ drinks$_i[_{DP}$ three glasses of$[_{DP}$ t$_i[_{DP}$ of this kind t$_i]]]]]$

c.$[_{DP}[_{DP}$ three glasses of$_i[_{DP}$ drinks$_j[_{DP}$ t$_i[_{DP}$ of this kind t$_j]]]]]$

---

① 虽然"三杯这两种饮料"在语感接受方面属于边缘语料,但是,边缘语料仍旧属于合法语料。需要注意的是,NumP 中的 Num 小于 DP 中的 Num 时,只能作分配性解读;相反,NumP 中的 Num 等于或大于 DP 中的 Num 时,则可作分配性解读和集合性解读。这表明,Num 的大小对语义解读选择具有制约作用,其原因在于:NumP 的辖域涵盖 DP。如果 NumP 中的 Num 小于 DP 中的 Num,那么,NumP 就只能有窄域,DP 则有宽域,NumP 与 DP 之间的配对呈现有限性,因而形成一个有限集合。相反,NumP 中的 Num 等于或大于 DP 中的 Num 时,NumP 既可有窄域,又可有宽域,NumP 与 DP 之间的配对呈现无限性,因而形成一个无限集合。另外,"三杯"在表层句法位置上高于"两种",不一定就必须取宽域解释,因为根据量化语提升理论,量化语既可以取宽域,也可以取窄域。

(i) a.$(x)[NumP(x)→(y)[DPpl(y)\&(xy)]]$(分配性解读)

b.$(y)[DPpl(y)\&(x)[NumP(x)→(xy)]]$(集合性解读)

正如(i)所示,在分配性解读中,NumP 的量词在结构中具有最大的辖域;DP 的量词相应地具有窄域,即在结构中的辖域小于 NumP 中的量词。在集合性解读中,DP 的量词具有宽域,而 NumP 中的量词具有窄域。隐性算子对变量 x 进行量化,x 为复数性成分 NP 的一个成员,即"一种",因为其可分成若干部分。指示词作为范围限定词,限定变量 NP,隐性算子将 NumP 的特征分配给指示词限定的变量中的每一个成员。分配算子执行一个配对函项,把复数性成分 NP 所指称的集合中的每个个体与 NumP 所指称的分配成分进行配对。分配算子和加合算子均要求 NumP 为无定名词短语,可被存在量化算子约束。因此,就语义表达的事理逻辑而言,"老张喝了三杯这两种饮料"完全可能得出"老张一共喝了六杯饮料"的结论。

(9) a. $[_{DP}[_{DP}$ drei Glas $[_{DP}$ Getränke von dieser Sorte$]]]$（无歧义）

    b. $[_{DP}[_{DP}$ Getränke$_i[_{DP}$ drei Glas $[_{DP}$ t$_i[_{DP}$ von dieser Sorte t$_i]]]]]$

    c. $[_{DP}[_{DP}$ drei Glas$_i[_{DP}$ Getränke$_j[_{DP}$ t$_i[_{DP}$ von dieser Sorte t$_j]]]]]$

显然，分配性解读、复数确指性名词短语与歧义性解读之间存在内在关联。单数确指性名词短语没有歧义，而多重量词结构则存在歧义性，歧义性源于分配性解读和非分配性解读之别。简言之，只要种类量词前的数词不是默认数词"一"，而是"二"或以上数词，那么，多重量词结构就会有歧义存在。如果"数词＋个体量词"所含语义数量大于"数词＋种类量词"所含语义数量，那么，多重量词结构只可作非分配性解读；如果"数词＋个体量词"所含语义数量小于或等于"数词＋个体量词"所含语义数量，那么，多重量词结构可作分配性解读或非分配性解读。上述结论可以概括为（10）。

（10）a. Num＋ICl＞Num＋ KCl（非分配性解读）

    b. Num＋ICl≤Num＋ KCl（分配性解读或非分配性解读）

当种类量词前的数词大于或等于"二"时，含种类量词的内层 DP 具有离散性特征，因为数词大于或等于"二"意味着集合为"二"或"二"以上，每一个集合就相当于一个个体；相反，当种类量词前的数词为"一"或以隐性形式出现时，这就意味着只有一个集合，一个集合也就只相当于一个个体，因而，含种类量词的内层 DP 没有离散性特征，多重量词结构只能作集合性解读。只有当内层 DP 具有离散性特征时，多重量词结构方才可以作分配性解读。这就是确指性名词短语中含有"二"或以上数词时，多重量词结构存在歧义性的根本原因。

三、左边界省略、数词空缺与多重量词结构的生成

根据上文的讨论，多重量词结构包含两个量词，而且两个量词都可以分别单独修饰名词，分别构成两个名词性短语，即内层 DP 和 NumP。因此，我们认为，多重量词结构由两个名词性短语合并而成，作为连接手段的连词在构词过程中被删略，这就导致左边界省略，进而生成多重量词结构。这一推导过程可表示为：

（11）$[_{DP}$ DP NumP$]$

由此看来，多重量词结构应当视为一个双层 DP 结构，是一个以内层 DP 为核心、NumP 为补足语的名词性结构，内层 DP 成分统制（c-command）NumP。NumP 跨界（ATB）移位至外层 DP 的标志语位置，形成多重量词结构的表层语序，如（12）所示。

（12）$[_{DP}[_{DP}$ D KCl NP$][_{NumP}$ Num ICl$]]$

→$[_{DP} [_{NumP}$ Num ICl$]_i[_{DP}$ D KCl NP$]$ t$_i]$

NumP 整体提升移位至外层 DP 的标志语位置，而内层 DP 则滞留于原位。这一分析具有以下理论蕴涵：多重量词结构中的 D 和 Num 分别投射为内层 DP 和 NumP，二者蕴含于同一个外层 DP 之中，共享同一个领属语及其限定成分。这一分析很好地解释了多重量词结构领属语和限定语的辖域以及变量约束等现象，克服了传统多重量词结构解释的不足。而且，这一分析还能解释多重量词结构的其他一些现象，如 D 和 Num 共享同一个名词，但不一定共享同一个限定语。名词共享是多重量词结构的显著特点，是多重量词结构生成的必要条件，限定语共享则不是多重量词结构的必有特征。限定语是否共享取决于 D 和 Num

的支配能力和范围(即辖域)以及限定语的隐现。无论怎样,内层 DP 支配 NumP,NumP 对内层 DP 作补充说明,相当于谓词。内层 DP 处于支配地位,D 直接修饰名词;NumP 间接修饰名词,处于从属地位。这一分析也正确地预测了 NumP 不能被指示词和物主代词修饰。

(13)a. $[_{DP}[_{DP}$ 这种书$][_{NumP}$ 三本$]]$

　　b. $*[_{DP}[_{DP}$ 这种书$][_{NumP}$ 那三本$]]$

　　c. $*[_{DP}[_{DP}$ 这种书$][_{NumP}$ 我的三本$]]$①

因此,左边界省略是两个合并的名词性短语生成多重量词结构的前提条件。从结构整体来看,由于多重量词结构只有一个 DP,即外层 DP,且外层 DP 以内层 DP 为核心,因此,由限定语"这"和种类量词"种"构成的 D 直接修饰名词,三者构成一个句法体,不可拆分。换言之,数词和个体量词构成的数量词短语 NumP 不可插入内层 DP 之中。

(14)a. $*[_{DP}[_{DP}$ 这种$[_{NumP}$ 三本$]_i$ 书$]t_i]$

　　b. $*[_{DP}[_{DP}$ 这$[_{NumP}$ 三本$]_i$ 种书$]\ t_i]$

NumP 不能直接修饰名词,必须以内层 DP 为中介方能与名词建立联系,进而向名词释放次语类特征(subcategorization feature),实现数词与名词在概念—意向(conceptual-intentional)层面的一致。种类量词前的默认数词"一"以隐性形式存在,这就迫使种类量词向左移位并与 D 合并,否则就会造成推导崩溃。这一句法推导机制具有以下理论蕴涵:①种类量词前的指示词不可省略,否则,种类量词就会无所依凭,导致不合法的多重量词结构;②种类量词必须与指示词合并为一个句法体,二者再与名词合并为一个更大的句法体;③只有当默认数词为"一"时,种类量词方可移位,否则,其必须滞留于原位。

(15)a. $[_{DP}[_{DP}$ 这$[_{NumP}$ 一种书$][_{NumP}$ 三本$]]]$

　　b. $[_{DP}[_{DP}$ 这$[_{NumP}$ 三种书$][_{NumP}$ 三本$]]]$

上例显示,数词"一"和"三"与分别种类量词"种"合并,无需移位,即可构成一个合法的句法体,然后,该句法体再与名词"书"合并,形成一个更大的句法体"一种书"和"三种书"。这表明,只有当数词显性形式为"一"或"一"以上时,内层 DP 方才可以切分。

四、属格化、名词删略与数量词短语显性提升移位

根据上文的分析,多重量词结构种类量词移位的根本原因在于数词空缺。由于数词空缺,导致种类量词 KCl 无所依凭,必须提升移位,而这样的提升移位同样造成名词 N 的孤立无依,因此,名词 N 必须与种类量词 KCl 一道提升移位并与 D 合并。与 KCl 和 N 这两个语类的隐性移位不同,由名词 N 省略引起的数量词短语 NumP 提升移位则是显性的。NumP

---

① "我的三本这种书"在可接受性上明显比"这种书我的三本"要好很多,尤其是在有一定语境支持的情况下(如"他的三本那种书都被老师给没收了")。既然如此,如何解释基础结构"这种书我的三本"不合格,而移位以后的结构反倒合格性提升了?我们认为,"这种书我的三本"不合法而"我的三本这种书"合法表明,前者并非后者的基础结构,因为并不存在基础结构不合法而派生结构合法的情形。相反,只有合法的基础结构才能生成合法的派生结构。实际上,"我的三本这种书"的基础结构不是"这种书我的三本",而是"我的这种书三本"。另外,NumP 前添加关系从句,似乎也是可以接受的,比如"我刚买的三本这种书"。

提升移位旨在与名词 N 建立联系，实现对后者的修饰限定。由于连词被删除，造成第二个短语（即 NumP）的左边界省略，根据多重量词结构必须共享名词的规定，第二个短语（即 NumP）中的名词必须删除，或者说，两个同指宾语合并为一个句法体，因此，最终生成表层语序。NumP 以内层 DP 为媒介对名词赋予属格特征，因此，NumP 提升移位可以视为一种属格化操作，NumP 后允许出现虚词"的"，但内层 DP 后面则不允许，如（16）所示。

(16)a. 三杯的这种饮料

　　b. ＊这种饮料的三杯

这表明，NumP 可以属格化，但内层 DP 不可以，与通常情况下的 NP/DP 的句法表征不同。比较：

(17)a. 房屋的门　b. 这幢楼的门

内层 DP 不能对 NumP 实施属格化操作。实际上，内层 DP 既不成分统制 NumP，也不支配 NumP，NumP 并不在其辖域之内。NumP 的句法位置高于内层 DP。① NumP 基础生成于内层 DP 后面的位置，其移位至内层 DP 前面的位置，是为了将一个述谓结构转换为一个名词性短语。

(18)DP-NumP（述谓结构）

→NumP（限定语）-DP（中心语/名词补足语）

如（18）所示，NumP 作为一个句法体移位，但其中的成分不可单独移出，否则违反孤岛条件限制。②

毫无疑问，属格化操作是一种限定关系的建立过程。在最简方案框架下，属格化操作实际上就是一种特征赋值操作，即探针和目标之间建立一致性关系的句法操作。③④⑤⑥⑦ 数量词短语 NumP 中的名词在句法上受到制约，即 NumP 中被删略名词 N 的语义属性必须得到允准。被删略名词 N 和内层 DP 中名词的语义所指相同，语义等值。内层 DP 中名词的语义指称属性决定被删略名词 N 的语义指称属性。可见，被删略名词 N 的句法语义特征必须得到以显性形式出现的内层 DP 中名词的允准。如果数量词短语 NumP 中的被删略名词

---

① 数词和个体量词的句法位置高于限定词短语，仅次于领属语，如下所示。

(i)a. [DP[D[NumP三本i[DP这种书 ti]]]]

　b. [DP我的[D[NumP三本i[DP这种书 ti]]]]

　c. [DP我的[D那[NumP三本i[DP这种书 ti]]]]

② ROSS J R. Constraints on variables in syntax[D]. Ph.D. dissertation，MIT，1967.

③ CHOMSKY N. Minimalist inquiries：The framework［M］// MARTIN R，MICHAEL D，URIAGEREKA J. Step by step：essays on minimalism in honor of Howard Lasnik. Cambridge，MA：MIT Press，2000：89-155.

④ CHOMSKY N. 2001. Derivation by phase［M］// KENSTOWICZ M. Ken Hale：A Life in language. Cambridge，MA：MIT Press，2001：1-52.

⑤ CHOMSKY N. Beyond explanatory adequacy[M]// BELLETTI A. Structures and beyond：the cartography of syntactic structures. Oxford：Oxford University Press，2004：116.

⑥ CHOMSKY N. Approaching UG from below［M］// SAVERLAND V，GÄRTNER H-M. Interfaces ＋ Recursion ＝ Language？Chomsky's Minimalism and the View from Syntax-semantics. Berlin/New York：Mouton de Gruyter，2007：1-30.

⑦ 杨永忠.属格结构生成句法研究[J].天津外国语学院学报，2010(4)：8-15.

N 无法得到句法的允准,那么,结构不合法。多重量词结构中的 Num 与 D 共享名词 N,Num 的被修饰成分在句法上必须以隐性形式存在。根据 Kayne[1] 和 Nunes[2] 的观点,删略的发生是线性化要求的结果。省略结构中的空语类形式是零形式的基础生成。只有中心语选择的成分可以以零形式出现,省略结构中空语类的出现是为了满足中心语的选择性质。[3] 无论是 NumP 还是内层 DP 都是分别以 Num 和 D 为核心的最大投射,二者分别是这两个最大投射的中心语,因此,可以选择相应成分作为其补足语。NumP 中的被删略名词 N 需要 Num 的形式特征允准和内层 DP 中名词补足语的语义允准。

需要指出的是,核查特征与核查机制必须匹配。NumP 为词汇性成分,DP 为功能性成分,二者之间必须匹配。这就意味着,NumP 和 DP 不仅要特征一致和形态一致,而且要有语义相关性和词汇相关性。形态匹配限制要求词汇语类移位至功能语域的相应位置,以便核查其与功能语类相匹配的特征。[4] 移位必须遵循特征匹配准则,如(19)所示。

(19)特征匹配准则

X 移位至 Y,且只能移位 Y,Y 具有与 X 匹配的特征。[5][6]

这就意味着,NumP 可越过内层 DP 的标志语位置,直接移位至外层 DP 的标志语位置而不至于违反"最短连接条件(Minimalist Link Condition)"[7],原因在于二者的特征不匹配。不过,按照循环推导原则,NumP 在移位至外层 DP 的标志语位置核查其特征之前,必须先移位至内层 DP 的标志语位置,以便核查掉其强特征[+Q]。

(20)a. $[_{DP}[_{D}[_{NumP} \text{Num ICl}_i[_{Num'} t_i[_{DP} t_i[_{DP}[_{D} \text{D KCl}_j[_{NP} t_j t_i]]]]]]]]$

　　b. $[_{DP}[_{D}[_{NumP} 三本_i[_{Num'} t_i[_{DP} t_i[_{DP}[_{D} 这种书_j[_{NP} t_j t_i]]]]]]]]$

根据 Rizzi[8] 的观点,功能语类的标志语位置本质上是一个 A-位置(A-position,即 argument position),具有与名词短语特征相匹配的特征。如果这一分析正确,那么,语类 NumP 和内层 DP 的标志语位置均为 A-位置。NumP 从其基础生成位置到标志语位置的移位是 A-移位;同样,NumP 的标志语核查完强特征后移位至外层 DP 标志语位置的移位也是 A-移位。值得注意的是,标志语位置为 A-位置,具有 L-相关性(L-related)特征,即词汇语义特征。NumP 从其基础生成位置移位至内层 DP 标志语位置所形成的语链为中心语语链,链首和链尾均为 L-相关位置,链首成分统制中间语迹和链尾。正如(20)所示,"三本"首先移位至内层 DP 的标志语位置,核查强特征,即 θ-特征(人称、性、数、有定、有指);"这种"从 NP 中移出,并占据 DP 的中心语位置 D,核查其 θ-特征(人称、性、数、有定、有指)。"三本"继续移位至 NumP 标志语位置,核查其强特征[+Q]。

①　KAYNE R. The antisymmetry of syntax[M]. Cambridge,MA:MIT Press,1994:33.

②　NUNES J. The copy theory of movement and the linearization of chains in the minimalist program [D]. Ph.D. dissertation,University of Maryland,College Park,1995.

③　李艳惠.省略与成分缺失[J].语言科学,2005(2):3-10.

④　CHOMSKY N. The minimalist program[M]. Cambridge,MA:MIT Press,1995:54.

⑤　何宏华.严格辖域原则:基于语链理论的辖域释义[J].外语教学与研究,2004(2):97-104.

⑥　杨永忠.反单向性照应生成句法研究[J].当代外语研究,2012(11):27-31.

⑦　CHOMSKY N. The minimalist program[M]. Cambridge,MA:MIT Press,1995:311.

⑧　RIZZI L. Proper head government and the definition of A-positions[P]. Paper presented at GLOW Conference 14,Leiden,1991.

接下来的问题是，为什么只有 NumP 可以移位至外层 DP 的标志语位置而内层 DP 却不能？其制约因素是什么？我们认为，原因在于：①内层 DP 含有种类量词，而种类量词不能出现于 D 与 NumP 之间，否则，推导崩溃。②内层 DP 在内层 D 位置已经获得核查，其性、数等 θ-特征已经被核查掉，因而无进一步移位的动因；相反，NumP 在内层 DP 的标志语位置并未核查掉其数特征，因此，需要进一步移位至 NumP 的标志语位置。③种类量词前有零形式数词"一"，按理，限定语只能单独移位至外层 DP 的 D 位置；种类量词连同零形式数词"一"并移（pied-piping）至外层 DP 的 NumP 的标志语位置，会造成句法推导崩溃，因为 NumP 的标志语位置已被数量词短语占据，不可再容纳种类量词和零形式数词"一"。即使限定语单独移位，结构亦不合法，因为种类量词和零形式数词"一"皆依附于限定语，三者构成的句法体不可拆分。可见，正是种类量词和零形式数词"一"制约了限定语移位。如果没有种类量词和零形式数词"一"，那么，限定语可位于数量词短语之前。不过，此时的结构并非多重量词结构，而是一般数量词结构或单一数量词结构，如（21）和（22）所示。

（21）a. 这三本书　b. 书这三本　c. ＊这书三本（单一数量词结构）

（22）a. 三本这种书　b. 这种书三本　c. ＊这种三本书（多重量词结构）

限定语与名词之间只允许种类量词出现，而数词与名词之间则允许个体量词和种类量词出现。从（21）和（22）的对比可以看出，NumP 的辖域涵盖内层 DP，但内层 DP 不可越过 NumP。内层 DP 的辖域仅仅涵盖 NP，而 NumP 的辖域则涵盖包括 NP 在内的整个内层 DP。就特征而言，NumP 具有数量特征和无定、无指特征，内层 DP 则具有有定、有指特征，但没有数量特征。换言之，前者具有强量化特征，后者则具有弱量化特征。强特征必须核查掉，否则，推导就会失败。就意义而言，NumP 具有非确指性意义和量化概念，内层 DP 则具有确指性意义和非量化概念。

根据"语段无渗透条件（Phase Impenetrability Condition）"，HP（head phrase）之外的操作无法触及（access）中心语 H 范围内的成分，但能触及 H 和它的边缘（即 HP 的标志语或附加在 HP 上的成分）。一个语段一旦形成，就只允许成分从其中移出，而不允许成分从外面移入其中。HP 及其边缘的可及性取决于下一个强语段，如（23）所示。①②③④

（23）$[_{ZP}Z\cdots\cdots[_{HP}\alpha[HYP]]]$

我们以"三本这种书"为例来加以说明。

（24）三本$[_{DP}$三本$[_D$这种$[_{NP}$书$][_{NumP}$三本$]]]$

在（24）中，"三本"在拼读前移位至内层 DP 的边缘，因为内层 DP 中无相应的特征[＋Q]与"三本"的特征[＋Q]匹配，"三本"在此无法删除有关特征。"三本"的可诠释特征仍旧

①　CHOMSKY N. Minimalist inquiries：the framework［M］// MARTIN R，MICHAELS D，URIAGEREKA J. Step by step：essays on minimalism in honor of Howard Lasnik. Cambridge，MA：MIT Press，2000：89-155.

②　CHOMSKY N. Derivation by phase［M］// KENSTOWICZ M. Ken Hale：A Life in Language. Cambridge，MA：MIT Press，2001：1-52.

③　CHOMSKY N. Beyond explanatory adequacy［M］// BELLETTI A. Structures and beyond：The cartography of syntactic structures. Oxford：Oxford University Press，2004：116.

④　戴曼纯.最简方案框架下的广义左向合并理论研究［M］.北京：外语教学与研究出版社，2003：147.

是一个语段探头 D 可以触及的目标,通过下一个外层 DP 的推导,形成表层结构。①②③

(25)a. 三本[_DP 三本[_D 这种[_NP 书三本]]](中心语外移)

  b. 三本[_DP 三本[_D 这种[_NP 三本书]]](边缘成分外移)

内层 DP 中的"三本"带有可诠释性特征(interpretable features),而外层 DP 内无相应的功能语类带有相同的非诠释性特征(uninterpretable features)。由于受特征驱动,"三本"暂时移位至内层 DP 的边缘位置,成为探头 D 搜寻的目标,等待下一个更高的语段(即外层 DP)带有相应特征的探头 D 出现,并与之匹配。D 是强语段的中心语,因为其带有名词性 θ-特征(包括人称、性、数等),因此,涉及 θ-特征的 A-移位会越过 D,而不是停留在内层 DP 的边缘。跨语段的互动允许在从属语段的边缘进行。探头 D 可以两次与不同的目标进行一致运算,删除"这种"的非诠释性特征,导致"三本"提升移位,并给"书"释放次语类特征(即赋予"书"数量特征)。特征核查包含三重匹配,即探头 D 与"这种"、探头 D 与"三本"、探头 D 与"书"。"这种"和"书"在语段推导中均未引起干扰。但是,"这种"会阻碍"三本"的提升移位,因为"这种"与"书"优先匹配,因而被语言运算优先识别。由于语迹不能并移,因此,它会阻碍移位。惰性语迹不能有任何操作,即不允许发生任何匹配操作。并移语类("三本")在语段循环推导的最高点时,其语音形式得以显现,并获得语义表达。④⑤

(26)三本[_β 三本[_DP [_DP [_α 三本[_D 这种[_DP 书三本]]]]]]

正如(26)所示,由于"三本"的辖域可能小于"这种",也可能大于"这种",因此,"三本这种书"有双重含义,即确指性含义和非确指性含义。

值得注意的是,NumP 的辖域大于内层 DP,内层 DP 充当 NumP 的补足语。内层 DP 含有种类量词,其紧邻名词,并与名词在性、数、人称方面保持一致。NumP 中的量词表示更为宽泛的语义属性,与名词并无直接的语义联系,相反,内层 DP 中的量词与名词具有直接的语义联系。因此,在句法推导过程中,NumP 仅仅需要核查特征[+Q],内层 DP 则需要核查 θ 特征(即性、数、人称特征),必须保持一致与匹配。种类量词不可前置于其他量词,只能紧靠名词,要么前置于名词,要么后置于名词。NumP 携带特征[+Q],该特征具有非诠释性,必须在推导中核查,否则,NumP 携带非诠释性特征进入 PF 和 LF,将导致推导失败。

---

① 戴曼纯.最简方案框架下的广义左向合并理论研究[M].北京:外语教学与研究出版社,2003:147-148.

② SVENONIUS P. On the edge[M]// ADGER D, CAT C, TSOULAS G. Peripheries:Syntactic Edges and Their Effects. Dordrecht:Kluwer,2004:261-287.

③ ŽELJKO B P. Now I'm a phase, now I'm not a phase:On the variability of phases with extraction and ellipsis[J]. Linguistic inquiry. 2014,45(1):27-89.

④ CHOMSKY N. Derivation by phase[M]// KENSTOWICZ M. Ken Hale:A life in language. Cambridge,MA:MIT Press,2001:1-52.

⑤ 戴曼纯.最简方案框架下的广义左向合并理论研究[M].北京:外语教学与研究出版社,2003:147-158.

五、结语

多重量词结构在汉语中广泛存在。如何将其纳入生成语法框架并加以合理解释是一个既有理论价值又有实践意义的课题。量词具有辖域性质，多重量词结构的分析和释义必然涉及量词的辖域。多重量词结构中两个量词的交互关系如何？两个量词的句法表征如何？两个量词的辖域如何确定？什么因素影响多重量词结构的语义解读和结构分析？量词与数词、指示词的互动必须遵循什么样的句法原则和限制？为了对上述问题做出回答，本文对汉语多重量词结构进行了重新审视，从中发现了这类语言现象背后所蕴含的共性特征，那就是，多重量词结构包含两个量词，而且两个量词都可以分别单独修饰名词，单独构成两个名词性短语，即内层 DP 和 NumP。因此，多重量词结构由两个名词性短语通过合并而成，尤其作为连接手段的连词在构词过程中删略，左边界省略，进而生成多重量词结构。多重量词结构种类量词移位的根本原因在于数词空缺。多重量词结构的歧义性解读源于量词辖域。这一分析很好地解释了多重量词结构领属语和限定语的辖域以及变量约束等现象，克服了传统多重量词结构解释的不足。而且，这一分析还能解释多重量词结构的其他现象，如 D 和 Num 共享同一个名词，但不一定共享同一个限定语，正确地预测了 NumP 不能被指示词和物主代词修饰。

Derivation of Multiple-Classifier Constructions

Yang Yongzhong

（School of International Languages and Cultures，Yunnan University of Finance and Economics，Kunming，Yunnan，650221）

Abstract：Based on a summary of the properties and features of multiple-classifier constructions（MCCs），this paper proposes that MCCs are composed of two DPs. The embedded DP serves as the head while NumP serves as the complement. The embedded DP c-commands NumP. NumP moves across the board to the specifier position of the outer DP to give rise to various types of MCCs. The movement of the classifier of MCCs is triggered by numeral gapping. This contention can provide a reasonable solution to many long-standing puzzles related to MCCs.

Key words：multiple-classifier constructions；noun deletion；numeral gapping；feature checking

（学术编辑：李湘）

杨永忠，男，云南财经大学国际语言文化学院副教授。

日本"汉文典"与清季文法^①教学

张品格

（厦门大学　中文系,福建　厦门 361005）

摘要:晚清以来随着新式国文教育的展开,文法教学开始在国文课堂中兴起。早期的文法教学主要隶属于文学教育,为古文教学服务,以达到"会通""作文"的目的。随着文法教学的展开,我国学者自行编撰的文法教科书开始出现,以来裕恂《汉文典》、戴克敦《国文典讲义》、俞明谦《新体国文典讲义》等为代表。清季文法教科书的编撰主要受到同时期日本汉语文言文法研究的影响,特别是明治时期涌现的一批以汉语文法及修辞等为研究对象的"汉文典"的影响。"汉文典"的出现使得日本的汉语文法研究彻底摆脱江户以来的虚字训诂传统,真正开始了现代意义上的文法研究,同时也对我国国内文法教科书的编撰、文法教学及研究产生了重要影响,使得文法有缓慢脱胎于文学之势。在我国国内,自《马氏文通》起,至《新著国语文法》问世二十余年间,出现了短暂的"文典"时期,日本"汉文典"与我国学者编撰的"国文典"著作在一定程度上推动了文法教学与研究的独立进程,一方面使得清季兴起的文法教学得以顺利展开,另一方面其所建构的汉语文法体系对后世文法教学及文法研究意义重大。

关键词:日本"汉文典";清季文法教学;文法教科书

一、新学制下的"文法"教学

我国的文法教学始于清末,这一时期受西学东渐影响,伴随着西方新思想、新名词的传入以及晚清教育改革的实施,正式拉开了新式国文教育序幕。彼时新式学堂兴起,新学制及课程体系主要参考邻国日本。其中,对于国民教育有重要意义的"文学"一科,内容包括经学、史学、理学、诸子学、掌故学、词章学、外国语言文字学诸多科目。虽然与现代意义上的文学科差距甚远,但也突破了以往以词章为正宗的局面,具有初步的分科态势。此时,"文法"成为新式国文教育下的必修内容,作为基础知识出现在中小学课堂中,这是"文法"教学首次正式进入近代教育体系,可见其对于国民教育的重要意义,这也是"新式"国文教育展开的标志之一。对此,陆胤(2015)认为"晚清以降新型文学教育的发端,不仅受到西洋文学(尤其是文学史)观念的直接刺激,亦得益于语法(grammar)、修辞学(rhetoric)等文学周边知识的引

---

①　本文所用"文法"乃是清末中日通行术语。

进"①。

在新式国文教育展开之初，学界对于"文法"概念及内涵的界定还是颇为模糊的。此时的"文法"既包含发源于西洋经日本传入中国的"Grammar"语法学，也包括根植于中国本土的"理辞"同时混合西方、日本"美辞"的修辞学，以及集字成句、集句成章的"作文"之法。

彼时时局混乱，清政府亟须通过教育改革与世界接轨。随着晚清教改的深入，对国民基础知识普及和传统文化认同有着重要意义的国文一科，成为中西交流背景下传统学术复归的重点学科。但以往的教学往往缺乏可操作性，一直以来，传统的国文教育，特别是古文阅读、文章写作似乎是一门"只可意会、不可言传"的学问，在一定程度上阻碍了学生对中国文字、文辞的掌握。这并不是汉字、汉文难以理解，曾留学日本的来裕恂就认为"然何以学他国之文，则拼联之法，不难领悟。学汉文，而积累之体，未易通晓。则以外国文字，有文典专书，凡一切字法词法、部分类别，以表章之。故学者循声按谱，一览而知。汉文无文典，凡文章之成也，运用之妙，悉在一心，故艰苦而难成"②。来裕恂所述外国文典专书正是文法教科书，一切字法词法指的正是文法。关于文法的重要性，马建忠曾论："葛郎玛者，音原希腊，训曰字式，犹云学文之程式也。各国皆有本国之葛郎玛，大旨相似，所异者音韵与字形耳。童蒙入塾，先学切音而后授以葛郎玛，凡字之分类与所以配用成句之式具在。明于此，无不文从字顺，而后学格致数度，旁及舆图史乘，绰有余力，未及弱冠，已斐然有成矣。"③此时，随着西学东渐的大潮，发源于西方的语法学传入中国，为传统的文章写作、国文教学找到了可以遵循的法则，在一定程度上推动了晚清新式国文教育的展开乃至近代教改的推广。

1904 年，《奏定学堂章程》颁布，作为首个由清政府颁布的近代学制，其对近代教育的深远影响自不待言。其中，针对蒙学堂、初等小学、中学、高等大学及师范类学校的文法教学内容及教育目标进行了明确的规定。作为国文意识启蒙阶段的蒙学堂设立"字课"，属于《奏定初等小学堂章程》设立"中国文字"一科，规定每星期要学习 4 个钟点，共学习 5 年，主讲动字、静字、虚字、实字之区别，虚字与实字连缀之法、积字成句之法、积句成章之法、以俗语作日用书信。其要义在使识日用常见之字，解日用浅近之文理，以为听讲能领悟、读书能自解之助，并当使之以俗语叙事，及日用简短书信，以开他日自己作文之先路，供谋生应世之要需。④

中学堂"中国文学"科以"作文"为目的，其内容"一曰文义。文者积字而成，用字必有来历（经、史、子、集及近人文集皆可），下字必求的解，虽本乎古，亦不骇乎今。二曰文法。文法备于古人之文，故求文法者必自讲读始。先使读经、史、子、集中平易雅驯之文，《御选古文渊鉴》最为善本，可量学生之日力择读之（如乡曲无此书，可择较为大雅之本读之），并为讲解其义法。三曰作文，以清真雅正为主。次讲中国古今文章流别、文风盛衰之要略"⑤。

至大学堂"文学科大学-中国文学门"之文学研究法，其内容包括文字、音韵、训诂、词章之学、文体变迁、东文文法、泰西各国文法、文学与世界之关系等。这一时期修辞成为教学的

① 陆胤.清末西洋修辞学的引进与近代文章学的翻新[J].文学遗产,2015(3):170.

② 来裕恂.汉文典[M].高维国,张格,注释.天津:南开大学出版社,1993:1.

③ 马建忠.马氏文通[M].北京:商务印书馆,2018:10.

④ 舒新城.中国近代教育史资料:中册[M].北京:人民教育出版社,1985:415.

⑤ 璩鑫圭,唐良炎.中国近代教育史资料汇编·学制演变[M].上海:上海教育出版社,2006:329.

重点内容。

从清季新学制下的课程体系来看,文法课程的地位比较突出,这在以往的教学体系中是不存在的。随着新式国文教育的展开,文法是贯穿于初等教育阶段的必修课,至高等大学堂"中国文学"科则将当时隶属于文法的修辞、文章作法作为教学的重点。文法内容的引进改变了以往国文知识教授的方式,为原本无迹可寻的文章作法找到了可以遵循的法则,并提高了"国文"一科在基础教育阶段的地位。

二、日本"汉文典"文法内容构成

日本自古以来便有汉文研究的传统,研习汉学被认为是修养的表现。江户时代(1603—1868)以汉学为学术主流。由于汉籍以汉语文言写成,存在着大量助字,这也是日本学者训读汉文的难点,于是日本学者开始围绕汉语助字展开专门研究。江户早期的助字研究受中国传统虚字训诂影响颇深,特别是元代卢以纬的《助语辞》,这部著作经由明万历年间胡文焕刊刻,重新命名为《新刻助语辞》,在日本广受好评,成为学习汉文、阅读汉籍的重要辅助用书。整个江户时代以汉文虚字研究见长,日本学者的虚字研究基本上是在中国传统训诂理论的影响下进行。从最初围绕《助语辞》展开的注释、补充到独立展开研究,对虚字的用法、功能、特征进行了深入探索,取得了丰硕成果,并产生了许多虚字研究专家,如荻生徂徕、伊藤东涯、皆川淇园等。江户时代的汉语虚字研究虽然不是严格意义上的语法研究,却触及了一些语法问题,其中不乏有价值的见解,如产生了自觉的汉语词类划分意识。因此,江户时期的汉语虚字研究可视为明治前日本汉语语法研究的萌芽时期,为日本汉语语法研究进入现代阶段奠定了基础。

(一)日本"汉文典"模式

进入明治时代,日本率先接受西学,西方的语法理论与研究方法在日本受到追捧,日本开始效法西学,掀起了一阵语法研究的热潮。当时传入日本的洋文教科书及洋文语法著作多以"文典"为名,如《英文典》《法文典》《德意志文典》等,日本学者也开始将文法著作及教科书冠以"文典"之名,如《荷兰文典》《广日本文典》等,此后,以"文典"指代语法著作的用法也基本固定下来。

明治十年(1877),大槻文彦解《中国文典》、金谷昭训点《大清文典》相继在东京出版,这是日本学者首次以"文典"命名汉语语法研究著作。这两本著作均以美国人高第丕与中国人张儒珍合著的北京官话口语语法著作《文学书官话》(1869)为底本进行日文训解,但不再使用原书"文学书"之名,这说明当时的日本学者已经有意识对"语法"与"文学"的概念内涵进行区别。同年,日本学者冈三庆的《汉文典》①问世,该书以唐彪《读书作文谱》为引书,以汉语虚字为对象,基本上延续了江户以来的虚字训诂传统,只书中所采用的体系明显受当时西方语法研究影响,但可惜并没有建立起系统的汉语语法框架。随后在明治二十年(1887),冈三庆在《汉文典》基础上著成《冈氏之中国文典》。该书以日根尾《英文典》为参照,在日本首

---

① 原名《开卷惊新作文用字明弁》,明治十年(1877)由东京晚成堂刊行。

次建立了汉语文言语法体系。《冈氏之中国文典》主要效仿西方语法，特别是词法研究，并率先使用西方语法术语"词"，为汉语划分了详细的词类系统与句法体系。日本现代意义上的汉语语法研究正式借助文言得以滥觞。随后，日本出现以汉语文言为对象的语法教学与研究热潮，这类汉文教学与研究著作基本以"汉文典"命名。据笔者统计，这一时期以汉语文言为对象的"汉文典"多达13部，成为明治时期语法研究的主流。与西方语法著作单纯研究词法、句法模式不同的是，日本"汉文典"内容构成较为多元化。大体分为三种模式：第一种主要参照西方语法著作模式，以词法、句法内容为主，以冈三庆《冈氏之中国文典》为肇始，包括新乐金橘《中学汉文典》(1900)、上田稔《汉文典》(1901)、广池千九郎《汉文典》(1905)、《高等汉文典》(1909)；第二种模式在语法研究的基础上加入传统小学内容，如猪狩幸之助《汉文典》(1898)、六盟馆编辑所《汉文典表解》(1905)、中等教育学会《汉文典·表解细注》(1912)；第三种模式则是字法、句法、篇法、章法综合系"汉文典"，以儿岛献吉郎《汉文典》(1902)、《续汉文典》(1903)为代表，包括八木龟三郎《汉文典表解：言文一致》(1907)、普通讲习会《汉文典表说》(1909)、森慎一郎《新撰汉文典》(1911)。由此可见，日本学者所著"汉文典"内容远超出西洋文典范围，其关于"文法"内涵的认知明显溢出西洋"Grammar"概念。特别是综合系"汉文典"著作，除了融入西方最新语法知识外，更强调我国古代"言有序、言有物、言有章"的作文之法，并以文章写作为最终旨归。这种认识与晚清教改关于"国文"教育的构想一致，也极大地影响了晚清学界关于"文法"的认知。因此对清季文法教学乃至国文教育产生了重大影响。

(二)"品词"理论与"汉文典"词法研究

日本"汉文典"借西方语法体系与研究方法建立起汉语语法基本框架，而贯穿于其中的主线便是"品词"理论。关于"品词"理论，其实早在平安时代，出于同汉语的比较，日本学者便产生了"品词"理论意识。日本学者富士谷成章(1738—1779)最早将日语词进行分类，随后富樫广荫(1793—1873)继承了这一研究，但真正将"品词"理论推向高潮的则是大槻文彦。而在大槻氏"品词"论形成过程中起着关键作用的便是由美国传教士高第丕及中国学者张儒珍合著的《文学书官话》。大槻氏出版的首部语法学著作便是《文学书官话》(以下简称《文》)的日译本，之所以如此重视该著作，是因为早在1875年大槻氏在编纂日语词典《言海》时，便有意编撰一部日语语法书。他当时广泛阅读了多国语法研究著作，在掌握英语语法规律后认为日语中也同样存在着有章可循的语法规律，特别是英语的词类系统令大槻氏触动很深。《文》以官话口语语法为研究对象，系统论述了汉语音、字、品词、句法、章法。特别是《文》对汉语词类的划分，将汉语词分为十五品，关于句法的认识，与如今的汉语语法研究的基本看法一致，这在当时来说是非常难得的。《文学书官话》为汉语构建了一个完整的语法框架，并且是首部中西合作的语法著作，势必在充分汲取西方语法研究养分的同时也吸收了中国传统语文学研究成果，并具有一定的比较视野。这种语法研究模式引起了大槻氏的注意，并在大槻氏研究汉语语法及本国国语语法过程中起到关键作用。大槻氏充分研究了《文》所建立的北京官话口语"品词"体系后，并将其运用到日语语法研究中，以意义与功能为标准整合了日语词类，将日语分为：名词、动词、形容词、助动词、副词、接续词、感叹词、助词，共八品词。"品词"理论是"大槻文法"的核心，集中反映在《中国文典》《语法指南》《广日本文典》三部著作中，日本学者牛岛德次称赞《中国文典》是"日本现代汉语语法研究之滥觞"，而《语法指南》《广日本文典》也引发了日本学者研究国语的热潮，大槻氏独具特色的"折中文法"也成为其后"山田文法"①与"三矢文法"②的基础。而以北京官话口语为对象的《文学书官话》是大槻文彦日语语法研究的重要阶梯,也是其"品词"理论的直接线索,更对日本明治时期汉语及日语语法研究有借鉴之功。

日本学者通过"品词"理论建立起日语语法体系后,也将"品词"理论作为汉语文法研究的重点。自冈三庆《冈氏之中国文典》始,确立了日本"汉文典"文法研究之"品词"理论核心,三浦叶(1998)认为该著作"作品词分类,树立全面而有机之系统,以论述品词性质及相互关系。其后之文典论述品词活用,皆由该书延伸"。③ 首先在术语使用方面,日本学者不再采用传统训诂语法中的"辞",而是基本使用西方语法术语"词"。从表中可以看出,日本学者关于汉语文言词类的划分基本一致,包括名词、代名词、形容词、动词、副词、前(后)置词、接续词、感词、歇尾词、助词十大类,部分学者(冈三庆、森慎一郎等)在此基础上再进行次类划分。应该说,这种汉语词类划分体系与西方语法研究关系密切,在参照西方语法体系的同时也照顾了汉语实际情况,特别是关于前(后)置词、感词、终词这类特征明显的汉语词类,充分结合汉语实际应用与传统语文学研究成果,关注的是汉语本身的特征。另一点值得注意的是,与此前欧美传教士及汉学家汉语研究不同的是,近代日本"汉文典"基本上不再以传统汉语"虚实""死活"词类划分标准为重,而是主要根据词的意义及功能,理论依据正是日本"品词"论。词类划分之后,对各类词的关系、词在句子中的位置、功能也进行了分析与论述。

表 1　日本"汉文典"汉语文言词类划分

日本"汉文典"	汉语文言词类									
冈三庆《冈氏之中国文典》(1887)	名词	代名词	动词	形容词	副词	前置词	转接词	感词	歇止词	后置词
猪狩幸之助《汉文典》(1898)	名词	代名词	动词	形容词	副词	前置词	接续词	感动词	终词	后置词
新乐金橘《中学汉文典》(1900)	名词	代名词	动词	形容词	—	前置词	接续词	感应词	—	后置词
上田稔《汉文典》(1901)	名词	代名词	动词	形容词	副词	助词	—	感叹词	接尾词	助动词
儿岛献吉郎《汉文典》(1902)	名词	代名词	动词	形容词	副词	前置词	转接词	感应词	歇尾词	助动词

---

① 山田孝雄(1875—1958),明治、昭和时代日本国语研究者,被认为是日本最后一位纯粹的国学者。其著作有《日本文法论》《国语学史》《奈良朝文法史》《敬语法研究》。

② 三矢重松(1872—1924),国语学者、国文学者,曾任国学院大学教授,著有《高等日本文法》《普通文法教科书》。

③ 三浦叶.明治の汉学[M].日本:汲古书院,1998:319-320.

续表

日本"汉文典"	汉语文言词类									
广池千九郎《汉文典》（1905）	名词	代名词	动词	形容词	副词	前置词	接续词	感词	——	——
六盟馆编辑所《汉文典表解》（1905）	名词	代名词	动词	形容词	副词	助词	接续词	感动词	终词	助动词
八木龟三郎《汉文典表解·言文一致》（1907）	名词	代名词	动词	形容词	副词	前置词	接续词	感叹词	结尾词	助动词
普通讲习会《汉文典表说》（1909）	名词	代名词	动词	形容词	副词	助词	接续词	感动词	终尾词	助动词
森慎一郎《新撰汉文典》（1911）	名词	代名词	动词	形容词	副词	介词	接续词	感叹词	后词	——
中等教育学会《汉文典·表解细注》（1912）	名词	代名词	动词	形容词	副词	助词	接续词	感动词	终词	助动词

日本"汉文典"虽以汉语文言语法为研究对象，但词法内容是其研究的重中之重。日本学者除了对汉语词类进行精细划分之外，也重视同英语、日语的比较，具有开阔的视野及比较意识。在深化个别词研究的同时，重视对汉语词类特征的研究，如虚词、量词等。

量词是汉语中具有突出特征的一类词，汉语中量词数量多、语义功能多样，许多量词主要来源于名词，与名词的语义边界模糊，大量名词和专有量词搭配。冈三庆在《冈氏之中国文典》(1887)中便总结了量词与名词的搭配关系，他虽然没有将量词单独分为一类，但可以发现其对汉语"数""量"概念的认识非常明确。冈三庆在指示名词下分出示时名词、示处名词、示计名词、示数名词、分数名词五类。示数名词为表示数字的名词，如：一、二、三、四、五、六、七、八、九、十、百、千、万、亿、兆。分数名词分为权度分数名词、物品分数名词、杂分数名词三类。权度分数名词表示能权衡事物的数量尺度之辞，权衡事物数量有斤、目、贯、夕、合、升、斗、斛、石等；权衡事物尺度有分、寸、尺、丈、刃、步、亩、顷、町、里、度、寻、围。物品分数名词表示物品分类之数的名词，如：花草一茎，桃花、梅花一枝，牡丹一种，菊花一盆，菊一种，桃子，梅子一个，果树一株等。冈三庆将其总结为一类并归于名词之中，物品分数名词所包含量词均为名量词。杂分数名词，其构成如名词一样，品类比较杂乱，包括动量词遍、合、周、番，序数词第一、第二，表示世代次序的一世、二世、三世。

在《冈氏之中国文典》问世后十二年，马建忠《马氏文通》问世，但并没有关于量词的论述。我国最早是在 1924 年,黎锦熙在《新著国语文法》提出"量词"概念,但他也将其归于名词一类。直到 1961 年,丁声树在《现代汉语语法讲话》中,才单独将量词视为一类。可见日本学者关于汉语量词的划分及研究是非常超前的。

(三)"汉文典"句法内容

词法之外,"汉文典"还包括句法内容,即联缀之法,积字成句之法。但与词法相比,句法内容较为薄弱,关于句法的论述基本上是围绕着词法内容展开的。比较全面的句法分析当属广池千九郎,其句法研究集中在《中国文典》第三编"文章论",共 23 章。其中包括句法的定义;句法的组织成分;句法的部分省略;句法的格;说明语的用法;略语法、剩语法、重语法、重句法、倒置法等。关于句法的分类,广池千九郎将其分为说明文、疑问文、命令文、感叹文四大类。依据句法构造性质分类则有单句、杂糅句、复合句三大类,他还论述了句法构造方法及类别、句法解剖等。八木龟三郎对汉语句法也进行了详细梳理,其《汉文典表解·言文一致》(1907)第三编为句法内容。首先是"句的种类",分为三种:形容词句:两个或两个以上形容词相结合以表示物体的形状,如:女为悦己者容,士为知己者死;副词句:两个或两个以上副词表示动词形状、范围等,如:凡四方王国,不问海内外,无大小,咸臣顺于朝;名词句:数语在句子中用来解释说明名词,与名词地位相同,如:君子疾没世而名不称焉。

句子又分为"完全句"和"不完全句"。"完全句"指的是具有主语、述语的句子。"不完全句"类似无主语句。八木龟三郎对"完全句"的句法成分、句子结构、分句之前的关系做了介绍。"文的语次"即句子成分分析,分为五种:

(1)主语、述语:正成死、山花败落。

(2)主语、述语、客语:正成讨尊氏、圣主得贤臣。

(3)主语、述语、客语、补述语、间接客语:义贞讨尊氏于兵库、尊氏送正成之首于河内。

(4)主语、述补语、第二主语、述语、补述语、客语:帝使护良亲王防于南门、正成使子正行蹄于河内。

(5)提起主语、主要、补述语、第二主语、述语、补述语、客语:其日尊氏使高师直向于上国。

"完全句"中各成分之间的关系有两种:主属连接与相对独立。根据句法成分的关系可讲"完全句"分为单构文、联构文两种。句类在这里称为"文的意义",分叙事、疑问、命令、感叹四种。另外,还讲了一些关于句子变形的问题,以及部分词的使用。

日本近代"文典"式语法研究著作主要是受到西方语法理论的影响,其大量问世,无疑标志着汉语文言语法研究范式在日本得以确立,日本汉语语法研究正式进入现代化阶段。日本"汉文典"所构建的汉语词法与句法体系,奠定了汉语文法研究的基本格局,并随后对清季文法教学与研究产生影响。

三、清季文法教学与教科书编撰

(一)日本"汉文典"传入与清季文法教学展开

1904 年,《奏定学堂章程》颁布,其中关于文法教学的内容有明确规定,这在制度上为新式国文教育下文法课程的展开提供了保障。属于"普通教育"的中小学堂"国文"课程，初等小学堂设"中国文字"科，分读书作文、习字两门课，主讲动字、静字、虚字、实字之区别，虚字实字联缀之法及积字成句之法。① 高等小学堂多采古文选本以习古文。中学"中国文学"科分读书、文法、作文三课，首讲"文义、文法、作文，次讲中国古今文章流别、文风盛衰之要略，及文章于政事身世关系处"②。中学堂程度与初级师范入学学生学力相等，故师范课堂"中国文学"课程大致相同。

此时文法教学可以说是基础国文教育的重中之重。但与其他学科直接使用西方教科书情况不同的是，汉语文法有其自身的特点，且文法教学有着联结传统文字之学与文章作法的作用，因此编撰符合汉语实际及课程需要的文法教科书是迫在眉睫的事情。我国虽然关于语言学研究有着悠久的历史，但传统研究中并未有真正明确的语法问题研究。随着西学东渐，西方的"Grammar"概念以日本为中介传入中国，虽然此前西方传教士及汉学家们针对汉语语法著有专门的语法研究著作与教科书，但似乎对清季学人影响甚微，真正有实质影响的则是日本明治时期汉语语法研究著作"汉文典"。

"汉文典"在日本流行之后，被当时留日的中国学生所关注，并被迅速引介到中国。1898年，我国第一部汉语语法著作《马氏文通》问世，梁启超在《论中国学术思想变迁之大势》中称："中国之有文典，自《马氏文通》始。"《马氏文通》最初被定性为启蒙教科书，但由于编写体例与教科书多有不符，再加上被认为套用拉丁语法，因此在学界并未受到认可。部分学者批评其内容过深、"文规未备，不合教科"，与此时国文课堂中的文法教学有诸多不相宜之处。于是乎，来自日本的"汉文典"在这一时期文法教学中处于主流地位，形成了短暂的清末文法研究与教学"文典"时期。

我国学人编撰的"文典"著作基本以日本"汉文典"为蓝本，包括来裕恂《汉文典》(1906)、章士钊《中等国文典》(1907)、戴克敦《汉文典讲义》(1912)、俞明谦《新体国文典讲义》(1918)。除此之外，还有一批译著。光绪二十八年(1902)，杭州府王克昌翻译猪狩幸之助《汉文典》，以《教科适用汉文典》为名由杭州东文学堂刊行。1905年，丁永铸翻译儿岛献吉郎《汉文典》，以《国文典》为名由上海科学书局出版。1906年，商务印书馆编译所刊行《中国文典》，此本包括"正文"与"参证"两部分。正文取儿岛献吉郎《汉文典》"十品辞"，融合《马氏文通》例证，利用"汉文典"框架对《马氏文通》进行重组，以弥补《马氏文通》于文法教学的多重弊端。这类取法日本的"汉文典"著作重视对词性及句法的讲解，主要用于"普通教育"中小学堂及师范学堂"中国文学"科文法课程，目的是讲明汉语词的构成、用法等，为文章写作打下基础。

(二)清季文法教学与教科书编撰

最早学习日本"汉文典"综合模式，并取"文典"之名的是国人来裕恂所著《汉文典》(1906)。1903年，来裕恂赴日留学，这期间他接触到大量汉文典，但感慨于这些汉文典"皆以日文之品词强一汉文，是未明中国文字之性质，故于字之品性，文之法则，只刺取汉土诂书，断以臆说，拉杂成书。非徒浅近，抑多诡舛"，于是"乃返而求之于《尔雅》，于《说文》，于《广韵》，于阐发《尔雅》《说文》《广韵》之书，于言文体、文法及选文、论文之书……以泰东西各

---

① 舒新城.中国近代教育史资料:中册[M].北京:人民教育出版社,1985:502.
② 舒新城.中国近代教育史资料:中册[M].北京:人民教育出版社,1985:587-588.

国文典之书,详举中国四千年来之文字,疆而正之,缕而晰之,示国民以程途"①。他肯定涅氏《英文典》、大槻文彦《广日本文典》列举字法文法之精美详备,反思《马氏文通》不合教科书的体例,认为日本文学士冈三庆、猪狩幸之助、儿岛献吉郎、大槻文彦所著"汉文典"是以日文之品词强一汉文,是未明中国文字之性质。中国之于音韵、文字、文体、文法、选文皆有极博、极精、极通者,但仅专注一科,因此他返求于古籍并结合文典模式,著成《汉文典》。全书分"文字典""文章典"两篇,文字典包括文字、音韵、训诂、词类划分,文章典包括字法、句法、章法、篇法,集中于文章修辞讨论。显然,来裕恂的认识仍是中国的传统概念,"语法"不等同于词法、句法,还包括篇法、章法。② 同样,国人戴克敦《国文典讲义》(1912)、俞明谦的《新体国文典讲义》(1918)也在词法、句法教学基础上加入传统文章学内容。这种文法观念及文法著作模式主要受到以日本儿岛献吉郎《汉文典》《续汉文典》为代表的"汉文典"影响,并迅速被国人接受与借鉴,也反映了清季文法概念内涵及文法知识内容的丰富。

日本"汉文典"以"品词"理论为核心,这一理论既是对西方词法研究的继承,同时也是立足汉语实际所进行的改造。受日本"汉文典"影响,我国早期的文法教科书编撰亦以词法问题为核心,这一时期的文法研究也以词法内容为主,其词类体系建构与术语使用上多受日本"汉文典"影响。(详见表2)

表2 早期国内文典著作品词体系术语表

早期国内文典著作	品词体系									
儿岛献吉郎著,丁永铸译《国文典》(1905)	名词	代名词	动词	形容词	副词	前置词	转接词	感应词	歇尾词	助动词
来裕恂《汉文典》(1906)	名字	代字	动字	静字	状字	介字	联字	叹字		助字
商务印书馆编译《中国文典》(1906)	名词	代名词	动词	形容词	副词	前置词	转接词	感应词	歇尾词	助动词
章士钊《中等国文典》(1907)	名词	代名词	动词	形容词	副词	介词	接续词	——	——	助词
戴克敦《国文典》(1912)	名词	代名词	动词	形容词	副词	介词	接续词	感叹词	——	助词
俞明谦《国文典讲义》(1918)	名字	代字	动字	静字	状字	介字	联字	叹字		助字

① 来裕恂.汉文典[M].高维国,张格,注释,天津:南开大学出版社,1993:1-2.
② 姜望琪.汉语"语法"的源流[J].华文教学与研究,2010(3):64-70.

　　从表 2 中可以看出，清季文法教科书词类主要分为名词、代名词、动词、形容词、副词、介词（前置词）、接续词、感叹词、助词九类，与日本"汉文典"相比，仅少了歇尾词一类，具有一定的继承关系。另外，词类划分的标准主要参考意义与功能。这种词类体系与理论明显是受日本近代汉语语法研究影响。

　　随着日本"汉文典"的传入，这种全新的著述模式与内容令人耳目一新。特别是受其影响，由我国学人自行编撰或翻译的"文典"著作，作为清季文法教学用书，其在国内的影响力自不待言，不仅使得"文法"意识及"文典"模式日益深入人心，也影响了中国国文教育的现代化进程。黄人对此曾评论"文典一称文谱，或即谓之文法，所以示组织文字之规则者也。其用与伦理学相表里；而尤为国语学之进阶。今日世界诸国，凡有文学者，莫不有文典，非特为文学之用也。一切形上形下之学，皆赖以传达"[①]。

四、余　论

　　日本明治时期兴起"汉文典"编撰热潮，并对清季文法教学乃至国文教育产生了重大影响。其功绩主要有三个方面：一是为文法教科书的编撰提供了借鉴；二是构建了文言语法研究的体系与方法；三是奠定了基本的学术框架与教学取向，明确了文法教学内容。但这一时期的文法教学从根本上将是为"文学"服务的，属于国文教育的基础。但不可否定的是，这一时期的文法教学，为日后文法研究走上独立道路做出了重要贡献。

The Japanese "Chinese Classics" and Grammar Teaching in the Late Qing Dynasty

Zhang Pin'ge

(Department of Chinese Language and Literature，Xiamen University，Xiamen，Fujian，361005)

Abstract：Since the late Qing Dynasty，with the development of new Chinese education，grammar teaching has sprung up in the Chinese classroom. However，grammar teaching in this period still belongs to literature education，which mainly serves the education of ancient Chinese，and the ultimate goal is "Mastery" and "composition". With the development of grammar teaching，grammar textbooks compiled by Chinese scholars began to appear. They have been represented by Yu Xun′s Chinese dictionary，dakton′s Chinese Dictionary handout and Yu Mingqian′s new style Chinese dictionary，and have a tendency to emerge from literature slowly. The grammar research and textbook compilation in this period were mainly influenced by the teaching and research of modern Chinese classical grammar in Japan，especially the emergence of a number of "Chinese

---

①　黄人.中国文学史[M].杨旭辉，点校.苏州：苏州大学出版社，2015：8-9.

classics" in the Meiji period，including a large number of research contents on Chinese classical grammar，which made the Chinese grammar research in Japan completely get rid of the tradition of function word exegesis since Edo. It has really entered the stage of grammar research in the modern sense. The Japanese "hanwendian" had an important influence on grammar education and research in the late Qing Dynasty. The grammar teaching and research works compiled by Chinese scholars under its influence filled the gap of grammar research for about 20 years from Ma Wentong（1898）to the new national language grammar（1924）. This special period of "Wendian" is the embryonic period of our grammar research，which is of great significance to the construction of grammar system，grammar teaching and grammar research in later generations.

Key words：the Japanese "Chinese classics"；grammar teaching in the late Qing dynasty；grammar textbook

（学术编辑：许彬彬）

张品格,男,厦门大学中文系 2019 级博士研究生。

中国古代文学研究

Journal of
Chinese Studies,
Xiamen University

主持人语

胡　旭

　　本期"中国古代文学研究"专栏推出 4 篇文章,选题涉及先秦和唐宋时期的重要文学、文化现象,并进行深入的挖掘和考辨,提出了各具个性的观点、见解及主张,给人耳目一新之感。

　　唐旭东博士的《〈诗·周南·关雎〉与周代宫廷教育文化生态》一文,是他关于《诗经》礼乐文化生态系列研究的又一篇力作,他认为不能把《关雎》讲成婚礼诗,而必须严格按照《关雎》小序,将它讲成教育君子应好德而非好色、后妃应重视德行培养的诗歌。应该说,后妃之德的主题,并不是一个新鲜的提法,但作者深入到这一层面之后,从教育和功用的角度深入挖掘,再现早期礼乐文化的原始生态,学术意义是不遑多让的。

　　杨玉锋博士的《图经与唐诗的风土书写》一文,从记载方域地理、描绘风土物产、记录典故旧闻等内容的地方图志资料入手,研究图志对唐代文人的创作产生的诸般影响。作者认为唐代许多文人都有阅读图经的经历,这给他们诗歌创作提供资料线索和题材来源。而且,由于有的诗歌对地方风土知识进行了详细的铺排书写,使某些诗歌(如送别诗)带有图经的文体特征。作者从学科交叉的角度,研究唐诗创作的成因,无疑是一种有价值的探索。

　　吕梅博士的《风景书写的递变——论白居易诗中的"人化风景"特色》一文,从古典诗歌中的风景书写的流变,探讨其中景与人的关系及"人化风景"这一风气的流行,在此基础上着重论述白居易在其中的作用,认为他借风景中的"行动"将陌生地域转化为富有意义的"存在空间"和"家宅",也从中展示了他的生活美学、生存哲学及特定心态。由面到点,点面结合,既有文学史的梳理,又有个案的分析,在此类研究中颇具创新意义。

　　林湘华副教授的《宋诗之"工夫"——"意"和"语"的表现力》一文,认为"工夫"论是宋诗一大特征,其与唐诗不止在美学,甚至在艺术组构和实际创作上,皆有显著的不同。宋诗强调"诗中有法""句中有眼"等认知,并由此建构起"工夫"的实质内涵。这等"法"与"眼"的工夫,提升了宋诗的表现力,并进一步精炼"意"与"语",强调掌握全局、"熔铸"全篇的文字经营。文章强调论述的体系性,于各家的细微独特之处偶有不及,但视角独特,自可成一家之言。

四篇论文都有强烈的问题意识,学术视野宏阔,将文学置于深厚的文化背景中考察,观点新颖,论证清晰,结论允当。研究过程中注重思辨和考证,学风严谨笃实,显示出良好的学养和扎实的功夫,对相关领域的研究有积极推进之功。

《诗·周南·关雎》与周代宫廷教育文化生态*

——《诗·周南·关雎》的礼乐文化生态研究之二

唐旭东

(周口师范学院　文学院,河南　周口　466001)

摘要:《诗·周南·关雎》有文本内容体现的作者之义和小序体现的用诗之义。作为周代《诗》教和"乐"教的重要内容,《诗·周南·关雎》在教育教学中的内容和意义指向与文本内容体现的作者之义有很大差异。从应用上说,《诗·周南·关雎》与《诗》"二南"大多数诗篇的一个非常重要的作用是作为房中乐,用于对天子诸侯和后妃夫人进行教育,这是当时以及后代《诗》教关于《诗·周南·关雎》"乐德"之教的硬性规定,即不论谁教这首诗,都不能把它讲成婚礼诗,而必须严格按照《关雎》小序,将它讲成教育君子应好德而非好色、后妃应重视德行培养的诗歌。如何弥缝诗文本义(作者之义)与用诗之义差异,主要是靠《诗·周南·关雎》被编入《诗经》以来首位编纂者的规定和历代经师日渐丰富而深入的诠释。

关键词:《诗经》;周南;《关雎》;《诗》教;"乐"教

《诗·周南·关雎》有文本内容体现的作者之义和小序体现的用诗之义。从诗文本内容体现的作者之义来看,该诗描绘了周代贵族婚姻从纳采之前到三月庙见成妇的主要过程,表现了周代贵族婚姻的文化生态,笔者对此已有详细探讨。[①] 但该诗自收录编入《诗经》以来,作为周代对贵族子弟和天子、后妃进行《诗》教和"乐"教("乐德""乐语""乐舞")的教学内容和用于邦国乡人的礼乐仪式中歌唱演奏的内容,对贵族子弟和天子、后妃乃至邦国乡人的教育教学及礼乐文化熏陶起到了重要作用。从礼乐角度对《诗·周南·关雎》进行探讨的成果已有不少,但解说尚未到位,甚至有许多舛讹,尤其是对《诗·周南·关雎》在周代宫廷教育中以"乐"教[②]的形式发挥的历史作用的探究尚远远不足,故兹不揣侧陋,对此问题予以探讨,以就教于大方之家。

---

* 基金项目:教育部人文社会科学研究 2018 年度"《诗经》与周代礼治研究"(18YJA751029)。

① 唐旭东.《诗·周南·关雎》与周代婚礼文化生态:《诗·周南·关雎》的礼乐文化生态研究之一[M]//厦大中文学报(第七辑),厦门:厦门大学出版社,2020:83-95.

② "乐"字繁体"樂",会意字,本义指琴瑟之类的弦乐器。但周人所谓"乐",不仅包括音乐(各种乐器以及用这些乐器演奏的乐章),还包括唱词(即现在所见的诗文本)、歌舞、服装、道具以及相关的礼乐程式等,是一门综合的艺术。

一、《诗·周南·关雎》与周代《诗》教和"乐教"

　　包括《关雎》在内的《诗经》在周代都被用于《诗》教和"乐"教。《诗》教是指用《诗经》作为教育贵族子弟和宫廷后妃、国君夫人以及大夫之妻等的教学科目。《周礼·春官·大师》："教六诗：曰风，曰赋，曰比，曰兴，曰雅，曰颂。以六德为之本，以六律为之音。"①说明当时《诗》教有风、赋、比、兴、雅、颂六种形式，对教育对象以德教为本，而且是以六律为基础的"乐"教的方式对教育对象进行思想品德教育和政治教育。

　　《诗》教与"乐"教是二而一的东西。"乐"教的重要内容之一是通过"诵诗三百，弦诗三百，歌诗三百，舞诗三百"②来对贵族子弟和宫廷后妃、国君夫人及大夫之妻等进行"乐德""乐语""乐舞"的教育和训练。《周礼·春官·大司乐》："以乐德教国子：中、和、祗、庸、孝、友。以乐语教国子：兴、道、讽、颂、言、语。以乐舞教国子：舞《云门》《大卷》《大咸》《大磬》《大夏》《大濩》《大武》。"③所谓"乐德"就是通过歌舞讽诵《诗经》作品的教育教学对贵族子弟和宫廷后妃、国君夫人、大夫之妻等进行"中、和、祗、庸、孝、友"的思想品德和思想政治教育。所谓"乐语"就是通过歌舞讽诵《诗经》作品的形式对贵族子弟和宫廷后妃、国君夫人及大夫之妻等进行"兴、道、讽、颂、言、语"等外交和社交场合应对说话的教育训练。在正式的公务和外交场合赋诗言志，只有非常熟悉《诗经》，对《诗经》理解得非常透彻，发言者才能借用《诗经》的句段准确地表达自己的思想感情和观点立场，而听者既要准确把握说话者所引诗句的意思，还要能与当下讨论的问题相联系，准确把握说话人借用诗句表达的当下的真实意思，并且准确地借用《诗经》句段把自己的思想感情和立场观点反馈给对方。这都必须对《诗经》非常熟悉，理解深刻透彻，以"乐"教形式进行的《诗》教起着非常重要的作用。《左传》保存了相当多的贵族官员在社交和外交场合赋诗言志、引《诗》为说的实例。当然，由于文献不足，所以现在保存下来的周代贵族妇女交际场合引《诗》应对的记载不多，但《左传》中还是保存了少量的记载，其引《诗》应对的能力，应该来自"乐语"之教。所谓"乐舞"就是通过歌舞《诗经》作品的教育教学形式对贵族子弟和宫廷后妃、国君夫人及大夫之妻等进行艺术技能和修养的教育、训练。其中《大武》就保存在今《诗经·周颂》中，是周代"乐"教的重要内容。

　　《诗》教和"乐"教在周代社会生活中运用得非常广泛，不但体现在学校教育中，而且应用到各级各类典礼仪式中，融入生活实践中。其一是用于贵族子弟的教育和教学。前引《周礼·春官·大司乐》云："以乐德教国子""以乐语教国子""以乐舞教国子"。这是把《诗》教和"乐"教贯彻到学校教育中，也是当时贯彻《诗》教和"乐"教最重要的方式和途径。其二是用于典礼仪式，比如祭祀文王的时候，歌舞《清庙》；天子"燕群臣嘉宾"的过程中，歌奏《鹿鸣》；迎接使臣归来，慰劳使臣的典礼仪式上，歌奏《四牡》等。《仪礼》载"周南"的《关雎》《葛覃》《卷耳》和"召南"的《鹊巢》《采蘩》《采蘋》或以"合乐"的形式，或以"歌"的形式用于《乡饮酒礼》《乡射礼》《燕礼》等礼乐仪式，都是《诗经》诗篇用于典礼仪式之证。本来《诗经》中有些诗

---

　　① 郑玄，注.贾公彦，疏.周礼注疏[M]//阮元，校刻.十三经注疏.北京：中华书局，1980：796.
　　② 孙怡让，撰.孙启治，点校.墨子闲诂[M].北京：中华书局，2001：456.
　　③ 郑玄，注.贾公彦，疏.周礼注疏[M]//阮元，校刻.十三经注疏.北京：中华书局，1980：787.

歌就是为了典礼仪式而创作的,或者是被规定性地用于固定的典礼仪式。这些诗篇用于典礼仪式,既是为了达到一定的典礼仪式效果,也有借诗传情、借诗寓教的目的,亦是把教育教学融入典礼仪式的生活实践中。其三,应用于日常生活中。实际上周人不仅在学校中对贵族子弟进行《诗》教和"乐教",也通过日常生活中穿插的有关《诗经》篇章的活动对后妃、帝王和诸侯等进行《诗》教和乐教。《周礼·春官·瞽矇》:"讽诵诗,世奠系,鼓琴瑟。掌《九德》《六诗》之歌,以役大师。"[①]其中"讽诵诗",郑玄注引郑司农说:"主诵诗以刺君过"[②],且瞽矇又掌管《九德》《六诗》以服务于大师,可见《诗》的确应用于日常生活之中,仍然侧重用《诗》对王政进行批评,对帝王等进行德教。

具体体到《关雎》,郑玄《诗谱·周南召南谱》:"风之始,所以风化天下而正夫妇焉,故周公作乐,用之乡人焉,用之邦国焉。或谓之房中之乐者,后妃夫人侍御于其君子,女史歌之,以节义序故耳。"[③]郑玄这段话指出了《诗》"二南"的两大方面应用:一方面是"用之乡人焉,用之邦国",服务于典礼仪式的需要和寓教于礼、寓教于诗的目的。[④] 一方面是作为"房中之乐"用于"房中"歌奏,起到教育帝王后妃的作用[⑤]。郑玄关于"二南"为"房中之乐"的几句论述,意思是有人说"二南"是"房中之乐"[⑥],当后妃夫人侍御于君子的时候,由女史歌唱。所谓"房中",孔《疏》云:"《王风》云'君子阳阳,左执簧,右招我由房',谓路寝之房。以人君有房中之乐,则后夫人亦有房中之乐。以后夫人房中之乐歌《周南》《召南》,则人君房中之乐亦歌《周南》《召南》,故《谱》下文云路寝之常乐,'风之正经'也。天子歌《周南》,诸侯歌《召南》,用此'或'说为义也。后夫人用之亦当然也。"可知郑玄所谓"房",当指"路寝之房",作为房中乐,用于"后妃夫人"于路寝之房"侍御于其君子"之时,由女史歌唱。而吴从祥认为"房"当指燕寝之房[⑦],后妃夫人侍御于其君子之房当为燕寝,盖"燕寝为天子诸侯休闲之所,故房中乐

① 郑玄,注.贾公彦,疏.周礼注疏[M]//阮元,校刻.十三经注疏.北京:中华书局,1980:797.

② 郑玄不从其说,认为是王丧将葬之时,使瞽矇讽诵王治功之诗,以观其行以作谥。此联系上下文,不从其说。

③ 前一句本于《关雎》序,原文是:"《关雎》,后妃之德也,风之始也,所以风天下而正夫妇也,故用之乡人焉,用之邦国焉。"《诗谱》说的是周南、召南用之乡人,用之邦国,而《关雎》序说的是《关雎》用之乡人、用之邦国。(毛公,传.郑玄,笺.孔颖达,疏.毛诗正义[M]//阮元,校刻.十三经注疏.北京:中华书局,1980:265.)

④ 考察《仪礼》,作为《诗》"二南"之一的《关雎》用于《乡饮酒礼》《乡射礼》和《燕礼》等礼乐仪式中,有的在合乐中表演,有的单独作为乡乐歌唱,的确"用之乡人焉,用之邦国焉",这是笔者另文要讨论的内容。

⑤ 关于房中乐,已发表成果有王福利《"房中乐""房中歌"名义新探》(《音乐研究》2006年第3期),漆明镜《"房中乐"是什么?》(《星海音乐学院学报》2011年第3期),黎国韬、黄竞娴《房中乐性质新探》(《艺苑》2018年第2期),王福利《房中乐有无"金石"器使用问题新论》(《音乐艺术(上海音乐学院学报)》2008年第3期),王淑梅、于盛庭《古代宫室制度与周秦汉"房中乐"索隐》(《乐府学》第22辑),张洪亮《汉代的安世房中乐》(《南都学坛》2008年第5期),黄成梅《汉以后"房中乐"的发展演变》(《现代语文·文学研究》2011年第1期),王福利《论汉代的"房中乐""房中歌"》[《徐州师范大学学报》(哲学社会科学版)2007年第2期],赵维平《论中国历史上的内教坊与房中乐的关系》[《南京艺术学院学报》(音乐与表演)2018年第3期],张雪欣《上古"房中乐"辨》(《职大学报》2019年第6期)和吴从祥《周代房中乐考辨》(《中国音乐学》2020年第1期)等。

⑥ 据本段孔《疏》:"王肃云:'自《关雎》至《芣苢》,后妃房中之乐。'肃以此八篇皆述后妃身事,故为后妃之乐。然则夫人房中之乐,当用《鹊巢》《采蘩》。郑无所说,义亦或然。"说明王肃也认为《关雎》至《芣苢》为后妃房中之乐。

⑦ 吴从祥.周代房中乐考辨[J].中国音乐学,2020(1):75-81.

当奏于此",正如胡承珙所言:房中乐为"人君燕息时所作之乐"①。准之以"二南"各篇小序,多言"后妃""夫人""大夫之妻",皆为"内人",可见这些诗篇用为"房中之乐"的说法是有道理的。《关雎》是"周南"首篇,那么作为"二南"之一的《关雎》也应当有这一应用。准之以《关雎》序:"《关雎》,后妃之德也",《关雎》的《诗》教与"乐教"主题的确被规定为彰显后妃之德,强调有德的后妃可为君子的佳偶良配,意在教育后妃重视德行的培养,教育君子应该好德而非好色,与"房中之乐"说相合。

二、作为"房中乐"的《诗·周南·关雎》

从《诗·周南·关雎》的经学阐释来看,从小序到毛《传》,从郑《笺》到孔《疏》一直都围绕着彰显后妃之德,以诗中后妃之德教育现实的后妃重视德行的培养,教育君子应该好德而非好色来阐述。如小序所言:"《关雎》,后妃之德也。……《关雎》,乐得淑女以配君子,忧在进贤,不淫其色。哀窈窕,思贤才,而无伤善之心焉,是《关雎》之义也。"②因为小序没有主语,所以基于对小序所描述德行和行为主体的理解不同,对这两句话可以有两种不同的理解:其一,主语为"君子",则小序的表述可以理解为:"(君子)乐得淑女以配君子,(君子)忧在进贤,不淫其色。(君子)哀窈窕,思贤才,而无伤善之心焉",那么《关雎》是一首教育君子应该好德而非好色的诗。君子以娶淑女为后妃为乐,君子费心考虑的是娶到贤女,而不是娶美女以淫其色。君子喜爱窈窕淑女,喜爱贤女,而没有损伤善德的淫乐之心,而诗中所描绘的正是这样的贤德淑女,故君子就应该娶这样的贤德淑女,故此诗也有教育后妃努力修德,做这样的有德淑女之义。这就是《关雎》这首诗的意义所在。毛《传》正是依此思路理解和阐述的。其二,主语为"后妃",后妃有不嫉妒的美德,所以她不但不以自己的美色与君子耽于淫乐,反而以不能为君子求得贤女而忧愁焦虑,以为君子求得淑女以为君子良配为乐事;她喜爱窈窕淑女,想要为君子求得贤女才女,而没有使自己的美德受到损伤的妒忌之心;因此这是一首教育君子应该好德而非好色,教育后妃不妒、忧在进贤、乐得淑女以配君子的诗。郑《笺》和孔《疏》是沿着这种思路理解阐释的。毛《传》主要突出后妃有德,强调有德的后妃可为君子的佳偶良配,其说传自大毛公毛亨和小毛公毛苌,而毛公之说又自先秦传来,为先有之说。而始于郑玄、被孔颖达承扬的后妃有德、不嫉妒,故为君子物色淑女以佐助自己供荐菜以事宗庙之说为后起之说,虽不同于毛《传》,然尚未脱离教育后妃重视德行的培养,教育君子应该好德而非好色之旨。

首章第一、二句:"关关雎鸠,在河之洲。"汉毛公传《毛诗故训传》(以下简称"毛《传》")先统言这两句的手法:"兴也",意即这两句是兴辞,这两句表达的意思与下文要表达的意思相似相通,具有比拟关系,意在兴起下文后妃之德。然后针对部分词义做解释:"关关,和声也。雎鸠,王雎也,鸟挚而有别。水中可居者曰洲。"最后在词义解说的基础上串讲这两句,阐释其主旨:"后妃说乐君子之德,无不和谐,又不淫其色,慎固幽深,若关雎之有别焉,然后可以

---

① 胡承珙.毛诗后笺[M].合肥:黄山书社,1999:339.
② 毛公,传.郑玄,笺.孔颖达,疏.毛诗正义[M]//阮元,校刻.十三经注疏.北京:中华书局,1980:269、273.

风化天下。夫妇有别则父子亲，父子亲则君臣敬，君臣敬则朝廷正，朝廷正则王化成。"唐按："说"通"悦"，喜爱。这段话的中心意思是说，后妃有德，有利于家庭、诸侯和天下的治理，具体而言就是"可以风化天下"，亦即以良好的风范教化和感化天下。说后妃有德表现在后妃"说乐君子之德，无不和谐，又不淫其色，慎固幽深，若关雎之有别"，意思是说后妃爱慕君子的美德，无不与君子和谐，且不以其美色与君子耽淫，谨慎地退守深宫，后妃主内，君子主外，好像关雎鸟之感情亲密深挚①而雌雄有别，这样就可以风化天下。说后妃之德可以风化天下，具体表现即因夫妇有别而使"父子亲"，又因"父子亲"而使"君臣敬"，因"君臣敬"而使"朝廷正"，因"朝廷正"而最终达到王化天下的效果。毛《传》的诠释，强调了有德后妃对于家庭、侯国乃至天下的重要作用。

第三、四句："窈窕淑女，君子好逑。"毛《传》先解释部分词语："窈窕，幽闲也。淑，善。逑，匹也。"然后在词义解说的基础上串讲这两句，阐释其主旨："言后妃有关雎之德，是幽闲贞专之善女，宜为君子之好匹。"意思是说，后妃有关雎之德，是幽闲贞专的淑女，适合做君子的好配偶。郑玄《毛诗传笺》（以下简称"郑《笺》"）也先解释部分词语："怨耦曰仇"，然后在词义解说的基础上串讲这两句，阐释其主旨："言后妃之德和谐，则幽闲处深宫贞专之善女，能为君子和好众妾之怨者。言皆化后妃之德，不嫉妒，谓三夫人以下。"意思是说，后妃有和谐后宫的美德和能力，那么幽闲处深宫贞专的善女（指三夫人、九嫔）就能为君子调节好那些有怨气的嫔妾们，使她们都被后妃之德感化，互不妒忌，关系和谐融洽。孔颖达《毛诗正义》（以下简称"孔《疏》"）概括阐发毛《传》之义曰："毛以为关关然声音和美者，是雎鸠也。此雎鸠之鸟，虽雌雄情至，犹能自别，退在河中之洲，不乘匹而相随也，以兴情至、性行和谐者，是后妃也。后妃虽说乐君子，犹能不淫其色，退在深宫之中，不亵渎而相慢也。后妃既有是德，又不妒忌，思得淑女以配君子，故窈窕然处幽闲贞专之善女，宜为君子之好匹也。以后妃不妒忌，可共以事夫，故言宜也。"孔《疏》认为毛《传》的核心意思是后妃既有此悦君子、不淫其色且挚而有别的美德，又不妒忌，因此想要寻找到淑女（即"窈窕然处幽闲贞专"的好女子）以配君子，做君子的好配偶。接着又阐发郑《笺》之义曰："郑唯下二句为异，言幽闲之善女谓三夫人、九嫔，既化后妃，亦不妒忌，故为君子文王和好众妾之怨耦者，使皆说乐也。"孔《疏》认为郑《笺》的意思是不但后妃不妒忌，君子的三夫人、九嫔受后妃之德的感化，也不妒忌，她们和后妃一起为文王协调众嫔妾中那些有怨气的，使她们都能和谐快乐。

第五、六句："参差荇菜，左右流之。"毛《传》先解释部分词语："荇，接余也。流，求也。"然后阐释这两句主旨："后妃有关雎之德，乃能共荇菜，备庶物，以事宗庙也。"意思是说，后妃有关雎那样的美德，所以能做君子的妻子以"共荇菜，备庶物，以事宗庙"，履行好作为妻子的助祭职责。郑《笺》亦先解释词语："左右，助也。"然后阐释这两句主旨："言后妃将共荇菜之菹，必有助而求之者。言三夫人、九嫔以下，皆乐后妃之乐。"意思是说，后妃将履行供应荇菜以助祭的职责，必定有帮助她采摘荇菜的人，这些人就是三夫人、九嫔以下的人，她们都以后妃之乐为乐。

第七、八句："窈窕淑女，寤寐求之。"毛《传》："寤，觉。寐，寝也。"郑《笺》："言后妃觉寐则常求此贤女，欲与之共己职也。"意思是，后妃无论醒着还是睡梦中都时刻想着寻找这样的贤女，想要和她一起履行供荇菜以助祭的职责。

---

① 郑玄《毛诗传笺》认为"挚"的意思是"至"，意思是说后妃与君子关系亲密达到极点。

　　孔《疏》概括阐发毛《传》之义曰："毛以为后妃性既和谐,堪居后职,当共荇菜以事宗庙。后妃言此参差然不齐之荇菜,须嫔妾左右佐助而求之。由此之故,思求淑女。窈窕然幽闲贞专之善女,后妃寤寐之时常求之也。"意思是后妃性情和谐,所以担任王后的职责,应当供应荇菜助祭以事宗庙。但这参差不齐的荇菜,必须有嫔妾帮助她去采摘。因此想要寻找淑女来帮助自己,于是她不管睡着还是醒着,时刻不忘寻找这样幽闲贞专的好女子。接着又阐发郑《笺》之义曰："郑以为夫人、九嫔既不妒忌世妇、女御,又无怨争,上下说乐,同化后妃,故于后妃将共参差之荇菜以事宗庙之时,则嫔、御之等皆竞佐助后妃而求之,言皆乐后妃之事。既言乐助后妃,然后倒本其事,后妃今日所以得佐助者,由此幽闲之善女未得之时,后妃于觉寐之中常求之,欲与之共己职事,故得之也。"意思是说,夫人、九嫔和世妇、女御都受后妃的教化,因而不互相妒忌,没有怨气,没有争斗,上下和谐快乐。所以在后妃将要供荇菜助祭以事宗庙的时候,都争着帮助后妃去采摘荇菜,都以参与后妃的助祭之事而快乐,以能帮后妃做事而快乐。

　　第二章第一、二句:"求之不得,寤寐思服。"毛《传》:"服,思之也。"郑《笺》先释词:"服,事也。"然后阐释这两句主旨:"求贤女而不得,觉寐则思己职事当谁与共之乎!"意思是后妃寻找贤女却找不到,所以无论醒着还是睡着都时刻牵挂应当与谁一起共同履行好采摘荇菜助祭以事宗庙的职责。

　　第三、四句:"悠哉悠哉,辗转反侧。"毛《传》:"悠,思也。"郑《笺》先阐释这两句主旨:"思之哉!思之哉!言己诚思之。"然后补充注释词语:"卧而不周曰辗。"阐释句意思是想啊,想啊,自己真的很想早日找到这样的贤女。孔《疏》概括阐发毛《传》之义曰:"毛以为后妃求此贤女之不得,则觉寐之中服膺念虑而思之。又言后妃诚思此淑女哉!诚思此淑女哉!其思之时,则辗转而复反侧,思念之极深也。"孔颖达认为毛《传》的意思是后妃寻找这样的贤女却找不到,因此无论醒着还是睡着都"服膺念虑"而想要找到她。后妃真的很想找到这样的淑女,因为极度想找到,所以辗转反侧,真是思念到了极点,这反映了后妃迫切想要找到淑女的急切心情。又阐发郑《笺》之义曰:"郑唯以服为事,求贤女而不得,觉寐则思己职事当谁与共之。馀同也。"意思是说,郑《笺》与毛《传》的差别在于:毛《传》将"服"释为"思",而郑《笺》将"服"释为"事";毛《传》将"寤寐思服"理解为无论醒着还是睡着都"服膺念虑"而想要找到她,而郑《笺》将此句理解为无论醒着还是睡着都在时刻想着自己的职事该与谁一起完成呢?其他相同。

　　第五、六句:"参差荇菜,左右采之。"郑《笺》:"言后妃既得荇菜,必有助而采之者。"意思是后妃已经得到了荇菜,必定有帮助她采摘荇菜的人。

　　第七、八句:"窈窕淑女,琴瑟友之。"毛《传》:"宜以琴瑟友乐之",意思是这样的窈窕淑女应该用琴瑟来向她表示友善之意,使她高兴。郑《笺》先释词:"同志为友。"然后阐释这两句主旨:"言贤女之助后妃共荇菜,其情意乃与琴瑟之志同,共荇菜之时,乐必作",意思是贤女帮助后妃采摘荇菜并供荇菜以助祭,她的情意和琴瑟之乐表达的情感相同,所以当她们供荇菜以助祭的时候,必定有琴瑟等乐声伴奏。孔《疏》先阐发毛《传》之义:"毛以为后妃本已求淑女之意,言既求得参差之荇菜,须左右佐助而采之,故所以求淑女也,故思念此处窈窕然幽闲之善女,若来,则琴瑟友而乐之。思设乐以待之,亲之至也",意思是如果找到了淑女,就用琴瑟向她示好使她高兴。后妃想要设琴瑟之乐来接待淑女,说明她对淑女亲密到了极点。接着又阐发郑《笺》之义曰:"郑以为后妃化感群下,既求得之,又乐助采之。言参差之荇菜求之既得,诸嫔御之等皆乐左右助而采之,既化后妃,莫不和亲,故当共荇菜之时,作此琴瑟之乐,乐此窈窕之淑女。其情性之和,上下相亲,与琴瑟之音宫商相应无异,若与琴瑟为友然,共之同志,故云琴瑟友之",意思是后妃感化众嫔妾,无不亲密和乐,已经找到了淑女,大家乐于帮助后妃采摘荇菜。采摘到了荇菜,在供荇菜以助祭的时候,演奏琴瑟的音乐,来愉悦窈窕淑女。她们性情和谐,上下亲密,与琴瑟的乐音相应,好像与琴瑟为友。

第三章第一、二、三、四句缺①,第五、六句:"参差荇菜,左右芼之",毛《传》:"芼,择也。"郑《笺》:"后妃既得荇菜,必有助而择之者。"孔《疏》:"拔菜而择之",意思是,后妃已经得到了荇菜,一定有帮助她拔取并且择菜(将长得不好的植株选出扔掉,摘去长得有毛病的叶子)的人。第七、八句:"窈窕淑女,钟鼓乐之"。毛《传》:"德盛者宜有钟鼓之乐",意思是后妃德行美好,故可享有钟鼓之乐。郑《笺》:"琴瑟在堂,钟鼓在庭,言共荇菜之时!上下之乐皆作,盛其礼也",意思是当供荇菜以助祭的时候,琴瑟在室,钟鼓在庭,堂上堂下的乐器一齐演奏,使礼乐显得非常盛大。孔《疏》最后阐释这两句:"此诗美后妃能化淑女,共乐其事,既得荇菜以祭宗庙,上下乐作,盛此淑女所共之礼也。乐虽主神,因共荇菜,归美淑女耳。"意思是,这首诗赞美后妃能感化淑女,并使淑女乐于为后妃助祭之事效劳。这样后妃就得到了荇菜来祭祀宗庙。在祭祀之时,堂上堂下的各种乐器一齐演奏,表现这位淑女所供助祭之礼非常盛大。音乐虽然主要是用来娱神、祭神,但因为淑女供应荇菜,所以归美于淑女罢了。

综观毛《传》,一直在强调后妃有德,所以她可为君子的佳偶良配,为君子供荇菜以助祭祀,以事宗庙,意在强调君子就应该选择这样的淑女为后妃,旨在教育君子应该好德而非好色,同时也包含着后妃应该努力修德的教育目的,这应该说是最切合小序意思的阐释。至于始于郑玄的后妃有不妒之德、忧在进贤、为君子求淑女以供荇菜助祭祀事宗庙之说,虽然尚未脱离教育后妃重视德行的培养,教育君子应该好德而非好色之旨,但作为后起之说,恐怕未必符合小序原意。孔颖达实际上是把自己接受的郑《笺》之说作为对这首诗的理解强加在毛《传》头上,其所谓的"毛以为"实际上背离了毛《传》,是"郑以为"和"孔颖达以为",孔颖达的疏解实际上是沿着郑《笺》后妃为君子求淑女以供荇菜助祭祀的思路理解的②。作为"房中之乐",在燕寝之中,在天子后妃燕息之时,通过歌唱《关雎》等诗对君子和后妃进行教育,教育天子应好德而非好色,教育后妃应努力修德,使自己具有关雎之德,这样就可以为君子供荇菜以助祭祀,并进而风化天下。正如毛《传》所言:"夫妇有别则父子亲,父子亲则君臣敬,君臣敬则朝廷正,朝廷正则王化成",这也反映了周人对天子后妃夫妇关系的认识,这从在一定程度上反映了周代宫廷教育的文化生态。这应该也是《关雎》列在《诗经》首篇的原因。

---

① 翟相君.诗经新解[M].郑州:中州古籍出版社,1993:1-5.

② 孔颖达疏解《诗谱·周南召南谱》"风之始,所以风化天下而正夫妇焉,故周公作乐,用之乡人焉,用之邦国焉。或谓之房中之乐者,后妃夫人侍御于其君子,女史歌之,以节义序故耳"一段时云:"云言'或'者,道异说也。郑之前世有为此说者,故因解之。二《南》之风言后妃乐得淑女,无嫉妒之心,夫人德如鸣鸠,可以承奉祭祀,能使夫妇有义,妻妾有序。女史歌之,风切后夫人,以节此义序,故用之耳",说明他的观点的确受到郑玄的影响,换言之,他接受了郑玄的观点。

三、《诗·周南·关雎》从文本义到经义的转换机制

　　《诗·周南·关雎》文本以他者视角描绘了周代贵族婚姻从纳采之前到三月庙见成妇的主要过程,是周代贵族婚姻的文化生态的诗化表现。但作为经学意义的文本,《诗·周南·关雎》着重彰显后妃是有德淑女,旨在教育君子应该好德而非好色,同时也包含着后妃应该努力修德之意。弥缝二者之间的差异,实现二者之间的转换,主要靠的是诠释。这种诠释,有时候会符合文本,有的时候或者说经常会产生与文本不一致甚至背离的结果。比如《诗·郑风·遵大路》,诗文本为男女关系遇到挫折,男子要离开,女子拉着他的手(衣袖)苦苦哀求他不要走,不要断了这份美好感情,但经过诠释,硬生生地把一首爱情诗讲成一首经学意义上的教育贵族子弟尤其是最高当权者以史为鉴,重视贤人、重用贤人、善待贤人的诗,不能不说这种诠释的力量是很大的。具体到《诗·周南·关雎》,其从文学文本往经学文本诠释的努力主要表现在如下方面:

　　1. 将雎鸠之雌者与"淑女"诠释成后妃,或后妃为君子物色的"善女",将"君子"诠释成天子。作为文学文本的"关关雎鸠",只不过是描绘了两只雎鸠相处河洲之上,或关关和鸣,或成双成对,只不过是作为君子淑女为佳偶良配之比喻和象征而已。作为文学文本的"淑女"只是一个端庄善良的贵族少女,并没有明确为后妃,但毛《传》将"雎鸠"和"淑女"诠释为一个有德的后妃,而且对她的种种美德做了详细的描绘,郑《笺》甚至将"雎鸠"诠释为后妃,将"淑女"诠释为后妃为君子物色的"善女",硬生生地将一个人诠释成两个人。作为文学文本的"君子"只是一个贵族男士,并未明确为天子,但在经学阐释中,既然"淑女"被诠释成"后妃",那么"君子"也只能相应地被理解为天子,相应地也就把原本只是"窈窕淑女"可为"君子好逑"的一般道理诠释成了有德淑女可为帝王的好后妃或后妃不嫉妒,积极主动地为帝王物色有德嫔妃。

　　2. 将采荇菜以供三月庙见成妇之祭诠释为一般意义上的祭祀。作为文学文本,采荇菜的目的是供应即将举行的三月庙见成妇之祭祀,但作为经学文本,则将此举诠释为一般意义上的祭祀,取消了其特指意义,突出强调"后妃有关雎之德,乃能共荇菜,备庶物,以事宗庙也",郑《笺》甚至将文学文本作为一般意义上的贵族淑女采荇菜诠释成后妃为帝王物色的有德嫔妃帮助自己采荇菜,帮助自己助祭祀、事宗庙。

　　3. "窈窕淑女,寤寐求之。求之不得,寤寐思服;悠哉悠哉,辗转反侧。"作为文学文本,这几句表现的是男士的父母在媒人尚未物色到窈窕淑女之时的急切和焦虑,但作为经学文本,为了达成经学意义的实现,把这几句诠释成君子求淑女的焦虑表现,甚至是后妃为君子求淑女的焦虑表现。实际上,在周代,君子的婚姻必须出于父母之命、媒妁之言,岂有君子自求淑女者哉!当然,作为天子,王后为从众妃嫔中为其物色有德淑女进行推荐拔擢,倒也在情理之中。这虽然为情理之可以有,但毕竟非文本之义。

　　4. 将文学文本中男士"琴瑟友之"的取悦于淑女的主动行为诠释为经学文本中天子以琴瑟取悦于后妃,或以荇菜供祭祀时奏琴瑟之乐以愉悦后妃为君子物色的窈窕淑女。

　　5. 将文学文本中"钟鼓乐之"所表现的三月庙见祭祀的钟鼓诠释为一般意义上的"德盛者宜有钟鼓之乐",或者一般意义上的后妃供荇菜、助祭祀以事宗庙时的钟鼓声。

这样，经过苦心孤诣的诠释，一首描绘周代贵族婚姻从纳采之前到三月庙见成妇的主要过程，诗化地表现周代贵族婚姻文化生态的文学意义上的诗歌被诠释成了旨在教育君子应该好德而非好色，同时教育后妃努力修德的经学意义上的诗歌。其诠释方法一是身份转换，比如将"淑女"诠释成后妃或后妃为君子物色的"善女"，将"君子"诠释成天子。二是将特殊诠释成一般，比如将采荇菜以供三月庙见成妇之祭诠释为一般意义上的祭祀，或将文学文本中"钟鼓乐之"所表现的三月庙见祭祀的钟鼓诠释为一般意义上的"德盛者宜有钟鼓之乐"，或者一般意义上的后妃供荇菜、助祭祀以事宗庙时的钟鼓声。三是利用相似点将此诠释成彼，比如将文学文本表现的男士的父母在媒人尚未物色到窈窕淑女之时的急切和焦虑诠释成君子求淑女的焦虑表现，甚至后妃为君子求淑女的焦虑表现。总之，利用其中的相似、相关进行曲说周纳，是其常用的思维方式。

尽管这种通过诠释而生成的经学意义背离了作为文学文本的本义，实际上也使文学文本变成了一种不同于文学文本的经学文本，但这种经学意义的诠释却生动地反映了《诗·周南·关雎》在周代作为"房中之乐"用于帝王和后妃教育的宫廷教育生态。当然，作为经学意义上的《诗·周南·关雎》还有"用之乡人，用之邦国"的应用途径和礼治意义，这是需要另文探讨的。

The Research on the Relation between the Poem *Guan Ju* in *Zhou Nan* within *The Book of Songs* and the Cultural Ecology of Court Education in the Zhou Dynasty
——The Second Study on the Ritual and Musical Culture Ecology of *The Book of Songs* · *Zhou Nan* · *Guan Ju*

Tang Xudong

（College of Literature，Zhoukou Normal University，Zhoukou，Henan，466001）

Abstract：The Poem *Guan Ju* in *Zhou Nan*，which is the first part of *The Book of Songs*，manifests the author's intention in its textual main body and articulates its practical meaning in the preface. As an important textbook of poetic and musical education in The Zhou Dynasty，*Guan Ju* is applied differently in education against its manifest author's intention regarding its content and purpose. In its practical aspect，*Guan Ju* and the most poems in "Two Nans" perform a very important role in educating emperors，princes and empresses. It is a hard rule on the Poetry Teaching and Music Teaching at that time and later that whoever teaches the poem cannot interpret it as a wedding poem. Instead，the teaching must strictly follow the preface of *Guan Ju*，by means of its educational power，to cultivate virtues in gentlemen and empresses，detaching them from lewd conduct. How to bridge the gulf between the original meaning of the author and the meaning of poems in use mainly depends on the regulations of the first compiler since

Guan Ju was compiled into *the Book of Songs* and the increasingly rich and in-depth interpretations of the classics.

Key words：*The Book of Songs*；*Zhou Nan*；*Guan Ju*；poetry teaching；music education

（学术编辑：胡旭）

唐旭东，男，周口师范学院文学院讲师。

图经与唐诗的风土书写

杨玉锋

(陕西师范大学 文学院,陕西 西安 710119)

摘要:图经指的是描绘地方地理、记载地方物产、记录典故旧闻等内容的地方图志资料,唐代的图经修纂频繁,加上流传的唐前著作,唐人能够看到数量丰富的图经著作。唐人的风土认知的知识来源很广,如常识性的知识、前代诗文的记载、山川图画、图经地记等等,图经是其中重要的一种。唐诗记录了许多风土知识,通过史料的分析和诗歌的解读,可以看出唐代许多文人都有阅读图经的经历,图经使诗人摆脱地域的限制,了解到其他地域的山川地理、民风民俗,同时,也给他们的诗歌创作提供资料线索。作为唐诗的一大题材,送别诗中经常书写地方的风土知识,根据诗句提供的信息,可以推断图经是它们的一大来源。而且,由于有的诗歌对地方风土知识进行了详细的铺排书写,使送别诗带有图经的文体特征。

关键词:图经;唐诗;风土;送别诗

一、唐代图经文献概述及研究现状

图经指的是描绘地方地理、记载地方物产、记录典故旧闻等内容的地方资料,属于地方志性质的文献。现在能看到的图经均非完帙,所以无法完全看到唐代图经的完整状态。唐代《元和郡县志》曰:"每镇皆图在篇首,冠于叙事之前。"[①]宋代李宗谔说:"图则作绘之名,经则载言之别。"[②]可知图经的体例是地图配合相应的解说文字,现存敦煌文献中有图经的残卷,也可证此体例。刘纬毅《汉唐方志辑佚》博采群书,辑出了数百部的亡逸方志的零星片段,其中唐代图经的佚文超过一百部[③],可见唐代图经修纂之盛。在唐代,图经类资料编修有明确的规定,且有专门的机构人员主管,《新唐书》记载:"职方郎中、员外郎各一人,掌地图、城隍、镇戍、烽候、防人道路之远近及四夷归化之事。凡图经,非州县增废,五年乃修,岁与版籍偕上。"[④]柳宗元的《南省转牒欲具江国图令尽通风俗故事》诗写道:

圣代提封尽海壖,狼荒犹得纪山川。华夷图上应初录,风土记中殊未传。椎髻老人难借

---

① 李吉甫. 元和郡县图志[M].北京:中华书局,1983:2.

② 李宗谔. 祥符州县图经[M]//宋代序跋全编.济南:齐鲁书社,2015:55.

③ 刘纬毅. 汉唐方志辑佚[M].北京:北京图书馆出版社,1997.

④ 欧阳修,宋祁. 新唐书[M].北京:中华书局,1975:1198.

问，黄茆深峒敢留连。南宫有意求遗俗，试检周书王会篇。

此诗作于柳宗元任柳州刺史期间，当时朝廷想要修缮一部《江国图》，以详尽记录国家不同地域的风俗，因此向地方官下达公文。元稹的《进西北边图经状》记载了他修撰的图经：

右，臣今月二日进《京西京北图》一面，山川险易，细大无遗。犹虑幅尺高低，阅览有烦于睿鉴；屋壁施设，俯仰颇劳于圣躬。寻古今图籍之中，纂撰《京西京北图经》，共成四卷。所冀衽席之上，欹枕而郡邑可观；游幸之时，倚马而山川尽在。又太和公主下嫁，伏恐圣虑念其道远，臣今具录天德城以北，至回鹘衙帐已来，食宿井泉，附于《图经》之内。并别写一本，与《图经序》谨同封进。其《图》四卷，随状进呈。[①]

可知图经详尽地绘制山川郡邑，可给皇帝提供"欹枕而郡邑可观""倚马而山川尽在"的便利。有的图经还记载有历史掌故，晚唐诗人罗隐《夜泊义兴戏呈邑宰》："溪畔维舟问戴星，此中三害有图经。长桥可避南山南，却恐难防是最灵。"此诗以戏谑的笔调控诉了人心之难防，作者在诗中说宜兴的图经上记载了"三害"，所谓的"三害"出自《晋书·周处传》："南山白额猛兽，长桥下蛟，并子为三矣。"[②]

在唐代能够见到的类似地理著作有近百部，《旧唐书》卷四十六记载："右地理九十三部，凡一千七百八十二卷。"[③]如"《京口记》二卷，刘损之撰""《润州图经》二十卷，孙处玄撰""《京兆郡方物志》三十卷""《西域道地理记》三卷"。宋代郑樵的《通志》则记载了更多的著作，分类也更详细，其中很多都是唐代及之前的："地理，六十四部，二千二百七十五卷。"[④]如"都城宫苑，四十一部，一百六十八卷""郡邑，九十五部，三百七十六卷""图经，三十三部，一千七百一十七卷""方物，二十部，八十四卷""川渎，三十一部，一百六十卷""名山洞府，五十二部，五十七卷""朝聘，三十七部，九十二卷""行役，三十部，七十三卷""蛮夷，四十七部，二百一卷"。

根据仓修良先生的研究，图经主要记载了以下几类内容，而它们基本上都是风土知识，与本文的论题息息相关：第一，建置沿革，如《贝州图经》："清河县，秦为厝县，汉为信城县。"第二，地名由来，如《上谷郡图经》："黄金台，易水东南十八里。燕昭王置千金于台上，以延天下之士。"第三，山川走向，《丹阳郡图经》："方山在江宁县东五十里，下有湖水。旧扬州有四津，方山为东，石头为西。"第四，物产情况，如《江夏图经》："白雉山，其山上有芙蓉峰。前有狮子岭，后有金鸡石。西南出铜矿。自晋、宋、梁、陈以来，常置立炉，冶烹炼。"《茶陵图经》："茶陵者，谓陵谷生茶茗。"第五，风俗民情，如《邕州图经》："俗俭吝浇薄，内险外蠢，椎髻跣足，尚鸡卜及卵卜，拖匏箕踞。"第六，名胜古迹，如《洛阳图经》："华林园，在城内东北隅。魏明帝起名芳林园，齐王芳改为华林。"[⑤]

史学界有关唐代图经的研究不多，主要关注点有三个：一是对图经编纂情况的考察和体例的还原，仓修良先生的《方志学通论》中《隋唐五代的图经》一节对唐代图经编纂繁荣的原因、图经的体例、图经的发展、图经的内容等方面做了翔实的考辨。张纪亮《唐代的十道图和

①　元稹. 元稹集[M].北京：中华书局，2010：468.
②　房玄龄. 晋书[M].北京：中华书局，1974：1569.
③　刘昫. 旧唐书[M].北京：中华书局，1975：2016.
④　郑樵. 通志[M].北京：中华书局，1995：1576.
⑤　仓修良. 方志学通论[M].北京：方志出版社，2003：188-192.

图经》分析了十道图和图经的编纂情况，并指出了它们在唐代的作用①。赵贞《论唐代〈图经〉的编修》一文根据敦煌残卷中的图经资料，仔细研究了图经的编纂、资料来源、体例、内容、功用。② 二是对敦煌残卷中图经的研究，朱悦梅、李并成《〈沙州都督府图经〉纂修年代及其相关问题考》根据避讳情况、书写格式、所涉时间、官职名称、人名官职等资料，考订了《沙州都督图经》的修纂情况③。李并成《敦煌本唐代图经再考》则对敦煌遗书中保存的八件唐代图经的编纂年代、体例格式和史学价值进行了详细的研究。④；三是图经东传的影响，荆木美行《日本古代的风土记与唐代的图经》探讨了唐代图经的体例、图经与日本风土记的异同，认为唐代的图经对日本的风土记影响很大⑤。

图经、地记属于地理方志类著作，囿于学科的分别，它们很少进入唐代文学研究的视野，有的学者虽然利用图经笺注唐人诗歌的名物、地理，但是据笔者管见，图经与唐诗之间的关系，学术界尚未充分关注。有鉴于此，本文拟以唐诗中的风土书写为切入点，探讨图经与唐人诗歌的关系。首先简要介绍唐诗与风土之间的关系，梳理唐人风土知识的来源，在此基础上管窥唐人图经阅读的经验对诗歌创作的影响，进而分析图经与唐诗中的送别诗风土书写之间的关联。

二、风土与唐诗、送别诗

《晏子春秋》言："古者百里而异习，千里而殊俗。"⑥由于国家地域的广袤，中国的内部形成了诸多的地域差异，风土就是其中的一种。风土指的是某一地域独特的风俗习惯与地理环境，既包括人文习俗，也包括自然特征，《后汉书·张堪传》曰："帝尝召见诸郡计吏，问其风土及前后守令能否。"⑦《晋书·阮籍传》："籍尝从容言于帝曰：'籍平生曾游东平，乐其风土。'"⑧指的即是此义。唐人的生活与诗歌密不可分，作为唐代社会生活反映的诗歌，在记录风土上具有重要的价值，方回说："大抵中唐以后人多善言风土，如西北风沙，酪浆毡幄之区，东南水国，蛮岛夷洞之外，亦无不曲尽其妙。"⑨纪昀亦言："杂咏风土，自为一集者，唐以前不概所见。"⑩言下之意就是唐人善咏风土。以江南名郡扬州的风土为例，葛立方《韵语阳秋》列举了多人的诗歌：

俗言"腰缠十万贯，骑鹤下扬州"，言扬州天下之乐国。如韦应物诗云"雄藩镇楚郊，地势郁岩峣。严城动寒角，晓骑踏霜桥"，杜牧云"秋风放萤苑，春草斗鸡台"，"二十四桥明月夜，

① 张纪亮. 唐代的十道图和图经[J].四川大学学报(哲学社会科学版)，1990(3)：101-106.
② 赵贞. 论唐代《图经》的编修[J].史学史研究，2013(4)：88-98
③ 朱悦梅，李并成.《沙州都督府图经》纂修年代及其相关问题考[J].敦煌研究，2003(5)：61-65.
④ 李并成. 敦煌本唐代图经再考[J].中国地方志，2016(12)：4-11,62.
⑤ 荆木美行. 日本古代的风土记与唐代的图经[J].中国文化研究，2004(4)：110-118.
⑥ 赵蔚芝. 晏子春秋注解[M].济南：齐鲁书社，2009：156.
⑦ 范晔. 后汉书[M].北京：中华书局，1965：1100.
⑧ 房玄龄. 晋书[M].北京：中华书局，1974：1360.
⑨ 李庆甲. 瀛奎律髓汇评[M].上海：上海古籍出版社，1986：158.
⑩ 纪昀. 纪河间诗话[M]//陈伯海. 唐诗论评类编(增订本)，上海：上海古籍出版社，2015：647.

玉人何处教吹箫"等句,犹未足以尽扬州之美。至张祜诗云:"十里长街市井连,月明桥上看神仙。人生只合扬州死,禅智山光好墓田。"则是恋嫪此境,生死以之者也。隋炀帝不顾天下之重,千乘万骑,锦缆牙樯,来游此都,竟藏骨于雷塘之下,真所谓"禅智山光好墓田"者耶![1]

再如长江要地荆州:

荆州者,上流之重镇,诗人赋咏多矣。韩退之云:"穷冬或摇扇,盛夏或重裘",言气候之不正。刘梦得云:"渚宫杨柳暗,麦城朝雉飞",言城廓之荒凉。张说云:"游衣吴地尽,髫荐楚言多。"言蛮夷之与邻。张九龄云:"枕席夷三峡,关梁豁五湖",言道路之四达。若其邑屋之繁复,山川之秀美,则罕有言之者。[2]

这些诗歌或夸山川形势,或言地方名胜,或记气候风物,都属于对地方风土的书写。

送别诗与风土之间的关系,方回《瀛奎律髓》说:"风土诗多因送人之官及远行,指言其方所习俗之异,清新隽永,唐人如此者极多,如许棠云'王租只贡金',如周繇云'官俸请丹砂'。皆是。"[3]又言:"风土诗与送饯诗当互看。"[4]可知在送别诗中书写风土是唐人的习惯。送别诗之所以会与风土书写有如此紧密的关系,原因有二:一是在古代交通不便、信息沟通滞后的历史条件下,意味着离别双方要经历音讯不通的心灵煎熬,在这样的背景下,送者自然会为别者的前程产生担忧挂念的情绪,因此在诗歌中书写别者将要达到之地的风土,借此让别者有一种心理上的安慰;二是因为在送别诗漫长的发展史中,形成了送别诗写景的传统。在魏晋南北朝时期,送别诗中所涉及之景,一般都是别离场合的现实之景,如鲍照《送盛侍郎饯候亭诗》:"高塘宿寒雾,平野起秋尘。"王融《别王丞僧孺诗》:"花树杂为锦,月池皎如练。"谢朓《送江水曹还远馆诗》:"高馆临荒途。清川带长陌。"到了唐代,诗人的眼光则由眼前之景逐渐转移到远行者征途之中以及目的地的景色,如高适《送蹇秀才赴临洮》:"犹思阳谷去,莫厌陇山高。"杜甫《赠别郑炼赴襄阳》:"地阔峨眉晚,天高岘首春。"钱起《送李判官赴桂州幕》:"雁峰侵瘴远,桂水出云流。"唐人离别一般都有诗歌写作,而送别诗发展到了一定的程度,就会出现程式化的特点,因此,在送别诗中写沿途和目的地的风土成为诗歌中常见的内容。诗人在创作过程中,信口将纯熟的风土知识嵌入诗中,借此也省去呕心冥想之苦,不失为创作上的一种便捷。

三、唐人诗歌中风土知识的来源

从创作者与地方的关系来看,唐人诗歌的风土书写可以分为两类:一类是诗人身临其地,或者曾经游览某地,有真实的生活经历,进而写出来的风土人情,如元结创作于道州的《欸乃曲》五首,刘禹锡写作于夔州的《竹枝词九首》,白居易回忆江南生活的《忆江南》组词等;另一类是诗人的足迹并未到达某地,身在此地,而是以假拟、玄想的方式书写彼地的地域风情。本文着重探讨的就是这一类。

① 葛立方.韵语阳秋[M]//何文焕.历代诗话.北京:中华书局,2004:584-585.
② 葛立方.韵语阳秋[M]//何文焕.历代诗话.北京:中华书局,2004:587.
③ 李庆甲.瀛奎律髓汇评[M].上海:上海古籍出版社,1986:153.
④ 李庆甲.瀛奎律髓汇评[M].上海:上海古籍出版社,1986:179.

未能亲临其地,意味着诗人没有特定地域的实际生活体验和地域认知,那么其所书写的风土知识则是别有来源。据笔者考察,诗人未能涉足的地域之风土认知,来源有如下几个:

第一类是由来已久、广为人知的地理和风俗常识。例如《史记·货殖列传》载:"夫山西饶材、竹、旄、玉石;山东多鱼、盐、漆、丝、声色;江南出楠、梓、姜、桂、金、锡、连、丹沙、犀、玳瑁、珠玑、齿革;龙门、碣石北多马、牛、羊、旃裘、筋角;铜、铁则千里往往山出棊置:此其大较也。"①班固《汉书·地理志》:"天水、陇西,山多林木,民以板为室屋。及安定、北地、上郡、西河,皆迫近戎狄,修习战备,高上气力,以涉猎为先。故《秦诗》曰:'在其板屋';又曰'王于兴师,修我甲兵,与子偕行'。"②这些风土认知是自先秦以来积累的,在汉代被司马迁、班固总结,而成为一种普遍的知识,在唐代自然也属于常识。在常识中,一地的标志性景观、风物,或者广为人知的气候、风俗,是诗歌创作中频频被利用的。钱起《送裴頔侍御使蜀》:"锦水繁花添丽藻,峨嵋明月引飞觞。"权德舆《送密秀才吏部驳放后归蜀,应崔大理序》:"玉垒长路尽,锦江春物馀。"李频《送友人游蜀》:"星临剑阁动,花落锦江流。"锦江、峨眉山、玉垒山都是蜀地的标志性自然景观,自然为所有文人共知。再如岭南地区由于气候湿润,在古代文人眼里属于蛮荒烟瘴之地,因此,在送别诗中多有描写瘴气的书写,例如郎士元《送林宗配雷州》:"海雾多为瘴,山雷乍作邻。"严维《送少微上人东南游》:"瘴海空山热,雷州白日昏。"

有的文人的风土常识还来源于传闻,即从他人口中辗转听到某地的风土情况。如李嘉祐《送友人入湘》说:"闻说湘川路,年年苦雨多。猿啼巫峡雨,月照洞庭波。"卢纶《送饯从叔辞丰州幕归嵩阳旧居》:"丰州闻说似凉州,沙塞晴明部落稠。"齐己《送人南游》:"瘴国频闻说,边鸿亦不游。蛮花藏孔雀,野石乱犀牛。"

第二类是来源于前代诗文中的风土记载。汉代以来的大赋中,有一类专门描写城市景象的都城赋,例如扬雄的《蜀都赋》,班固的《东都赋》《西都赋》,杜笃的《论都赋》,张衡的《西京赋》《东京赋》《南都赋》,左思的《蜀都赋》《吴都赋》等,京城、都邑赋这类大赋对形成地域的风土认知也有重要的价值。大赋有"润色宏业"的功能和"博物猎奇"的特征,都邑赋更是如此,在都邑赋中,夸耀山川形胜、铺排地域风俗、列举地方物产是常见的内容,班固《西都赋》曰:"汉之西都,在于雍州,寔曰长安。左据函谷、二崤之阻,表以太华、终南之山。右界褒斜、陇首之险,带以洪河、泾、渭之川。"③左思《蜀都赋》曰:"夫蜀都者,盖兆基于上世,开国于中古。廓灵关以为门,包玉垒而为宇。带二江之双流,抗峨眉之重阻。水陆所凑,兼六合而交会焉;丰蔚所盛,茂八区而庵蔼焉。"④描写风俗的如张衡的《南都赋》:"于是暮春之禊,元巳之辰,方轨齐轸,被于阳濒。朱帷连网,曜野映云。男女姣服,骆驿缤纷。致饰程蛊,偄绍便娟。微眺流睇,蛾眉连卷。于是齐僮唱兮列赵女,坐南歌兮起郑儛,白鹤飞兮茧曳绪。修袖缭绕而满庭,罗袜蹑蹀而容与。"⑤除了汉赋以外,诗歌中也有许多地方风土的书写,如颜延之《始安郡还都与张湘州登巴陵城楼作诗》:"江汉分楚望,衡巫奠南服。三湘沦洞庭,七泽蔼荆牧。经途延旧轨,登阆访川陆。水国周地险,河山信重复。却倚云梦林,前瞻京台囿。清

① 司马迁.史记[M].北京:中华书局,1982:3253-3254.
② 班固.汉书[M].北京:中华书局,1962:1644.
③ 范晔.后汉书[M].北京:中华书局,1965:1335.
④ 严可均.全上古三代秦汉三国六朝文[M].北京:中华书局,1958:3467.
⑤ 严可均.全上古三代秦汉三国六朝文[M].北京:中华书局,1958:1536.

雾霁岳阳,曾晖薄澜澳。"鲍照《还都至三山望石头城诗》:"两江皎平迥,三山郁骈罗。南帆望越峤,北榜指齐河。关扃绕天邑,襟带抱尊华。长城非壑岭,峻岨似荆芽。"唐前的诗文是唐人学习的楷模,也是他们获取知识的来源之一,尤其是《文选》,是唐人诗文创作和科考取仕的利器,所收诗文中涉及的风土知识也为唐人所接受。此外,前代的乐府诗中也有不少描写地域风土的诗句,也可以给后人创作提供资料。

第三类是山水图,即描绘某一地域风景的书画作品,按照地域的实际地理风貌绘制的山水图,逼真地再现一地的山水奇观,可以供身在异地的文人欣赏绝妙的风景。翻检唐人的诗集,可以发现很多诗歌中提到文人观看山水图,在尺幅之间欣赏足迹未到之地的情形,如王昌龄《观江淮名胜图》、郎士元《题刘相公三湘图》、皎然《观王右丞维沧洲图歌》、张籍的《答白杭州郡楼登望画图见寄》。山水图将地域的景观通过绘画的形式图形在纸张上,不仅供当时之人阅览,甚至可以流传下去,而且,山水图并非纯然按照固定比例缩小自然景观,而是加入了画作作者的艺术加工,是兼具地域认知和艺术品鉴双重价值的文化产品。

第四类是本文接下来要讨论的图经类地理著作。

四、唐人的图经阅读与诗歌创作、风土书写

因为文献的缺失,现在很难深入地了解图经类著作在唐人习文生活中的角色与地位,毕竟在唐人的知识结构中,地理认知处于相对次要的位置。不过,通过翻检唐人的诗文,还是可以看到唐人批阅图经、地记的零星记载,而且可以毫不犹豫地确认,这是唐人获取风土知识的来源之一。

大历六年,时为抚州刺史的颜真卿创作了一篇《抚州南城县麻姑山仙坛记》。麻姑的传说首见于葛洪的《神仙传》,小说记载麻姑是得道的仙人,"已见东海三为桑田",在唐代被附益成为道教"上真元君之亚",麻姑得道的地点正是位于颜真卿抚州管内,因此颜真卿作文刻石以纪念之,他对于麻姑传说的认知以及麻姑仙坛位置的确认,就有图经的作用:"大历三年,真卿刺抚州,按图经,南城县有麻姑山,顶有古坛,相传云麻姑于此得道。"①又如独孤及的《琅琊溪述并序》写道:"陇西李幼卿,字长夫,以右庶子领滁州,而滁人之饥者粒,流者占,乃至无讼以听。故居多暇日,常寄傲此山之下。因凿石引泉,酾其流以为溪,溪左右建上下坊,作禅堂琴台以环之,探异好古故也。按《图经》,晋元帝之居琅琊邸而为镇东也,尝游息是山。厥迹犹存,故长夫名溪曰琅琊。"②晋元帝曾游览琅琊山的事情,作者的知识来源也是图经。再如陆龟蒙的诗歌《庆封宅古井行》:

古甃团团藓花碧,鼎漮寒泉深百尺。江南戴白尽能言,此地曾为庆封宅。庆封嗜酒荒齐政,齐人剪族封奔逋。虽过鲁国羞鲁儒,欲弄吴民窃吴柄。吴分岩邑号朱方,子家负固心强梁。泽车豪马驰似水,锦凤玉龙森若墙。一朝云梦围兵至,胸陷锋铠脑涂地。因知富德不富财,颜氏箪瓢有深意。宣父尝违盗泉水,懦夫立事贪夫止。今歌此井示吴

---

① 董浩. 全唐文[M].北京:中华书局,1983:3423.
② 董浩. 全唐文[M].北京:中华书局,1983:3961.

人，断绠沉瓶自兹始。

庆封是春秋时期齐国的大夫，与崔杼一起把持国政，又灭崔杼独揽大权，可是为人荒淫骄纵，被其他大臣联合起来反对，儿子庆舍被杀，庆封也逃往吴地，在朱方这个地方聚族而居。楚灵王伐吴时，不仅诛杀庆封，还将其家族全国歼灭。陆龟蒙的诗歌就是吟咏这个历史事件的，陆龟蒙借以发论的古井，就是根据图经的记载找到的线索，诗歌的序说："春秋左氏传云：襄二十八年，齐庆封乱而来奔。既而齐人来让，奔吴。吴句余与之朱方，聚族而居之，富于其旧。后七年，荆人使屈申围朱方，执庆封而尽灭其族。按《图经》，润之城南一里，则封所居之地。询诸故老，井尚存焉。因览其遗甃，故歌之以志其恶。"①

此外，《唐会要》记载："开元五年正月十日，幸东都，右散骑常侍褚无量陈意见上表曰：……伏愿陛下行幸所过之处，有名山大川，邱陵坟衍，古之帝王，及忠臣烈士，备在祀典，皆合致祭。望令所管州县，据图经具录先报。"②颜真卿《项王碑阴述》曰："其神灵事迹，具见竟陵陆子陆羽所载图经。"③刘禹锡《夔州刺史厅壁记》曰："故相国安阳公乾曜尝参军事，修图经，言风俗甚备。"④王茂元《楚三闾大夫屈先生祠堂铭并序》也记载："按，《史记》本传及图经，先生秭归人也。"⑤可见图经著作确为提供地方文化知识的重要载体，官方以之记载山川物产、风俗文物，文人也据此寻觅地方文化的线索。

有的诗歌提到了阅读图经的经历，如曹松、伍乔二人有《观华夷图》诗。王周《湖口县》诗曰：

柴桑分邑载图经，屈曲山光展画屏。最是芦洲东北望，人家残照隔烟汀。

再如五代和凝的《洋川》：

华夷图上见洋川，知在青山绿水边。官闲最好游僧舍，江近应须买钓船。

登山临水，饱览山河形胜自然是人生快事，但是人的足迹毕竟有限，难以遍步天下，图经则以地图标注的形式给人以基本的信息，正如李德裕所言："陶潜虽好事，观海只披图。"（李德裕《思平泉树石杂咏一十首·海鱼骨》）

图经给唐人提供了寻觅地方山水形胜的线索，在古代社会，由于交通工具以及指示信息的落后，文人要寻找某个地点显非易事，而图经就可以给他们提供信息，免去无头绪寻找之苦，韩愈《将至韶州先寄张端公使君借图经》：

曲江山水闻来久，恐不知名访倍难。愿借图经将入界，每逢佳处便开看。

---

① 陆龟蒙. 唐甫里先生文集[M].南京：凤凰出版社，2015：987.
② 王溥. 唐会要[M].北京：中华书局，1955：519.
③ 董诰. 全唐文[M].北京：中华书局，1983：3432.
④ 刘禹锡. 刘禹锡集[M].北京：中华书局，1990：107.
⑤ 董诰. 全唐文[M].北京：中华书局，1983：7006.

　　韩愈的诗歌说早已听闻韶州的山水之佳,但是那些不知名的景观文化寻访起来十分困难,因此向友人借取图经,以免去徒劳之苦。诗僧齐己的《怀武陵因寄幕中韩先辈何从事》曰:"武陵嘉致迹多幽,每见图经恨白头。溪浪碧通何处去,桃花红过郡前流。常闻相幕鸳鸿兴,日向神仙洞府游。凿井耕田人在否,如今天子正征搜。"武陵图经上标注了僻远幽静的地方,让未能遍游就离开此地的作者惋惜不已。

　　那些游览地方名胜者,有的也借助图经当作导游之工具。王建《题酸枣县蔡中郎碑》:"苍苔满字土埋龟,风雨销磨绝妙词。不向图经中旧见,无人知是蔡邕碑。"正是图经让王建在泥土苔藓遍布的地方辨识出书法家蔡邕的碑刻,薛能的《华岳》是他游览华山之作,他写道:"簇簇复亭亭,三峰卓杳冥。每思穷本末,应合记图经。"哪怕是亲临华山,但是华山峰峦叠嶂,要想到达心仪之地,还是要借助图经。

　　诗人在诗歌创作过程中利用图经、地记类地理著作,也可以找到不少的记载。刘禹锡《历阳书事七十韵》创作于穆宗长庆四年,其时刘禹锡由夔州刺史改任和州刺史,这首诗除了自叙生平行迹之外就是吟咏和州的风土,如:

　　　　一夕为湖地,千年列郡名。霸王迷路处,亚父所封城。汉置东南尉,梁分肘腋兵。本吴风俗剽,兼楚语音伧。沸井今无涌,乌江旧有名。土台游柱史,石室隐彭铿。曹操祠犹在,濡须坞未平。海潮随月大,江水应春生。

　　　　……

　　　　离亭临野水,别思入哀筝。接境人情洽,方冬馈具精。中流为界道,隔岸数飞甍。沙浦王浑镇,沧洲谢朓城。望夫人化石,梦帝日环营。半渡趋津吏,缘堤簇郡氓。场黄堆晚稻,篱碧见冬菁。里社争来献,壶浆各自擎。鸱夷倾底写,粔籹斗成文。采石风传析,新林暮击钲。茧纶牵拨剌,犀焰照澄泓。露冕观原野,前驱抗旆旌。

　　诗中提到了和州的建置沿革、历史典故、民间风俗、文物古迹、自然景观、百姓生活等方方面面的内容,创作此诗要收集如此多的风土知识,自然不能仅凭个人的记忆,需要借助相关的资料,刘禹锡在这首诗的诗序中写道:

　　　　长庆四年八月,余自夔州转历阳,浮岷江,观洞庭,历夏口,涉浔阳而东。友人崔敦诗罢丞相,镇宛陵,缄书来招曰:"必我觌而之藩,不十日饮,不置子。"故余自池州道宛陵,如其素。敦诗出祖于敬亭祠下,由姑孰西渡江,乃吾圉也。至则考图经,参见事,为之诗,俟采之夜讽者。①

　　图经给刘禹锡提供了非常多的资料,他才能如数家珍地道出如此多的和州风土知识,他也想通过诗歌向国家上层传达地方的信息,即所谓"俟采之夜讽者"。

---

　　①　刘禹锡.刘禹锡集[M].北京:中华书局,1990:577.

五、图经与送别诗的风土书写

前文提到，在送别诗中加入风土的书写，是唐代送别诗发展过程中形成的一种惯例。图经与送别诗风土书写之间的关系，可以从两个方面来理解，一方面是图经给送别诗的风土书写提供了便利，另一方面，有不少送别诗由于书写了别致新奇的风土知识，使诗歌带有了图经、地记的文体印记。

首先来看图经给送别诗风土书写提供的便利。第一，图经可以让作者了解别离者的行程，以及目的地的风土人情。在同一首诗歌中，这两类知识常常都可以看见。如方干的《送永嘉王令之任二首》其一：

> 虽展县图如到县，五程犹入缙云东。山间阁道盘岩底，海界孤峰在浪中。礼法未闻离汉制，土宜多说似吴风。字人若用非常术，唯要旬时便立功。

首联说打开永嘉的地图仿佛就置身当地一样，可是朋友还是要往缙云的东部走上几程；颔联与颈联分写永嘉的山川和风俗。这可以看出诗人利用图经想象出友人要经过的路线以及目的地的风土。再如杨衡《送人流雷州》：

> 逐客指天涯，人间此路赊。地图经大庾，水驿过长沙。腊月雷州雨，秋风桂岭花。不知荒徼外，何处有人家。

"地图经大庾，水驿过长沙"是行程中的地理坐标，"腊月雷州雨，秋风桂岭花"则是友人流放目的地雷州的气候和植物特征。姚合《送林使君赴邵州》说"驿路算程多是水，州图管地少于山"，也是借图经以认知风土。

第二，图经也给诗人想象离别者到达目的地的活动以地理凭据。如权德舆《送上虞丞》：

> 越郡佳山水，菁江接上虞。计程航一苇，试吏佐双凫。云壑窥仙籍，风谣验地图。因寻黄绢字，为我吊曹盱。

再如姚合《送饶州张使君》：

> 鄱阳胜事闻难比，千里连连是稻畦。山寺去时通水路，郡图开处是诗题。化行应免农人困，庭静惟多野鹤栖。饮罢春明门外别，萧条驿路夕阳低。

权德舆和姚合的诗歌都以想象的方式虚构出对方达到之后的活动，而这些活动一般都会涉及地理风貌和地域风俗等风土知识，图经正好给他们的想象活动以现实的凭借，不至于违背真实的风土情况。

再来看送别诗中风土书写的图经价值。杜甫的诗歌曾被后人称为图经，不过并非因为送别诗，而是因为杜甫在诗歌中详写山川地理和地域风俗，使诗歌带上了图经的特征。刘克庄《后村诗话》说杜甫写南岳衡山的《望岳》是"图经":"岳令与山中人谓余慕向道者,将以昧爽登绝顶,夕忽大雪,余犹攀缘而上,望上封咫尺,雪泥没膝不可行,然耳目之睹,记公诗真此山图经也。"①还有《秦州杂诗二十首》:

> 《秦州》五言二十首,……唐人游边之作数十篇,中间有三数篇,一篇中间有一二联可采。若此二十篇,山川城郭之异,土地风气所宜,开卷一览尽在是矣,网山《送蕲帅》云:"杜陵诗卷是图经",岂不信然?②

刘克庄所言杜甫《秦州杂诗》二十首,是安史之乱以后杜甫逃难到成都途中,经过秦州时写下的组诗,这二十首诗歌详细记录了自己的行踪和心理活动,涉及大量风土知识,如"秦州山北寺,胜迹隗嚣宫""无风云出塞,不夜月临关""山头南郭寺,水号北流泉"。因此宋人才以"图经"比之。而且,《秦州杂诗二十首》其三曰:"州图领同谷,驿道出流沙。"杜甫当时逃难的行程中,可能也确实有"州图"作为参考。

虽无人将送别诗比作图经,但是送别诗中书写了不少地域的山川地理、民风民俗等风土知识,因此诗歌带有图经的文体特征。如钱起《赋得青城山歌,送杨、杜二郎中赴蜀军》:

> 蜀山西南千万重,仙经最说青城峰。青城岌岑倚空碧,远压峨嵋吞剑壁。锦屏云起易成霞,玉洞花明不知夕。星台二妙逐王师,阮瑀军书王粲诗。日落猿声连玉笛,晴来山翠傍旌旗。绿萝春月营门近,知君对酒遥相思。

韩翃《送客之江宁》:

> 春流送客不应赊,南入徐州见柳花。朱雀桥边看淮水,乌衣巷里问王家。千闾万井无多事,辟户开门向山翠。楚云朝下石头城,江燕双飞瓦棺寺。吴士风流甚可亲,相逢嘉赏日应新。从来此地夸羊酪,自有莼羹定却人。

两首诗歌铺排了许多蜀地、金陵的风土知识,二人都是大历十才子的成员。大历十才子创作了数量可观的送别诗,这些诗歌大多是诗人们在京城饯别的宴席上的应景之作,铺排风土知识一方面可以炫耀才学之丰赡,博得宴饯活动参加者的赞赏,另一方面也可以在规定的时间完成创作,以一种程式化的创作模式避免才思枯竭之苦,这些送别诗都将某地的风土情况以最凝练的诗句表述出来,所起到的作用与图经无异。再如张九龄《送广州周判官》:"里树桃榔出,时禽翡翠来。"耿湋《奉送崔侍御和蕃》:"俗殊人左衽,地远水西流。"顾非熊《酬均州郑使君见送归茅山》:"饮猿当濑见,浴鸟带槎逢。"李商隐《送从翁从东川弘农尚书幕》:"蛮童骑象舞,江市卖鲛绡。"这些诗歌或详细描写地域的地理景观,或罗列标志性的名胜古迹,或写物产,或写风俗,展现了一幅幅风土书写的画卷,让读者仿佛身临其境一般,给人以一种新奇入胜之感,客观上起到了图经、地记的介绍作用,这也是送别诗所沾染上的图经特征。

---

①　辛更儒. 刘克庄集笺校［M］.北京:中华书局,2011:6993.
②　辛更儒. 刘克庄集笺校［M］.北京:中华书局,2011:6997.

六、结论

综上所述，唐代的图经修纂频繁，再加上流传的唐前著作，唐人能够看到数量丰富的图经著作。在唐人的风土认知的知识来源中，图经是重要的一种。虽然现在见不到完整的图经风貌，但是通过诗文的解读，还是可以看出唐代许多文人都有阅读图经的经历。图经使诗人摆脱地域的限制，了解到不同地域的风土知识，并在诗歌创作中加以利用。唐人的送别诗中经常书写地方的风土知识，根据诗句提供的信息，可以推断这些知识有的来源于图经，同时，由于有的诗歌对地方风土知识进行了铺排书写，使送别诗带有图经的文体特征。

Tu Jing and the Local Writing of Tang Poetry

Yang Yufeng

(The College of Chinese Literature and Language，Shaanxi Normal University，Xi'an，Shanxi，710119)

Abstract：Tujing refers to the local materials describing local geography，recording local property，recording allusions and old news，etc. The Tang Dynasty's Tujing was frequently compiled，coupled with the pre-Tang writings circulated，Tang people can see a large number of Tujing writings. The knowledge sources of Tang people's local knowledge are very wide，such as knowledge of common sense，records of previous poetry and prose，pictures of mountains and rivers，and records of Tujing and scriptures，etc. And Tujing is an important one among the others. Tang poetry records a lot of local knowledge. Through the analysis of historical materials and the interpretation of poetry，we can see that many scholars in the Tang Dynasty had the experience of reading Tujing. Tujing enabled the poets to get rid of the restriction of region，to understand the geography of mountains and rivers，folk customs in other regions，while at the same time providing them with information clues for their poetry creation. The local knowledge is often written in the farewell poems of the Tang Dynasty. According to the information provided by the poems，it can be inferred that some of this knowledge originated from Tujing. Moreover，because some poems lay out the knowledge of local customs，the farewell poems have the stylistic characteristics of the Tujing..

Keywords：Tujing；Tang poetry；local writing；farewell poems

（学术编辑：胡旭）

杨玉锋，男，陕西师范大学文学院 2017 级博士研究生。

风景书写的递变

——论白居易诗中的"人化风景"特色

吕　梅

（台湾清华大学　中文系，台湾　新竹　300）

摘要：古典诗中的风景书写的流变，可说是人走进风景，进而参构风景的"人化自然"的过程。它以人对于自然的"行动"为前提。景与人的关系，由中古早期单纯的看与被看之分隔，渐生出情景交融的意境之美；至中古晚期诗中，"人化风景"的书写大盛。白居易乃其中之代表。他借风景中的"行动"将陌生地域转化为富有意义的"存在空间"和"家宅"，也从中展示了他的生活美学、生存哲学、儒者内心。

在诗句法层面，它表现为小句主题之"人"和"人工景致"的出现及增多，取代了单纯以自然景致作为主语的单一形态；搭配"人"的述语的动作动词渐趋多样，从"游""观"，到"游宴""嬉乐"，再到"开掘""种植""侍弄""营建"，"风景"由远离人寰到日常可见。

关键词：白居易；风景诗；行动

一、问题意识及研究取径

中国古典诗中的风景书写呈现出人与景、与自然的密切关系。风景作为自然的客观造物，唯在经由富有主体性的人（创作者）的审美感知和书写后，方于文本中焕发出神采。此即唐人柳宗元《邕州柳中丞作马退山茅亭记》中所言："夫美不自美，因人而彰。兰亭也，不遭右军，则清湍脩竹，芜没于空山矣。"[①]也是台湾学者黄冠闵所指陈的，"风景首先存在于其自身……早在人意识到某片风景时，这片风景可能早已经竖立于此地数千、数万年了。但对于人类来说，风景被意识到时才应运而生"[②]。

风景借由人来发现，人的观看模式便显诸风景的书写样态，不同时代的诗中风景也便染了相应时代之人的色彩。古典诗中"景"的原初样态，基本是作为人的陪衬物而存在，诸如"昔我往矣，杨柳依依，今我来思，雨雪霏霏"中的杨柳、雨雪，或是"涉江采芙蓉，兰泽多芳草"中的江水、芙蓉，皆非独立的审美观照对象，而作交代时空场景、渲染氛围、烘托情感之用。即至六朝之谢灵运、谢朓、阴铿、何逊等诗人，于山水、行旅、记游、登览之诗中开显出对"景"

---

① 柳宗元.柳宗元集：册2：卷27[M].吴文治，校点.台北：汉京文化，1982：730.
② 黄冠闵.风景的建制及其问题[J].中正汉学研究，2014，12（24）：242.

的表现的"游观模态"①后，山水方有了被欣赏的、富有美感特质的"风景"的意味。故此，六朝一般也作为对古典诗中的风景书写进行考察的起点②。

而从风景与人之关系的角度，爬梳古典诗文脉会发现，六朝文人笔下的风景，与以白居易为代表的中晚唐诗中的风景，大为不同。下文将择取不同时段书写庐山风景的诗进行文本分析和相关论述。

需要指出的是，本文观察古典诗中风景与人之关系，主要是借助句法学的路径，检视诗句之小句（clause）的"主题"（topic）和"述题"（comment）、主语（subject）和述语（predicate）的成分与内容的变化，特别是诗中关涉人的动作动词（action words）的变化，因动词不仅是古典诗炼字炼句时最为重要的词类之一（此与汉语作为"孤立语"、诗句惯常使用形容词为主的述语或多重主题的静态句③、而非充满动态性的动作动词的特点相关）；也因为"行动"

① 台湾学者颜昆阳的研究指出，从先秦到唐代，古典诗中开显"人与自然的关系"约有六个时期与样态：《诗经》时期，由风、雅所开显的"应感模态"；《楚辞》时期，由屈骚所开显的"喻志模态"；汉魏以降，由《古诗十九首》及其后的抒情诗所开显的"缘情模态"；魏晋时期，尤其是东晋，由玄言诗所开显的"玄思模态"；六朝时期，由山水、行旅、记游、登览之诗所开显的"游观模态"；东晋至唐代时期，由山水、田园、闲行诗所开显的"兴会模态"。见：颜昆阳. 从应感、喻志、缘情、玄思、游观到兴会：论中国古典诗歌所开显"人与自然的关系"的历程与模态[J]. 辅仁国文学报，2009，10(29)：55-102.

② 前行研究基本认为，中国文学中"风景"一词出现于魏晋六朝间。日本学者小川环树认为《晋书·王导传》记载的王导"新亭对泣"时感慨"风景不殊，举目有江山之异"，乃是"风景"一词的最早出处。德国学者顾彬补充了《晋书·羊祜传》之例，"祜乐山水，每风景，必造岘山，置酒言咏，终日不倦"，认为此例中的"风景"指"美的景致、气候状况"。《晋书》中"风景"语义，更强调"风光、光色"（light and atmosphere）意，之后才渐变为今人语境里的"风景"（view and scenery）意。（小川环树. "风景"在中国文学里的语义嬗变[M]//小川环树. 风与云：中国诗文论集. 周先民，译. 中华书局，2005：25-41. 顾彬. 中国文人的自然观[M]. 马树德，译. 上海：上海人民出版社，1990：7.）另外，古典文论中对于"风景"的探讨亦于六朝萌蘖，《文心雕龙·物色》篇中首次出现了作为特定的诗学理论用词的"风景"此一概念。其言曰："自近代以来，文贵形似。窥情风景之上，钻貌草木之中。吟咏所发，志唯深远，体物为妙，功在密附。故巧言切状，如印之印泥，不加雕削，而曲写毫芥。故能瞻言而见貌，即字而知时也。"（刘勰. 文心雕龙注[M]. 范文澜，注. 北京：人民文学出版社，1962：694.）

③ 关于句子功能的动态与静态，参见美国学者梅祖麟与台湾学者刘承慧的研究。梅氏以美国诗人庞德（Pound）《在地铁车站》中的两句诗"人群中这些幽灵般的面孔，湿漉漉的黑色枝条上的许多花瓣"为例，指出：由单纯的名词组意象构成的语句有"静态性"。另外，他引用唐代诗人张继《枫桥夜泊》的前两句"月落乌啼霜满天，江枫渔火对愁眠"，指出此两句由六个连续的短语组成，且其间无任何连接成分。此二例皆是"独立性句法"，与"动作者—动作—动作对象"的"动作性句法"不同，前者静态而后者更动态。刘氏指出：动词谓语所搭配的主语不同，文句的功能也有差异：如果主语是"从事特定活动的行为者"、"基于特定刺激而发出心理或情绪反应的感知者"或"导致某种结果出现的致使者"，是典型的施事句；若非如此，动词的动态特征无法完全被启动，文句的功能也偏向静态。参见：高友工、梅祖麟. 唐诗的魅力：诗语的结构主义批评[M]. 上海：上海古籍出版社，1989：34. 刘承慧. 先秦实词与句型：兼论句型与文章风格的关系[M]//语文、情性、义理：中国文学的多层面探讨国际学术论文集（台湾大学中国文学系），1996：25-44.

（action）直接显现"人"的存在，"彰显了人的意义与价值"①，故动词的样态与多少，乃是折射诗中"人"之于"景"的渗入性及目的性的尺度。

本文认为，古典诗风景书写的流变历程，在句法层面，集中体现为：其一，小句"主题"的内容的扩展。作为句子主题的"风景"，由纯粹的自然景物为主，渐变为人工建筑（郡斋、园林、屋舍）富集；"风景"与"人"的距离，由远离人寰、需跋山涉水方可抵达，渐变为日常栖居即见。其二，担任"述语"之主要成分的词（动词、形容词）亦有变化，由静态动词（描述主语"风景"的形容词）、存现动词、变化动词和表示"游"（指向身体的行走跋涉类相关动词）、"观"（指向视觉运作的"望""瞰""窥"等）类的动作动词，转向更丰富多样的动作动词；从"游走""观览"，到"游宴""嬉乐"，再到"开掘""种植""侍弄""营建"，"风景"由远离人寰到日常可见。"人"经由"行动"改造自然、创造"风景"，显出"人"之于"风景"的互动样态的变化。景与人的关系，由中古早期单纯的看与被看之分隔，渐生出情景交融的意境之美；进而至中古晚期诗中，"人化风景"的书写大盛。白居易，乃是"人化风景"书写的代表。

二、中古早中期诗中的风景书写

且观察自六朝以降的古典诗中风景。

> 山行非有期，弥远不能辍。但欲淹昏旦，遂复经圆缺。扪壁窥龙池，攀枝瞰乳穴。积峡忽复启，平途俄已闭。峦陇有合沓，往来无踪辙。昼夜蔽日月，冬夏共霜雪。（南朝·谢灵运《登庐山绝顶望诸峤诗》）②

> 悬装乱水区，薄旅次山楹。千岩盛阻积，万壑势回萦。巃嵸高昔貌，纷乱袭前名。洞涧窥地脉，崒树隐天经。松磴上迷密，云窦下纵横。阴冰实夏结，炎树信冬荣。嘈嘈晨鹍思，叫啸夜猿清。深崖伏化迹，穹岫阋长灵。乘此乐山性，重以远游情。方跻羽人途，永与烟雾并。（南朝·鲍照《登庐山诗·其一》）③

南朝之谢灵运（385—433）和鲍照（416？—466）二人，都是元嘉诗风代表人物。彼时"庄老告退，山水方滋"④的语境，山水诗常托着一条玄言尾巴，景的摹写基本是"极貌写物""巧

---

①　此处我们特意指出"行动"的概念，是受到德国学者汉娜·阿伦特（Hannah Arendt，1906—1975）的启发。其在《人的境况》（*The Human Condition*，1962）一书中，提及人类最重要的三种实践活动：劳动（labor）、工作/制造（working）与行动（action）。"行动"指的是：在生活实践当中自由决定的行为，是表现人的价值和意义的实践活动，尤其是在人与他人共存于世的关系中，在人们多样性的条件下，表现人之为人的价值和意义的实践活动。见：王音力.阿伦特[M].台北：生智出版社，2002：57.

②　谢灵运.谢灵运集校注[M].顾绍柏，校注.郑州：中州古籍出版社，1987：194.

③　逯钦立.先秦汉魏晋南北朝诗：中册[M].北京：中华书局，1988：1283.

④　刘勰.文心雕龙注[M].范文澜，注.北京：人民文学出版社，1962：67.

言切状"，景与情在诗歌中被分开呈现。虽有"巧构形似"①之妙，却也可能囿于"以形写形，以色貌色"②的桎梏而少了情、韵、意、味。上二诗对庐山的书写，也表现出非"情景交融"的特点，景仅是作为被凝视的造物来对待。

从内容及"风景与人之距离"的角度看。大谢等中古早期的风景书写者，展现了一种"清音幽韵""鲜有人迹"的、离人居日常极为遥远的"山林园田"式风景图式，即书写的基本是远离尘寰的"岩峭""白云""幽石""绿筱"等自然存在；僻静、幽深、空寂、清远，是其特色；绿竹森森、青山隐隐，是其画面。这或与写作者自身的"山居良有异乎市廛"③的自觉与不染流俗的隐逸姿态的标举有关。又因大谢毕生所居所游基本在永嘉、会稽、始宁等江浙地，故其着墨的总是"青山绿水"的南方景致。古典汉诗中的风景凝视，便是在士族隐者的清远的南方山水中拉开帷幕的。

从句法角度看。大谢诗中，从"积峡忽复启"句始，至"冬夏共霜雪"句结，皆是纯粹的景物细描句。其句法也是古典诗中风景书写的常态，即小句主题为"自然物"（积峡、平途、峦陇等），述题为表示存在的存现动词（如"有合沓""无踪辙"）、表示变化的动词（如"启""闭"）等，皆富静态性。鲍照诗中，"千岩盛阻积，万壑势回萦"作为纯粹的景物描写句，则是双主题句，即小句中，"千岩""万壑"各为第一主题，"盛""势"则为第二主题④，述题为静态动词也即形容词（"阻积""回萦"），亦富静态性。

前文言及，"人"的影迹主要指向动作动词。大谢诗中动作动词集中在"扪壁窥龙池，攀枝瞰乳穴"句，"扪壁""攀枝""窥""瞰"四个，分别与探寻风景的"游"（主要为"游走"，即换景所需之"移步"）和欣赏风景的"观"（视觉运作）相关。此种"游""观"类动作，亦是中古早期诗中写风景时的常见动词。如大谢的诗中诸例，其《过始宁墅》中"山行穷登顿，水涉尽洄沿"句之"行""涉"，《七里濑》中"晨积展游眺……目睹严子濑"之"眺""睹"，《登上戍石鼓山诗》中"发春托登蹑"之"登蹑""极目睐左阔，回顾眺右狭"之"睐""眺"等，皆是与"游""观"相关的动词。此外少有其他动词，显出"人"的行为的单一，也折射出彼时人与景的关系，基本是简单的"看"与"被看"关系。

> 万丈洪泉落，迢迢半紫氛。奔飞流杂树，洒落出重云。日照虹蜺似，天清风雨闻。灵山多秀色，空水共氤氲。（唐·张九龄《湖口望庐山瀑布泉》)⑤

---

① 钟嵘《诗品》言："宋临川太守谢灵运"："其源出于陈思，杂有景阳之体，故尚巧似，而逸荡过之，颇以繁芜为累"。其"宋参军鲍照"："其源出于二张，善制形状之词，得景阳之淑诡，含茂先之靡曼……唯其才秀人微，故取湮当代。然贵尚巧似，不避危仄，颇伤清雅之调。故言险俗者，多以附照。"钟嵘.诗品[M]//何文焕.历代诗话.北京:中华书局,1981:9-11.

② 宗柄.画山水序[M]//严可均.全上古三代秦汉三国六朝文:全宋文之卷20.北京:商务印书馆,1999:191.

③ 谢灵运.山居赋[M]//谢灵运.谢灵运集校注.顾邵柏,校注,郑州:中州古籍出版社,1987:318.

④ "双主题"等概念可参见:曹逢甫.从语言学看文学:唐宋近体诗三论[M].北京:北京大学出版社,2016:53-102.

⑤ 本文所引唐诗、白居易诗,均自"中国哲学书电子化计划"网站的《全唐诗》语料库,后不再注出。见:彭定求,等《全唐诗》[DB/OL].(2006—2021)[20200715-20201011].https://ctext.org/quantangshi/zh

初唐张九龄(678—740)延续了元嘉二诗人的笔法,以自然之"物"而非"人为"摹写风景的诗句的"主题"。只是张九龄笔端的庐山更爽朗开阔,元嘉诗人更清幽旷远。但张诗中无指向"人"的动作动词,而是使用多个自然意象来组成句子,如"洪泉""树""云""日""天空""山""水"等依次罗列,此亦是古典诗表现景致时的常用句法,亦显出静态性。

> 太虚生月晕,舟子知天风。挂席候明发,渺漫平湖中。中流见匡阜,势压九江雄。黯黕凝黛色,峥嵘当曙空。香炉初上日,瀑水喷成虹。久欲追尚子,况兹怀远公。我来限于役,未暇息微躬。淮海途将半,星霜岁欲穷。寄言岩栖者,毕趣当来同。(唐·孟浩然《彭蠡湖中望庐山》)

> 我本楚狂人,凤歌笑孔丘。手持绿玉杖,朝别黄鹤楼。五岳寻仙不辞远,一生好入名山游。庐山秀出南斗傍,屏风九叠云锦张,影落明湖青黛光。金阙前开二峰长,银河倒挂三石梁。香炉瀑布遥相望,回崖沓嶂凌苍苍。翠影红霞映朝日,鸟飞不到吴天长。登高壮观天地间,大江茫茫去不还。黄云万里动风色,白波九道流雪山。好为庐山谣,兴因庐山发。闲窥石镜清我心,谢公行处苍苔没。早服还丹无世情,琴心三叠道初成。遥见仙人彩云里,手把芙蓉朝玉京。先期汗漫九垓上,愿接卢敖游太清。(唐·李白《庐山谣寄卢侍御虚舟》)

盛唐诗人孟浩然(689—740)与李白(701—762)的庐山风景观照,同与不同处皆有。孟诗先景后情、情景二分的笔法更类元嘉诗人。而李诗"人"的主体的存在,除显诸"持杖""朝别"这样的动作动词外,更显现在风景与人的多重互动中:庐山召唤着人的亲近("五岳寻仙不辞远"),感发人的志意("兴因庐山发"),还涤荡人的心境("闲窥石镜清我心"),进而诱发人的遥想("愿接卢敖游太清")。但孟李二诗人均表达了追慕前代隐者(尚子、慧远)或仙人而去的情思,对太清及山林的向往,隐含着对现世与此处的不满与否定。此种游仙、归林之想,可说是自郭璞与陶谢已降的诗人们在观照风景时多会生发的情思。

三、白居易诗中的"人化风景"书写

(一)"人化风景"的概念界定

中唐诗人白居易(772—846)的庐山诗富集于其江州之贬时期。其诗中"风景"与"人"之关联,有与李白诗中相同的、景起人情思者;如白居易《寒食江畔》中"草香沙暖水云晴,风景令人忆帝京",《庾楼新岁》中"岁时销旅貌,风景触乡愁",《庾浔阳春三首·春来》中"春来触地故乡情,忽见风光忆两京",皆是触景生情的诗作。但白诗更有迥异前代处。

> 倚石攀萝歇病身,青筇竹杖白纱巾。他时画出庐山障,便是香炉峰上人。(唐·白居易《上香炉峰》)

　　常爱陶彭泽,文思何高玄。又怪韦江州,诗情亦清闲。今朝登此楼,有以知其然。大江寒见底,匡山青倚天。深夜溢浦月,平旦炉峰烟。清辉与灵气,日夕供文篇。我无二人才,孰为来其间? 因高偶成句,俯仰愧江山。(唐·白居易《题浔阳楼》)

　　三间茅舍向山开,一带山泉绕舍回。山色泉声莫惆怅,三年官满却归来。(唐·白居易《别草堂三绝句·其三》)

　　疏散郡丞同野客,幽闲官舍抵山家。春风北户千茎竹,晚日东园一树花。小盏吹醅尝冷酒,深炉敲火炙新茶。能来尽日观棋否,太守知慵放晚衙。(唐·白居易《北亭招客》)

　　第一首写香炉峰景,不似前代诗人以对景的细致摹画为主,而以人之于景的登攀活动为表述重心,“倚石攀萝”“青筇竹杖”,见出香炉峰的区位及周遭的景色。在此诗中,风景不是直接被看到的,而是通过侧面描写(借由人的行动)的方式被烘托出来的。

　　第二首诗开篇即用典陶潜和韦应物。所谓“江山留胜迹,我辈复登临”,风景胜地的庐山因前代诗人的登临而富诗名,山以人传,人以山名,人和景在互动中成就了彼此,此即“风景的人文化”①。故如白居易般的后人再登临吟咏,其诗中所指涉之庐山,便不止于眼前实景,而更是在长久文脉中所积淀的“文人化风景”。前代文本中书写的风景,经由诗文的播布、接受,未曾亲临者据此形成对该风景的想象,此想象即“风景的拟像”。亲身登临风景之地的行动,有了检验“拟像”真伪的意味,此即白诗中所言“今朝登此楼,有以知其然”。

　　值得注意的是“清辉与灵气,日夕供文篇”句,动作动词“供”提示着此句乃是对风景的拟人化,风景之于人,已不再是单纯的被看对象或需抵达的某个遥远的地理方位名词,而是可以供给诗材、引发诗思的有情之存在。人和景的关系较之前代,显得更为密切。风景拟人的笔法虽非白氏人首创,但却是到唐宋,特别是宋代后,才盛行且深化②。白诗多有将风景拟人者,如“我本偶然来,景物如相待”“莫欺杨柳弱,劝酒胜于人”“晚花新笋堪为伴,独入林行不要人”“野猿疑弄客,山鸟似呼人”“厌听秋猿催下泪,喜闻春鸟劝提壶”等皆是例证。白诗甚至有与景赠答的,风景成为解人意的可以酬唱交流的对象,如《代春赠》“山吐晴岚水放光,辛夷花白柳梢黄。但知莫作江西意,风景何曾异帝乡?”将春拟人,以春之口吻言江州与帝都风景相似,劝慰诗人莫作迁客骚人情。诗人自己亦作答春之盛意,即《答春》:“草烟低重水花明,从道风光似帝京。其奈山猿江上叫,故乡无此断肠声。”考虑白居易对宋诗坛的影响③,此种风景拟人笔法在风景书写文脉中的意义当更多被注意。

---

　　① “风景的人文化”“文人化风景”“拟像”等概念,参见:吴晓东.郁达夫与现代风景的发现问题[J].现代中文学刊,2017(2):4-12.
　　② 日本学者小川环树基于钱锺书《宋诗选注》的论述,将中国诗歌史的拟人法(自然的拟人化)最兴盛的时代定位于唐宋,尤其是宋代,并举例帮助自然对人的善意与亲密是宋诗拟人化最显著的特征之一。见:小川环树.宋代诗人及其作品[M]//小川环树.风与云:中国诗文论集.周先民,译.北京:中华书局,2005:165.
　　③ 如北宋初即有白体诗,与西昆体、晚唐体并为宋初三体;《二李唱和集》、王禹偁、苏轼、邵雍等皆有承续白诗特别是其闲适诗者。

第三首诗的庐山风景,出现了诗人自己所居住的"茅舍"。故诗之小句主题由前代的纯粹、遥远、瑰奇之自然("千岩万壑""万丈洪泉""香炉飞瀑"之类),变成了日常小景的"茅舍"与绕舍之"山泉"。此"茅舍"乃诗人所建,诗人通过自身行动改造了素朴的自然,此即"自然的人化"(humanizationofnature)。其结果,便是"风景"之意涵的扩大与风景诗小句主题的丰富,人造物参构了风景,拉近了景于人的距离。此即白居易《重题(其三)》所谓"遗爱寺钟欹枕听,香炉峰雪拨帘看",风景不再是如前代般、需"寻仙辞远"方可抵达,而是在家屋寝室的日常中即可得见,此即"风景的日常化"①。

第四诗中,官舍与春风、绿竹、繁花共同构成居处风景,亦非此前庐山诗中常见。事实上,在庐山及江州,白诗中仍多有以人工景致入诗者,如筡岘东池、遗爱寺、宝称寺,建筑不仅点出游赏的地点与场域,更成为审美观照对象。

概览不同时段着墨庐山的古典诗,可大略见出"人"与庐山"风景"的不同互动模式。从原初的于远山远水中跋涉以探寻风景,并仅将其作为凝视对象来描写;到渐对风景渗入自我情感的投射;进而通过人的身体行动,改造自然风景、营建人工风景,使风景不再只是可观、可游的远离人寰者,而更在人居日常中可亲可赏。此时,诗人凝视的视点不再只是纯粹的自然物象,而是"人"与"物"因应互动后形成的共同体,此一含纳欣赏者"人"与被欣赏者"物"的共同体,成了新的"风景",此即"人化的风景"。

(二)"人化风景"的前提:行动

"人化风景"的本质,是"人"对自然的各种"行动"的印证。无论是"风景的日常化"、拉近风景之于人的距离,还是直接以人造物作为风景,皆需有人之于自然的"行动"为前提。下引诗表述了白居易如何纳自然入居室以成就一日常可得的"风景"。

> 五架三间新草堂,石阶桂柱竹编墙。南檐纳日冬天暖,北户迎风夏月凉。洒砌飞泉才有点,拂窗斜竹不成行。来春更葺东厢屋,纸阁芦帘著孟光。(唐·白居易《香炉峰下新卜山居,草堂初成,偶题东壁》)

> 淙淙三峡水,浩浩万顷陂。未如新塘上,微风动涟漪。小萍加泛泛,初蒲正离离。红鲤二三寸,白莲八九枝。绕水欲成径,护堤方插篱。已被山中客,呼作白家池。(唐·白居易《草堂前新开一池,养鱼种荷,日有幽趣》)

> 亦知官舍非吾宅,且斸山樱满院栽。上佐近来多五考,少应四度见花开。(唐·白居易《移山樱桃》)

---

① "日常化"的概念借自台湾学者吕正惠先生对杜甫诗的研究。吕言及杜甫开创了书写日常生活的诗,其中多有表现日常景致者,如"黄四娘家花满蹊""二十里中香不断,青羊宫至浣花溪"之类。此"日常景致"不同于旨在表现远离尘寰的清音幽韵的谢灵运山水一派。盛唐后,谢派山水继踵者不多,而杜派的日常风景却大盛。杜甫的此种摹写日常生活的笔法在元和时代被普遍接受,进而影响了中晚唐及宋后的诗歌传统,白居易即是其中代表。见:吕正惠.抒情传统与政治现实[M].武汉:华中师范大学出版社,2011:212-228.

"葺厢屋""砌飞泉""开一池，养鱼种荷""斸山樱"等动作，不同于以往之"游"或"观"，表露了"人"与"风景"互动中的另一番样态，即通过己身行动改造外在自然，建造一个理想的家宅或园林①。

白居易确乎是一个营构风景的行家，其在忠州东坡种植花树，在洛阳河南尹任上于官署中开辟池水、建盖亭桥，另有诸多私人园林(如渭上下邽园、江州庐山草堂、长安新昌宅、洛阳履道园等)，故白氏亦被视为文人园林的造园祖师②。白诗中，"行动"是不同于陶潜园田诗中的"劳动"(labor)与"制作"(work)③的一种行为实践，它更指向人的精神层面的某种标举或满足。其结果，乃是"人化风景"的造就。

(三)"人化风景"的意义

"人化风景"的意义有诸多层面。首先，行动者可借此将素朴的自然改造成为宜居的、被投射意义的"存在空间"④，"存在空间"中有了"风景"，风景带来悦目赏心的满足感。

> 香炉峰北面，遗爱寺西偏。白石何凿凿，清流亦潺潺……平生无所好，见此心依然。如获终老地，忽乎不知还。架岩结茅宇，斫壑开茶园。何以洗我耳，屋头飞落泉。何以净我眼，砌下生白莲。左手携一壶，右手挈五弦。傲然意自足，箕踞于其间。(唐·白居易《香炉峰下新置草堂，即事咏怀，题于石上》)

借由"结茅宇""开茶园"的行动，白居易营构的建筑——草堂，成为其具有"特殊认同性"的富"场所精神"的所在⑤。堂得见"屋头落泉、砌下白莲"之景，白氏得于此间弹琴、饮酒、悠游惬意，遂生出"不知还"的终老之意。作者甚至因此认为"淙淙三峡水"不如自己所造之新塘上的"微风动涟漪"，这折射出对此"人化风景"的深沉喜悦。

"人化风景"还可展示行动者的生活美学与生存哲学，一如白居易在诸多园林中展现的

---

① 白居易《草堂记》中言："从幼迨老，若白屋，若朱门，凡所止，虽一日二日，辄覆篑土为台，聚拳石为山，环斗水为池，其喜山水，病癖如此。"见：白居易.白居易集[M].顾学颉，点校.北京：中华书局，1979：933.

② 台湾学者侯迺慧指出白居易大量且自觉地记录下其造园活动，可视之为文人园林造园祖师，见侯迺慧.诗情与幽境：唐代文人的园林生活[M].台北：东大图书公司，1991：113-114.

③ 此处的"劳动"(labor)与"制作"(work)的概念借自汉娜·阿伦特。"劳动"指为满足人类身体之生物机能(biological process of human body)的活动，其所回应的人类境况是"生理生命本身"(life itself)；"工作/制造"则是人类生存的非自然面向，是一个人类借事物构成的人工世界，人们透过"工作/制造"，获得"自我满足感"及"自我确定性"，其所对应的人类境况是人的"世界性"(worldiness)，也就是人在社会中的位置。见：李建漳.汉娜·阿伦特[M].台北：联经出版社，2018：127.

④ 人文主义地理学认为，人作为在世存有者，可不断和所存在的空间产生关联、生发意义，使空间成为具有意义的"存在空间"。"所谓'存在空间'……即是人含容、参与并且直接关怀而不断生发'意义'的空间"，见：潘朝阳.心灵、空间、环境：人文主义的地理思想[M].台北：五南图书出版社，2005：69.

⑤ 挪威建筑学家诺伯舒兹(Christian Norberg-Schulz，1926—2000)指出"建筑乃是赋予人一个存在的立足点的方式"，不仅有物质实用上的机能，更有精神上的含意。"透过建筑物，具有独特场所精神的人为场所被创造出来，这种精神取决于如何形象化、补充、象征化或集结。"见：诺伯舒兹.场所精神：迈向建筑现象学[M].施植明，译.武汉：华中科技大学出版社，2010：54.

"艺境"与"道境""吏隐"观念及"收藏美学"①。同时,"人化风景"亦可成为行动者生命的依托与慰藉,一如庐山草堂作为白氏营建的"家宅"②,承载着法国现象学学者加斯东·巴什拉(Gaston Bachelard)所言的"空间的诗学"的意义③。白居易借此建构了他于一个个陌生场域的"地方感"④(如《草堂前新开一池》诗中所说,小池被呼作"白家池")。

> 无论海角与天涯,大抵心安即是家。路远谁能念乡曲,年深兼欲忘京华。忠州且作三年计,种杏栽桃拟待花。(唐·白居易《种桃杏》)

白居易调任忠州是在元和十三年(818)冬,由江州司马量移,即迁谪远方之人酌情就近安置。故在巴东僻远之地忠州的白氏,其内心失意可以想见。他在东坡"种杏栽桃",由行动建造风景,风景不仅化解了其内心的不快,更成为其"心安""欲忘京华"的"家"。此举影响至后日的苏轼,苏于黄州之贬后自号东坡,即源于此,而苏"试问岭南应不好,却道,此心安处是吾乡"句,何妨视作对乐天此诗的隔代唱和。

> 匡庐便是逃名地,司马仍为送老官。心泰身宁是归处,故乡何独在长安?(唐·白居易《重题》)

"人化风景"成为"家宅",陌生的场域就成了熟稔的"故乡",诗人心境得以安顿,此即诗中"心泰身宁是归处"意。其中透出的言说者心理,乃是对现世与此处的匡庐风景的巨大自信。此种自信,让迁谪的作者不再生怀乡喟叹,也不需似前代诗人般寻一清幽僻远的隐遁之所。故此,"远处""别处"的"风景",变成了"此处""日常"的风景。此种"风景不远人"的哲学与因行动而生出的精神满足感,可说是"人化风景"的精神内蕴;人化风景,成了对人的主体性的印证。

---

① 曹淑娟.江南境物与壶中天地:白居易履道园的收藏美学[J].台大中文学报,2011,3(35):85-124.

② 加斯东·巴什拉《空间的诗学》一书,指出"家宅"(thehouse)的意义在于,"它是人在世界的角落,庇护白日梦,也保护做梦者。家的意象反映了亲密、孤独、热情的意象。我们在家屋之中,家屋也在我们之内。我们诗意地建构家屋,家屋也灵性地结构我们。"见加斯东·巴什拉.空间的诗学[M].张逸婧,译.上海:上海译文出版社,2009:3.

③ 侯迺慧文曾指出白居易在洛阳履道园中聚集平生所好之物,以建造一"梦的家屋"。同时,还常借物质层面的一些元素于园林中营造江南的"地方感"。此皆贴合巴什拉《空间的诗学》中所言的"回忆"中的满足感与"家宅"的诗学意义。侯迺慧.物境、艺境、道境:白居易履道园水景的多重造境美学[J].清华学报,2011,9(41):445-476.

④ 美国学者段义孚(Yi-Fu Tuan)认为"地方"乃"价值、养育和支持的焦点所在",是"停顿的","含有安定和永恒的意象",见:段义孚.经验透视中的空间和地方[M].潘桂成,译.台北:"国立编译馆",1998:25.而英国克里斯威尔(Tim Cresswell)提出"地方感"建立的来源之一,如借由特定建筑物的保存以建构记忆。见:克里斯威尔.地方:记忆、想象与认同[M].徐苔玲,等译.台北:群学出版有限公司,138.白居易借由行动将陌生的空间转化为地方,在其晚年退居洛下时对履道园的改造最为明显。台湾学者林玫仪的研究指出,白将履道园营造为"幽深"空间,让其得以悠闲舒适地生活其中,以各种身体姿态展开风景体验,终使履道每一处角落、每一处景观成为诗人深刻依附与产生意义之处。见林玫仪.论白居易的履道园风景体验[J].中国文学研究,2018(1):37-78.

"人化风景"的另一重意义,在于诗人儒者本色的彰显。白诗风景中的"行动",不仅有"醉"与"玩",更有手植花木、营造建筑等改造自然者,白氏的此般行动中,不仅有怡情养性、愉悦自我的意义,更透出作为儒士的关怀民生的一面。

> 持钱买花树,城东坡上栽。但购有花者,不限桃杏梅……时拂台上石,一举风前杯。花枝荫我头,花蕊落我怀。独酌复独咏,不觉月平西。巴俗不爱花,竟春无人来。唯此醉太守,尽日不能回。(唐・白居易《东坡种花二首・其一》)

> 东坡春向暮,树木今何如。漠漠花落尽,翳翳叶生初。每日领童仆,荷锄仍决渠。刬土壅其本,引泉溉其枯……养树既如此,养民亦何殊。将欲茂枝叶,必先救根株。云何救根株,劝农均赋租。云何茂枝叶,省事宽刑书。移此为郡政,庶几疴俗苏。(唐・白居易《东坡种花二首・其二》)

此二诗为白氏任忠州太守时所作。作以对观,《其一》显出人化风景中的游赏之乐,其行动意在彰显个人的喜好、林泉之趣与疏野之性;《其二》则由植树养花想到民生抚恤的问题,若要枝叶繁茂,先需固本,即平均赋租、宽简行事。

> 望海楼明照曙霞,护江堤白蹋晴沙。涛声夜入伍员庙,柳色春藏苏小家。红袖织绫夸柿蒂(原注:杭州出柿,蒂花者尤佳),青旗沽酒趁梨花。谁开湖寺西南路,草绿裙腰一道斜。(唐・白居易《杭州春望》)

《杭州春望》乃白氏为杭州刺史时作,尾联由眼前之路生出疑问,谁人为此,增益景致又造福民众。此路乃西湖白沙堤,非乐天所建造,然乐天时亦于钱塘门外开白公堤,为杭人感念。评家多觉乐天江州之贬后锐气顿消,不复往昔《秦中吟》《新乐府》中的兼善天下意,然观其风景中之行动及所思,还是可见其不曾释怀的儒者内心。

四、结语

奥地利诗人里尔克(Rainer Maria Rilk,1879—1926)在其《论山水》一文中言及,"人走进了风景,成为风景的一部分"[①]。中国古典诗中风景书写的转变的过程,亦可说是人走进风景进而参构风景的过程,它伴随着人对自然进行实践再造的"人化自然"历程。在句法层面,它表现为诗歌中句子主题之"人"和"人工景致"的出现及增多,取代了单纯以"自然景致"作为主语的单一形态;搭配"人"的述语的动作动词渐趋丰富多样,从"游走""观览",到"游宴""嬉乐",再到"开掘""种植""侍弄""营建",使得"风景"由远离人寰到日常可见。景与人的关系,由中古早期单纯的看与被看、分割开来,渐生出情景交融的意境之美,进而至中古晚期诗中,"人化风景"的书写大盛。

---

① 里尔克.给一个青年诗人的信[M].冯至,译.武汉:长江文艺出版社,2019:85.

就"人化风景"的历史脉络看,白居易是重要的代表,却非导其先者。之前的杜甫诗中即有类似表达,如《泛溪》中"落景下高堂,进舟泛回溪。谁谓筑居小,未尽乔木西"[①];及《堂成》中"背郭堂成荫白茅,缘江路熟俯青郊。桤林碍日吟风叶,笼竹和烟滴露梢"[②]之类,皆述杜甫避乱蜀中时于成都营建草堂,而成一村居幽景。但与白居易作对观,杜甫安享蜀中的时日并不长(仅有近四年),且常常衣食无着、艰难度日,故其能有悠游余裕之心之力营构风景且欣赏之的机会实在不多,相关篇什也难有白氏之多。白乐天仕途虽有舛互,但整体可说平顺,官阶不低、衣食丰足,故几可在为官的每一地皆建出一人化风景郡斋;晚年更得以优渥资财退居洛阳香山,履道园之丰乐安闲,已为人所共知。要之,行"中隐"哲学的白乐天,有着身心、物质、时间的资本,其人化风景的书写也格外之多,在文脉递变中的独特性也因之显得尤为突出。

"人化风景"的视角,关心的核心问题,乃是古典社会中的人如何观看自然,思忖其与自然的关系,又如何与自然互动,并借由对自然的书写给自己的行动赋予意义和价值的问题。借由简单的庐山风景书写的回顾,我们看到了白居易诗中风景书写的递变,而白所置身的中唐社会则为这种递变提供了时代背景的准备。

中唐,被日本学者内藤湖南(Naitō Konan,1866—1934)现为中国近世之开端,其弟子宫崎市定(Miyazaki Ichisada,1901—1995)更比中唐至宋的历史阶段为中国之"人的觉醒"的文艺复兴时代[③]。此"内藤假说"(Naito Hypothesis)道出了中唐社会的某种特质,即"人",特别是非权力结构顶端(如皇室、门阀贵胄等)的"普通人"的意识与行为中的主体性和自觉性的增强,彼时乃世家大族衰落期,平民群体的地位的提升与平民艺术的勃兴[④]。而在美国学者包弼德(Peter K. Bol)论述唐宋间思想变革的《斯文:唐宋思想的转型》一书中,社会整体层面的"平民"的崛起,被更准确地聚焦在参与社会治理的主体"士"此一阶层的变化上,由中唐之前的精英贵族(aristocrat),渐变为北宋时的学者型官员(scholar-official),南宋后的文士(literati)与地方精英(localelite)[⑤]。士群体作为古典诗文书写阅读的最主要群体,其身份地位与阶层构成的变化,及因之而有的心智观念(ideas)的改变,也反应在了对自然风景的观照和书写里。

西方汉学学者对中国中唐社会中"人"("民""士")群体的变化的重视,与本文论及的"风景的人化"及"人的行动"中对"人"的探讨,相呼应。至宋后,非贵族出身的科举士大夫日渐占据政治及文化的中心,我们看到了他们在观照自然时呈现出更强的"人的主体性"。无论是范仲淹的"不以物喜,不以己悲",还是苏轼的"不识庐山真面目,只缘身在此山中",宋人在凝睇风景时表现出对自我观看行为的积极自省,提醒自己不要只耽于"应物斯感、感物吟志"

① 杜甫.杜诗镜铨:2版[M].杨伦,笺注,上海:上海古籍出版社,2019:333.
② 杜甫.杜诗镜铨:2版[M].杨伦,笺注,上海:上海古籍出版社,2019:315.
③ 内藤假说认为唐宋间有着巨大变革,由精英贵族政治转向君主集权政治;平民地位提升;在经济、文化等方能亦有一系列变化。见:内藤湖南.概括的唐宋时代观[M]//神田喜一郎,内藤干吉.内藤湖南全集:卷8.东京:筑摩书房,1969:111-119.
④ 中唐社会的农民土地制度由之前的租庸调制转为两税制,农民的人身自由极大增加。同时,私人财产的合法性得到承认;科举制度的人才选拔机制也为庶民走入权力阶层提供了可能。平民艺术可见于彼时词、俗讲、变文等俗文学中,且古典诗中也掺入口语的运用。
⑤ 包弼德.斯文:唐宋思想的转型[M].刘宁,译.南京:江苏人民出版社,2017:45-100.

式的睹物而生的情绪悲喜里,此即日本学者吉川幸次郎所说的"宋人长于以理性节制情感"①。情绪安定后,便是对所关照之自然与物所蕴藉之理的思忖,形诸笔端,即成了主理又尚议论的宋诗。此点上看,丰神情韵的盛唐诗更类人的青年,观景时情思澎湃;筋骨思理的宋诗更似人的成熟与升华,多了情的觉察与思的活动;二者间则是过渡期的中晚唐诗。诗歌中"人"的主体性的生长,恰如一个人的生长,先肢体而后心智。在中唐时,它更多表现为身体行动上的对自然的改造,迄至宋后方有了心智上对自然的深刻思忖。此中关联着"风景人化"一词在历史脉络中的意义的拓展与延伸,亦给予我们思考"中唐乃百世之中"及"唐宋变革"在风景诗领域的表现等议题,以启发。

The Transformation of Landscape Writing: On the Characteristics of "Humanized Landscape" in Bai Juyi's Poems

Lyu Mei

(Department of Chinese Literature, Taiwan Tsing Hua University, Tsinchu, Taiwan, 300, China)

Abstract: The evolution of landscape writing in classical poetry can be characterized as a process of "the humanization of nature" in which people enter the landscape and then reconstruct the landscape. It is premised on man's "action" towards nature. The relationship between man and the landscape, from the initial stage where man was the main subject and the landscape was a supplement, gradually changed into the situation that the beauty of nature was appreciated by human's aesthetic attention. After that, Bai Juyi and other Mid-Tang poets physically transformed the wild and simple nature, constructing villas or houses, and made nature a habitable place. Man's "action" in the scenery transformed the unexplored region into a meaningful "existence space" and "house", which also showed his life aesthetics, philosophy of existence and the heart of a Confucianist.

On the syntactic level, it is manifested in the emergence and increase of "people" and "artificial scenery" of the Clause Topic, replacing the single form with natural scenery as the subject. The action verbs with "predicate" are becoming more and more diverse, from "tour" and "view", to "banquet", "fun", and then to "dig", "planting", "lane", "construction". Thus "landscape" shifted from far away from the human world to the daily visible.

Keywords: Bai Juyi, landscape writing, humanization of nature, action

(学术编辑:洪迎华)

吕梅,女,台湾清华大学中文系 2019 级博士研究生。

---

① 吉川幸次郎.宋诗概说[M].郭清茂,译.台北:联经出版社,2012:3.

宋诗之"工夫"

——"意"和"语"的表现力 *

林湘华

（韩山师范学院　文学与新闻传播学院,广东　潮州　521041）

摘要："工夫"论是宋诗一大特征。透过"工夫"论(以及与其形影不离的"境界"论)的建构,宋诗彰显了它与唐诗不止在美学,甚至在艺术组构和实作上,皆足以自成一家的典范。宋诗首要以"诗中有法""句中有眼"等认知彰显了相关的课题,并建构起所谓"工夫"的实质内涵;而在诗人以这等"法"与"眼"等文字工夫的经营提升了宋诗的表现力之后,更在这等眼界下(在诗歌为文字经营的专门之学下创造笼罩全篇的表现力),宋诗进一步扩充其艺术性,精炼"意"与"语",重视"炼意",强调掌握全局"熔铸"全篇的文字经营,以致推升了更深刻而全面的"工夫"思维与作为。本文将结合诗论与代表性的作品作"法"探讨:在宋代重"文"重"道"的氛围下,在宋人"诗歌自为一专门之学"的认知下,如何看待并且具体实现诗歌技艺性的这一面。

关键词：宋诗;工夫;技;道;杜甫

一、诗歌自为一门专业：有学问也要有"工夫"

宋人的工夫论建立在诗歌自为一等学问、一等技艺的认识。

清代徐增讲"少陵诗人宗匠,从'熟精文选理'中来"(《而庵诗话》),这种视杜甫为诗人"宗匠"之认知,乃上承自宋人视诗歌为一精工之"技艺"而来,如王安石评杜诗,认为正因杜甫这般的文字"工夫"而成就诗歌为一专门之学：

> (杜诗句)……下得"觉"字大好。足见吟诗要一字、两字工夫也。(王安石《钟山语录》)
> 予知非人所能为而为之实甫者,其文与意之着也。……世之学者,至乎甫而后为诗,不能至,要之不知诗焉尔。(王安石《杜工部后集序》)

或苏轼所谓：

> 知者创物,能者述焉……君子之于学,百工之于技,自三代历汉至唐而备矣。故诗

---

* 基金项目:2020 年国家社科基金后期资助项目"宋代诗学新探"(20FZWB077)。

至于杜子美,文至于韩退之,书至于颜鲁公,画至于吴道子,而古今之变,天下之能事毕矣。(《书吴道子画后》)

承此而下,于是而后有黄庭坚成就杜诗工夫与境地之说:

> 黄鲁直深悟此理,乃独用昆体工夫,而造老杜浑成之地。今之诗人少有及者。此禅家所谓更高一着也。(朱弁《风月堂诗话》卷上)①

这也就是宋代以来,认识到诗歌不只有学问,也要熟精技艺,特别是"言""意"之间经营的"工夫",并因此而体认杜甫创作之"宗匠"精神之一路。纵使这时"文道"论述已席卷一切论域,然而欧苏以来也都是肯定"有道有艺"的思维,在人文省思之下,形式觉知也更加苏醒;因此,"艺"之一事,在宋代,既有转化,也有更正面的肯定。

"文"之为"艺事"的这一面,从韩愈到了北宋欧、梅手里的诗文革新,为此文化运动创造了另一番辩证。这些倡导"文与道俱"的文学家们,辩证地正视了"文"亦为文字之艺术,出奇的"意"、恢宏的"道"是要透过"不自循常"的"文"的艺术来传达、表现的。

承接晚唐诗格、诗式初步展开诗歌内在的文字法则、形式技巧之探索,欧、梅提倡"意新""语工",并透过诗话这类寓于友朋常日闲聊的广泛论述、具体指拨提点、培养诗歌专业的感受性和鉴赏力,例如从以下这类(能够寄"言"出"意"的)"一字之工"着手:"《欧阳诗话》言:陈舍人从易⋯⋯偶收得杜集旧本,文多脱误,至《送蔡都尉》云:'身轻一鸟',其下脱一字。陈公因与数客各用一字补之,或云疾,或云落,或云下,莫能定。其后得一善本,乃是'身轻一鸟过'。陈公叹服,以为虽一字,诸君亦不能到也。"同时这等技艺的概念与敏会感知,还透过诗话传播,汇聚了主体认知与群体默契;例如上述这则议论,屡经转述后的效应:"欧阳文忠公《诗话》:陈公时得杜集,至《蔡都尉》'身轻一鸟',下脱一字。数客补之,各云疾、落、起、下,终莫能定。后得善本,乃是'过'字。其后东坡诗'如观老杜飞鸟句,脱字欲补知无缘',山谷诗'百年青天过鸟翼',东坡诗'百年同过鸟',皆从而效之也。"②

如此,在这类诗话大量论述与传播中,肯定了文学的"技艺"这一面,肯定了诗歌为一专门之学,是以文字艺术创造的精品。加上重"文"的时代精神下,重视文字经营,精心镕裁"句""意"等诗"法"观念日深,令文本各环节的布置安排,以及"言""意"交互作用的表现性,均日益突出。于是,在文学也要有 know-how 的技能认知下,大量讨论用字用韵,讲究如何炼字炼意炼气,并广及一切古今诗句之考究等等,屡见于诗话、诗论;于是,这等争竞一字之"工"、一字之"奇"的冶炼工夫成为专业之必需。虽然如此,在宋人博闻强识的氛围下,这与晚唐为文而文的雕琢风气已不可同日而语。

自从王安石倡议学杜,诗歌作为"思深绪密"的文字精华,愈益强调诗歌这般技艺性的文

---

① 以上,王安石、苏轼和朱弁语分别见华文轩.杜甫卷:上编[M].北京:中华书局,1982:81,80,99,403.

② 以上分别见:张镃.仕学规范:卷三十九[M]//吴文治.宋诗话全编.南京:江苏古籍出版社,1998:7521;吴曾.能改斋漫录:卷八[M]//傅璇琮.黄庭坚和江西诗派卷.高雄:丽文文化公司,1993:103.

字"工夫"。①而他更以自身的创作,将这"一字两字工夫"的表现能力推升至极,以至于连黄庭坚也称誉其精工巧致的小诗:"荆公暮年作小诗,雅丽精绝,脱去流俗;每讽味之,便觉沉邃生牙颊间。"②就连推崇"物外意"追求自然天成高风远韵的苏轼,也揭示此等于一字、两字"言""意"之间品鉴诗学专业的"法眼":"陶潜诗:'采菊东篱下,悠然见南山。'采菊之次,偶然见山,初不用意而境与意会,故可喜也。今皆作'望南山'。杜子美云:'白鸥没浩荡,万里谁能驯。'盖灭没于烟波间耳。而宋敏求……改作'波'。二诗改此两字,觉一篇神气索然矣。"(《东坡题跋》卷二)③

此等文字工艺的理想,在崇杜风气下,在发掘杜诗出神入化的"宗匠"之能下,推进了诗人用"工"所在、着手、用心的门道:"诗人以一字为工,世固知之。惟老杜变化开阖,出奇无穷,殆不可以形迹捕。如'江山有巴蜀,栋宇自齐梁',远近数千里,上下数百年,只在'有'与'自'两字间,而吞纳山川之气,俯仰古今之怀,皆见于言外。《滕王亭子》'粉墙犹竹色,虚阁自松声',若不用'犹'与'自'两字,则余八言凡亭子皆可用,不必滕王也。此皆工妙至到,人力不可及,而此老雍容闲肆,出于自然,略不见其用力处。…意与境会,言中其节,凡字皆可用也。"(《石林诗话》卷中)④

如此"语工"的讲究一路而下,从技艺的养成到极致能力的追求,"工夫"的概念逐渐形成:"殊不知诗家当有情致,抑扬高下,使气宏拔,又使事能破觚为圆,剉刚成柔,始为有功者。昔人所谓缚虎手也。"⑤

在"情致"和"工夫"的价值结合下,诗人更将讲求"文字之工",和"气格""去浅易鄙陋之气"结合起来,使得"工夫"更有内化、内在性的意义;因此也在"文""道"氛围浓厚的时代风气下,提供了追求文字技艺的正当性:"作诗浅易鄙陋之气不除,大可恶。客问何从去之,仆曰:'熟读唐李义山诗与本朝黄鲁直诗而深思焉,则去也。'"⑥

于是像李商隐、黄庭坚这等的用意精深且能运博学之功于熔铸文词,便成为建立宋诗专业姿态的指引;而这也赋予了宋诗学在大方向的理想之下(欧、梅所启发的"意新语工",以及文化复兴以来"道""意""文"的思辨性)具体的操作之方与实现的典范。而文学的两个面向:学问与技艺,也在古文运动后,在杜诗与黄庭坚的示范下,以此"道—意—文"的方式圆满地结合起来,"道""艺"俱进地结合起来:

奉为道之"词意高胜",要从学问中来尔。……始学诗,要须每作一篇,辄须立一大

---

① "王介甫尝论杜诗云:'无人觉来往',下得'觉'字大好;'暝色赴春愁',下得'赴'字大好。若下'见'字'起'字,即小儿言语。足见吟诗要一字、两字工也。"王安石.钟山语录[M]//华文轩.杜甫卷:上编.北京:中华书局,1982:80-81.

② 胡仔.苕溪渔隐丛话[M]//魏庆之.诗人玉屑.台北:世界书局,1992:372.

③ 华文轩.杜甫卷:上编[M].北京:中华书局,1982:100-101.

④ 华文轩.杜甫卷:上编[M].北京:中华书局,1982:229.

⑤ 张镃.仕学规范:卷三十六[M]//吴文治.宋诗话全编.南京:江苏古籍出版社.1998:7504.

⑥ 许顗.彦周诗话[M]//华文轩.杜甫卷:上编.北京:中华书局,1982:346.

意，长篇须曲折三致焉，乃为成章耳。读书要精深，患在杂博……①……词笔纵横，极见日新之效。更须治经，深其渊源，乃可到古人耳……作诗以杜子美为标准，用一事如军中之令，置一字如关门之键，而充之以博学，行之以温恭……

此事要须从治心养性中来，济以学古之功。……有人问老杜诗如何是好处……

如此融通"文""道"，"道""艺"相资，互为推拓，也是黄庭坚得以令理学家如陆九渊等亦为之折服之故。

在这等"工夫"（贯通"言""意"、贯通"道""艺"）的意义下，肯定了技艺的正当性，诗歌艺术手法更加讲求、更加精到，句律以及文字经营的艺能更加富赡而完备，奠定了诗歌作为一专业技艺之学的基础。

二、专业的核心：文字工夫的经营

从宋初以来有关诗话的无数讨论中，宋人对于"意"和"语"相互作用的认知愈加深广，加上古文运动重"意"的氛围，逐渐加强了这般意识：作品以语言形式象征、表现了丰富的意味；也就是作品乃是以精湛的形式（焦点知识）聚焦了、象征了其下所以支撑起这整个文本的情感、意义、启悟等种种内涵（支援知识）。②

因此，宋诗发展其专门之学，便首在：形塑诗歌之所以为专业的精湛形式（"焦点知识"），亦即形式的创造与认知；且这般的形式创造离不开意味——创造新颖有味的意义等作用。

（一）"文之精"：专业技艺的琢磨与锻炼

在这文学之"艺"途上，历经欧苏"白战"、苏黄险韵等种种挑战，创作之精微竞出；尤其从王安石开始，揭示了任何创作皆与一事一物的考究琢磨有关，"诗者，文之精"的观念与文字经营能力密不可分："王荆公晚年诗律尤精严，造语用字，间不容发，然意与境会，言随意遣，浑然天成，殆不见有牵率排比处。……但见舒闲容与之态耳。而细细考之，若经隐括权衡者，其用意亦深刻矣。"③

城北横冈走翠虬，一堂高视两三州。淮岑日对朱栏出，江岫云齐碧瓦浮。
墟落耕桑公恺悌，杯觞谈笑客风流。不知岘首登临处，谁觊当时有此不。

（王安石《平山堂》）

---

① 以下分见：(1)论作诗文[M]//黄庭坚.宋黄文节公全集：别集卷第十一.成都：四川大学出版社，2001：1684；(2)与洪甥驹父[M]//宋黄文节公全集：正集卷第十八.成都：四川大学出版社，2001：475；(3)跋高子勉诗[M]//宋黄文节公全集：正集卷第二十五成都：四川大学出版社，2001：669；(4)与秦少章帖//宋黄文节公全集：别集卷第十八成都：四川大学出版社，2001：1866.

② 宋人对于诗歌作品的认知，如何隐含这等"焦点知识－支援知识"的架构，请参见林湘华.中国诗学的关键流变：宋代"江西诗派"：卷贰[M].上海：上海古籍出版社，2022：83-86.

③ 叶梦得.石林诗话：卷上[M]//何文焕.历代诗话.台北：汉京文化出版公司，1983：406.

　　方回评曰："庆历八年二月,欧阳公以起居舍人知制诰守扬州,作是堂于蜀冈之大明寺,江南诸山拱列檐下,故名曰'平山堂'。……'日出对朱栏,云浮齐碧瓦',则所谓平山而堂字又在其中也,其精如此。"此联表面是写景,却暗自扣合主题,字字精到,托意广远。又查慎行谓此联："三、四联一南一北";许印芳评曰："五句'恺悌'字腐气,以对句潇洒不觉耳。"五、六句一拘牵一疏宕,前句揄扬了清平太守的教化之美,后句纾解了前句乡曲儒士的气味,形成一收一放的节奏。这是荆公诗典型的"隐括权衡"。

　　王安石的诗歌极精于用字遣词,必不肯轻纵一意一句,也是宋诗重"意"文化的领头者,更塑造了诗歌字斟句酌、用意深刻的专业典型,此诗中"淮岑日对朱栏出,江岫云齐碧瓦浮"一联,层层深密地包蕴几重思意,以文字的拆解和错位涵蕴静中实动的恢宏景象(暗扣"平山""堂"),继而又从"墟落耕桑""杯觞谈笑"等往来动势隐喻(欧阳修)此恢宏气度及其人其事的风流情貌。中间这两联,王安石精到的表现显然是经过了缜密精算。

　　这样的态度,也就是刻意以一种文字工艺、文人专业的姿态,以近乎学问的讲求、近乎专家绝技的眼光来看待原以抒情、以感性价值为重或是以营造意象生发情感的诗歌作品,将其转向更加讲求技艺能力这一面向——特别是文人所见长的文字艺能。

　　　　天末海云横北固,烟中沙岸似西兴。已无船舫犹闻笛,远有楼台只见灯。
　　　　山月入松金破碎,江风吹水雪崩腾。飘然欲作乘桴计,一到扶桑恨未能。

　　　　　　　　　　　　　　　　　　　　　　　　　(王安石《次韵平甫金山会宿寄亲友》)

　　这首诗直是句句用劲,特别是虚词、动词的着意经营,几乎夺尽景语的风采。王安石的"用意深刻"其实正是后来陈师道善用虚字、动词创造瘦硬生新的宋诗风格之先声;而其文字经营又备极精密周延而不失雅致(不同于后来后山等江西诗作常用力过甚而失于枯槎瘦硬):"第二联善写夜景,又切江天,移易他处不得。"[①]

　　此等将写景写情之文字讲求推拓到"不可移易"、不可取代的地步,催生了诗歌"中的"的概念,催生了文字语言能精准地"隐括权衡"的专业能力;这有赖于文人对于形式价值的认识、对于技术能力(know-how)有不亚于学问知识的认识,并关系着"技"是否成熟到足以建构一专业发展,以及诗歌专业拥有自身独特的技术目标而形塑其所应养成的"工夫"能力。正是这种种不可取代的技艺要求,确立了专业门槛;以至于从这个角度看,一门专业——一门有其独特技艺能力的专门之学,正是因为这有待实作养成而不可取代的技能,于是才开创出来。

　　后来黄庭坚诗学从锻字炼"意",以至于谋篇布局,皆有其独到之能,更加发挥了王安石所谓的"思深绪密"之道,令诗作之经营,成为一门独特技艺能力,成为可以建构、可以识认、可以专业评价的技艺之学;此所以刘克庄(1187—1269)评述山谷的创建之功:"至六一、坡公,巍然为大家数,学者宗焉。然二公亦各极其天才笔力之所至而已,非必锻炼勤苦而成也。豫章稍后出,会粹百家句律之长,究极历代体制之变,搜猎奇书,穿穴异闻,作为古律,自成一家;虽只字半句不轻出,遂为本朝诗家宗祖,在禅学中比得达摩。"[②]

①　李庆甲.瀛奎律髓汇评:上册[M].上海:上海古籍出版社,2008:34-35.
②　江西诗派:黄山谷[M]//傅璇琮.黄庭坚和江西诗派卷.高雄:丽文文化公司,1993:159-160.

宣城变样蹲鸡距，诸葛名家捋鼠须。一束喜从公处得，千金求买市中无。

漫投墨客摹科斗，胜与朱门饱囊鱼。愧我初非草玄手，不将闲写吏文书。

(《谢送宣城笔》)

钱锺书《谈艺录·黄山谷诗补注》："夫'蹲'与'鸡距'双关，'捋'与'虎须'双关，又借'虎须'喻鼠须笔，山谷用字法固如是。例若……'管城子无食肉相，孔方兄有绝交书'……皆此类……均就现成典故比喻字面上，更生新意，将错而遒认真，坐实以为凿空。"①讲的正是山谷炼字炼词常用的双关之趣。而在如此炼字炼句之中，此诗之动词、数量词，甚至副词等一般所谓"虚词"，是此中特为着意处；几处贯注思意之语，发挥了意脉盘旋回斡之功，虚中运力而精到，用意深致，格外有味；如此之形式手法，更与所表现遒媚劲健之"笔"意内外符契，于题更是"中的"。

如此种种，一篇之中，处处关合交涉、与各种不可逆料的联想联翩参会，却都安排得严丝合缝，一处不可错差；形式上的经济、美学上的完备照应，全在这极精湛的文字技艺里完成。诗歌的专业艺能，在他手上，作了最完美的示范。

此所以宋人云："造语之工，至于舒王、东坡、山谷，尽古今之变。"②而这出自《王直方诗话》的议论，后来被释惠洪转用，以宋人常用的"句中眼"来解释，③经此传播，山谷"句中有眼"的说法，遂成为诗歌从炼字、炼句、炼意甚至到炼"格"等等完整技艺工夫的代表。

(二)"意"和"语"：以形式创造最极致的表现力

然而此等"工夫"锻炼，此等日益精进以讲求极致的形式经营，目标何在？宋人评价里普遍蕴含着："作品是充满意味的形式"这般的认知；④以是，包括欧阳修讲"意新语工"、苏轼"道艺俱进"、黄庭坚融贯"道—意—文"，一皆指向以形式创造风味、创造意义、创造价值的关键作用。

当欧阳修正式——以《六一诗话》对诗歌同侪社群——提出"意新语工"："圣俞尝语余曰：诗家虽率意，而造语亦难。若意新语工，得前人所未道者，斯为善也。必能状难写之景，如在目前，含不尽之意，见于言外，然后为至矣。"在此中，欧阳修借(梅尧臣之说)贾岛、严维、温庭筠等出色的晚唐诗句，说明此等"工"如何是"见于言外"的"状难写之景，含不尽之意"，创造那言语涵容不尽的意韵风味，就揭示了形式创造是有所为而为，是为了创造更高明、更丰富的"意"而锻炼文字之工。

梅尧臣的胜作就以其言表平淡之"工"刻画出有"味"之不尽情致：

适与野情惬，千山高复低。好峰随处改，幽径独行迷。

霜落熊升树，林空鹿饮溪。人家在何许，云外一声鸡。

(《鲁山山行》)

---

①　黄宝华.黄庭坚选集[M].上海：上海古籍出版社,1991：265—266.

②　王直方诗话[M]//傅璇琮.黄庭坚和江西诗派卷.高雄：丽文文化公司,1993：29.

③　释惠洪.冷斋夜话[M]//傅璇琮.黄庭坚和江西诗派卷.高雄：丽文文化公司,1993：29.

④　请详见《中国诗学的关键流变——宋代"江西诗派"（卷二）》,说明宋人诗学认知如何与符号论美学所谓的"作品是充满意味的形式"相符.

此诗自然清新却充满意在言外的情致,方回谓:"王介甫最工唐体,苦于对偶太精而不脱洒。圣俞此诗尾句自然,'熊'、'鹿'一联,人皆称其工,然前联尤幽而有味。"后世诗评家更谓:"无句不妙","句句如画,引人入胜,尾句尤有远致","落句妙,觉全首便不寂寞"云云。①

有"味"有"情致",文字之工全服务于"意",工夫成熟到能恰到好处地全隐没于融洽之"意"而不显刻画之迹。故方回拿精心创作一家之学的王安石诗歌作比,王安石有专家作意尚奇的本事,其"艺"固然精到无匹,相较于此"语""意"圆足之作,却少了些天然谐洽的姿态、宽舒和悦的风韵。

这一比,不只是"技"胜一筹的问题,还涵盖了在欧梅提出"意新语工"时,对诗歌专业、对诗学社群所期许的更全面性的思考:作品所表现的风度、性格,甚至劲道,须蕴含在"技"之中——透过"语工";也推拓于"技"之外——创造深情远韵的"意新"。此诗正是梅尧臣最好的自我实践,谓为宋诗开山之作的典型亦无不可。而从这成功的自我实现之作,回过头来,亦印证了欧梅之远见如何树立了宋诗开辟之大方向,开启"言""意"宽广而辩证丰富的技艺空间。

"工夫"观念的转变与深化,还可以从以下关于林逋两首梅花诗的这个公案看出端倪。

林逋最著名的两首梅花诗,其中各有一联名句,一是"雪后园林才半树,水边篱落忽横枝",一是"疏影横斜水清浅,暗香浮动月黄昏",欧阳修佳赏后联,而黄庭坚则盛称前一联,遂成诗人好为议论之公案。

此中两人所见之"语工"关捩,各是不同。欧公首开宋初诗话类批评风气之先,承继了晚唐诗歌成果,同时也对此展开省思和评断,在讲求"不尽之意"、讲求意会与神采的欧阳修看来,"疏影横斜水清浅,暗香浮动月黄昏",尚带有晚唐擅长意象经营的美感特征,风韵尤胜,与唐诗"意与境会"的感性价值若合辐轴。

方回认为:"'疏影'、'暗香'之联,初以欧阳文忠公极赏之,天下无异辞。王晋卿尝谓此两句杏与桃李皆可用也,苏东坡云:'可则可,但恐杏、桃、李不敢承当耳!'"苏轼一语中的地点出:状难写之景和含不尽之意、"意"和"语"的形式创造是同一件事——唯此"境"(意象氛围),唯此"意",唯此诗句("语"工)能"当"得起。

而向来强调"意味""气格"的黄庭坚亦有其见地,赏重"雪后园林才半树,水边篱落忽横枝"诗句之格韵独出,其中审美关键已经从意象转移到意思意脉的启悟,句中虚字角色更加吃重,更引动了"意"的曲折活用、"意会"的能力;这正是江西对峙于唐诗所提倡的以"意"为先,炼字起意的典型。此所以认同宋派的纪昀、查慎行等支持黄庭坚,而拥唐派的冯舒、冯班则以欧公所称赏为是。②

林逋两首梅花诗正代表了宋初这个风气渐变、典型共存的时期,诗人的承继和反思活泼交错。而在后续两位大家具有指标性的揭示之下,美学风气、诗学视野的分流就此展开,并使得"意新语工"以来,形式认知与美学特质的相关性,更加敏锐、更加通透,诗人对于形式经营如何创造"意"更为有感;在这些精微的论述和有力的评断中,更厚实涵养着专业技艺与专门之学的基础。

而宋诗"工夫""境界"的底蕴也因此积淀下来。

---

① 李庆甲.瀛奎律髓汇评:上册[M].上海:上海古籍出版社,2008:174.

② 李庆甲.瀛奎律髓汇评:中册[M].上海:上海古籍出版社,2008:785-786.

山谷所以高深莫测，正来自对于艺术"形式""语工"更深刻的理解下，结合有形与无形之间可意会而难言传的技艺能力，精心构作不可取代的"思深绪密"之形式安排；其关键就在如何创造"意"，以有形之"文"创造丰富微妙的不尽意味。如其所谓"覆却万方无准，安排一字有神"，[①]"至于遇变而出奇，因难而见巧，则又似乎所论诗人之态也"；[②]又好比他赞许陈师道诗文，"其论事，救首救尾，如常山之蛇，时辈未见其比"，而这其实也是山谷创作工夫的写照，总是能前呼后应、纵横捭阖，交错涵摄，必使一切艺术面向完足照应。[③]此等工夫虽"活"、虽"难"，虽往往须意会于无形无迹，但经由其诗作有力的示范和论述指点，却是方向笃实而指标具在。

此所以黄庭坚诸多手法并无绝对，全在适"意"而行，应诗歌的所有艺术面向，适"题"适"体"而作。在以"意"为主导的技艺能力下，诗人对于风格差异、美学表现的敏锐意识，扩及到一切古近体长短篇等形式感知和判断，而"工夫"所以养成、所以下手锻炼至极致，俱皆依归于此等形式所能创造之最丰富深挚的意味、情感价值。

三、表现力：各种知识方法多方运用下的综合判断

在发掘了多维的诗歌技艺之后，宋诗步步走向专业化，而"江西诗派"观念典范形成后，更加确立这类文字技能的考究与方法，却同时也不免于窄化之弊。

这类似于近代孔恩所谓的"观念盒子"，一项学术往往在其"典范"和专业社群成熟之后，建立起知识体系和方法论等共识，并以此共识为基点，追求更精进更有效率的研究，以至于学术趋向精炼却窄化，形成创新的瓶颈，后来才由其解决或解释不了的问题打破，以建立新的典范。这很能说明宋诗和江西诗派的情况，这一套专门技艺建立之后，虽然学授有"方"，诗歌"学术"和技能快速精进，但同时也产生了窄化和异化的危机。[④]

诗歌虽然是一专门之学，有其独家一套不断精益求精的技术方法，然而善于省思的宋人在这时也看到了陷溺于一隅之见的门派缺失，而回归苏、黄等大家以寻求解方；并反思苏黄等人如何在专门之学的认知上，开辟多方门径，综合成各具胸襟恢宏的一家之言："今之言诗者，江西、晚唐之交相诋也，彼病此冗，此訾彼拘，胡不合杜、李、元、白、欧、王、苏、黄诸公而并观。诸公众体该具弗拘，一也；可古则古，可律则律，可乐府杂言则乐府杂言，初未闻举一而废一也。"[⑤]欧、王、苏、黄等"大家数"，所不同于"派家"的党同伐异，正如杜甫之"转益多师是我师"，不拘执于任一路数、任一法度，唯以工夫学识深厚历练，"众体该具弗拘"，善用各类知识方法，为每一作品做成最理想判断。

如此所学方能涵盖至大无外的学识与技能，而黄庭坚因广博"涵泳渊源"而能将之贯通，

① 黄庭坚.荆南签判向和卿用予六言见惠次韵奉酬四首[M]// 吴文治.宋诗话全编.南京:江苏古籍出版社,1998:938.

② 黄庭坚.胡宗元诗集序[M]// 吴文治.宋诗话全编.南京:江苏古籍出版社,1998:940.

③ 黄庭坚.答王子飞书[M]//吴文治.宋诗话全编.南京:江苏古籍出版社,1998:942.

④ 关于宋诗和"江西诗派"这一"典范"的形成与变革,乃至颠覆,请详见《中国诗学的关键流变——宋代"江西诗派"(卷二)》,说明这一典范的演化历程.

⑤ 赵孟坚.孙雪窗诗序[M]//傅璇琮.黄庭坚和江西诗派卷.高雄:丽文文化公司,1993：168.

实现"勾深入神"之绝技,甚至连理学家都为之叹服:"至于诗,则山谷倡之,自为一家,并不蹈古人町畦。象山云:'豫章之诗,包含欲无外,搜抉欲无秘,体制通古今,思致极幽眇。贯穿驰骋,工夫精到。虽未极古之源委,而其植立不凡,斯亦宇宙之奇诡也。开辟以来,能自表见于世若此者,如优钵昙华,时一现耳。'"①

而此中之尤者,更至于苏、黄二人之诗集竟引发了当代人为当代诗作注之首例:"书存于世,惟六经、诸子及迁、固之史有注,其下方者以其古今之变,诂训之不相通也。而今人之文,今人乃随而注之,则自苏、黄之诗始也。……而苏、黄二公,乃以今人博古之书……山谷之诗与苏同律,而语尤雅健,所援引者乃多于苏。其诗集已有任渊史会更注之矣,…史公仪甫遂继而为之注。上自六经、诸子、历代之史,下及释老之藏、稗官之录,语所关涉,无不尽究。"②

于是此等至大无外的用书、用学,甚至令当代之注家窘于应接:"昔苏、黄以博极绪余,游戏章句,天运神化,变衔莫测,多后世名儒注释所不及知者。"③

能征引博洽而涵盖古今之学,以至于综合融贯而精到出色地表现,启人不凡之思,扩充作品的涵意,此所以元好问所谓:"奇外无奇更出奇,一波才动万波随。只知诗到苏黄尽,沧海横流却是谁?"④诗学工夫竟至沧海无涯,乃至规模宏大而波澜壮阔,此所以为江西定名而昌言宗旨的吕本中屡屡申明创作须遍考精取以成"规摹""波澜""气盛"云云:"楚词、杜、黄,固法度所在,然不若偏考精取,悉为吾用,则姿态横出,不窘一律矣。如东坡、太白诗,虽规摹广大,学者难依,然读之使人敢道,澡雪滞思,无穷苦艰难之状,亦一助也。要之,此事须令有所悟入,则自然越度诸子。悟入之理,正在工夫勤惰间耳。""近世次韵之妙,无出苏黄。虽失古人唱酬之本意,然用韵之工,使事之精,有不可及者。"(吕本中《与曾吉甫论诗》第一帖)"……冶择工夫已胜,而波澜尚未阔;欲波澜之阔去,须于规摹令大,涵养吾气而后可。规摹既大,波澜自阔,少加冶择,功已倍于古矣。退之云:'气,水也,言,浮物也。水大则物之浮者大小毕浮。气之与言,犹是也,气盛则言之长短与声之高下皆宜。'如此,则知所以为文也。……近世江西之学者,虽左规右矩,不遗余力,而往往不知出此。故百尺竿头,不能更进一步,亦失山谷之旨也。"(《与曾吉甫论诗》第二帖)⑤

> 山行十日雨沾衣,幕阜峰前对落晖。野水自添田水满,晴鸠却唤雨鸠归。
> 灵源大士人天眼,双塔老师诸佛机。白发苍颜重到此,问君还是昔人非。
>
> (黄庭坚《自巴陵略平江临湘入通城无日不雨至黄龙奉谒清禅师继而晚晴邂逅禅客戴道纯款语作长句呈道纯》⑥)

三、四句"野水自添田水满,晴鸠却唤雨鸠归"是有名的当句对的语法,钱锺书《谈艺录》谓:"此体创于少陵,而名定于义山。……山谷亦数为此体。"(按:义山诗:"座中醉客延醒客,

---

① 罗大经.鹤林玉露:卷四[M]//吴文治.宋诗话全编.南京:江苏古籍出版社,1998:7616-7617.
② 钱文子.山谷外集诗注序[M]//傅璇琮.黄庭坚和江西诗派卷.高雄:丽文文化公司,1993:150.
③ 卫宗武.林丹岩吟稿序[M]//傅璇琮.黄庭坚和江西诗派卷.高雄:丽文文化公司,1993:172.
④ 论诗绝句三十首[M]//傅璇琮.黄庭坚和江西诗派卷.高雄:丽文文化公司,1993:191.
⑤ 华文轩.杜甫卷:上编[M].北京:中华书局,1982:284-285.
⑥ 黄宝华.黄庭坚选集[M].上海:上海古籍出版社,1991:296-298.

江上晴云杂雨云。")

此种句式虽非山谷独创,而其造意却有独到之处,这也是山谷隐括前人句式用意——"无一字无来处"——而造就新意的工夫:"自古诗人文士,大抵皆祖述前人作语。梅圣俞诗云:'南陇鸟过北陇叫,高田水入低田流',欧阳文忠公诵之不去口。鲁直诗有:'野水自添田水满,晴鸠却唤雨鸠归'之句,恐其用此格律,而其语意高妙如此,可谓善学前人者矣。"①

诗中此一当句对声气相通的连绵句思,既开下联"灵源大士""双塔老师"(为诗中唯清禅师与其黄龙一系业师与师祖)喻禅宗谱系法嗣连绵相继,同时也暗扣好禅的自己与禅客道纯之先来后到的邂逅。而最后"问君还是昔人非"是极妙的用典,语出僧肇《物不迁论》:"是以梵志出家,白首而归,邻人见之曰:'昔人尚存乎?'梵志曰:'吾犹昔人,非昔人也。'"此文深论佛学"今不去昔,昔不来今"的时间观,谓"物性各住于一世",万象运动,实则不住不迁的真"空"之义。山谷借此隐喻,以此总结这"山行十日""无日不雨""奉谒禅师""邂逅"禅客,以及"重"字所代表的一直以来的奉禅之行、之时光,将种种俱收于此佛家之本旨;同时又暗喻此(感悟之)前后际会,"今""昔"之"我"(前次与此番来谒之"我"、已谒与未谒禅机之"我"),是一(即)是异?是疑(即)是悟?既是宕开,又是收摄,展现黄庭坚一语多关、面面俱到的心法工夫。

在这般广大的诗学下,工夫的实现与"意"统整众殊的悟性相偕而行,于是,诗人更须依赖"意"的整全判断,综合多方地用尽各种知识、方法,结合为一完整而美感连贯的作品;而"工夫"更必须是一涵盖种种悟性与判断的整体的艺术能力。这便引申了宋诗更丰富曲折的鉴赏和创作,以及宋诗开山之初衷:更开广的为"文"之门径;在博学与更宽广的知识方法下,讲求工夫如何下手,取得最极致的表现。

(一)工夫做在关键:照会全篇的"句中有眼"

"句中有眼"的综合判断能力促成了更深刻曲折的鉴赏功力与创作手法。

> 孤城三日风吹雨,小市人家只菜蔬。水远山长双属玉,身闲心苦一春锄。
> 翁从旁舍来收网,我适临渊不羡鱼。俛仰之间已陈迹,幕窗归了读残书。
>
> (黄庭坚《池口风雨留三日》②)

"属玉""春锄",皆为水鸟名,前者见司马相如《上林赋》,后者即为白鹭;第二联,据钱锺书《谈艺录·补订》谓:"太白《白鹭鸶》云:'心闲且未去,'白居易《池上寓兴》之二云:'水浅鱼稀白鹭饥,劳心瞪目待鱼时。外容闲暇心中苦,似是而非谁得知。'……山谷采撷唐人赋此题之惯词常意耳。"方东树所谓"以物为兴,兼比"是也。第三联,则反用了《淮南子》和《汉书》等"临渊羡鱼,不如退而结网"出处。

进一步综观这中间四联的用典,并非只如钱锺书所言"唐人赋此题之惯词常意",而更有曲折和蕴藉:盖山谷活用唐人成典,正言若反的"临渊不羡鱼"这个小收拾,既有翻案意,且又影射了庄子濠梁之上羡"鱼之乐"[前有属玉白鹭,后有渔人收网,固所以"临渊不羡鱼(之

① 周紫芝.竹坡诗话:卷二[M]//傅璇琮.黄庭坚和江西诗派卷.高雄:丽文文化公司,1993:50-51.
② 黄宝华.黄庭坚选集[M].上海:上海古籍出版社,1991:102-103.

乐)"也;而"我适"也多了一层"黄雀在后"的戏谑];遂令既不羡结网亦不羡鱼乐之我"适"归结于末句之"读书"。这几层意思之间本有往复辩证的空间,而在耐人寻味的"我适"(也同时收拾了"水远山长""身闲心苦"的属玉春锄、从旁收网的渔翁)联贯综合的小结之后,又往上翻了一层,寓意更为丰富。

末联:"俛仰之间已陈迹",暗扣王羲之《兰亭集序》:"向之所欣,俛仰之间,已为陈迹。"以此联收拾了以上意味多端及三日滞留的时光,顿时这所有情事,形迹俱灭,与时迁流,转瞬收入寂寥,唯留感慨起落之悠悠余韵。结句"暮窗归了读残书",则唐代薛能有"昨日春风欺不在,就床吹落读残书"(《老圃堂》)句;因此也呼应了首句"三日风吹雨",而以此敛入读书与孤城的清寂作结。

山谷的艺术手法丰富,覃思深远,完足的安排布置下,有转折,有反复,有含藏,有旁通,有错落,有流动,有回应,有收结,致使言外有意,不断衍宕,却又沉着收敛于一包涵整体的"意"。一首题材或形式都堪称平淡的"小诗",却经营得余味无穷。

在集结了唐诗丰硕的作品成果与积极能动的反思之后,宋诗逐渐形成全面性的"文"之艺术认知,并在文人社会博学多识的氛围下,形成了庞大而足以无限支持诗歌终极判断的"支援知识"。诗家承继、思辨而综合地熔铸了各种维度的创作运用,各种维度的鉴赏理解,据此获致作品的总体表现、总体象征——"焦点知识",作为关键,作为作品之指归,于是产生了所谓的句中有"眼""句眼";以句中有"眼"表彰作品之有关键,有表现力。

> 江月亭前桦烛香,龙门阁上驮声长。乱山古驿经三折,小市孤城宿两当。
> 晚岁犹思事鞍马,当时那信老耕桑?绿沉金锁俱尘委,雪洒寒灯泪数行。
>
> (陆游《雪夜感旧》)

纪昀云:"后四句沉着慷慨。六句逆挽有力,'那信'二字尤佳,若作'谁料'便不及。"许印芳解析之:"第六句逆挽,笔法固佳,第五句横插,笔法尤佳。盖前四句追叙旧事,笔势平衍。五句横空插入,写眼前心事,便觉陡峭。……六句挽到旧事一边,兜得最紧。晓岚谓'那信'若作'谁料'便不及,此论微妙。盖'料'字虚,'信'字实,'料'是事前揣度,'信'是经事之后追忆事前,较'料'字深而有力。'谁'字嫩而轻,'那'字老而重,亦教'谁'字有力。凡诗中字眼,有讲义大概相似而用来顿分优劣者,此类是也…此诗之所以难言也。七句'绿沉'、'金锁',是言旧物;'俱尘委',是眼前光景。八句点题,收拾通篇。此等结法神力绝大,勿以寻常视之。"①

一诗之中,有今昔之逆挽,有陡峭平衍之权衡,有虚实轻重之琢磨,而总结收拾入题,皆统整于一关键之判断、完足之表现,是宋诗"句中有眼"的工夫极致。

这句中有"眼"的工夫,有时会演变成讲究一字一句之"工",然而其精神,却全然不同于晚唐之琐细讲求一字一句之精巧,而是放眼全局,发挥统整全体的关键表现力,如宋人常讨论的杜诗字字句句如何精于统摄全局,以至因这一字一句的关键,影响了全诗的格局、气魄,整体浑厚的美感,如叶梦得所谓杜诗"言随意遣""自然工巧",一字一句皆不失牵引、照会全篇的作用。

---

① 李庆甲.瀛奎律髓汇评:下册[M].上海:上海古籍出版社,2008:1605-1606.

看一首老杜"悲壮沉着"之作：

> 路出双林上,亭窥万井中。江城孤照日,山谷远含风。
> 兵革身将老,关河信不通。犹残数行泪,忍对百花丛。

(杜甫《登牛头山亭子》)

纪昀评曰："'犹残'二字,紧跟上二句说下,却于上二句内,隐隐藏得泪已流尽,此流残之数行耳。用笔最深曲。若如二冯所说,则当云:'忍将数行泪,来对百花丛',意味浅矣。"①

"言",如何"言",如何表现、隐喻了什么,关切着意味浅深;同样的表层意思,在移易一二字之下,手法、效果均自不同,完全改换了深层内涵;诚如纪昀所云,若如一味反对句法的二冯所见,则万不及于此等"字"透纸背、深曲淳厚的行家之笔。

而在这类范例中,诗人光是借着这一两字的功力,就足以蕴含令人低回三叹的隽永之情,宋人会意甚深,故以句中之"眼",来比喻这差之毫厘、失之千里的笔下工夫;喻其有如佛家所谓"正法眼藏",决定作品万分精彩的关键之地。于是句中有"眼"的精神,更考验总体判断力的养成,以指引"工夫"实现的下手处、着力点,指引如何掌握笼罩一切(而非一字一句)的作用关键、掌握"焦点知识",以统整来源广袤的多维方法和视角("支持知识");这般艺术上更具洞见的认知,让宋诗在工夫进境外,鉴赏、批评,甚至改写(夺胎换骨、点铁成金),都有超越性的进展。

(二)精彩不在意象:虚词彰显诗中有法

开拓技艺工夫,使宋诗产生超越性创新的一个典型便是虚字与动词的运用,从此,宋诗全然走出唐诗门径,其精彩不靠意象经营。

从诗经到唐人以意象和抒情为主体的诗歌,到了宋代,在深厚而普及的文化涵养下,更有文字的自觉,对于作品所蕴含、所营造的人文内容之"意"更有敏锐感知和丰富反思。"句中有眼"的认知,又将文字技艺经营的"工夫"与诗作总体判断的"意"贯通起来,使这技艺的全面习得有了方向以及具体可行的下手处,其中最是典型、为宋诗最显著作用的便是虚字与动词的精彩运用。

意识到晚唐以来刻意经营意象以致拼凑、堆砌景语的弊病,加上文人驰骋文字的信心,宋人一改唐诗惯性,刻意灵活调动各类词性,尤其是大量起用过去在唐诗中绝非要角的虚字、动词、数量词等种种所谓"虚词",发挥了令人耳目一新的表现。

宋代在炼"意"的风气下,黄、陈继杜诗之后大胆挑战,借"虚字"灵活转圜,变化词气,并营造迥异的句式安排:"(山谷)老笔与少陵诗无以异也矣。……'直知难共语,不是故相违',即老杜诗'直知骑马滑,故作泛舟回'也。凡为诗,非五字七字皆为实之为难,全不必实,而虚字有力之为难。……所以诗家不专用实句实字,而或以虚为句,句之中以虚字为工,天下之至难也。后山曰:'欲行天下独,信有俗间疑','欲行'、'信有'四字是工处。'剩欲论奇字,终能讳秘方','剩欲'、'终能'四字是工处。简斋曰:'使之临难日,犹有不欺臣','使之'、'犹有'四字是工处。他皆仿此。且如此首'宵征江夏县,睡起汉阳城',又与'气蒸云梦泽,波

---

① 李庆甲.瀛奎律髓汇评:上册.上海:上海古籍出版社,2008:8.

动岳阳城'不同,盖'宵征'、'睡起'四字应接渐之意,闻命赴贬,不敢缓也,与老杜'下床高数尺,倚杖没中洲'句法一同。"①

除虚字外,有别于唐诗好用意象语、好用名词,宋诗更凸显了动词的作用。"(王仲至:'日斜奏罢长杨赋,闲拂尘埃看画墙'……荆公改为'奏赋长杨罢',以为如是乃健。……)盖唐人诗好用名词,宋人诗好用动词,《瀛奎律髓》所圈句眼可证。荆公乙'赋'字,非仅倒妆字句,乃使'赋'字兼为动词耳。"②

好用虚字,以动词为主使,后山特为凸显,也是从他之后,掀起宋诗创作对于虚字和动词格外着意的风气。典型的后山诗作,不恃意象,功力极老练,每一字每一句都蕴藏偌大气力,句中的动词、虚字且压过意象作用:

> 老作诸侯客,贫为一饱谋。折腰真耐辱,捧檄敢轻投。
> 早作千年调,中怀万斛愁。暮年随手尽,心事许盟鸥。
>
> (陈棣学《元符三年七月蒙恩复除棣学喜而成诗》)

纪昀评:"三、四句('折腰真耐辱,捧檄敢轻投')人不肯道,弥见其真,弥见其高。"陈师道的"语工",常做在道人之未能道的用词以着力于人难尽道之意,如善用虚词(虚字、动词、数量词)、俚词等,营造句势,而曲尽情理,以是"五、六接得挺拔,势须有此一拓一振"。③因此,在善于调斡下,虽用虚、用俚,整首作品却意脉劲健,不落虚张俗气。

此等虚词工夫愈用愈精奇,甚至连数量词在宋诗中也常成为句子的亮点之一:如黄庭坚"五更归梦三百里,一日思亲十二时",便是宋人好为称道之一例。而虚字究竟需要什么样的工夫根柢,方能振起其独特的精神气韵呢?

如好用虚字最典型的陈师道诗:

> 田园相与老,此别意如何。更病可无酒,犹寒已自和。
> 高名胡未广,诗兴尚能多。沙草东山路,犹烦一再过。
>
> (《别负山居士(张仲达)》)

异于送别诗借景寓情的惯例,此诗四十个字几乎没有景物,全在"意"上层层转进、字字打磨,倚仗的就是虚字工夫。全凭虚字铺陈,却无一字蹈虚,极其平实老成的殷殷存问,意绪醇厚,颇耐斟酌。

比较唐诗送别的典型,例如李白《送友人》:"青山横北郭,白水遶东城。此地一为别,孤蓬万里征。浮云游子意,落日故人情。挥手自兹去,萧萧班马鸣。"情景相生,而意象旷远,以表超脱而悠长之情。如此情景交融,是唐诗极大的成就,这类诗歌如何清空或妩媚,就在情与景的相互生发、相互调节;而情景交融的课题,更是崇尚唐诗的明清诗学里重要的论题。然而,在宋诗里,这个课题却被虚字压过,字词的"意"更取代意象,虚词在文字脉络里多面向

---

① 方回.瀛奎律髓:卷四十三[M]//傅璇琮.黄庭坚和江西诗派卷.高雄:丽文文化公司,1993:205.
② 钱锺书.谈艺录:七四[M].北京:中华书局,1998:244.
③ 李庆甲.瀛奎律髓汇评:上册[M].上海:上海古籍出版社,2008:251.

之活用胜过情-景间线性对应的喻示，成为经营布置曲折深至的工夫所在。

这绝异的下手处便是唐诗宋诗各自独到之心法。

于是更进一步，就连诗中咏物也不用景语、"即物"之语，以至于更敢摆脱意象，摆脱咏物常容易"黏"滞不开的弊病，更加超脱情事物象以凸显"物外"之"意"，这也成就了另一番虚词工夫的展露：

> 薄薄初经眼，辉辉已映空。融泥还结冻，落木复沾丛。
> 意在千山表，情生一念中。遥知吟榻上，不道絮因风。

（陈师道《雪中寄魏衍》）

纪昀评："前四句纯用禁体，妙于写照。五、六全不着题，而确是雪天独坐神理。此可意会，而不可言传。"①"禁体"，禁体物语也，这对于一向不用意象语言的陈师道而言，是一大优势。五、六句极超脱，径自跳出言表，意在情外；然而因为接在前联禁体之后，则不嫌突兀，反而能翻上一层，表现物外之思，最后收摄而结束于近取诸物的"遥知吟榻""柳絮风"，同时令"柳絮因风"之成典不落俗套，且使全诗不至于太跳脱。特别是五、六一联，若是"意"语稍弱，则不能将前后统摄于一体，极易落于游谈无根；此所以陈师道排斡虚字之有力、用意之权奇。

由于虚字更考验用劲、用意，也因此其富含情致之作更显难得：

> 闭阁春云薄，开门夜雪深。江梅犹故意，湖雁起归心。
> 草润留余泽，窗明度积阴。殷勤报春信，屋角有来禽。

（陈师道《次韵无斁雪后》二首之一）

纪昀评："中四句细腻风光，后山极有情致之作。"②此诗难得地重用了景语、物语，而与虚字调配相当，这是后山少数不借盘空硬语之力，而能营造意兴、调和节奏，使成宽绰有度之作。

这类作品形成宋诗的一大特色，也令后来诗家注意到调动此类用字用句如何"贵帖妥"的范例："诗用助语字贵帖妥：如杜少陵云：'古人称逝矣，吾道卜终焉'，又云：'去矣英雄事，荒哉割据心'；山谷云：'且然聊尔耳，得也自知之'；韩子苍云：'曲槛以南青嶂合，高堂其上白云深'，皆浑然帖妥。"③

而此等用字工夫的最高层次，便如杜诗，无论虚字、实字，皆能调和鼎鼐，曲尽其"意"，达到最完美的综合判断、最极致的表现效果："诵老杜：'旧摘人频异'，徒一'频'字，而上下二三十年存没离合之际，无不俱见，但觉去年明年之感，未极平生。又如'衣冠却扈从'，为还京之喜与。先时不及扈从，而今扈从，道旁观者之叹，班行回首之悲，尽在一'却'字中。然此尤（犹）以虚字见意。如'远愧梁江总，还家尚黑头'；才一'梁'字耳，举梁而入陈、入隋，不胜其

① 李庆甲.瀛奎律髓汇评：中册[M].上海：上海古籍出版社，2008：864-865.
② 李庆甲.瀛奎律髓汇评：中册[M].上海：上海古籍出版社，2008：866.
③ 罗大经.鹤林玉露：卷八[M]//华文轩.杜甫卷：上编.北京：中华书局，1982：890.

愧。人知江令之为隋臣而已,三诵此语,复何必深切着明,攘臂而起,正色而议哉?"①

如此"虚字见意"之用,"虚"字见而"实"意醒,让意象、名词等"实"词更出色、意蕴更饱满,源自宋诗开始发现比起典实而静态的意象或景语,"虚词"在表达某些难言的情态上,更显得灵活而生动。这从欧、梅探讨如何"含不尽之意,见于言外"时所举的例子,如"官清马骨高"之"高"字,或张耒讲司马池诗"冷于陂水淡于秋"②其中之"冷""淡"等,可见虚词在其中已开始扮演了让"实"词"活"了起来的关键作用。或如梅尧臣诗句"荒径已风急,独行唯犬随。荆扉候不掩,稚子望先知"等,其中虚字为陶、王、韦以来的田园诗风增添了新的元素;在这些冲澹意象下,表现更细腻、更立体的情态、意态,甚至时态与动态。"虚词"在此,已经能更进一步引领语脉意脉的节奏、方向和质感,而为景语名词等增色不少。

四、"熔铸"全篇的"象征"与"表现"

作为宋诗各方面的开山祖师,即使是在用"虚"这方面,杜甫一样开发了虚字见"意"的工夫,以虚词绾结调动全篇意脉而凸显意象(实词)"象征"作用,虚实相济,展现其登峰造极的功力,达到最饱满的表现:

> 清秋望不极,迢递起曾阴。远水兼天净,孤城隐雾深。
> 叶稀风更落,山迥日初沈。独鹤归何晚,昏鸦已满林。

> (《野望》)

查慎行曰:"中二联用力多在虚字,结意犹深。"③此诗虚词之用,不仅如其所云在二、三联,直是句句皆是,而原已沉深有味的意象,经此作用,更显动势而出色;是真能用虚用奇而饱蕴实意之健笔。

如此"大手笔"的工夫,能出入于虚实多方之活用,奠基于如何"熔铸"全篇之语工以达"意"——如何"象征"、如何"表现"意的思考。

(一)用"意"、寄"意"与寓"意"

一切起于"意":工夫从"意"下手,而全篇也是收摄于"意"这"大判断"。如东坡以钱为喻的解释:

> 葛延之在儋耳,从东坡游,甚熟。坡尝教之作文字云:"譬如市上店肆,诸物无种不有,却有一物可以摄得,曰钱而已。莫易得者是物,莫难得者是钱。今文章、词藻、事实,乃市诸物也;意者,钱也。为文若能立意,则古今所有,翕然并起。皆赴吾用。汝若晓得此,便会做文字也。"

---

① 刘辰翁.须溪集:卷六[M]// 华文轩.杜甫卷:上编.北京:中华书局,1982:955.
② 魏庆之.诗人玉屑[M].台北:世界书局,1992:128.
③ 李庆甲.瀛奎律髓汇评:上册[M].上海:上海古籍出版社,2008:534-535.

掌握"意"这"焦点知识"，则无所不有的一切"支持知识"——艺术材质、感性形式，莫不"翕然并起。皆赴吾用"。

以下是梅尧臣又一首"意新语工"的实践：

> 雪欲漫天落，云初着地垂。臂鹰过野健，走马上冰迟。
> 公子多论酒，骚人自咏诗。都无少年意，只卧竹窗宜。
>
> （《和欲雪》二首之二）

查慎行曰："第七句总承上两联，章法、笔法古健。作者用意所在，读者不可不知。"①

此诗之精彩全在"欲雪"之"意"写得笔墨酣畅，一开场就顺着雪"欲"漫天落拉开大景（不是"雪"景），第二联"健"与"迟"，不着于意象，顺着莽苍野地欲雪之情状、之"意"，折入了第三联人之"欲雪"之"意"（如"晚来天欲雪，能饮一杯无"），把苍天之水墨移入人心之水墨，意象化为情貌、化为意脉，顺势而放，顺势而收，而"欲雪"之意贯穿于景与人，贯穿于客与我，贯穿于首与尾，直到戛然而止、言不尽意之终篇。

诗篇如何构思、如何深刻铺叙语脉使有韵致，寄意、寓意工夫为关键，梅尧臣另一首雪诗也示范了这等"意"的营造：

> 风毛随校猎，浩浩古原沙。寒入弓声健，阴藏兔径赊。
> 马头迷玉勒，鹰背落梅花。少壮心空在，悠然感岁华。
>
> （《猎日雪》）

许印芳曰："通首'猎'与'雪'双关，出语皆自然大方，六句尤隽妙。"②此诗处处双关，两路一会，字面上话分两头说，而处处交关，句句是"雪"，句句是"猎"，意脉矫健，顺势开阖；"形"与"势""景"语与动词，虚实交关、思意互涉，静象摄入动势，动态推拓静意，既超脱于物象，又处处呼应，收拾得情味高华雅隽。

"大手笔"们如此示范所谓"工夫在诗外"，于是诗眼的工夫，创作的关键，便从一两字的锤炼工夫，扩大到"意"，拓展到贯通全篇脉络的涵摄与运作。

强调诗中有"眼"的北宋范温，著有《诗眼》一书，其中有一大段说及李商隐诗歌如何生动精准，熔铸"非如此不可"的表现力，引起后人对这首诗作精彩的讨论。

> 鱼鸟犹疑畏简书，风云常为护储胥。徒令上将挥神笔，终见降王走传车。
> 管乐有才真不忝，关张无命欲何如。他年锦里经祠庙，梁父吟成恨有余。
>
> （李商隐《筹笔驿》）

"筹笔驿"为历史胜迹，李商隐前后皆有诗人题写，唯义山此诗，起手就已不同凡响，其思意经营独出于众人之上，后来诗家议论纷繁，莫不叹服于其"意"之起伏捭阖、笼络镕裁。何

---

① 李庆甲.瀛奎律髓汇评：中册［M］.上海：上海古籍出版社，2008：861.

② 李庆甲.瀛奎律髓汇评：中册［M］.上海：上海古籍出版社，2008：862.

义门曰:"第一句,扬。第二句,驿。第三句,抑。第四句,起'恨'字。第五句,扬。第六句,抑;又恨。第七句,对驿。第八句,对筹笔。""议论固高,尤当观其抑扬顿挫,使人一唱三叹,转有余味。"冯舒曰:"荆州失,益德死,蜀事终矣。第六句是巨眼。"纪昀曰:"起二句斗然抬起;三、四句斗然抹倒;然后以五句解首联,六句解次联;此真杀活在手之本领,笔笔有龙跳虎卧之势。'他年'乃当年之谓,言他时经其祠庙,恨尚有余,况今日亲见行兵之地乎? 亦加一倍法,通篇无一钝置语。"

许印芳曰:"沈郁顿挫,意境宽然有余,义山学杜,此真得其骨髓矣! 笔法之妙……沈归愚云:'瓣香在老杜,故能神完气足,边幅不窘,六句对法活变。'"①甚至连一向反对宋派议论化(以及因尚议论而粗硬空泛的诗法)的冯班也赞许为"好议论",正是因为其优异的表现力,已将议论化入绝技,将绝对精微深沉的精神意义精湛地融贯于感性形式之中,化重重抽象的奥衍之"意"于生动明晰的诗艺当中。

在诗歌中,使议论为绝佳的议论者,使"意"所以为妙不可言之"意"者,不在于是何种情感、何种理路、何种言说,而在于如何透过诗歌艺术之不可取代的非常言说,以"表现""象征"深挚莫名、娓娓无穷的情感价值、感性思意。如上述何义门所谓"尤当观其抑扬顿挫,使人一唱三叹,转有余味"。

这也是义山学杜最成功的地方,不光在技法,不光在作意深刻,也不光在字句经营,"意"与"技"之间多方多重融贯会通的工夫才是真工夫,诗眼的极致就是这种辩证工夫,所以宋人常讲的诗中有眼,也就是如何用"意"的工夫,如此处范温《诗眼》讲的"以识为主":"山谷言学者若不见古人用意处,但得其皮毛,所以去之更远。……当潜心焉。故学者要先以识为主,如禅家所谓正法眼者。直须具此眼目,方可入道。"②

因此,如何用"意"、寄"意"与寓"意",遂为诗歌力求表现,力求突破的关键;"意"主导了一切技巧,譬如用事:

> 大雪江南见未曾,今年方始是严凝。巧穿帘罅如相觅,重压林梢欲不胜。
> 毡帷掷卢忘夜睡,金羁立马怯晨兴。此生自笑功名晚,空想黄河彻底冰。
>
> (陆游《大雪》)

> 竹折松僵鸟雀愁,闭门我亦拥貂裘。已忘作赋游梁苑,但忆衔枚入蔡州。
> 属国餐毡真强项,翰林煮茗自风流。明朝日暖君须记,更看青鸳玉半沟。
>
> (陆游《雪中作》)

前一首方回说:"中四句不用事,只虚模写,亦工。"对后一首则说:"中四句皆用雪事,不妨工致。"纪昀则直指要义,指明两诗之好,前诗"意节悲壮",后诗"有寓意,则用事不冗"。③

两首雪诗,一则用事,一则不用事,而皆是精警有风骨之佳作。用事不用事,关键全在"意"之掌握和表现。前诗放翁示"真面目",虽不用事而直以其富健才力,表现"风骨峻嶒,意

① 李庆甲.瀛奎律髓汇评:上册[M].上海:上海古籍出版社,2008:106-107.
② 范温.潜溪诗眼[M]//傅璇琮.黄庭坚和江西诗派卷.高雄:丽文文化公司,1993:37.
③ 李庆甲.瀛奎律髓汇评:中册[M].上海:上海古籍出版社,2008:899-900.

节悲壮"而满足全篇饱满之表现,诗评家所谓"结得酣足"。而后诗,许印芳更借以说明,在"意"的麾指下,"妥帖而细密。此等可为用事之法"。纪昀也指出这等用事之中,意脉的关联与呼应:"五、六各有所指,而互衬出末二句。"

于是,在这以"意"为关键的认知下,甚至决定了鉴赏与注解的重心;例如任渊注解黄庭坚与陈师道诗作,陈振孙强调其:"大抵不独注事,而兼注'意',用功为深。"①宋诗之"意"于是收摄了诗学所有广袤深至的技艺,成为创作与诗学的核心目标、焦点意识。在"意"的主导下,琢磨一切方法以创造精湛明晰的感知形式,来(象征地)表现此思深绪密而笼罩全局的高"情"远"意"。

(二)"意"的主导下:从关键的"眼"与"法"到技艺的深层内容

"望"南山与"见"南山,是宋初以来一则重大的公案,在宋人诗话里流传甚广:"'采菊东篱下,悠然见南山',此其闲远自得之意,直若超然邈出宇宙之外。俗本多以'见'字为'望'字,若尔,便有褰裳濡足之态矣……若此等类,纵误不过一字之失,如'见'与'望',并其全篇佳意败之。"②

牵一发而动全身,关键一差,全体意境判然有"美玉""碔砆"之别,直是"超然邈出宇宙之外"与"并其全篇佳意败之"天壤之差,原因是:在"意"的主导下,所有的锻炼工夫统整于这牵引全篇的"句眼""诗眼",这个统筹全局的"意",是全篇语境情境的关键,铸就全篇七宝楼台的拱顶石,有力贯千钧之大用。所以不可取代,在于唯其足以象征、表现、兴"起"蕴含全盘的深厚底蕴。

技艺亦是有"内涵"的——它所托载的情感价值,让作品成为充满意味的感知形式。讲究"法""眼""意",讲究种种"语工"的经营,目的无非是追求最极致的表现力——表现诗人的感思理解、"情感概念";此所以"工夫"不独在技巧本身,更在于贯通全体情感价值;所谓能(经由完美的诗歌表现)味之不尽、一唱三叹的情感内涵,所谓宋人炼"意"、工夫的完整意义,是为——以表现、以象征全幅的情感价值。

这也意味着,这一经由精湛的技艺工夫完成的极致表现力原是由背后所有丰厚的意念神思所支撑;技艺实与深稳的情感价值互为支撑,也就更有赖于以尺幅得见全体之能力,以显技艺与表现力之富厚。

此种创作就是"意""句中有眼"等焦点知识与"高情远识""博学"与"心地"等作为根柢的支持知识彼此互为表现、完整统合的结果;也就是:能够精炼明晰的感知形式,以(象征地)表现思深绪密的高"情"远"意"、情感价值。

此等句法"工夫"与"情""意"、形式创造与情感价值两得的典范,如李商隐诗,清代陆贻典评曰:"义山之高妙,全在用意,不在对偶。"而同样对于李商隐《马嵬》一诗("海外徒闻更九州岛"),查慎行说:"一起括尽长恨歌。"③俱指出李商隐诗歌之所以韵味无穷,蕴涵精彩丰富,不逊于长篇叙事,与其绝高之手法和其用"意"所起之底蕴、所表现之情感价值密不可分。

宋人眼中,诗眼、诗法贯通了情感价值的极致表现,首推杜诗。如这首令宗唐宗宋诗人尽皆折节俯首的作品:

① 陈振孙.直斋书录解题.卷二十[M]//傅璇琮.黄庭坚和江西诗派卷.高雄:丽文文化公司,1993:149.
② 蔡居厚.蔡宽夫诗话[M]//吴文治.宋诗话全编.南京:江苏古籍出版社.1998:609.
③ 李庆甲.瀛奎律髓汇评:上册[M].上海:上海古籍出版社,2008:107.

　　岁暮阴阳催短景，天涯霜雪霁寒宵。五更鼓角声悲壮，三峡星河影动摇。
　　野哭千家闻战伐，夷歌几处起渔樵。卧龙跃马终黄土，人事音书漫寂寥。

（杜甫《阁夜》）

　　方回盛赞此诗"他人所无"，并称述三、四句（"悲壮""动摇"）"诗势如之"与末联之"感慨豪荡"；而清代宗唐派的冯舒则说："无首无尾，自成首尾；无转无接，自成转接；但见悲壮动人，诗至此而《律髓》之选法于是乎穷！"意谓杜诗到了这等天工无缝的表现功力，方回等诗法、诗眼之说，已无可着力。另外，更有意思的是，纪昀以下这很可争议的评论，正恰恰凸显了营造深远不凡的整体之"意"与个别句式的精彩畅达之间可能的矛盾："前路凌跨一切，结句费解，凡费解便非诗之至者。"①

　　按：此诗末句收入一片寂寥，正是呼应"卧龙跃马终黄土"，收笼宇宙历史静动悲欢于此一寂寥之瞬时；正如红楼尾声"落了个白茫茫大地真干净"，将全书收拾于一片独立苍茫，也收拢了全书无数叙事、无数精心刻画的章节布局，蕴含无尽的百味杂陈而包笼于"一"浑然无可言却饱蓄一切意义的场景（scene），实为美学上最好的结局。

　　可以说，老杜眼中看到的，是一片皇天后土之下战乱人世的大场景、大叙事；而纪昀但纠结于诗句内部结构之"解"。纪昀所以"费解"，谓其思意不够通透，与前联句意"接不上"。然而在杜诗着眼下，三、四句已不是"现景"，而是一场笼络心象与境象、当前与历史时空的大氛围、大语境；为此，结句看似不承卧龙跃马，却是收拢完结整部布局的"大判断"。

　　如此不可一语而尽的繁复感受，在历经之前一切费心经营与感慨豪宕之后，在整体结构、动势等一切诗歌要素的统整下，完美结束于此，正显出这一百无聊赖之心绪内蕴之奥衍阒深。此结句端不可单独视之，那正是收拢一切的紧要关键，而老杜之高明就在此关键处处理得如此平夷澹荡，意犹未尽。

　　蕴含深远、布局广大，因此，横空而来不入细部理绪的非凡之想，反倒创造了美学上的完足，表现了这无法用常理、用一般语言表达的"意"！于是在这"意"的总体收摄下，百般复杂情感的支撑下，三、四句也不只如纪昀所谓之"现景"，反而如此大场景正以极动人的感知形式传达其何等悲壮之"心"、动摇之"情"；此二句功力实已超越一般着眼于所谓"气势""豪荡"等经营，更当放在整体作品观照下，体会其转折承接的作用："五更鼓角"——此际之"声"，"三峡星河"——此刻之"影"，极（即）热闹，极（即）寂寥，正是顺势接应首尾的关键。此"现景"，岂只是寓目即景的刻画！冯舒所谓"无首无尾，自成首尾；无转无接，自成转接"浑然天成的境地，功力正在此！

　　黄庭坚也遇到诸如此类的误解，如许尹在《黄陈诗注序》所说："其用事深密，杂以儒佛，虞初稗官之说，隽永鸿宝之书，牢笼渔猎，取诸左右，后生晚学此秘未睹者，往往苦其难知。"因此宋代以来，或有诗评家以黄庭坚手法过于曲折繁复，而目之为"矫揉"，如贺裳《载酒园诗话》卷五："读黄豫章诗，当取其清空平易者，如《曲肱亭》……不甚矫揉，政自佳。"犹如此等，或在南宋苏黄之争的课题里，拥苏贬黄之际，难免有不公之论；盖矫揉或蕴藉亦视作者表现之宗旨与"理想"读者相关之领会而定，山谷所以被误解为矫揉，恐怕就在于其支援知识包罗极广，联想幅度极跨越——其极致技艺熔铸了极高明精微的情感价值，读者如无相应的知识储备极难力敌，故为有"隔"，故为"费解"。

---

　　①　李庆甲.瀛奎律髓汇评：上册[M].上海：上海古籍出版社，2008：29.

因此所谓"拾遗句中有眼"之说，已经超越了个别可指可分析的句法或文字工夫，意谓表现和象征的极致，是浑然整体的"意"，从浑然整体的气象与形势透显而出。所以谓"拾遗句中有眼，彭泽意在无弦"（《赠高子勉》），黄庭坚正是用他特有的对立并举的辩证手法，互文为训地指出：虽然作法风格不同，然而杜甫功力深处，直如陶渊明诗一般浑然天成。这也就是，从老杜经营诗篇所体会到的"诗眼""句法"之理，其极致目标在于透过总体表现、象征而创造了技艺深层所蕴含的情感价值，而这样的情感价值宋人多以"意"称之。"意"——由深厚隽永的艺术手法表征的情感价值，主导了创作的目的，主导了多方技艺一贯追求的方向。

以上这般"意""艺"绝高的境界、贯通形式工夫与情感价值的极致境地，正是黄庭坚以"拾遗句中有眼，彭泽意在无弦"这缺一不可、互文为训的言意辩证所指点，也因此申明了：工夫的锻炼也是情感内涵的锻炼；透过"句中有眼"等焦点知识、精湛的感知形式的锻炼，更能召引厚实广袤的情感内涵，更能炉炼"意"等博学而内化的支持知识，也因此技艺工夫乃和崇高的精神价值——"道"贯通了起来；"无一意一事不可入诗者，唐则子美，宋则苏、黄，要其胸中具有炉锤，不是金银铜铁强令混合也"。"唐诗以情韵气格胜，宋苏、黄皆以意胜，惟彼胸襟与手法具高，故不以精能伤浑雅焉。"①

这之间的情感内涵与诗歌形式、法度技艺等高度的辩证也就是前述"意"与"技"之间多方多重融贯会通、组织化用的工夫；而创作的所有历程正是贯通这两端而不断辩证而上、层层翻越至极致的熔铸与内化的过程。这样的作为，也使得工夫这一本为"人工"自强不息的历练，逐步雕琢复朴，升华至陶诗一般自然天成、淳厚无斧凿痕的境地。

而在这双向的融通炉炼中，情感内涵也随工夫锻炼不断积淀沉郁宏博；这个蕴蓄了充足的支援知识，历经醇熟内化的历程，于是在"当"机、"应"机之时，化而为浑成之作的整体展现，犹如苏轼所谓："道可致而不可求。"……莫之求而自至"（《日喻》）；是曰"游"于水中，"游"于浩瀚的"学识"与"心地"等无所不至的支援知识，于是一朝升华而致"道"——是"意"与"工夫"的圆成、焦点知识与支持知识的完美辩证。

而在这浩瀚的情感内涵（一切知情意内化的理解）、支持知识下，一切致知、一切技艺皆为溶融一体；在博大学识的互为支持下，诗艺工夫的极致也与其他多方学问和技艺之殊胜相互贯通、彼此促成：

> 偶无公事客休时，席上谈兵角两棋。心似蛛丝游碧落，身如蜩甲化枯枝。
> 湘东一目诚堪死，天下中分尚可持。谁谓吾徒犹爱日，参横月落不曾知。
>
> （黄庭坚《弈棋呈任公渐》）

"按山谷《弈棋呈任公渐》诗云：'心似蛛丝游碧落，身如蜩甲化枯枝'，此二语穷形尽相，真是绘水绘声手。"②

山谷论画曾强调当聚焦于最具张力的瞬时（钱锺书所谓"包孕最丰富的片刻""留有生发余地的片刻"）："黄庭坚《豫章黄先生文集》卷二七《题摹燕郭尚父图》：'往时李伯时为余作李广夺胡儿马，挟儿南驰，取胡儿弓引满以拟追骑。观箭锋所直，发之，人马皆应弦也。伯时笑

① 皆见刘熙载.艺概：卷二［M］//傅璇琮.黄庭坚和江西诗派卷.高雄：丽文文化公司，1993：369.
② 蒋澜.艺苑名言：卷一［M］//傅璇琮.黄庭坚和江西诗派卷.高雄：丽文文化公司，1993：292-293.

曰:使俗子为之,作箭中追骑矣。余因此深悟画格。'"①而此诗第二联"心似蛛丝游碧落,身如蜩甲化枯枝",正捕捉了弈棋者外弛内张而与物无二的"形"与"势"——聚焦于呆若木鸡般静态中的万钧张力。

不只是诗艺绝伦,在其整体性的"工夫-意""技艺-情感价值"互为撑持而博通学识的认知架构下,山谷亦深能体会高度艺术层次的状态,深明画格与棋道,能以"法眼"捕捉技艺最精彩之心理关键。犹如此诗,由"心"似蛛丝"身"如蜩甲这一最饱蕴张力的一时,提点了全盘棋弈的真精神;诗歌由此关键之一联"心似蛛丝游碧落,身如蜩甲化枯枝"——关键精神之"意"、诗中之"眼"——提点起并总摄全诗这绝对之"形""势",这其他内外因素所营造起、包蕴起来的全幅思意情态。

如此倾其万顷之"意"、博厚之情感价值、之支援知识,所练就而沉着蕴蓄于诗歌形式之万钧工夫,当其极致,已完美熔铸全体而化为"意在无弦"的真朴质性。于是,从这诗法工夫如何汇聚("意"所营造的)种种形势和条件于此关键之焦点——"技"来思考,对于山谷所谓"(如灵丹一粒,)点铁成金"或"夺胎换骨"之方,当可有更深之反思。

> 枯木嵌空微暗淡,古器虽在无古弦。袖中政有南风手,谁为听之谁为传。
> 风流岂落正始后,甲子不数义熙前。一轩黄菊平生事,无酒令人意缺然。
>
> (黄庭坚《次韵谢子高读渊明传》)

袁昶:"以枯淡语吸取神髓,调謇吃而意浑圆,如书家北宗,以侧锋用抽掣翻绞法取平直体势。"(《山谷外集诗注评点》)②

首句实非常令人惊艳的天外之笔,从"无弦琴"着意,一笔合无弦琴古朴雅趣、陶渊明(诗与人之浑朴澹雅),也暗扣题主谢子高(举进士不中之"微暗淡"),非常形象而所指又在有意无意之间,所"象"极"中的"却又风貌浑朴,正是外枯澹而意蕴幽长。所以袁昶所谓"以枯淡语吸取神髓",大概意此。此"枯木嵌空"足以与老子以"橐钥"之"象"天地——虚而不屈,动而愈出之形相比勘,是极其高明的人文意象。以下继而顺势咏歌,谓其人而有其"韵"——而其大音无弦的"南风"(传说为舜时古曲)之曲,"谁为听之谁为传"?

前四句意绪极其流畅宛转,韵律则超脱律式而带古风,却是今(近体)之古调(恰也暗扣上述"古调虽自爱,今人多不弹"之意),在不古不律而浑沦超脱之间,极富风流云散之致。诗在恬静平淡的风格下,合多少奇思转折于一手,此直是方东树所说"入思深,造句奇崛,笔势健"之大手了。③

无论老杜或山谷,如此"充满意味的形式"均是奠基于"读书破万卷"——源自多方的"涵蓄"积累;由此而善能融贯凝练一切开阖收放的源源之资,则是山谷所以能开创宋诗最大的成就,并建立纵贯两宋的宗师地位之所由。如此"大手笔"的积累,"技艺""学识"与"心地涵养"等致知能力之磅礴,终究是后来落于学派、光致力于一"才"一"意"者远远不及的:"山谷却得工部之雄而浑处。有才者便可压成,故谢无逸古硬处不减鲁直所作,然鲁直却有涵蓄,

---

① 转引自钱锺书.读拉奥孔[M]//七缀集.台北:书林出版公司,1990:51.
② 黄宝华.黄庭坚选集[M].上海:上海古籍出版社,1991:29-31.
③ 方东树.昭昧詹言:卷十二[M]//傅璇琮.黄庭坚和江西诗派卷.高雄:丽文文化公司,1993:319.

脍炙人齿颊处。"①

The Artistry and Praxes in Song Poetics：The Sophisticated Expressiveness between Perception and Words

Lin Xianghua

(School of Liberal Arts and Journalistic Communication,

Hanshan Normal University Chaozhou, Guangdong, 521041)

Abstract：This article would explore the discourse and application of *"Guong Fu"*(工夫 Artistry and Praxes)in Song Poetics. Through the expert speech and demonstration of the presentative works，it would explain how Song poets in such atmosphere of *"Dao"*(道 Logos)and perspective of elite literature promoted the artistic expressiveness by their cognition of "Fa" and "Yian"（"法"与"眼" the key workings for the lines），and furthermore，by their very sophisticated practice of *"Yi"* and *"Yu"*（"意"和"语"perception and words），how they created a profound and supreme horizon for Song Poetic artistry and praxes.

Key words：Song Poetry；Artistry and Praxes（工夫 *Guong Fu*）；skillfulness；Logos（道 *Dao*）；Du Fu

（学术编辑：钱建状）

林湘华,女,韩山师范学院文学与新闻传播学院副教授。

---

①　陈模.怀古录：卷上［M］//傅璇琮.黄庭坚和江西诗派卷.高雄：丽文文化公司,1993：154.

中国现当代文学研究

Journal of
Chinese Studies,
Xiamen University

主持人语

王　烨

　　本期专栏选发两位现代文学研究专家的论文，它们反映了当下现代文学研究的一些热点及动态。新世纪以来，现代诗歌研究逐步摆脱"内部"文本结构研究的范式，走向了诗歌研究范式"创新"的自觉之路，杨四平教授这篇关于中国新诗叙事问题的研究，突破了"诗唯情"的诗学观念，转向探究诗歌抒情中的叙事问题，系统梳理出中国新诗五种叙事形态，并对中国新诗叙事研究的理论意义进行了深入思考。新世纪以来，现代乡村革命的文学书写研究走向视野开放，阎浩岗教授关于境外"土地革命"文学书写的研究，拓展了现代土改文学的研究视野，它以两个典型文本为个案，从历史角度审视它们的艺术得失，指出其"短板"妨碍了它们成为文学经典。总之，这两篇文章都以历史的立场及视角，对现代文学的一些前沿问题进行思索，呈现了当下现代文学研究的一些动态，反映了现代文学走向历史化、客观化及系统化的发展趋势。

中国新诗叙事研究：问题由来、研究史及其意义[*]

杨四平

（上海外国语大学　国际文化交流学院，上海　200083）

摘要：中国新诗在追寻现代性的百年历程里，形成了丰富多样的叙事形态。而已有的中国新诗叙事研究，绝大部分是围绕传统文类意义上的叙事诗展开，较少有人从其他的诗歌叙事形态方面去研究现实主义诗歌中的叙事、浪漫主义诗歌中的叙事和现代主义诗歌中的叙事，更少去研究抒情诗中的叙事以及各种中国新诗叙事形态等。新时期以还，虽然总体上人们对中国新诗叙事的认识仍未能走出单一的现代叙事诗的阈限，但同以往的状况相比，中国新诗叙事研究还是取得了不少值得称道的成绩。本文既考察其启导、缘由，梳理其迁流、曼衍，归纳其意义、价值；又从理论上进行提炼与总结，以期得出符合其实际情况的理论表述，对百年中国新诗叙事形态及其相关研究进行较为深入的历史化与系统化兼备的探讨。

关键词：中国新诗叙事研究；问题由来；研究史；研究意义

唯"情"是瞻，唯"情"是从，抒情独大，制造了诗歌抒情的神话，遮蔽了叙事性诗歌与诗歌

---

* 基金项目：国家社会科学基金项目"现代汉诗的叙事形态研究"（15BZW123）阶段性成果之一。

叙事性的真相。① 从对话和复调理论的角度,巴赫金信心十足地说:"如果不是全部,但至少有很多抒情诗也有叙事的一面。"②因此,祛魅与祛蔽成为诗歌研究的一项要务。

诗歌叙事里的"叙事"这个术语经历了最初的趣味化和正在进行的历史化之嬗变。刚开始,作为一种高级的诗歌价值与文学标准,叙事享有很高的诗歌声誉。人们常常把史诗或史诗性写作置于文学正宗和诗歌正典的贵胄位置。但是,在嗣后的历史化进程中,尤其是 19 世纪之后,诗歌叙事的趣味性与正当性逐渐丧失;人们甚至将叙事视为诗歌写作的无能表现③。自此以后,在诗歌领域里,叙事遭遇到了漫长的寒夜,成为某种带有轻侮性的贬称。

随着时代发展,尤其是在前现代、现代和后现代交织的多元语境里,相对主义大有取代历史主义之势。对诗而言,叙事与抒情,孰优孰劣、臧否分明的辩论,渐渐变得黯淡。如今,到了该将"诗歌叙事"历史化与系统化的时候了! 质言之,要将"诗歌叙事"在不同历史时期

---

① 许多诗歌是叙事的,与之对应的是,许多叙事是诗歌的。叙事与诗歌处于胶着状态。一直以来,有一种冥顽不化的诗歌观念:把诗等同于抒情诗。其实,在诗歌与抒情诗之间毫不犹豫地画上等号,是不正确的,也不符合诗歌发展的历史事实。在西方诗歌史上,以 19 世纪为界,之前的大部分诗歌并不是抒情诗,而是叙事诗或话语诗。而这里所说的叙事诗并非人们记忆中的狭义的叙事诗,而是广义的叙事诗。美国诗歌叙事学家布赖恩·麦克黑尔认为,叙事诗包括史诗、前期浪漫主义诗歌、民谣、"文学改编"(传纪叙事诗和小说体诗歌)、抒情诗、四行诗、自由体诗等。叙事诗的范畴远远超出我们的想象。它几乎无所不包。据此,布赖恩·麦克黑尔说:"世界上大部分的文学叙事都是诗歌叙事。"所谓"话语诗"是指"散文体的、论辩体的、说教体的、艺术体的"诗歌,即那种不是发生在故事层面而发生在话语层面的诗歌。从这个意义上讲,诗歌叙事是一种"元叙事"。19 世纪以后,由于所谓的"抒情诗变形",传统意义上的作为"默认模式"的特殊的单一的抒情诗开始"变形"为混杂型的诗歌形式,即融合着叙事诗、话语诗与抒情诗的诗歌形式。质言之,在布赖恩·麦克黑尔看来,抒情诗不等于诗,但叙事诗却可以等于诗;不仅如此,诗歌叙事甚至还等于文学叙事。(布赖恩·麦克黑尔.关于建构诗歌叙事学的设想[J].尚必武,汪筱玲,译.江西社会科学,2009(6).)诗歌叙事如此显赫,当代叙事理论却没有相应的研究。对此,我们应该认真反思。谈到叙事,就绕不开叙事学。由于当代研究科层化,专业分工过于精细,致使跨学科研究难以真正有效展开。研究叙事的只关心他的叙事,研究诗歌只钟情于他的诗歌,很少有人把叙事与诗歌结合起来研究。但这并不意味着就从来没有人去做这项工作;恰恰相反,西方对诗歌叙事的研究由来已久,从柏拉图到热奈特,形成了西方诗歌叙事研究的隐而不显的传统,而且,诗歌叙事研究总是在不经意间为叙事学的重大发现做出了独特贡献。只是在当代叙事学中鲜见系统的诗歌叙事研究,换言之,在当代叙事理论里,诗歌一直是隐性的,抑或被当作小说或虚构散文叙事"变相"地处理了:在许多叙事学家那里,史诗被当作小说,荷马被视为"名誉小说家"。(KINNEY C R. Strategies of Poetic Narrative: Chaucer, Spenser, Molton, Eliot. Cambridge: Cambridge University Press, 1992:3.)。巴赫金把普希金的《叶甫盖尼·奥涅金》当作小说范本来研究,由此生发出了广为人知的小说话语理论。

② Frank Lentricchia, Thomas Mclaughlin.文学批评术语[M].张京媛,等译.香港:牛津大学出版社,1994:87.

③ 北岛说:"因为没有什么好写的,大家开始讲故事。现在美国诗歌主流叫做叙事性诗歌(Narrative Poetry),那甚至也不是故事,只是日常琐事,絮絮叨叨,跟北京街头老大妈聊天没什么区别";"由于这种误导,产生了许多平庸的诗人"。(北岛.热爱自由与平静:北岛答记者问[M]//中国诗人,长春:吉林摄影出版社,2003(2):185.)

的形态表现及风格特征加以结构性呈现。外国诗歌叙事的历史化与系统化①姑且不论，单就中国诗歌叙事的系统化来说，我们几乎还没有起步②，毕竟我们对中国诗歌叙事的历史化都还没有来得及进行充分的学术梳理！笔者试图对百年中国新诗叙事形态进行较为深入的历史化与系统化兼备的研究；换言之，既考察其启导、缘由，梳理其迁流曼衍，又从理论上进行提炼与归纳，以期得出符合其实际的全新的理论表述。

任何一项研究首先必须明确自己的研究对象。本课题的研究对象比较"生僻"，加之笔者对它的某些概括尚属首次，是典型的椎轮草创；所以，在展开正式论述前，很有必要对其相关概念进行厘定。

既不同于有人把中国"诗叙述"或者说"诗叙事"的源头定于《诗经》③，也不同于有人把它视为一种意境化的诗歌叙述策略，笔者更愿意将其追溯到"古逸诗"那里以及倾向于将其视为一种"事态化"或"情境化"的诗歌叙述策略。在叙事的背后饱含着丰沛的情感，也就是说，事件是纸面上的，而情感是纸面下的。更细致地说，"诗叙事"是"诗—叙—事"，意即诗歌以叙事为中介进行叙述。在"诗叙事"里，"叙事"是手段，而"叙述"才是目的，简言之，"事"是介质，"述"是本体。诗歌关注的重点并非叙述什么事，而是怎样叙述它们。言下之意是，诗只是"写"，意在"唤醒"我们对语言营构世界的重新认识。这是诗歌叙事与非诗叙事之间本体上的质的区别。这种观点，在当代，尤其是在形式主义、现代语言学、新批评、结构主义、符号学和传统叙事学那里被推向了极致。

尽管中国古诗写出了如唐诗宋词那样难以企及的杰作，但终因其内容上的"滥情"和形式上的"熟烂"，即过于沉醉"物态化"的自然存在与儒家伦理④以及形式上的僵硬，到了晚清，渐失其两千年来赖以存在的根基与合法性。虽然晚清的"诗文革新"已经撼动了其根基，

---

① 20世纪以还，抒情文学和戏剧文学衰落，而叙事文学中兴，大力推动了叙事思想和叙事理论的发展。尽管它们主要的研究对象是小说和散文，但其根本立足点仍是叙事思想和叙事传统，尤其值得提及的是，在有关论述中，还偶尔论及诗歌叙事；因此，它们仍不失为本课题研究的重要借镜，如詹姆斯·费伦的《作为修辞的叙事：技巧、读者、伦理、意识形态》有一节名为"抒情诗有别于叙事"。为了求证他的观点："叙事与抒情诗之间的重要区别在于，叙事要求对人物（和叙述者）的内部判断，而在抒情诗中，这种判断在我们开始评价之前就被悬置起来了。"他从叙事修辞的角度讨论了弗罗斯特的两首名诗《美好的事物不驻留》和《雪夜停林边》。他认为，前者"诗中的说话者并未被个性化，也未被置于特定的环境之中"，后者"诗中的说话者似乎被个性化了，而且是在一个明确的场合说话的"。如果按照他所讲的抒情诗与叙事的不同常规来看，它们都符合抒情诗常规，因为它们不存在"内在判断说话的文本材料"，没有形成叙事所需要的"内部判断"。（詹姆斯·费伦.作为修辞的叙事：技巧、读者、伦理、意识形态[M].陈永国，译.北京：北京大学出版社，2002：7-9.）

② 当然，还是有些开疆拓土的迹象。1985年，赵毅衡、张文江曾以《春城》和《尺八》为例，论说卞之琳诗歌的"复杂的主体"与"复合的声部"。（赵毅衡，张文江.卞之琳：中西诗学的融合[M]//曾小逸.走向世界文学：中国现代作家与外国文学.长沙：湖南人民出版社，1985：495-525.）叙事学是从结构主义衍生的，这就使得它与那些探索性的文学作品，尤其是现代主义诗歌，具有天然的互释互证之关联。因此，我们在研究中国新诗时，就不能不汲取叙事学的营养。但是，我们又不能把叙事学与现代主义诗歌的关系想象得过于密切，也不能生硬地搬用叙事学的术语和理念套解那些并不适用于它们的诗歌。一言以蔽之，我们要用"具体问题具体分析"的科学态度来处理两者的关系。

③ 高楠.中国古代艺术的文化学阐释[M].沈阳：辽宁人民出版社，1998：408-428.

④ 李怡.中国现代新诗与古典诗歌传统：增订版[M].北京：北京大学出版社，2008：42-43.

但真正为其掘墓的是五四文学革命。胡适的"八事"主张,先从"文的形式"着手革新。在《谈新诗——八年来一件大事》里,胡适说:"形式上的束缚,使精神不能自由发展,使良好的内容不能充分表现。若想有一种新内容和新精神。不能不先打破那些束缚精神的枷锁镣铐。因此、中国近年的新诗运动可算得是一种'诗体的大解放'。因为有了这一层诗体的解放,所以丰富的材料、紧密的观察、高深的理想、复杂的感情、方才能跑到诗里去。五七言八句的律诗决不能容丰富的材料、二十八字的绝句决不能写精密的观察、长短一定的七言五言决不能委婉达出高深的理想与复杂的感情。"①胡适把诗歌革命的希望寄托在"诗体的大解放"上。而在诗体彻底解放背后,支撑它的是重新理解世界与表达世界的现代性的铁律。中国古诗的"四言八句"以及一成不变的精致形式,体现的是,中国古代士大夫循规蹈矩的"唯稳"思想,也就是说,只要把形式做好了,做足了,"面子"上过得去,至于"里子"是什么就不那么重要了。此乃中国古代士大夫通过中国古诗所反映出来的诗歌观、世界观和价值观。胡适们十分不满意于中国古诗叙事的致命束缚及其与现代社会发展大势之间出现的严重脱节。他们从诗歌语言变革这一诗歌形式变革的关键着手,改用现代白话(或称"文学的国语"、现代汉语),采用自由诗体,运用现代理性思维,表达对现代世界的现代观念。至此,中国诗歌叙事观已从古典诗歌时期的"唯稳求是",转向了现代诗歌时期的"唯新是瞻""唯变是从"。当然,我们也不要据此天真地以为,胡适们就真的把包括中国古诗在内的中国古代文学/文化传统一棍子打死。我们更不要妄言:胡适们不了解自己的传统,不尊重自己的传统。其实,他们并没有把传统典籍化、庸俗化和本质化。更多的时候,他们把中国新诗叙事与现代人文精神和现代民族精神紧密联系在一起加以思考,而非仅仅囿限于诗的意象、意境、语言、形式与传统的关联。他们知道,中国诗歌叙事的变革是历史的必然。他们也知道,从语言到形式的全方位的诗歌变革,纵有来自西方的看得见的社会变革的影响,其内在的看不见的需求与推动也是必不可少的。他们当年把批判的主要矛头对准的是同时代的作家及其创作,而非所有的古代作家作品;反而他们还要从古代作家作品那里寻找追踪的对象及其遗泽。"胡适之体"借鉴了"元白诗"、"苏辛小词"和"小令"。初期白话诗人广泛地汲取了"以文为诗"的宋诗传统。胡适说:"这个时代之中,大多数的诗人都属于'宋诗运动'。"②郭沫若也说:"天地间没有绝对的新,也没有绝对的旧。"③其实,"新"有时也是一种"旧"。中国新诗叙事与中国古诗叙事之间差距没有我们想象的那么大。而且,对诗而言,"新"并不意味着"好"。据此,笔者以为,中国新诗叙事在探赜现代性的过程中,为了更出色的表现,不但没有排斥中国古诗叙事传统,反而时不时地向其寻求"支援"。如果把中国新诗叙事作为一份"小传统",将其置于整个中国诗歌叙事的"大传统"中来看,那么中国新诗叙事仅仅是在纠正中谋求发展。所谓"纠正",就是对中国古诗执迷于依赖精致的形式和圆熟的字句制造诗意的矫正。其实,在中国古诗内部,诗词曲赋的每一次文体变化,都是对此前写作样式的否定,均是一次局部的"诗意的修正",只不过"手术"较小罢了。

　　然而,五四以来中国新诗叙事对整个中国古诗叙事的纠正,就不只是像以往历次那样的局部修正,而是动了"大手术",是换心和换血的"大手术",是一次"诗体的大解放";在此过程

　　①　胡适.谈新诗:八年来一件大事[J].星期评论"双十节纪念号",1919-10-10.

　　②　胡适.胡适文存:第二卷[M].台湾:台北远东图书公司,1975:214.

　　③　郭沫若.孤竹君之二子·幕前序话[J].创造季刊,1923:4(1).

中,作为诗歌表现手段的叙事,形塑着中国新诗的艺术形态,并最终使中国新诗在形式与话语、手段与规则上形成了一种相对稳定的叙事体系,即中国新诗的叙事形态。"新诗之'新',并不只是语言工具的更替,而在于经验方式、自我意识、精神气质等一系列的转变,借用柄谷行人的说法,即:一套特定文学'装置'的形成"。① 在这套特定的中国新诗"装置"中,叙事是重要的一环。而中国新诗"装置"性叙事,既有我们似曾相识的面孔,又有中国古诗叙事传统里所没有的"新质"。这种"新质"就是中国新诗叙事的现代性。这种现代性既指中国新诗叙事"所指"的现代性,也指中国新诗叙事"能指"的现代性,是文化/制度现代性和美学/审美现代性的涵容。

在诸种现代性的"流动"中,"时间也就获得了历史"。② 艺术形态是艺术家感知世界和表达世界的特殊方式。不同流派的艺术家为人类呈献出了不同的艺术形态。"从对象上说,艺术形态是对艺术这一存在者的描述,存在居于存在者本身,形态之中就应该有存在,因此,艺术形态就是艺术这一存在者之存在的展开,形态则具有'现象'之意义,即具有显现本质之意义,它应该是神形兼备,生气勃勃,而非仅仅是以形态学之形式。"③ 具有中国新诗的叙事形态而言,百年中国新诗在追寻现代性的历程中,贡献出了多种现代诗歌样式。它们含有不同程度的叙事因子。帕斯在谈到浪漫主义长诗时说:"它使歌唱成了故事本身。我是说:歌唱的故事就是歌唱,诗的内容就是诗歌本身。"④ 申言之,中国新诗里存在的叙事形态,不止产生于文类意义上的现代叙事诗,也生成于非文类意义上的诗歌叙述(如现实主义诗歌中的叙事、浪漫主义诗歌中的叙事和现代主义诗歌中的叙事等)中,只是后者没有像前者那样明显罢了。从这个意义上讲,中国新诗在追寻多样现代性的百年里,形成了丰富多样的叙事形态。

如此"有善可陈"的叙事形态,需要我们认真加以衡估,进行历史的、诗学的总结。纵观百年中国新诗叙事的历史,研读其文本,笔者将其形态概括为五大类型,即"叙事诗叙事""抒

① 姜涛.巴枯宁的手[M].北京:北京大学出版社,2010:167.
② 奇格蒙特·鲍曼.流动的现代性[M].欧阳景根,译.上海:三联书店,2002:13.
③ 朱云涛.缪斯的身影:面向艺术本身的艺术形态研究[M].南京:南京大学出版社,2010:51.
④ 奥克塔维奥·帕斯.批评的激情[M].赵振江,译.昆明:云南人民出版社,1995:18.

情诗叙事"、"写实叙事"、①"呈现叙事"②和"事态叙事"③。现代汉语叙事诗叙事,追求形象化和史诗化。现代汉语抒情诗叙事,以大众化和纯诗化为特征。中国新诗的写实叙事,着力于客观再现地叙事。中国新诗的呈现叙事,通过意象的象征和暗示曲折地叙事。而中国新诗的事态叙事,通过细节、场景,乃至行动等戏剧化或戏剧性文法进行叙事。众所周知,中国古诗与中国新诗,除了语义学方面的不同外,语音学上的差异也十分显著。从语音学上讲,诗歌意义产生的最小限定单位是诗歌的"段位"④,即诗歌的韵律、字词句篇及其空白。各种诗歌叙事均需要借助这些诗歌段位,最终还得通过它们呈现于纸面上。诗歌段位既是诗歌叙事的介质,又是诗歌叙事的本身。从这个意义上讲,段位性⑤是中国新诗叙事区别于中国古诗叙事的本体特征,是中国新诗叙事的现代性在诗歌本体意义的具体展现。需要说明的是,笔者提出的这些概念,其含义是在本课题的整体论述中慢慢被规定和明确的。概言之,中国新诗的这五种叙事形态,在数十年的历史发展、诗学探索与艺术积累过程中,形成了一套相对比较完备与稳定的诗学体系——以现代性为统摄,以叙事诗叙事、抒情诗叙事、写实叙事、呈现叙事和事态叙事为支撑,以段位性归结,丰富了中国新诗的诗学"武库",其经验与教训

---

① "写实派"是继浪漫派之后在西方兴起的绘画流派。19 世纪 30 年代,伴随着产业革命和新兴市民阶层的崛起而崛起。虽然他们的文化修养决定了他们没有贵族那种思想和艺术能力,但是他们没有贵族那种对古典的沙龙趣味和癖好。他们把眼光投向了日常生活里所熟知的一切,对现实事物和实际生活保持浓厚兴趣。因此,写实性的肖像画、风景画和静物画最终取代了浪漫性的神话画和历史画。嗣后,写实主义的影响由绘画领域扩散到其他文艺领域,成了"无边的写实主义"。写实叙事是其主体。

② 呈现诗学与再现诗学、表现诗学,既有联系又有区别。再现,是对生活的真实模仿,具有复现性。由古希腊模仿说发展而来的再现主义影响深远,写实主义与之血脉相连。表现,不重视客观对象的外在形式,而注重直觉,昭显某种主观印象,具有诡异之风;由此生发出了表现主义。呈现诗学,既不像再现诗学那样强调复现性,也不像表现诗学那么偏好抽象性,而是兼采两家之长,以退为进,显示一种更具现代理性的诗学品格。

③ 笔者在本文所说的"事态"不同于《现代汉语词典》(修订本)(商务印书馆 1999 年版,第 1153 页)里所说的"局势""情况(多指坏的)"的辞典语义。它是指事件发生的状态。而这里的"事件"也不同于《现代汉语词典》(修订本)(商务印书馆 1999 年版,第 1153 页)里所说的"历史上或社会上发生的不平常的大事情",而是像《多功能英汉案头大辞源》(周文标主编,辽宁人民出版社 1993 年版,第 902 页)里所说的"1. 事故;事件;事变。2. 附带事件;小事件。3. 枝节;插曲。4. 偶发事件"。也就是说,它不分重大与否,平常与否。

④ 段位,指本体意义上的诗歌意义生产的最小单位。它与吕进所说的抒情诗的"段式"大异其趣,因为后者仅仅将"段式"视为抒情诗表层结构中的外在节奏。他说:"段式指集行成段,集段成诗的方式"(吕进.中国现代诗学[M].重庆:重庆出版社,1991:91.)

⑤ 布赖恩·麦克黑尔在《关于建构诗歌叙事学的设想》(《江西社会科学》2009 年第 6 期)里转述了迪普莱西早年提出的"段位性"。"段位性则是'一种能够通过选择、使用和结合段位说出或生产意义的能力'。"诗歌自身的段位可以是韵律、单词、短语、诗行、句子、诗节等;而诗歌中叙事的段位又可分故事层面、话语层面和视角层面;诗歌段位与叙事段位之间的互动。诗歌就是依赖这些段位以及段位与段位之间留下的空白产生意义。因此,段位性是诗歌的本体因素,就像叙事性是叙事的主要因素那样。对于诗歌而言,段位性与叙事性之间的"对位"、强化,甚至取消(反段位性),就是"诗歌性"产生的主引擎,也是诗之所以为诗的构成因素。这种深入细致的分析远远超出了人们曾经把抒情性和隐喻性视为诗歌性的认识,加深了我们对诗歌本体的认识;但也暴露了其结构主义、形式主义和符号学自身所具有的某种缺陷。由于中西诗歌的历史不同,尤其是语言的差异,当前西方叙事理论中的"段位性",对于研究中国新诗来说,既具有可贵的启迪性,又存在明显的局限性,需要我们批判地吸收和创化。

值得我们认真总结。

长久以来,国内外学界将"诗"等同于"抒情诗",并将"诗抒情"与"诗叙事"进行价值等级区隔,制造了"抒情诗神话",使得传统文类意义上的叙事诗,尤其是艺术形态层面上的其他诗歌叙事,包括现实主义诗歌中的叙事、浪漫主义诗歌中的叙事和现代主义诗歌中的叙事等,长期处于晦暗不明的状态。然而,"诗主情致,亦当具故实"。① 纯抒情与纯叙事的诗歌是不存在的。当抒情因素占主要地位时,我们将其称为抒情诗或抒情性诗歌;而当叙事因素是主导因素时,我们将其称为叙事诗或叙事性诗歌。从这个意义上讲,一切诗歌都是杂色的。但杂色并非诗的缺陷。它恰恰彰显了诗的丰富性。"任何一部真正的诗作都以不同的方式并在不同程度上参与了所有的类的观念,而这种参与的程度与方式的不同,这正是在历史上形成的品种多得一眼望不尽的原因。"②

新中国成立前,一批现代诗人和诗评家,如朱湘、朱自清、茅盾、周作人、田汉、草川未雨、梁宗岱、朱光潜、闻一多、蒲风、卞之琳、袁可嘉等,凝睇中国新诗的叙事问题。但他们谈论的主要是以现代汉语叙事诗为主体的诗歌叙事。朱湘曾说:"新诗将以叙事体来作人性的综合描写"③。朱自清在《中国新文学大系·诗集》编入冯至的三首叙事诗即《吹箫人的故事》《帷幔》《蚕马》;在中国新诗发凡期,把一位诗人的三首叙事长诗收入如此重要的中国新诗经典选本,并在此集的"诗话"里盛赞其于"叙事诗堪称独步"。④ 这些表明了现代诗人、诗评家和诗选家对中国新诗叙事之重视。

到了20世纪30年代,中国诗歌会的重要代表蒲风认为,"在现今""该当开发长篇叙事诗、故事诗、史诗一类的东西"。⑤ 他从风格类型方面论述了叙事性诗歌产生的时代必然性。茅盾也十分看重现代汉语叙事诗。他认为,抗战以来,在时代强烈节奏的鼓动下,"从抒情到叙事,从短到长"是中国新诗发展的"新的倾向"。⑥ 他把现代汉语叙事诗的问题提到了中国新诗发展方向的高度。在别的场合,茅盾把叙事诗视为叙事的"长诗"。他欣赏"艾青体"长诗甚至赞称其"雍容的风度,浩荡的气势"及其诗意的氛围。⑦ 在《抗战与诗》里,朱自清说:"诗的民间化还有两个现象:一是复沓多,二是铺叙多。"⑧他把中国新诗民间化与中国新诗叙事和抒情因素的增多综合起来考察,并说明了"铺叙"在抗战时期越来越多的原因。以上这些关于中国现代叙事诗的种种主张反映的是时代的新要求、现代歌谣体的风行、诗歌大众化与现实主义诗风的勃兴。

对此,也有人持异议。周作人说:"新诗的手法我不很佩服白描,也不喜欢唠叨的叙事,不必说唠叨的说理,我只认抒情是诗的本分,而写法则觉得所谓'兴'最有意思,用新名词来讲或可以说是象征。"⑨草川未雨(张秀中)在《中国新诗坛的昨日今日和明日》里写道:"诗是

① 木心.素履之往[M].桂林:广西师范大学出版社,2013:63.
② 埃米尔·施塔格尔.诗学的基本概念[M].胡其鼎,译.北京:中国社会科学出版社,1992:4.
③ 朱湘.中书集[M].上海:上海书店,1986:36.
④ 朱自清.诗话[M]//赵家璧.中国新文学大系:第8集.上海:上海良友图书印刷公司,1935:28.
⑤ 蒲风.关于《六月流火》[M]//蒲风选集:上册.福州:海峡文艺出版社,1985:579.
⑥ 茅盾.叙事诗的前途[J].文学,1937-02-01,8(2).
⑦ 茅盾.文艺杂谈[J].文艺先锋,1943,2(2).
⑧ 朱自清.抗战与诗[M]//朱自清.新诗杂话.上海:生活·读书·新知三联书店,1984:39.
⑨ 周作人.《扬鞭集》序[M]//杨匡汉,刘福春.中国现代诗论:上册.广州:花城出版社,1985:129.

吟咏的，不是描写的，是发现的，不是记述的，在暗示涵蓄，不可说明显露，要意在言外，言近而旨远的。"①胡风所不满的不仅这些，还有"恰恰和孤独地沉溺在个人意识里面的'感伤主义'相反，而是没有通过诗人个人情绪的能动作用和自我斗争，对于思想概念的抢夺和对于生活现象的屈服"②的"空洞的叫喊，灰白的叙述"。③借此，胡风批评了抗战诗歌叙事中大面积出现的客观主义和公式主义。更有甚者，某些"纯诗"诗人彻底否弃诗歌叙事。梁宗岱说："所谓纯诗，便是摒除一切客观的写景、叙事、说理以至感伤的情调，而纯粹凭借那构成它底形体的原素——音韵和色彩——产生一种符咒似的暗示力，以唤起我们感官与想像底感应，而超度我们底灵魂到一种神游物表的光明极乐的境域。"④此乃典型的不及物写作的形式主义诗歌观。

人们脑海里已然形成了某种关于抒情诗、叙事诗、史诗和纯诗等诸如此类的诗歌观念，仿佛还能确凿无误地找到相应的诗歌范本。殊不知，诗人丰富的独创性写作，总是在瓦解这种观念，消解此类范本。在此窘境中，诗歌理论家努力调解诗歌分类与诗人创作自由之间的龃龉。他们惯用的手法是，增加诗歌的类别，以尽可能地囊括林林总总的诗歌现象。具体到对中国新诗的评判，有些诗评家持"中立"观点，主张容涵诗歌的叙事与抒情。早在1920年，田汉就把叙事诗分为"叙事的叙事诗"和"抒情的叙事诗"。⑤朱光潜在20世纪30年代初径自提出"抒情叙事诗"名称。他认为，诗性叙事中的事"也通过情感的放大镜的，它决不叙完全客观的干枯的事"。⑥

此外，有些现代诗人和诗评家能够摆脱传统叙事诗研究的思维定式，不再简单地把中国新诗叙事完全等同于现代叙事诗，而是在诗歌现代性的意义上谈论诗歌叙事。在《雕虫纪历·自序》中，卞之琳提出要"更多借景抒情、借物抒情、借人抒情、借事抒情"。⑦20世纪40年代，闻一多倡导"把诗做得不像诗"⑧，"说得更准确点，不像诗，而像小说戏剧，至少让它多像点小说戏剧，少像点诗。太多'诗'的诗，和所谓'纯诗'者，将来恐怕只能以一种类似解嘲和抱歉的姿态，为极少数人存在着"⑨。文学体裁之间边际的交杂，不同文学体裁的跨界与融合，恰好是文学现代性的一个重要表征。与卞、闻形成呼应的是，围绕"新诗现代化"的问题，袁可嘉发表了系列论文。他提出的"有机综合论"、"新诗戏剧化"和"诗剧"等现代诗学观念，切中了中国新诗叙事的深层次问题。

———————————

① 草川未雨.中国新诗坛的昨日今日和明日[M].北京:北平海音书局,1929:275.

② 胡风.今天,我们的中心问题是什么:其一:关于创作与生活小感[J].七月,1940,5(1).

③ 胡风.今天,我们的中心问题是什么:其一:关于创作与生活小感[J].七月,1940,5(1).

④ 梁宗岱.谈诗[J].人间世,1934(15).

⑤ 梁宗岱.诗人与劳动问题[J].少年中国,1920(8)9.其实,梁宗岱简约化、中国化了瓦莱里的纯诗观念。他的这些说法部分地偏离了瓦莱里关于"诗情"的纯诗目标,即诗歌应当表现那种"把我们的思想、形象与我们的语言手段之间"两方面联系的完整体系的关系世界。在瓦莱里那里,在某种意义上可以把纯诗作为一种现实以理解。而且,他认为:"我们所谓的叙事长诗实际上是由已变成有某种含意的材料的纯诗片断构成的。"参见瓦莱里.纯诗[M]//黄晋凯,张秉真,杨恒达.象征主义·意象派.王忠琪,译.北京:中国人民大学出版社,1989:67-73.

⑥ 朱光潜.替诗的音律辩护[J].东方杂志,1930,30(1).

⑦ 卞之琳.雕虫纪历·自序[M]//卞之琳文集:中卷.合肥:安徽教育出版社,2002:446.

⑧ 闻一多.文学的历史动向[J].当代评论,1943,4(1).

⑨ 闻一多.文学的历史动向[J].当代评论,1943,4(1).

约言之,中国新诗叙事研究,绝大部分是围绕传统文类意义上的叙事诗展开的,较少有人从其他的诗歌叙事形态方面去研究现实主义诗歌中的叙事、浪漫主义诗歌中的叙事和现代主义诗歌中的叙事,更少去研究抒情诗中的叙事以及各种中国新诗叙事形态等。就是从20世纪20年代开始译介外国诗歌叙事理论时也没有走出偏好译介西方叙事诗及其诗论的怪圈。当时,章锡琛、宋桂煌、汪馥泉、孙良工、傅东华等人译介的是"英国的韩德生(W. H. Hudson),美国的贡末尔(F. B. Gnmmere)与都德里(L. Dudley),日本的本间久雄、荻原朔太郎等人不尽相同的叙事文论及叙事诗论"。[①] 这种"跛腿"式译介,从一个侧面表明了诗歌资源、诗歌视界和诗歌观念的时代门限。当时,人们还不可能全面深入地认识中国新诗叙事,或者说,他们把叙事诗视为诗歌叙事的全部。

时过境迁,新中国成立后,尤其是新时期以还,虽然总体上人们对中国新诗叙事的认识仍未能走出单一的现代叙事诗的阈限,但同以往的状况相比,中国新诗叙事研究还是取得了不少值得称道的成绩。在"中国期刊网"上,用检索项"题名"和检索词"诗,叙事"对期刊论文、硕博论文、重要报纸文章、会议论文集和中国文学年鉴进行全面检索,发现这方面的绝大部分文章是2000年以后发表的,而且主要是研究中国古诗叙事和叙事诗的;只有几十篇文章研究中国新诗叙事,而且又主要是研究20世纪90年代的诗歌叙事,也就是说,比较集中地研讨中国新诗叙事的论文只有寥寥数篇。除此之外,笔者还通过重读中国新诗史上重要的诗歌理论批评文献,相关诗歌史、文学史和时人的学术著作,努力从中爬梳出中国新诗叙事研究的蛛丝马迹来。概而观之,从这些已有的、极其有限的研究成果来看,它们的成绩大约表现在以下几个方面:

第一,受近年来西方有人提出建构"诗歌叙事学"之影响,国内中国新诗研究界有人由此获得灵感,发表相关论文,提出了建构现代汉语诗歌的"诗歌叙事学"之构想[②]。第二,从本体论出发,论述中国新诗叙事的诸种可能:视意象为中国新诗叙事的元素与构造[③];把由意象叙事而形成的中国新诗视之为"现代意象诗"[④];从现代语言学里的语言组合轴(横组合)和选择轴(纵聚合)的关系,从现代诗歌审美符号的结构机制和形态特征的维度,区分叙事诗

---

① 王荣.中国现代叙事诗史[M].北京:中国社会科学出版社,2004:222.

② 如《叙事与现代汉语诗歌的硬度:举例以说,兼及"诗歌叙事学"的初步设想》,从叙事角度而非抒情角度,重新解读部分中国新诗经典,得出叙事是中国新诗的"钙质甚至骨架"的结论,进而在此基础上提出建构"诗歌叙事学"(按其所说应该是"中国新诗叙事学")的简单设想。(姜飞.叙事与现代汉语诗歌的硬度:举例以说,兼及"诗歌叙事学"的初步设想[J].钦州师范高等专科学校学报,2006(4).)这是中国大陆学界首次明确提出建构中国新诗叙事学的主张,也是笔者目前所能见到的唯一一篇这方面的文章。只可惜,它发表在一份不起眼的刊物上,没有产生实际的影响。

③ 如郑敏在其著作《诗歌与哲学是近邻——结构—解构诗论》里谈到,意象"是诗歌独特的叙述方式",这种方式的展开是通过"脱离了明喻的'似',进入'是'","从明喻到暗喻再到'是'(即意象的诞生)"来完成的,进而形成不同于小说和散文的诗歌结构。(郑敏.诗歌与哲学是近邻:结构—解构诗论[M].北京:北京大学出版社,1999:315.)

④ 如吕家乡在其论文集《品与思》里收录了《意境诗的形成、演变和解体——兼论新诗不是意境诗》一文,从"动"的时代精神和"静"的古典意境之间的矛盾出发,得出了中国新诗告别了"古典意境诗"发展为"现代意象诗"的结论。(吕家乡.品与思[M].北京:中国戏剧出版社,2004:77-97.)

与抒情诗在现代符号学意义上的差异①；以现代叙述学、现代语言学、结构主义和形式主义为参照，辨析现代主义诗歌叙述的形式与技巧②；不再纠缠于不同文体叙事之优劣，而是侧重于"质"的考量，探析抒情诗与小说、戏剧和散文在叙事方面的种种不同③；研判诗歌叙事能否万能，是否永远有效。④ 第三，如果说以上的研究过于"纯粹"，属于"纯理论"，那么也有一些学者把中国新诗叙事的本体理论和历史实践结合起来，评骘其得与失⑤。第四，许多学

---

① 如周晓风的著作《现代诗歌符号美学》，通过隐喻的表现性结构与转喻的叙述性结构，辨别抒情诗的动态构思和叙事诗的静态体现；并以此为尺度，解读戴望舒、卞之琳和艾青的某些诗歌，要么由表面的具体描述构成深层次的总体隐喻，要么忽略内在的叙述关系而追求词语的隐喻效果。（周晓风.现代诗歌符号美学[M].成都：成都出版社，1995：202-208.）

② 如沈天鸿的著作《现代诗学形式与技巧30讲》中的第9讲，依次论述了"线性、事件与叙述""叙述的语言与语言的叙述""叙述""叙述与时间"，其主要观点有：叙述虽属叙事但不等于叙事，"所有的诗都是叙述的""诗也是有情节的""诗的情节是主体性的"，而且它"只遵循话语时间的安排"，"诗歌叙事旨在表现主体'感悟'"，现代主义诗歌不重"再现"而重"呈现"、不重"动态"而重"状态"、不重"述它"式的"叙述的语言"而重"自述"式的"语言的叙述"等，致使现代主义诗歌叙事更加内在化、主体化和空间化。（沈天鸿.现代诗学形式与技巧30讲[M].北京：昆仑出版社，2005：84-106.）

③ 如《抒情诗中叙事功能及其形式转换》，主要从目的、功能和形式三个方面，厘清了抒情诗叙事与小说叙事的"质"的不同：抒情诗叙事的目的是"言志""言情"，以及"写言外之重旨"，其功能是促成抒情诗形成象征语境、抒情语境（主观性抒情语境与客观性抒情语境）和意象语境，其形式是"简约缺失"和"凌空蹈虚"。（袁忠岳.抒情诗中叙事功能及其形式转换[J].诗刊，1991（1）.）

④ 如《诗的复活：从叙事的"无能"到意义的重构——兼论一种呈现诗学》认为，诗歌叙事仅是"一种经验幻觉"，的确为诗歌写作提供了新的可能；但是如果将其风格化，势必会损伤诗歌的自主性；也就是说，诗歌叙事不能刻板地复述场景和事件，不能漠视"存在的超验性、历史的同构性和语言的自足性"，不能把诗人与读者的关系绑定为主从关系，诗歌叙事仅仅能做的是"呈现"，换言之，现代诗歌叙事学是一种现代意义上的"呈现诗学"。（李佩仑.诗的复活：从叙事的"无能"到意义的重构：兼论一种呈现诗学[J].文艺理论研究，2007（5）.）诗歌叙事自有它的限定。它的无能反向地规定了它的所能，反之，它的所能也反向地显示了它的无能。

⑤ 如叶维廉的《语言的策略与历史的关联——五四到现代文学前夕》，从"观物的偏向""语言本身的问题""读者（听众）的问题"三大板块展开论述，于结尾处，对中国新诗叙事做出了否定性的评判。他说："在新诗的发展里，我觉得戏剧声音和抒情声音的发展最为成功，而叙事声音则往往因为口信重于传达的艺术而落入抽象性、枯燥的说理性、和直露的伤感主义。不像抒情声音的绵密丰富。"（叶维廉.中国诗学[M].上海：三联书店，1992：245.）这种观点与周作人、梁宗岱、胡风等人类同。陈圣生在其著作《现代诗学》第五章"诗体的演化"中用了两节的篇幅阐述了"叙事诗学"和"交往诗学"；其中，在"交往诗学"里，论述了抒情诗的"戏剧化独白"诗体，还分析了闻一多与卞之琳的诗。（陈圣生.现代诗学[M].北京：社会科学文献出版社，1998：231-251.）朱多锦在《发现"中国现代叙事诗"》一文中总结出"中国现代抒情诗与新叙事诗发展'二元倒错'的诗格局"。他认为，中国现代抒情诗具有很强的叙事性。而这种"抒情的叙事化"就是"抒情的间接化"，即抒情的客观化和象征化。这方面的成绩蔚为大观。他批评中国现代叙事诗因为受制于西方史诗原则和诗体小说"主事"之影响而依然停留在五四乃至晚清的水平。他认为要破解这一困局，必须使中国现代叙事诗里的叙事抒情化，"关键在于将中国现代诗的'抒情叙事性'引入到新叙事诗的叙事中。发现中国现代诗的'抒情的叙事性'是发现中国现代叙事诗的基础"。（朱多锦.发现"中国现代叙事诗"[J].诗探索，1999（4）.）

者将其研究聚焦于中国现代叙事诗①。第五，有的学者将中国新诗叙事研究视野投向中国现代讽刺诗②。第六，对单个诗人的单篇作品或整体创作进行叙事学意义上研究的论述较多；其中，卞之琳的出现率和显示度最高。③ 除卞之琳外，还有个别诗人如鲁迅和何其芳的

---

① 如王荣的专著《中国现代叙事诗史》是这方面最具学术价值的研究成果。该书首先考察了中国叙事诗的历史与现状，其次详切地分析了从 19 世纪末到 20 世纪 40 年代中国现代叙事诗的创作实践与理论批评，再次总结出了中国现代叙事诗的四种叙事模式即情节型、情调型、缀段型和谣曲型，最后对此进行了整体反思。(王荣.中国现代叙事诗史[M].北京：中国社会科学出版社，2004.)这是到目前为止学术界唯一一本专研中国现代叙事诗的著作，是作者在其博士论文的基础上花费了十年时间才告罄的。当然，也有学者从宏观角度对中国现代叙事诗的叙事语言和叙事模式进行了总结。高永年在《新诗叙事艺术概观》里指出，艾青式的"现代散文美"和李季式的"民间歌谣美"是中国新诗叙事语言的两大方向，而"故事型""散文型""情节暗寓型"是中国新诗叙事的三种方式。(高永年.新诗叙事艺术概观[J].南京师范大学学报，2003(4).)她虽然使用的是"新诗叙事"的说法，但终究还是把"新诗叙事"几乎等同于中国现代叙事诗来论述。嗣后，在此基础上，她将其扩写成《论百年中国新诗之叙事因素》，把中国"当代"叙事诗纳入自己的研究范畴。(高永年，何永康.论百年中国新诗之叙事因素[J].文学评论，2011(1).)

② 如笔者的《马凡陀：中国现代讽刺诗写作的重镇》论述了马凡陀山歌的喜剧性，既体现在喜剧性题材的选择上，又体现在"它兼具喜剧与讽刺诗'合一化'的情节设计和用'以言写形'的漫画手法来塑造讽刺形象上"。中国现代讽刺诗是中国新诗叙事的一个"特区"。因为它们以"审丑"为主，容易被偏于"审美"的中国读者所忽视。(杨四平.马凡陀：中国现代讽刺诗写作的重镇[J].中国现代文学研究丛刊，2001(2).)

③ 卞之琳诗歌叙事的研究有三类：第一类，以卞之琳的某首诗为考察中心、由小见大地勘察其叙事特色，如《从〈寂寞〉一诗的分析看卞之琳抒情诗创作中的叙事因素》指出，《寂寞》的"主题取向的寓言性""主体意识的客观性""语言表达的叙述性"，以及整体上的"平淡而出奇"的叙事风格特征。(孙芳.从〈寂寞〉一诗的分析看卞之琳抒情诗创作中的叙事因素[J].新乡教育学院学报，2005(1).)第二类，试图从全局高度，通盘考虑，然后归纳出卞之琳诗歌叙事的规律，如《论卞之琳抒情诗创作中的叙事性因素》概括了卞之琳抒情诗里的三种叙事性因素：故事和情节因素，日常生活细节和叙述性口语的运用，叙述视角的转换与叙述结构的大幅度跳跃(陈丹.论卞之琳抒情诗创作中的叙事性因素[J].江苏教育学院学报，2006(1).)；又如《卞之琳：创新的继承》，以卞之琳诗歌中常见的意象"水""梦""镜子"为对象，分析卞之琳诗歌的视角并置、作者抽离和佛道思想，由此证明卞之琳是如何接通了中国传统的佛道思想与西方现代主义。奚密说："中国传统的无常和逍遥的观念导致诗人接受现代主义的最初的背景。反过来说，现代主义的'非个性'论意象并置及'面具'的手法使他赋予道释思想以具体的表述。"奚密.卞之琳：创新的继承[J].江苏大学学报，2008(3).)第三类，将卞之琳的诗歌创作置于中国新诗的发展背景中，探讨它们到底提供怎样的新经验，在哪些方面有所推进，如《中国现代诗歌的智性建构——论卞之琳的诗歌艺术》认为，与以戴望舒为代表的"主情"现代派"以我写物，以物化我"不同，以卞之琳为代表的"主智"现代派是"以物写我，化我为物"，具言之，卞之琳在诗歌戏剧化途径、意象凝聚和意境营构三个方面为中国新诗创造出了"新智慧诗"，给传统的意境诗"增添了现代性的叙述意味"。(龙泉明，汪方霞.中国现代诗歌的智性建构：论卞之琳的诗歌艺术[J].武汉大学学报，2000(4).)

此类创作受到了学界的关注①。第七，并非所有的中国新诗叙事研究都是专题研究，也不见得都以独立的单篇论文呈现出来。不少此类研究夹杂在文学的总体性研究之中，以关联性话题及论著的形式出现，力求从文学史的角度进行勾勒，事与史熔铸，局部与整体互动，显示了史家眼光和理性维度②。此外，还有个别中国古典诗学研究专家，在论述中国古诗叙事时，间或牵涉中国新诗的叙事问题。③

从以上已有的研究成果中，我们明显看到了现代中国学人对叙事学的大胆殷鉴。他们把叙事学的理论与分析方法应用于中国新诗的研究领域。他们不但用叙事学的方法研究中国现代叙事诗，而且从"叙事层"的角度，将现实主义诗歌中的叙事、浪漫主义诗歌中的叙事和现代主义诗歌中的叙事等置于跨文类的叙事学和"对话理论"的研究畛域，同时，还能从诗歌叙事话语入手对某些中国新诗经典文本进行结构剖析。这些有益的探索，给了笔者很大的学术启导。不过，与中国新诗叙事丰富的美学经验和诗学传统相比，它们无论是在广度、深度上，还是在力

---

① 如《鲁迅与现代汉语诗歌——以〈我的失恋〉为中心》指出，现代诗人不应该像传统诗人那样陶醉于"奴隶生活审美化"的趣味，不能像郭沫若和徐志摩那样被情感俘虏，而应该像鲁迅和冯至那样通过"撄人心"来审视自己的情感。（钱伟.鲁迅与现代汉语诗歌：以《我的失恋》为中心[J].学术论坛,2006(7).）又如《鲁迅新诗的叙述模式与叙述者身份》认为，鲁迅新诗注重叙述"结构"，"并隐藏着一个观照、审视与评判的叙述者"，显示了高度的新诗文体自觉。（蒋道文.鲁迅新诗的叙述模式与叙述者身份[J].西南农业大学学报,2008(2).）再如《论何其芳诗歌叙事因素的迁移》，在界定诗歌中的叙事可能是"一条情绪的串连线""几个事实的片断""一种叙事性结构"后，以何其芳的两本诗集《预言》和《夜歌》为例，分别总结了它们各自的叙事性因素，同时揭示了何其芳前后期诗歌叙事倾向的变化，最后得出的结论是：何其芳诗歌叙事因素经历了由隐性到显露、从审美到实用的迁移和嬗变。（谢应光.论何其芳诗歌叙事因素的迁移[J].文学评论,2003(2).）

② 《中国新诗史(1916—1949)》具有典型性，比如，在谈"湖畔"诗人的抒情小诗时，陆耀东说："几乎都是抒情与叙事相结合，至少带有一点情节。"（陆耀东.中国新诗史(1916—1949)：第一卷[M].武汉：长江文艺出版社,2005：184.）《中国现代新诗语言研究》从现代价值观念下的线性时间维度、实证思维中的"他者演绎"及中国新诗的语言选择与表达等方面着手，分析了中国新诗叙事的叙述人称，尤其是"叙事语态的繁华"等命题。（陈爱中.中国现代新诗语言研究[M].北京：中国社会科学出版社,2007：223.）《中国新诗五十年》既谈到了"现代诗的散文化倾向，其实并非出于叙事性的加强，而首先是自我内心律动的需要，自由的需要"，又说殷夫把写诗视为自己"革命生活的一部分"而不是为了与自己没有多大关系的政治宣传，但他那些"新闻式的制作"终因缺少"遥远的目光"而显得局促。（林贤治.中国新诗五十年[M].桂林：漓江出版社,2011：8-26.）《语言之维》较为详细地评述了中国新诗草创期的"纪游诗"之争。（王晓生.语言之维[M].上海：三联书店,2010.）《新文学发生期语言选择与文体流变》论述了早期白话诗在说理、抒情、叙事和写景四个方面的开掘。（张艳华.新文学发生期语言选择与文体流变[M].济南：山东大学出版社,2009.）《诗人陆志韦研究及其诗作考证》谈到了早期"写实诗"及其人道主义之表现。（赵思运.诗人陆志韦研究及其诗作考证[M].南京：东南大学出版社,2012.）《古典诗词与现当代新诗》第十二章"叙事性与戏剧化"的第三节"新诗中的惯用手法"，从创作到理论回溯了中国新诗常用的叙事手法及其戏剧化。（杨景龙.古典诗词与现当代新诗[M].郑州：河南文艺出版社,2004.）《中国现代诗歌欣赏》第六章"中国现代叙事诗与诗歌中的叙事"分两节：第一节"中国现代诗歌中的叙事"，第二节"现代诗歌中的叙事与抒情"，对中国新诗中的叙事及其与抒情的关系做了"教科书式"的讲解，有明显的经典化努力之意向。（李怡主.中国现代诗歌欣赏[M].北京：高等教育出版社,2004.）

③ 如董乃斌的《古典诗词研究的叙事视角》在论述"事在诗外"时写道："所谓'事在诗外'，则是指那些作品本身对事件描述不细不清，必须参照作品以外的相关资料才能了解其事的那类情况"；在分析了古典诗词"借释诗以探寻和复原故事"之后，他紧接着说："现代文学研究者则通过徐志摩、林徽因诗作对他们早年交往之事进行探索等等。"的确，依据诗歌文本探秘诗歌本事，结论固然并不见得都客观、可靠；但是，我们既不能武断，也不能嗤之以鼻。（董乃斌.古典诗词研究的叙事视角[J].文学评论,2010(1).）

度、精度上，均有待进一步拓展和深入。第一，大多数研究者仍然受制于"诗言志"和"诗缘情"的抒情主义一统"诗天下"的固有认识，没有摆脱中国新诗抒情传统优胜于中国新诗叙事传统的思维惯性，造成厚此薄彼的偏识格局，因而也就不能一视同仁地对待中国新诗的叙事传统，无法认识到它的价值，往深里说，也就不能真正全面把握中国新诗。第二，许多研究既不能很好地以中国新诗叙事的实践与理论为出发点和立足点，又不能踏实地借鉴中国古诗叙事的实践经验和理论总结；而把中国新诗中的叙事与西方叙事学中的叙事简单对应，生硬地用后者"套解"前者，终因不能"对症下药"而显得不伦不类，尽显削足适履之窘态。第三，对丰富多样的诗歌叙事形态认识不清，没有认真辨析现代汉语叙事诗中的叙事、现代汉语抒情诗中的叙事，也没有厘清现实主义诗歌中的叙事、浪漫主义诗歌中的叙事和现代主义诗歌中的叙事之间的区别，常将它们混同、交叉地使用。第四，正是由于没有对中国新诗中的叙事这个核心概念进行厘定，致使现有的研究出现了"两极化"倾向：要么把复杂问题进行简化处理，要么仅仅止步于阐释某一局部现象而无法提升至理论高度，对中国新诗叙事的丰富性进行了有意或无意的遮蔽。第五，现有的绝大部分研究仅仅停留于把叙事视为中国新诗的表现手段，常常将单一文类意义上的叙事诗与多姿多彩的诗歌叙事形态混为一谈，更罕见将其升格至"诗叙事"/"诗言事"的诗学本体论高度，因而其话语价值得不到很好揭示，其现代性意义亦未能充分昭显。第六，几乎看不到真正意义上的对中国新诗叙事传统的系统研究；与成绩斐然的中国新诗抒情传统研究比较起来，它几乎还是一块尚待开垦的处女地。

有鉴于此，我们必须打破"诗唯情"的思维定式，区分"诗叙事"、"诗歌叙事类型"和"叙事诗"等概念，依据百年中国新诗叙事的实践与理论，归纳百年中国新诗叙事的不同形态，总结符合中国新诗叙事实际的叙事规律，同时，反思其利弊，进而思考如何进一步创新和推进当前的诗歌叙事。唯有如此，我们才能认识到叙事在中国新诗中的地位，为全面萃取中国新诗传统提供一种新视野。

既然百年中国新诗叙事发展比较充分且变化多端，而且又处在中国诗歌发展史上一个相当特殊的历史阶段；因此，我们选择它作为切入点来展开研究，无疑具有重大的理论价值和实践意义。具体来说，中国新诗叙事研究的理论价值有：第一，中国新诗叙事，虽然受到了西方诗歌叙事的影响，但是也与中国古诗叙事传统的影响分不开，从这个意义上讲，中国新诗叙事是中国古诗叙事传统在新的历史条件下的创新性承衍，换言之，研究中国新诗的叙事传统就可以从诗歌叙事这个层面把中国诗歌前后扭结起来，叙事成了中国古诗与中国新诗的看似藕断实则始终血脉相通的隐线。如此一来，我们至少可以为从抒情与叙事的双重角度，尤其是从叙事的角度，为"重写文学史""重写中国新诗史"，寻找一个结构性的线索与框架；同时，能从现代汉语和中国新诗的角度，为现代中国文学史的历史分期与学科命名，找到一种本体论上的支撑。这是它在文学史认识及其研究方面的意义。第二，把诗歌叙事纳入当代叙事理论研究，突破以"抒情性"统领中国新诗格局的僵化模式，彰显"叙事性"在中国新诗发生与嬗变中不可替代的历史功用，以及有别于常规抒情所表现出来的本体特质、艺术手法、诗学形态和美学光彩；在中国新诗的抒情传统外，挖掘、梳理和归结出中国新诗的叙事传统，显示中国新诗叙事与抒情互动互益的诗学景观，强化问题意识，提出若干理论和实践问题，努力在诗歌叙事理论建设方面有所建树。笔者提出的叙事诗叙事、抒情诗叙事、写实叙事、呈现叙事和事态叙事，有利于人们从这五大叙事类型上理性把握百年中国新诗，至少可以将其作为某种"工具"去阐释具体的诗歌现象以及诗人的特殊创作。这是它在思维、问题与方法论方面的意义。第三，有助于其他叙事研究，尤其可以为丰富非诗文体的叙事研究，提供中国新诗叙事经验方面的诗学剔抉。这是它在跨文类研究和跨学科研究方面的意义。第四，为反思"抒情至上"的神话，乃至为破解当前"新诗迷雾"这一难题，提供观点与方法层面上的学理支撑。这是它在批判现实方面的启迪意义。中国新诗叙事研究的实践意义有：第一，为当下诗人写作提供中国新诗叙事的传统资源，增强自觉意识，调适努力方向。第二，从叙事角度重新解读百年中国新诗经典，呈现有别于以往从抒情角度细读的特异风貌；这种"另类"的陌生，一方面给中国新诗经典赋予更多的价值和意义，另一方面激发读者重读中国新诗经典的兴趣与激情。第三，为读者提供解读叙事性中国新诗的钥匙，减少长期横亘在诗歌文本与接受读者之间的晦涩问题，发挥涵化中国新诗叙事与读者期待视野的能效。第四，在全球汉语热和中国文化热中，昭显现代汉语、中国新诗与现代中国经验的世界意义。

A Narrative Research on Chinese New Poetry：The Origin, the History and the Significance

Yang Siping

(Shanghai International Studies University；School of Chinese Studies and Exchange, No.550 Dalian Western Road，Hongkou District，Shanghai，200083)

Abstract：In a century course of pursuing modernity，Chinese new poetry has shaped diverse narrative forms. However，most of the existing narrative research on Chinese new poetry is based on narrative poetry in the traditional genre，and less people have studied the narrative in realist poetry，in romantic poetry and in modernist poetry from the perspective of other poetic narrative forms. Even fewer people have studied the narrative in lyric poetry and various narrative forms of Chinese new poetry. Since the new era, although people's understanding of the narrative in Chinese new poetry has not yet gone beyond the threshold of the single modern narrative poetry，compared with the previous situation，the narrative research on Chinese new poetry has got many commendable achievements. This article not only investigates its inspiration and origin，sorts out its migration and evolution，and summarizes its meaning and value，but also theoretically refines and summarizes it in order to obtain a theoretical expression that conforms to the actual situation. The article aims to carry out a more in-depth historical and systematic discussion in narrative forms and the relevant research on Chinese new poetry in a century.

Key Words：a narrative research on Chinese new poetry；the origin；the history；the significance

（学术编辑：王烨）

杨四平，男，上海外国语大学教授，博士生导师。

陈纪滢、姜贵土地革命书写的
真实性与艺术缺陷*

阎浩岗

（河北大学　文学院，河北　保定　071000）

摘要：境外涉及中国大陆土改的小说，除了张爱玲《秧歌》《赤地之恋》，以台湾陈纪滢《荻村传》和姜贵《旋风》最具代表性。陈纪滢和姜贵出生于农村，他们作品中以早年经历为素材的叙述显示出现实主义的艺术功力，但最后有关土改的部分因无生活基础和政治宣传动机主导，土改干部与积极分子形象均被流氓化，既违反了历史真实，也缺乏艺术真实性。优秀文学作品既要把握历史发展方向，又要揭示不同伦理力量之间冲突的悲剧性，关注不同类型个体生命的命运。要做到这一点，需要超越政治宣传动机，而对历史心存敬畏，对笔下不同类型人物心怀大悲悯。

关键词：陈纪滢《荻村传》；姜贵《旋风》；土改书写；真实性；艺术缺陷

一、问题的缘起

土地革命（包括土地改革）是对 20 世纪中国的历史走向影响巨大的重大社会事件，它奠定了社会主义新中国的基础。因此，它也成为中国现当代作家关注的重要题材。关于土地革命的文学叙述有许多引人注目的重要文本。产生于不同历史时期、不同地域的这些文本，有着不同的价值立场和叙事策略，引发的争议也很大，争议各方也有着不同的视角、不同的价值立场。笔者将迄今为止境内外的土地革命叙事文本，分为"典范土地革命叙事""非典范土地革命叙事""反典范土地革命叙事"三个基本类型。在中国大陆（内地），新时期以前大家读到的主要是前两种类型，即"典范土地革命叙事"和"非典范土地革命叙事"。所谓"典范土地革命叙事"，是指直接以艺术形象表现"无产阶级革命意识形态"、宣传土地革命必要性和正义性的文学叙事作品。其基本特征是：（1）作品中地主皆集恶霸与基层官僚于一身，或与官府勾结，流氓成性，公然违反日常伦理；（2）贫苦农民大多品德高尚，人穷志不穷；（3）充分展示贫富之间的尖锐对立、矛盾不可调和；农民与地主之间武装冲突不可避免，革命暴力代表民意，大快人心。这类作品直接配合党的实际工作，起到宣传鼓动作用；在中国共产党取得领导权之后，它又具有思想动员与行动示范作用，被以行政的方式大力传播推广，故称"典范"。这类作品以贺敬之等的《白毛女》和周立波的《暴风骤雨》为代表。所谓"非典范土地革

---

* 基金项目：本文为国家社科基金项目"20 世纪中国土地革命叙事研究"（15BZW146）的阶段性成果。

命叙事"，是指这样一类作品：作者虽然理论上认同并在创作中尽量贯彻无产阶级革命意识形态，但他们个人经历与感受、体验、思考中与之不尽一致的某些东西，仍然在作品的具体艺术描写乃至作品的整体艺术构思之中浮现出来。这类作品以丁玲的《太阳照在桑干河上》《在严寒的日子里》和梁斌的《红旗谱》《翻身记事》为代表。

在20世纪80年代中期以后，中国大陆涉及土地革命特别是1946—1952年间土地改革运动的小说，开始出现不同于上述作品的第三种类型，即"反典范土地革命叙事"。这类作品有意识地解构乃至颠覆"典范土地革命叙事"，采取与之迥然不同乃至相反的价值立场，专门揭示"典范土地革命叙事"忽略或淡化了的生活侧面，更多聚焦于土地革命对象——地主、富农及其子女，突出渲染土地改革斗争中短时间内出现过的基层执行时的过火偏差，特别是暴力行为，对受冲击者寄予同情。这类作品的代表是张炜的《古船》、尤凤伟的《诺言》、刘震云的《故乡天下黄花》、陈忠实的《白鹿原》、莫言的《丰乳肥臀》、严歌苓的《第九个寡妇》和赵德发的《缱绻与决绝》。这是新时期人道主义及历史反思文学思潮的产物。这类作品出现后，读者感到耳目一新，评论家也很兴奋。有不少人认为这一类型的作品所写的历史更接近"历史本相"，更真实，反过来认为《暴风骤雨》《太阳照在桑干河上》之类作品歪曲历史、"不真实"。事实上，"典范土地革命叙事"固然更多聚焦于土地革命、土地改革给贫雇农的生活和心理带来的变化，而对其他社会群体较少关注；但"反典范土地革命叙事"出于逆反心理，只急于"纠正"或"补充"前者，热衷于表现和渲染前者淡化乃至遮蔽了的社会生活侧面，大多相对忽略了土地革命或土地改革的正面意义，它所表现的历史，也并非"历史真相"的全部。

而早在中国大陆（内地）"反典范土地革命叙事"出现之前，在与"典范土地革命叙事"和"非典范土地革命叙事"的风行几乎处于同一时间段内，台湾和香港就出现了同样意在颠覆《暴风骤雨》和《太阳照在桑干河上》写法的作品。大家最为熟知的是张爱玲的《秧歌》和《赤地之恋》。这两部作品虽然在内地很少见到纸版书，但电子版在网上曾不难搜到。而最早的一部"反典范土地革命叙事"作品——陈纪滢的《荻村传》，在中国大陆（内地）不仅普通读者很少有人读过，就连中国现当代文学研究专业的人对之也不太了解，甚至不知道它的存在。迄今为止，大陆专论《荻村传》的论文仅见一篇，涉及该作的论著也极少。其后出版的姜贵的《旋风》因夏志清在《中国现代小说史》的附录里专门论及，大陆知道的人较多；但读过原作全本的，恐怕也很有限。另外，这两部作品在境外汉语文学界却影响很大。因为对作品不甚了解、缺乏具体分析，或对作品所讲述生活的具体历史背景及相关地域状况缺乏专业性调研，大陆文学研究界对它们的评判就不易切中肯綮；境外的评论者由于地理阻隔或意识形态对立，对两部作品的可取之处与严重缺憾更缺乏认知。因此，对这两部境内稀见、境外影响很大的作品予以专门研究，很有必要。本文拟以文史互证方式，具体勘察它们的艺术描写哪些接近历史真相、具备艺术真实，哪些地方纯属胡编乱造、恶意歪曲，并在此基础上对作品作出相对恰切的评价。

在夏志清的《中国现代小说史》中，有两部小说被作者给予极高评价：一部是张爱玲的《秧歌》，另一部就是我们要专论的姜贵的《旋风》。夏志清称《旋风》"是现代中国小说中最杰出的一本"，"与张爱玲的《秧歌》和《赤地之恋》占着同样重要的地位"。① 1999年在由王德威任评委的30部"台湾文学经典"评选中，《旋风》入选，王德威还撰写《苍苔黄叶地，日暮多旋

---

① 夏志清.中国现代小说史[M]，刘绍铭，译.台北：传记文学出版社，1979：556-557.

风——论姜贵《旋风》一文予以评介。如前所述,这部在境外华文文学界已被奉为经典的作品,在中国大陆却难以见到。《旋风》迄今无大陆版本,原因只有一个:该作以否定态度对待中国共产党领导的革命运动,"反共"倾向明显。近些年来数量极少的大陆相关研究文章,主要是姜贵在大陆的族人所写的几篇史料梳理文章,谈其与山东诸城相州镇王氏家族其他作家的关系,考据辨析作品所写与生活原型之关系。

笔者认为,不只姜贵是公开反共,张爱玲《秧歌》和《赤地之恋》的反共倾向也非常明显,为它"不反共"进行的辩护都苍白无力、漏洞百出。这种辩护的动机,也许是因认为它们是优秀作品,因政治倾向而在中国大陆被忽视和全盘否定有些可惜,是为实现文学史的公正评价而采取的一种策略。我们的文学史书写确实不应无视这几部在境外有重大影响的作品,也不应对之作简单化的否定或肯定。在分析其艺术价值、文学史价值时将政治倾向暂且悬置虽无不可,但如何看待作品中艺术描写与历史事实的关系,却是不容回避的问题——对那些不直接指涉历史、淡化社会背景的作品,我们可以不作历史分析而只谈人性描写,对《旋风》《秧歌》《赤地之恋》这类直接以历史重大事件为对象的小说,历史真实与艺术真实的关系却是首先要讨论的问题,在客观、具体、细致分析这一问题的基础上,才可研究作品进行艺术虚构时的思想和美学动机,进而把握其艺术独特性与思考深度。

陈纪滢的《荻村传》较之《旋风》、《秧歌》和《赤地之恋》出现更早,是第一部"反典范土地革命叙事"作品。目前《荻村传》同样尚无大陆版本,而它也同样值得文学史关注。本文暂且不论相关研究相对较多的《秧歌》和《赤地之恋》,而专论罕被大陆学者论及的《荻村传》和《旋风》,并特别选取其中的土改书写部分作为关注焦点和研究对象,通过对最具争议问题的具体剖析,把握作品的思想艺术得失,评估其实际的文学价值和文学史地位。我们要探究的具体问题是:它们的土改书写哪些合乎历史真实?哪些属于歪曲性虚构?真实或虚假的成因是什么?相关描写是成全了还是损害了作品的文学价值?

二、陈纪滢的《荻村传》

台湾作家陈纪滢的中篇小说《荻村传》初版于 1951 年。作品以无家无业的雇农傻常顺儿为主人公,故事时间从 1900 年"庚子事变"到 1946 年土改运动。全书共 13 章,写土改的是第 11—13 章,仅占全书不到四分之一,但它却是第一部与大陆"典范土地革命叙事"持相反态度和立场的作品,即第一部"反典范土地革命叙事"①文本。陈纪滢是成名于中国大陆的老作家,本书虽在中国大陆很难见到,却已被张爱玲等翻译成多种外文出版,在海外有一定影响。

与后来大陆的"反典范土地革命叙事"有所不同,《荻村传》塑造了一个与"典范土地革命叙事"中相关人物类似的恶霸地主形象,即张举人之侄张五爷。这位张五爷具备了"恶霸地主"的所有特征。他有做官的叔叔做靠山,是村里的土皇帝、太上皇。"张五爷说一句话,也

---

① 所谓"反典范土地革命叙事",是指对"典范土地革命叙事"进行"修改"、补充或颠覆式重述的作品。所谓"典范土地革命叙事",是指直接体现中国共产党关于土地革命或土地改革的意识形态观点,可作为范本普及推广以配合推动政治运动的作品。

是王法！"①村正村副所有大事都要听他指挥，甚至村民的遗产由谁继承都不由自己决定，他说了才算。与邻村打官司，他让张举人打个招呼，县知事的判决全按他的意思。他虽是有钱人，却贪得无厌：军阀政府抓兵、征伕、派款，"张五爷应该纳的一千多元钱，却匀给全村人民摊付了，谁敢查？谁敢问？"②官府修公路需要占地，他与测量人员合谋，敲诈乡亲们一千银元，然后私分。一些小地主也受他欺负。日本人来了，他又做汉奸，挨门挨户逼村民向日本人低价售棉，中农扣儿蘑菇为此吃了三十块钱的亏，发几句牢骚，他得知后便暗自寻机报复。他派傻常顺儿去保安队，本意也是陷害报复。他饱暖思淫欲，流氓成性，包养小寡妇，引诱良家妇女逼迫成奸的事常有所闻。张五爷手上还有好多条人命：他把村中与八路军有来往的青年名单交给日本人，导致荻村青年被成批枪毙。

与大陆"典范土地革命叙事"不同的是，《荻村传》于恶霸地主之外塑造了非恶霸型地主形象。其中，张举人虽然并非白嘉轩式贤人，为官后也不会清廉（积攒了不少家财，给本地官府打招呼庇护本族本村），但还算保持了传统乡绅的作风。他虽然在本村功名最高，在家乡时"他虽然不是村正，但照传统的规矩，村里的事情，无论大小，必须请教他的"，③但却不曾利用权势和威望作恶。庚子事变时，外乡的傻常顺儿被裹挟来到荻村，许多村人想杀了他，张举人则提出"我们必须遵守古圣先贤之言，要以德报怨"，不可"擅自杀人"。④他到东北做官之后，还提携本村人：荻村人大批下关东，下关东的或多或少都发了点小财，"置园买地，修盖庄院，荻村越来越兴旺，人民越来越富足"。⑤因此，与他的侄子判然有别，他在作品中基本是一个正面形象。另一个否定性形象是，小地主黑心鬼，他做事毒辣、使昧心钱，但他的恶属于小奸小坏，例如少给雇工傻常顺儿工钱，甚至全部赖掉；再就是给张五爷做狗腿子、传声筒。他并非那种罪大恶极、公然耍流氓的恶霸地主。荻村原来的村正村副陈三爷和郝秀才，也都是正派人，为村里做事"都是干干净净，真是替乡亲们办事，遇有摊派，自己多拿；遇有征借，自己先出"。⑥从张举人、陈三爷、郝秀才到张五爷，反映了民国时期绅士劣质化现象，这种描写与后来陈忠实《白鹿原》的相关描写有一致之处，应该是反映了历史的实况。

关于地主或富农、富裕中农的发家史，《荻村传》既写到了经商发家、勤俭起家，也写到恶霸地主侵占别家土地的现象，只是一笔带过。关于穷人日常生活情境，小说只写到傻常顺儿一人。傻常顺儿房屋一间、地无一垄，像阿Q一样赤贫至极。村子里小孩子都欺负他，他也感到自己的屈辱，梦想过上体面生活。他恨克扣他工钱的黑心鬼，总是使坏算计他的完蛋蛋儿，恨大户人家依仗人势的凶狗，却并不恨张举人，相反，他羡慕给张举人扛活的长工，曾经把给张举人家干一次活作为梦想。为了能给张举人家免费干一次活，竟肯给张举人家长工们每人磕三个响头。中农扣儿蘑菇为人正派，平时对傻常顺儿有所回护，还让常顺儿从关帝庙搬进他的牲口棚，替他喂驴。傻常顺儿对扣儿蘑菇夫妇心存感激。村里人虽然瞧不起傻常顺儿，有时还要笑他，但过年时"又有几户人家，邀定他在破五以前轮换着吃饭，也有人送

① 陈纪滢.荻村传[M].台北:重光文艺出版社,1951:131.

② 陈纪滢.荻村传[M].台北:重光文艺出版社,1951:92.

③ 陈纪滢.荻村传[M].台北:重光文艺出版社,1951:10-11.

④ 陈纪滢.荻村传[M].台北:重光文艺出版社,1951:11.

⑤ 陈纪滢.荻村传[M].台北:重光文艺出版社,1951:56.

⑥ 陈纪滢.荻村传[M].台北:重光文艺出版社,1951:115.

他一些饽饽蒸食"。① 在荻村,并不存在穷人和富人的尖锐对立:贫富之间生活水平与社会地位有差异,甚至是巨大差异(例如傻常顺儿与张举人家),但各安本分。村里人有矛盾,有时也动手打架,但冲突不一定是在贫富之间,有时是贫贫之间,有时是富富之间,有时是大贫与小贫、大富与小富之间。如黑心鬼与大粗腿、大粗腿与大脚兰儿,傻常顺儿与完蛋蛋儿。村里人基本是和谐相处,冲突之后依然交往。后来结下仇的,是中农扣儿蘑菇与地主张五爷、中农完蛋蛋儿与屠户张一刀。如果说有群体的恩怨,那便是荻村与烟村两个村子之间的村仇。

作品上述描写虽有明显的意识形态意图,但因有作者早年经历与故乡记忆为依据,基本未给人以不自然、不合逻辑之感:本来旧时农村中的阶级阵线就并非那么分明,农民也并无自觉的阶级意识。由于写实,小说也自然透露出客观存在的贫富差异与阶级压迫,例如张举人、张五爷家的权势,傻常顺儿的被人欺辱。

然而,也正由于作者仅凭早年经历与记忆以及父母口述写乡村故事,小康之家的家境与对故乡多年远离,使得作品几乎没有写到傻常顺儿以外的贫苦农民的生计问题,因之也就不能凸显无地少地农民对土地的渴求。地主剥削农民的主要手段——地租与高利贷,作者只捎带提到高利贷一次,而未涉及地租,未写到那些长工们生活中的喜怒哀乐忧惧。虽然开篇即写荻村地主多,但肯定穷人更多。作者虽然在代序中说"劳动者应该享受他应得的权益,我们站在人类平等立场,不但不反对,而且双手赞成",②他不以为然的是傻常顺儿这样的人不配当村长,但不当村长的那些穷人们土改之前怎样、土改之后如何,却并未具体描述,因为作者对这些不了解、不熟悉。而不写这些,就无法全面反映和客观评价土改的必要性和合理性。

陈纪滢原名陈奇滢,1908 年出生于河北省安国县流各庄村。他十二岁时离开故乡,到北平、哈尔滨读书。至 1949 年赴台前,虽然童年记忆深刻,虽然多次回乡小住或探亲,但毕竟与家乡有了空间距离,对故乡 1920 年代以后发生的各种变故,他毕竟没有了亲身经历和切身感受。抗战期间他与家人阻隔,音讯全无,直到抗战胜利两个月后,他由重庆到了北平,才打听到家人消息。1945 年 11 月以后,他把父亲接到北平。他的父亲在东三省干过二十多年律师,土改开始阶段受到村干部质疑或诬陷,村干部怀疑他发了财、调词架讼,这使其感到深受侮辱,伤心至极。1948 年夏天,他的母亲又来与他团聚。与父母久别重聚这段经历,是陈纪滢在《傻常顺儿这一辈子(代序荻村传)》中所叙,应该属实。但这篇"代序"接下来的文字,就令笔者生疑了:他说母亲对他讲他们村里扣儿蘑菇如何被毒死,张一刀如何被砍死,龙姝如何发疯被打死,她母亲如何上吊而死,共产党干部如何硬将长辈的大脚兰儿配给傻常顺儿,傻常顺儿如何被活埋,竟完全与小说里所写一样,似乎《荻村传》不是小说,而是纪实文学!为核实这段"史实",笔者特地到陈纪滢家乡调研、查档,发现小说所写与历史原貌相去甚远。

《安国县志》记载:1946 年全县共有地主 280 户,占有土地最多者 700 余亩,少者 100—200 亩以上。庞各庄两户地主占有土地 980 亩,人均占有 23.9 亩,而 87 户贫农人均土地只有 0.4 亩。陈纪滢的"荻村"流各庄与庞各庄会有差异,但土地占有不均应该是存在的,小说

---

① 陈纪滢.荻村传[M].台北:重光文艺出版社,1951:49-50.

② 陈纪滢.荻村传[M].台北:重光文艺出版社,1951:4.

所写也已显示这一点。安国县地主剥削农民的手段主要是地租、高利贷和雇工。其中雇工是较普遍现象。1944 年冬,安国县在老解放区及两面维持村首先进行减租减息;1945 年 11 月,又在新解放区发动大规模减租运动。"运动中,由于政策教育不够,致使个别区、村出现偏差。如有的村没有地主、富农,就斗争清算新富农、中农,侵犯了中农利益,这些问题,后均按政策及时纠正、平反。"①陈纪滢的父亲正是在第二次减租减息时离开安国到北平与儿子团聚的。他的父亲应该是被"偏差"到了。但是,他能被允许离开家乡去北平,说明当时村干部对其并未严格控制,或许已经平反。陈纪滢说父亲能出来是因堂姐的活动及"买通村干",如果他父亲是被重点斗争对象,"活动"和"买通"就很难实现。陈纪滢自己也只说到他父亲是被"诬陷",感到受了人格侮辱,并未说有体罚之事。县志和档案材料显示,安国县土改于 1946 年 9 月正式开始。土改工作分三步进行。这些步骤与全国其他地方一样,都是先培训干部、明确政策,再组织阶级队伍、确定斗争对象,最后分配斗争果实,调解纠纷、订立契约。1947 年 9 月完成第一阶段土改,《中国土地法大纲》颁布后又实行"搬石头"运动,成立贫农团,停止村里的党团活动、停止地富出身党员的党籍。1948 年 1 月全县土改基本完成。陈纪滢的母亲是在土改完成后离开安国的,她应该是经历了土改的全过程。陈纪滢没有说他的亲属受到直接冲击,但是在他笔下,"荻村"(流各庄)在一年多的土改运动中死了许多人,毒死、砍死、上吊、活埋,一个比一个死得惨,而且在小说序言中借母亲"亲历"说出,似乎是"历史事实"。

　　笔者查阅 1946 至 1948 年的安国县委档案,在第 16 号卷中发现一份重要表格,即编制于 1948 年 3 月 27 日的《安国县死亡人数统计》。表格为油印,所列项目有区别(村子所在区)、村名、姓名、年龄、成分、出身、文化、性别、死的日期、该死不该死、党员干部群众、经过什么手续、追出了多少浮财、死的经过与原因、备考等共 15 项。当时安国并非战争状态,这一统计应当是翔实可信的。该表统计结果是,全县在土改运动中死亡共 49 人。其中地主仅 8 人。除了地主、富农,死者还有流氓、中农,还有一些是贫农和党员干部。其中"荻村"流各庄仅死亡一人,此人叫赵小瑞,五十岁,富农,女性,属于"不该死"之列。"死亡经过与原因"写的是"他②自己偷在其瓦屋内吊死的"。表格所列本来有 50 人,划掉一人,此人身份为学生,"死亡原因"写的是"魏十女死后,把这个学生吓死了";"备考"又说明:"没有死,当时吓死。"可见表格填好后,又经过了核查。这魏十女是个女地主,她的死亡原因是"怕斗争跳井而死。把东西全部运出,又是顽属,扫地出门后要饭吃没人给,他③气的④跳了井"。49 人中,上吊或跳井自尽的占多半,另一部分是当时被打死,或打后伤重而死。但无一人被活埋。询问安国当地人,他们都说土改中没有发生过活埋人事件,但此前几年的抗战中发生过日伪对抗战军民活埋之事。不过,因怕被斗、被打而自杀,说明吊打、拖打确实令人恐惧、不堪忍受,而竟有被吓晕死的,说明当时确有恐怖气氛。死亡人员中,虽有不少表格中即注明"不该死"的冤死者,但也有犯下命案、引起众怒的汉奸、恶霸、流氓,例如河头村恶霸地主赵玉胡,曾强奸民女张小改,"素常净拿着枪威胁人,曾当过特务";流昌村流氓中农杜俊山当特务搞情报,

---

① 　河北省安国市地方志编纂委员会.安国县志[M].北京:方志出版社,1996:228-230.

② 　应为"她"。

③ 　应为"她"。

④ 　应为"得"。

"害死了四个村干,才扣到区上,到区后,挖墙跑了,把他又弄回来,回来后上吊死了";有涉嫌贪腐违纪的党员干部,例如中羊村的治安员胡老浪"当治安员时人们给他送礼,还说他有两支私枪没交(经掉[①]查是真),怕群众拖他,自寻上吊而死";还有因家庭矛盾而死,例如东王奇村贫农、区治安员张洛亭的老母,"他[②]媳妇是个妓女,不孝,把她婆婆气疯,跳井而死"。[③]

陈纪滢不曾亲历故乡安国流各庄的土改,听的是处于运动外围的老母的叙述,加上此前老父遭受不公带给他的强烈情绪,他便运用想象力描绘了"荻村"土改的画面,并以"代序"方式将其指为实录,给海外读者造成误导。视角的局限与意识形态偏见,导致小说最后四分之一写到土改的三章给人诸多莫名其妙的荒诞感。了解大陆土改的读者都知道,土改的过程一般是派出工作队进村,工作队进村后先访贫问苦,再召集贫苦农民分组诉苦,选出农会主任、妇女主任、民兵队长及各级村干部,最后是开大会诉苦;诉苦之后斗争恶霸地主,斗争之后是分浮财、分土地。《荻村传》却是八路军干部王子和不经动员马上就委派傻常顺儿当村长。村里似乎除了村长之外没有任何其他村干部。由于缺乏动员,以至于召开斗争张五爷、黑心鬼和大粗腿的大会时,斗人的和被斗的都莫名其妙。王子和在没有动员基础、没有其他工作队员与民兵武装帮助的情况下大开杀戒,活埋那么多人!他不曾袒护任何地主富农,最后上级处分他的理由竟然是"犯了姑息主义的错误",更是违反基本逻辑:如果他搞"和平土改",被上级如此严厉批判尚有可能(县志和档案显示,第一阶段的安国土改确有一些干部包庇地主,而将斗争矛头指向无势力的中农);他如此极左残酷,上级还嫌他残酷得不够,这就既不合历史真实,也违反艺术真实了。另外作品这部分还有一些用语错误,例如王子和说"我们共产党从来就打破阶级观念",这与事实相反,应该将"阶级观念"置换为"等级观念"。王子和居然自己说"我们共产党从来不问是非",这种话更不符合人物身份。村里人名都用外号,这在日常生活中当然正常,但在群众大会等正式场合,即使是底层村民,也是要用正式姓名的。即使这姓名很土气,也不会用"完蛋蛋儿同志"之类称呼。最后写村里出来一批名叫"李斯基、张托夫、约瑟夫"之类人物,更是明显偏离生活的漫画化笔法,攻击泄愤意图溢于言表,使作品思想和艺术水准均受到损害。

三、姜贵的《旋风》

姜贵与陈纪滢同庚,他的《旋风》写作完成时间仅比《荻村传》晚一年,而比张爱玲《赤地之恋》早了两年。作品出版虽不顺利(屡屡被退稿之后,1957 年自印赠人,1959 年方由台北明华书局正式出版),出版后却获海外名家高度评价。《旋风》讲的是中国共产主义运动与无产阶级革命在山东的兴起与发展,与《荻村传》一样,小说最后部分写到了土改。

上文我们分析过《荻村传》对地主的描写,《旋风》也重点塑造了不同类型地主形象:作品的聚焦点,除了对准主要人物方祥千和方培兰的活动,就是带星堂、居易堂和养德堂三大地主家庭的衰败。方祥千属于带星堂,他祖父创业成功时,家有土地 100 顷(10000 亩),后因

---

①　应为"调"。

②　应为"她"。

③　河北省安国市档案局存.中共安国县委员会档案,卷宗第 16 号.

儿孙太多，越分越少；到方祥千这一代虽还小具规模（有几百亩地），但他专心革命、无意发财，为事业挥金如土，以至常常负债。居易堂当家的方冉武是个典型的花花公子、败家子，吃喝嫖赌，为女人把家败光。养德堂当家是方八姑，国民党员。除了这三家，小说写到的另外一个大地主是住在城里的方金阁。

那么，这四家大地主中，是否有恶霸呢？作品里说"权势之大小是决定于田地之多少的"，[①]这四家都非常有势力。方金阁住在县城，走动官府，经问地方上的事情，是保卫团团总。他家里有枪支，回村时"由他的几家佃户轮流来给他守卫"。[②]绿林人陶祥云、陶补云兄弟想招安，他借机敲诈五千块钱。陶祥云说："我们绑人家票，他绑我们票。"陶补云说："我们是小土匪，他是大土匪。"[③]方冉武娶佃户曹老头的女儿曹小娟做妾，则使人联想到《白毛女》中黄世仁与喜儿的故事：方冉武的太太为了让丈夫收心，不再去外面打野食，故意让人接曹小娟来家"避难"。方冉武一眼看中，将曹小娟灌醉奸污，做成既成事实。过后方家把曹老头叫来，编造谎言，要求曹老头立卖身契卖女儿。曹老头不肯，方家账房先生冯二爷出主意，设计让康营长栽赃并吊打曹老头，迫其就范，曹老头不得不在卖身契上按了手印。为了除去隐患，方冉武亲手暗杀了家里老太太的男仆进宝，还买通方金阁及知县，栽赃暗娼孟四姊，送其坐牢。居易堂老太太常常拿烟签子扎西门氏，也令人联想到黄世仁母亲扎喜儿。

然而，方金阁和方冉武这两大"恶霸地主"，他们的"恶"无论程度多重，也基本在"合法"范围以内，并不公然违反日常伦理：方金阁利用他与官府的关系以势压人，暗中操作，他并不像韩老六那样随便打人骂人或强奸妇女；他看中镇北头卢家的女儿，并不像黄世仁那样派打手去抢，而是花了六千块钱去买。方冉武霸占曹小娟用的是其妻谋划的诡计，是诱奸；逼曹老头就范也并不直接出面，而是由冯二爷暗中唆使康营长吊打加栽赃；他杀进宝，也是用的暗杀。他看中妓女"小叫姑"庞锦莲，也是用钱买，以至于被对方算计得倾家荡产，并丢了性命。小说中还有一处细节：方冉武家过年蒸包子、年糕，还赏赐给佃户穷人。

除方金阁、方冉武两家之外，带星堂地主方祥千是共产党领导人，养德堂地主方八姑是国民党人，二人均非恶霸：在作者眼中，方祥千虽非正面人物，却大体算正派人物；方八姑则是其心目中唯一有些英雄气质的形象。这样，《旋风》中的地主形象总体而言是比较生活化、日常化的。作者既未塑造圣人式乡绅，也未将恶霸地主写成一个纯粹的流氓无赖。不论是善是恶，均揭示出其社会的、文化的、制度的、人性的和个人的根源。

作品对几位主要人物参加革命动因的解释值得注意。虽然作者不曾明言，从具体描写中读者可以看出，革命运动的兴起肯定与社会黑暗有关。虽然作者并不突出贫富差距、贫富矛盾及官场腐败，地主恶霸与官府勾结包揽诉讼、勒索百姓钱财，养德堂老太爷在福建做知县发财起家，有钱人随意买卖人口……这些却在写大家族兴衰时自然流露出来。除了社会因素，小说也揭示或解释了几位重要人物的革命动机。方祥千出身地主，又是知识分子，他从事革命活动是因不满社会现实，也不满自己的人生现状，他无意升官发财，却想让自己的人生更有意义，不至虚度。他认为中国必须继文化革命之后，再进行社会革命。尹尽美出身贫苦，他参加革命也不是为了解决吃穿。姜贵认为：

---

① 姜贵.旋风[M].台北:九歌出版社,2016:86.

② 姜贵.旋风[M].台北:九歌出版社,2016:138.

③ 姜贵.旋风[M].台北:九歌出版社,2016:141.

尹尽美这个布尔塞维克，是有着浓厚的浪漫气息的。他以小资产阶级的悲观主义，寻求刺激，消磨生命，无异把革命流血当鸦片烟抽。早期的共产党人，像这样的不在少数，尹尽美仅其一例而已。①

这明显是共产党以外的或敌视共产党的人对共产党员的理解，带有偏见。但它于宏大叙事之外，从生命个体具体境况与心理角度解读部分知识分子的革命动机，也并非毫无道理：这段话如果换成主导意识形态话语来表述，应该是：尹尽美像方祥千一样，由于不满黑暗的社会现实，由于个人的苦闷，而寻求新的人生，以他们所理解所认同的方式去"救国救民"，同时也实现自己的人生价值。方镇另外一个革命领导者方培兰出身绿林，在他人生低谷时，方祥千回乡，与他接近，动员他革命，他的人生一下子也便获得了新的价值，他不再是土匪头子、草莽英雄。我们在后来山东作家的"红色经典"或"新历史小说"中，也看到过类似方培兰的形象，例如冯德英《苦菜花》里的柳八爷，曲波《桥隆飙》里的桥隆飙，莫言《红高粱》里的余占鳌。可见方培兰的形象比较写实，有其典型意义。

然而，作为"反典范土地革命叙事"，《旋风》与"典范土地革命叙事"有个最大不同：作品里最贫穷的工人农民，并非正面人物，例如工人汪大泉、汪二泉兄弟是叛徒，孤儿出身的许大海和泥瓦匠出身的陶祥云、陶补云兄弟是土匪流氓。他们参加革命也不是因为无法生存，而是想吃得喝得更好，行动上更为所欲为。这样写，也不能说没有真实性、没有现实依据。

姜贵1908年出生于山东诸城的地主家庭，1921年即离乡赴济南读书，在故乡生活了十三年，此后一直漂泊在外，辗转于济南、青岛、广州、武汉、北平、徐州、上海，最后病逝于台湾。与陈纪滢一样，故乡生活只是他的童年、少年经历；我们从《旋风》的描写感到姜贵对于地主家庭日常生活、人际关系状况写得比较细腻生动，除了早年经历的基础，大概就因"他是熟读旧小说的人"，②其对绿林人物的描写使人想到《水浒传》及清末武侠小说，其对地主家庭老太太、少奶奶、姑娘丫鬟及"败家子"的描写使人想到《红楼梦》，其对某些知识分子的描写使人想到《儒林外史》，其对妓女嫖客的描写使人想到清末狭邪小说。姜贵将旧小说神韵与自己生命体验及社会观察结合，运用自己比较高妙的语言功底，使得《旋风》的前三十五章（约占八分之七）读来真实可信而又意趣盎然。该作被夏志清等人肯定乃至激赏，不是没有原因的。

然而，一些非常明显的缺憾，却使它难以成为真正的经典。

首先，它前三十五章关于革命起源的描述，是一种从一己视角出发的片面叙述，缺乏宏阔的社会视野。

不是说不能从一己视角来写，文学叙事当然都有个人视角。但《旋风》既然是要重点写革命起源与发展，就需要有一种比较宏阔的社会视野——即使重点写一人或几人，也要有比较宽广的社会生活画面作为背景；揭示革命起源，应将客观理性的精神与对历史的敬畏感和悲悯情怀结合。而在这部小说中，对与土地革命关系最密切、构成土地革命社会现实基础的贫苦农民生活，却几乎没有任何直接描述。台湾评论家王集丛对这部作品内容的描述是：

①　姜贵.旋风[M].台北：九歌出版社，2016：54.

②　夏志清.中国现代小说史[M]，刘绍铭，译.台北：传记文学出版社，1979：554.

这部约四十万字的小说，一方面写近三十年来中国政局的动荡不安，官僚地主大户的没落崩溃，另一方面写共产党势力的发展。在官僚地主大户的没落崩溃过程中，在那腐朽的废墟周围，生长着许多微菌……毒害善良的人民。①

这段描述应该是符合作者本意，也比较符合作品实际的。然而，其立场导致的偏见与盲点也很了然：虽然王集丛说《旋风》"对于这种大户是无情否定的"，"在大户的崩溃过程中农民仍然受欺侮"，②但小说作者姜贵与评论者王集丛都不曾站在普通农民特别是占大多数的贫苦农民立场，而只是把他们与土匪、娼妓、地痞、流氓放在一起，视之为霉菌。土地革命初期革命队伍确实混进许多土匪地痞，即"流氓无产者"，这些人一度很活跃，但他们毕竟只是一小部分，这类人要么后来被清除出去，要么受到改造。把革命的发生基础确定为地痞流氓，显然不符合历史事实。事实上，正是当时中国农村陷入危机、农业萧条和农民破产，构成了乡村革命的真正现实基础。农民革命未必均由于地主剥削，但肯定与农村危机有关。

姜贵原名王意坚，与作家王统照、王希坚、王愿坚同属山东诸城相州镇王氏家族。我们将与姜贵出生和成长于同一空间的王统照、王希坚的相关文学叙述与《旋风》对比，即可看出姜贵的乡村书写存在哪些盲点。

王统照《山雨》出版后虽然被左翼文学界重视、1933 年被吴伯箫称为"《子夜》《山雨》季"，但王统照并非左翼作家（《旋风》中的方通三即以王统照为原型），《山雨》应该是当时农村状况比较真实的写照。与《旋风》以写地主大户和土匪、流氓、妓女为主不同，《山雨》里的主要人物奚二叔、奚大有家是中农，陈庄长也只是个小地主或富农，宋大傻、徐利是贫农或雇农，杜烈是工人。它通过这些人物的遭遇和命运，揭示了北方农村在外国资本势力入侵、官府苛捐杂税、兵匪战乱及自然灾害冲击下的崩溃。它给人的印象是：这种社会变化是即将到来的"山雨"的前提，它没有提及革命，但让人感到了革命爆发的趋势；并非地痞流氓、土匪娼妓之类"微菌"经过组织就会掀起革命狂潮。姜贵的族弟王希坚初版于 1949 年的《地覆天翻记》以抗日战争时期故乡农村生活为题材，既写了地主大户"老大门"的没落与"万缘堂"的兴起，更重点写了给地主大户扛长活的小牛、老毛叔及其他长工和佃户的生活与处境。不论深度如何、思想是否有局限，《地覆天翻记》所写乡村生活却是《旋风》丝毫不曾涉及的，正可作《旋风》之补充。将这几部作品合起来看，才更接近当年山东农村生活全貌、接近历史真相，更能说明革命的来龙与去脉。

《旋风》的最大败笔是对于土改的书写。台湾批评家王集丛指出，这部作品关于共产党方面人物的描写"显示作者对共党的实际斗争和生活的了解似乎还不够；作者在观念上对共产党的认识，较其在实际生活上对之的了解要多些，也要深刻些。因此，有些地方写共产党人的谈话和心理，就不大近似，缺乏真实感"。③对王集丛的说法，姜贵本人心悦诚服地

---

① 王集丛.姜贵的《旋风》[M]//中国新文学丛刊 55：王集丛自选集.台北：黎明文化事业股份有限公司，1978：277.

② 王集丛.姜贵的《旋风》[M]//中国新文学丛刊 55：王集丛自选集.台北：黎明文化事业股份有限公司，1978：278-279.

③ 王集丛.姜贵的《旋风》[M]//中国新文学丛刊 55：王集丛自选集.台北：黎明文化事业股份有限公司，1978：282.

承认：

> 如此锐利的观察，透彻的分析，真令我惊服、叹服。我想，《旋风》的种种弱点，千言万语，归纳起来，都应委咎于"作者对共党的实际斗争和生活的了解似乎还不够"这一点上。只须谈到这一点，问题的核心已被准确的把握，其他一切应当是"技术性"的了。①

其实，对于熟悉中国大陆土改历史的读者来说，用不着"锐利的观察，透彻的分析"，就能看出《旋风》土改书写的随意编造、缺乏真实性。

最为明显之处，《旋风》不了解共产党土地政策的阶段性差异，把山东土改的开始时间弄错了。1927年到1937年间中国共产党领导土地革命，实行的是"打土豪分田地"，1937年到1946年间实行的是减租减息。直到1946年的4月，山东诸城实行的还是减租减息，这年的7月，土地改革运动才在全县展开。② 而在《旋风》里，八路军居然在与日军对峙的环境下实行土改！另外，抗战初期国共合作尚好，1938年后虽摩擦不断，共产党总的还是执行统一战线政策，而《旋风》写八路军一来就不分青红皂白，甚至也没宣布任何罪状（二人此前也不曾与共产党直接冲突过），就把方金阁和方八姑杀了，写得非常不合乎情理。

与陈纪滢《荻村传》类似，《旋风》对土改运动过程与土改工作队工作方法的描写也与史实相去甚远。不论是旋风纵队政委方祥千，还是省委代表、土改工作队队长，开会时都不对土改必要性和正义性进行说明和宣传动员，方祥千动员大家的理由居然是"窃国"和"封侯"。工作队来了后并不访贫问苦、组织诉苦会，而只是逼着大家扭秧歌、分配地主家的女人给光棍汉。省委代表居然荒唐到认为医生这个职业应该取消，求医看病是"资产阶级的奢侈享受"！这如何解释八路军里的医务兵、卫生员，解释白求恩来华干什么？为了抹黑共产党八路军，《旋风》写八路与日军几乎公开地来往，全不顾当年地下工作领导人潘汉年因为私见汪精卫就坐了半辈子牢的史实。土改农民不成立农会、不设农会主席及民兵队长，却成立"反动地主惩治委员会"，委员会设委员长。既然前面不曾写到贫苦农民如何受无地少地之苦，后面也就没写分地之事。土改前庞家母女已购买了不少土地，按土地占有量已成地主，小说为了表现共产党信任娼妓，竟然写工作队到来后丝毫不管其地主身份（按土地划分成分在当年本是土改非常重要一环），将其委任为革命干部，而且后来也不曾纠正。最为荒唐的是，省委代表居然同意以老妓女庞月梅的名字命名方镇广场和街道。众所周知，中国共产党对于以人名命名地名非常慎重，1949年以前只以革命烈士名字命名过一些县的名字，例如"志丹县""子长县""左权县""尚志县"，在1949年的七届二中全会上，更明文规定不得以领袖姓名命名街道地名。另外，《旋风》最后还写方祥千、方培兰要填写的表格中，有一项是"对于毛泽东主义的研究与认识"，这又是一个常识错误：中共正式表述中从无"毛泽东主义"之说，而称"毛泽东思想"，因为毛泽东本人反对把他的思想体系称为"主义"。

《旋风》中的人物多以真实历史人物为原型，例如方祥千原型是姜贵族叔、山东共产党早期创始人之一王翔千，尹尽美原型是中共一大代表王尽美，方通三原型是文学研究会发起人之一王统照，张嘉原型是诗人臧克家。方天艾原型是作者姜贵本人，但为了拉开距离，作者

---

① 姜贵.旋风[M].台北：九歌出版社，2016：583.
② 诸城县大事记（前666—1980）草稿（内部资料）[M].诸城县志办公室，1982：20-21.

为方天艾设置了一个相反的结局，就是最后投向共产党怀抱，改名易姓，认妓女为母。熟悉文学常识的人当然不会根据原型事迹判断文学作品艺术描写的真实性，但是作者对原型命运的改变有时导致性质的变化，就值得注意：《旋风》结尾写方祥千最终"觉悟"，暗示他将和共产党决裂，现实中的王翔千却在解放后当选诸城县参议员、山东省参议员，1950 年当选省人大代表、政协委员和省土地改革委员会委员。小说里写旋风纵队与日军勾结，而现实中王翔千 1945 年被汉奸逮捕，相州解放时才被救出。① 《旋风》前半部较多纪实，而从方祥千回乡与方培兰合作起纯属虚构。文学创作离不开虚构，但虚构要合乎情理、合乎逻辑，除了戏说或明示荒诞类作品，直接指涉历史的作品还应尊重基本历史事实。《旋风》的土改书写与《获村传》一样，违反了常理，也违反了基本历史事实。

四、结语

不论《获村传》还是《旋风》，它们除了书写土改时随意编造，还有一个重大缺失，就是没有写出中国共产党推行的新民主主义文化对乡村的文化重造。且不说以山东为背景的《旋风》，单论写冀中的《获村传》，这方面尤其明显。1938 年晋察冀抗日根据地建立后，边区政府利用文学、艺术及各种新闻媒体和国民教育、社会组织，将以新民主主义为内容的现代文化灌输到冀中乡村的各个角落，乃至极其偏僻落后、与外面世界隔绝的太行山深处。孙犁、王林、梁斌的小说写的也是这一带，从他们的亲历式写作中我们可以感受到中国共产党在社会动员和文化宣传方面的空前能力。在大陆仅有的一篇专论《获村传》的论文中，文章作者称："'傻常顺儿'及获村人的种种生存状态所反映的，是时代变革过程中旧中国农村所面临的民族国家体制转换与国民精神难以达成良性互动的问题。本质上是辛亥革命以来一直未能解决的中国农村历史问题。"② 这同样是忽略了冀中乡村当时的历史状况，是从理论或观念推导出来的结论。我们虽然不宜过高估计这种社会改造、思想动员和文化再造的效果，认为冀中农民抗战以后思想意识已完全"现代化"或"新民主主义化"了，但肯定不能将抗战之后与之前的情况一样看待。

文学是人学，关注个体生命的具体存在、探究并揭示人性幽微，无疑是文学作品特别是小说的题中应有之义。而对于直接指涉历史并以揭示历史真相为宗旨的小说来说，历史书写与人性探究同样重要，互为表里。因此，后者往往以"史诗性"为最高追求。真正的史诗性作品在展现社会历史风云之时，还能揭示出历史悲剧性一面，思考历史发展的悖论。黑格尔认为，悲剧产生于不同伦理力量之间的冲突，这些伦理力量各有其合理性，又各有其片面性。具体到土改这一重大历史事件，它满足了无地少地农民合理的土地要求，暴风骤雨般的革命方式又使得泥沙俱下，既有地痞流氓浑水摸鱼，又有无辜生命成为历史前进的代价。优秀文学作品既要把握历史发展方向，又要关注不同类型个体生命的命运。维克多·雨果的《九三

---

① 中共嘉兴市委宣传部，嘉兴市社会科学界联合会，嘉兴学院红船精神研究中心.中国共产党早期组织及其成员研究[M].北京：中共党史出版社，2013：432-435.

② 俞巧珍."战斗文艺"的命题与"乡土"的观察：一种社会史图景中的《获村传》解读[J].浙江师范大学学报（社会科学版），2022（1）：34.

年》、列夫·托尔斯泰的《战争与和平》、肖洛霍夫的《静静的顿河》都是这样的名著。以《暴风骤雨》为代表的"典范土地革命叙事"作为直接为运动服务、以宣传鼓动为己任的作品,在当时很好地配合了革命运动,曾发挥积极社会作用,但它们只讲了土改给贫苦农民带来的利益与欢乐,回避运动中普遍发生的偏差,地主阶级对农民阶级体制性的"客观性暴力"被道德化、地主形象被恶霸化,基本无视作为土改对象的非恶霸型地主富农及其子女的命运,而仅仅将其作为"敌人"看待,从文学本身角度看,缺乏一种大悲悯与终极人道关怀。《荻村传》《旋风》一类"反典范土地革命叙事"揭示了《暴风骤雨》类作品遮蔽的一面,却又遮蔽了其曾经正确揭示的一面,在这类作品中贫苦农民的土地要求与人格尊严得不到应有尊重和表现,穷人被流氓化,土改似乎只是地痞流氓对社会平安生活的破坏,这同样是对历史的一种遮蔽,同样存在片面性。以丁玲《太阳照在桑干河上》与梁斌《翻身记事》为代表的"非典范土地革命叙事"在歌颂农民"翻身乐"的同时,也对非恶霸地主及地富子女表现出某种程度的同情,多少匡正了上述两种片面性。但由于客观环境压力,这类描写遮遮掩掩,很不充分。中国大陆新时期以后出现的"反典范土地革命叙事"中,张炜的《古船》和赵德发的《缱绻与决绝》既肯定了土改的必要性、合理性,也充分披露了土改中的暴力过火现象,对笔下不同身份人物同样表现出人道主义的悲悯。这几部小说的土改书写均较之陈纪滢《荻村传》和姜贵《旋风》更为客观辩证些。

以文学史眼光看,尽管陈、姜的作品各有其长处,其明显短板还是妨碍其成为真正的文学经典。

The Authenticity and Artistic Defects of the Land Revolution Written by Chen Jiying and Jiang Gui

Yan Haogang

(College of Literature, Hebei University, Hebei, Baoding, 071000)

Abstract: In addition to Zhang Ailing's *The Rice-Sprout Song*: *A Novel of Modern China* and *Naked Earth*, the most representative of overseas novels involving the land reform in Mainland China are Chen Jiying's (Taiwan, China) *The Legend of Di Village* and Jiang Gui's *Whirlwind*. Chen Jiying and Jiang Gui were born in rural areas. The narration based on their early experience in their works shows the artistic skill of realism. However, in the end, due to the lack of life experience and the dominance of political propaganda, the images of land reform cadres and activists have been written as hooligans, which violates the historical reality and lacks artistic authenticity. Excellent literary works should not only accurately grasp the direction of historical development, but also reveal the tragedy of the conflict between different ethical forces and pay attention to the fate of different types of individual lives. To do this, we need to go beyond the motivation of political propaganda, showing reverence for history and great compassion for different types of characters.

Key Words：*The Legend of Di Village* by Chen Jiying；*Whirlwind* by Jiang Gui；land revolution writing；authenticity；artistic defect

（学术编辑：徐勇）

阎浩岗，男，河北大学文学院二级教授。

中国文献学研究

Journal of
Chinese Studies,
Xiamen University

主持人语

王传龙

"文史互证"是传统的古典文献研究方法，它避免了单纯研究文学易流入虚浮、单纯研究史学易流入枯柴的弊端，能够兼顾文学的审美与史学的严谨，迄今为止仍然是文献研究的基础方法之一。尽管新兴的"比较研究法""诠释法""语言分析法"之类日益凸显其重要性，甚至借助西方的理论概念以解构、批评中国文学成为一种时尚，但对文本的准确分析仍然是一切研究成立的前提。即便是不存在真伪问题的原始文献，要对其进行准确的校注释读、分期断代也并不是轻松简单的事情，这不仅需要学者有较高的文献素养，甚至还会在某种程度上决定其研究价值的高低。

文学作品本身也是一种史料，除了文本中会直接涉及的历史人物和事件，诸如作品产生的动机、反映出的作者心境、引发的政治后果，都是历史的重要组成部分。文学作品虽然从作者的构思中流出，而且作者具有创作的主观能动性，但它们本身并不是独立于社会环境的产物。有时候恐怕连作者本人也未能认识到，他笔下的文字已经受到了前人作品及当世氛围的影响。文学作品允许幻想虚构，允许违心编造，但即便是虚构或编造的内容仍然有其客观基础。一言以蔽之，文学永远不能彻底摆脱它所处的历史环境。更何况，作者还有可能会犯错，会记错文中涉及的时间点，会潜意识对自己的行为进行美化，会因为好恶而对他人褒贬失当。类似的文学作品研究中的困境，都需要将其置于历史大环境之中，将文学作品的出现视为一种历史事件，才有可能克服相关阻碍，准确剖析作品的价值与意义。

文学作品在不同的历史时期会有不同的境遇，对其价值的评价也会随历史变迁而摇摆不定。处于当前时代的人，往往过于看重当代读者的意见，以当代的评价尺度对作品加以权衡。甚至一些在古代曾被禁止公开发行的书，也在现代社会获得了极高的赞誉。在剖析文学作品时，若不考虑其在历史上的出版、传播、存佚状况，就很容易对其价值的评价失真，盲目扩大了它的影响力。在某一时期非常流行的作品，会因为没有收入作者文集而导致一度失传，譬如韦庄的《秦妇吟》；在某一时期被视为离经叛道的作品，会因为符合了新的官方意识形态而被推崇备至,譬如李贽的《焚书》。只有将文学与历史结合在一起研究,才能看清它在具体分期中的传播状态与社会影响力。再将历代的分期状况沿先后顺序贯穿在一起,才会形成文学传播的动态链条,进而看清其影响力的振幅大小与时空差别。

前辈学者总是很自觉地使用文史互证的方法,将求真置于审美之上。对于研究的价值而言,真实的丑陋远比虚假的美丽更值得揭示,也更能推进学术的进步与发展。审美性的鉴赏评论固然能给人愉悦的享受,但由此所建立起的对作者和作品的印象很可能是包含谬误的,甚至可能是截然相反的。"高情千古闲居赋,争信安仁拜路尘"的现象在文学史上并不罕见,贸然相信"文如其人"很容易走向历史真相的对立面。借助于相关历史研究,为文学研究圈定一个可信的框架,可以避免对作品主旨的过度解读,为读者的盲目追捧浇上一盆冷水。在现当代的学术体系中,由于分科越来越细密,文学性的解读也越来越泛化,传统的文史互证的研究方法反而相对隐晦不显。但只要有志于求睹文学全貌的研究者,就绝不会舍弃文史互证,而去伴随一时的浮躁之风翩翩起舞。只有扎实的基础才能诞生扎实的学术,育德、育人莫不如是。

本期专栏所收的四篇文章,有前辈学者对唐代哀册文的笺释考论,也有中青年学者对宋人佚诗、佚文的辑补,以及对清朝赐谥影响文集流传的考察,都是难得的、言之有物的佳作。吴在庆先生对崔融《则天大圣皇后哀册文》的笺释考论,没有单纯着眼于文章的艺术特色,而是结合历史记载以相佐证,别除了崔融刻意美化的成分,力图还原文本背后的真相。哀册文虽然貌似是盖棺定论的历史资料,但由于文体本身具有"称美弗称恶"的特点,兼之崔融的立场限制,导致其部分内容有违史实,不可引以为据。吴先生对文中涉及的名物、制度的训诂,有助于读者对文义的准确把握,可以充当一切后续研究的基础。赵昱先生从《大慧普觉禅师语录》(二卷本)中辑录出宋人佚作二十种,仅以数量而言已堪称大宗,不但有助于《全宋文》《全宋诗》的后续补充,也有助于研究僧人团体与士大夫阶层的相互交流状况。其中个别作者并未有文章收入《全宋文》之中,是故不但于总集内增一文,更于作者内增一人。颜庆余先生关注清代朝廷为明末忠臣赐谥的功用,以及由此产生的对明臣遗集后续流传的影响,所撰论文是文史互证研究的重要成果。清廷赐谥看似只是政治操作,实际上也是对明臣遗集刊行的官方许可,为相关文集的传播产生了积极的推动作用。据颜先生考证,在赐谥前后明臣遗集的面貌不可避免地产生了一些变化,而重刊者自我审查的墨丁、空缺与删改、润色,又在一定程度上伤害了作品的原貌,尤其值得研究者注意。陈立琛、洪嘉俊、程浩炜先生的《据海外馆藏〈永乐大典〉补〈全宋诗〉80 首》紧扣学科前沿,从海外藏《永乐大典》辑录《全宋诗》失收诗作凡 80 首,其中不乏大家名家之作,辑、考、论俱佳,显示了年轻学子的学术眼光和研究实力。本期栏目的四篇文章跨越唐、宋、清三朝,研究领域亦属于文学、历史交叉领域,相关成果经得起推敲与商榷。文史互证研究仍有很大的发展空间,我们也希望未来能看到更多的佳作问世。

崔融《则天大圣皇后哀册文》笺释考论[*]

吴在庆

（厦门大学　中文系，福建　厦门　361005）

摘要：本文就《则天大圣皇后哀册文》中较为古奥难懂之礼仪制度、名物称谓、词语及典故人物等，分段分节分句加以笺释说明。部分文句则引典籍文献之相关记载加以说明佐证，或以史家之记载曝露其隐饰美化之言，或加以简要之评骘，以期还历史以真相，有助于读懂《则天大圣皇后哀册文》，并对其有较准确之认识与评价。

关键词：崔融；《则天大圣皇后哀册文》；笺释；考论

一

《文苑英华》卷八百三十七载有唐代崔融的《则天大圣皇后哀册文》，文如下：

维神龙元年，岁次乙巳，十一月丁丑朔，十一月二十六日壬寅，大行则天大圣皇后崩于洛阳宫之仙居殿，旋殡于集仙殿之西阶。粤二年岁次丙午，五月癸卯朔，十八日庚申，将迁祔于乾陵，礼也。祖庭火烬，攒宫月晓，云戴黼翣，风牵绛旐。俨天卫之苍苍，邈宸仪之宵宵。哀子嗣皇帝讳，慕切充穷，诚殷遣奠。瞻象服其如在，攀龙车而不见；阅慈范于长陵，戢神晖于前殿。示人轨训，先王典则。爰命史臣，扬言圣德。其词曰：

天生后稷，飞鸟覆翼。天护武王，跃鱼陨航。施于成康，武子有光。丰沛之疆，河汾之阳。异气发祥，圣后其昌。穆穆皇皇，作合于唐。至哉坤德，沉潜刚克。奇相月偃，惠心泉塞。苹藻惟勤，纮綖是则。训自闺闱，风行邦国。七庙肃祇，六宫允厘。中外和睦，遐迩清夷。家道以正，王化之基。皇曰内辅，后其谋咨。谋咨伊始，皇用嘉止。亦既顾命，事怀代已。圣后谦冲，辞不获已。从宜称制，于斯为美。仗义当责，忘躯济厄。神器权临，大运匪革。宗祧永固，寰区奄宅。负扆肃清，垂旒光赫。洸洸我君，四海无氛。英才远略，鸿业大勋。雷霆其武，日月其文。洒以甘露，覆之庆云。制礼作乐，还淳返朴。宗祀明堂，崇儒太学。四海慕化，九夷禀朔。沉璧大河，泥金中岳。巍乎成功，靡然向风。乃复明辟，深惟至公。归闲于太庭之馆，受养于长乐之宫。品汇胥悦，讴歌载隆。

* 此文为教育部全国高校古委会直接资助项目"唐大诏令集系年校笺"之阶段性成果。项目批准号为1914。

鼎祚既穆，璇枢已肃。庶保太和，长介景福。如何靡怙，而降斯酷。后弄孙其未淹，人丧姒其焉速？嗣皇擗摽，列辟扶服。九族号咷，万姓荼毒。呜呼哀哉！积忧劳而弗念兮，构氛沴而成灾。逢冰霜之惨烈兮，见草木之凋摧。感大渐之将逝兮，遗惠言而不回。付圣子其得所兮，顾黎元曰念哉！颁宠锡以留诀兮，节礼数以送哀。邈终天而一往兮，复何时而下来？呜呼哀哉！光阴荏苒兮气序回互，泣尽冬霜兮悲生春露。攒途云启兮同轨毕赴，湘川未从兮汉茔盖祔。古则礼阙，今也仪具。呜呼哀哉！夜漏尽兮晨挽发，转相风兮摇画月。厌河洛兮不临，去嵩邙兮飘忽。指咸阳之陵寝，历长安之宫阙。旋六马兮须期，考三龟兮中歇。呜呼哀哉！出国门兮夷由，览旧迹兮新忧。备物森兮如在，良辰阒兮莫留。当赫曦之盛夏，宛萧瑟之穷秋。山隐隐兮崩裂，水回回兮逆流。呜呼哀哉！挂旌旐于松烟，即宫闱于夜泉。下幽翳兮无日，上穹隆兮盖天。隧路严兮百灵拱，殿垣虚兮万国旋。如有望而不至，怨西陵之茫然。呜呼哀哉！轶帝皇之高风兮，钦文母之余懿。时来存乎立极，数往归乎配地。何通变之有恒兮，而始终之无愧。惟圣慈之可法兮，播徽音于后嗣。呜呼哀哉！①

　　此文乃唐高宗武则天皇后祔葬乾陵之际，由崔融所撰的哀册文。据本文"粤（神龙）二年岁次丙午，五月癸卯朔，十八日庚申，将迁祔于乾陵，礼也"所记，知本文当作于神龙二年（706年）五月十八日稍前。崔融撰写武则天哀册文以及有关情况，《旧唐书》卷九十四《崔融传》云："寻召拜国子司业，兼修国史。神龙二年，以预修《则天实录》成，封清河县子，赐物五百段，玺书褒美。融为文典丽，当时罕有其比，朝廷所须《洛出宝图颂》《则天哀册文》及诸大手笔，并手敕付融。撰哀册文，用思精苦，遂发病卒，时年五十四。"②可知崔融乃曾"预修《则天实录》"，并为朝廷撰写不少重要文章的大手笔。其撰写此哀册文因"用思精苦，遂发病卒"，可见此文乃其精心苦思，耗尽心血之力作。《旧唐书》本传谓崔融"为文典丽，当时罕有其比"诚非虚誉，其文坛地位亦早有定评。《新唐书》卷二百一《杜审言传》载："少与李峤、崔融、苏味道为文章四友，世号'崔李苏杜。'"③《旧唐书》列传第一百四十上《文苑传上》亦载："开元中，说为集贤大学士十余年。常与学士徐坚论近代文士，悲其凋丧。坚曰：'李赵公、崔文公之笔术，擅价一时，其间孰优？'说曰：'李峤、崔融、薛稷、宋之问之文，如良金美玉，无施不可。富嘉谟之文，如孤峰绝岸，壁立万仞，浓云郁兴，震雷俱发，诚可畏也，若施于廊庙，则骇矣！阎朝隐之文，如丽服靓妆，燕歌赵舞，观者忘疲，若类之《风》《雅》，则罪人矣！'"④据此可知崔融乃初唐时与李峤、苏味道、杜审言等人并称"文章四友"，其文被评为"良金美玉，无施不可"，可见他在初唐文坛的重要地位与影响。此哀册文又是崔融奉唐中宗之命所作的哀悼武则天之文，且是耗尽心血的绝笔之作，则此文对于研究当时唐中宗对于武则天的冠冕堂皇的评价，乃至研究崔融的政治态度、文学成就，即具有特别重要的意义与价值。此文重要性如上所述。然一千三百多年后，要读懂这篇鸿文，却颇为不易。这主要在于此文确为熔铸经典

　　① 李昉.文苑英华[M].北京：中华书局，1966：4417-4418. 此文用《唐文粹》《全唐文》以及宋胡珂、彭叔夏等人所引《唐大诏令集》校勘过。又，此文中笺释所引书目文字等，均据《汉语大辞典》，容不一一说明。

　　② 刘昫，等.旧唐书[M].北京：中华书局，1975：3000.

　　③ 欧阳修，宋祁.新唐书[M].北京：中华书局，1975：5736.

　　④ 刘昫，等.旧唐书[M].北京：中华书局，1975：5004.

之"典丽"哀册文,其中不仅多有今人所不谙之礼仪制度、名物称谓,而且用语典雅古奥,多有用于比拟之典故与历史人物,即所谓的以旧典写今典,易令人迷惑误判。即是记叙武后之事迹功业,也颇有以张皇虚饰溢美之笔记叙之,留给后人拨开绚丽云彩,追索曾有过的迷漫着狂风暴雨的真实历史空间。以此之故,本文先仅对上述部分礼仪制度、名物词汇、典故人物等分段分节分句加以具体笺释说明,部分文句则引典籍文献之相关记载加以说明佐证,或以史家之记载曝露其隐饰美化之言,或加以简要之评骘,以期还历史以真相,有助于读懂《则天大圣皇后哀册文》,并对其有较准确之认识与评价。

二

> 维神龙元年,岁次乙巳,十一月丁丑朔,十一月二十六日壬寅,大行则天大圣皇后崩于洛阳宫之仙居殿,旋殡于集仙殿之西阶。粤二年岁次丙午,五月癸卯朔,十八日庚申,将迁祔于乾陵,礼也。

按,此节乃记述武则天皇后崩逝、停殡以及迁祔唐高宗乾陵之时间与地点。"大行",古代称刚死而尚未定谥号的皇帝、皇后。《史记·李斯列传》:"胡亥喟然叹曰:'今大行未发,丧礼未终,岂宜以此事干丞相哉!'"《后汉书·安帝纪》:"孝和皇帝懿德巍巍,光于四海;大行皇帝不永天年。"李贤注引韦昭曰:"大行者,不反之辞也。天子崩,未有谥,故称大行也。"又"仙居殿",当时都城洛阳上阳宫中一殿名。考诸史籍记武则天之薨,《旧唐书·则天皇后纪》神龙元年载:"冬十一月壬寅,则天将大渐……是日,崩于上阳宫之仙居殿,年八十三。"[1]《资治通鉴》卷二百八神龙元年十一月记:"壬寅,则天崩于上阳宫,年八十二。"[2]《唐会要》卷三《皇后》神龙元年记武则天"崩于洛阳仙居殿"。[3] 又"殡",死者入殓后停柩以待葬。《礼记·檀弓上》:"周人殡于西阶之上,则犹宾之也。"《北史·高丽传》:"死者殡在屋内,经三年,择吉日而葬。"又此处殡于"西阶",乃承继周朝制度,盖武则天乃以继周自称,故其改国号为周。《旧唐书》卷六《则天皇后纪》即记载初元年正月,武则天"亲享明堂,大赦天下。依周制建子月为正月……九月九日壬午,革唐命,改国号为周"。[4] 又"迁祔于乾陵","祔"即"祔葬",谓合葬。亦谓葬于先茔之旁。《礼记·丧礼小记》:"祔葬者不筮宅。"孙希旦集解:"祔葬,谓葬于祖之旁也。"《宋书·少帝纪》:"孝懿皇后祔葬于兴宁陵。""乾陵",乃唐高宗之陵园。

> 祖庭火烬,攒宫月晓,云戴黼翣,风牵绛旐。俨天卫之苍苍,邈宸仪之窅窅。

按,此数句乃描述当日清晨出殡时举行祭奠之情景。"祖庭",语出《礼记·檀弓上》:"小敛于户内,大敛于阼,殡于客位,祖于庭,葬于墓。"本谓祭奠于祖庙之中庭,后用"祖庭"犹言

---

①　刘昫,等.旧唐书[M].北京:中华书局,1975:132.

②　司马光.资治通鉴[M].北京:中华书局,1956:6596.

③　王溥.唐会要[M].北京:中华书局,1955:24.

④　刘昫,等.旧唐书[M].北京:中华书局,1975:120-121.

祖奠,谓送殡前举行之祭奠。唐李端《代宗挽歌》:"祖庭三献罢,严卫百灵朝。"唐李商隐《重祭外舅司徒公文》:"属纩之夕,不得闻启手之言;祖庭之时,不得在执绋之列。"又"攒宫",帝、后暂殡之所。《旧唐书·哀帝纪》:"庚子,启攒宫,文武百僚夕临于西宫。丁未,灵驾发引。"宋张淏《云谷杂记》卷三:"初,隆祐太后升遐时,朝廷欲建山陵。两浙漕臣曾公养谓帝、后陵寝今存伊洛,不日复中原即归祔矣,宜以攒宫为名。金以为当。"又"黼翣",古代出丧时所用的棺饰,上画斧形。《礼记·丧服大记》:"饰棺……黼翣二,黻翣二,画翣二。"郑玄注:"翣,以木为筐,广三尺,高二尺四寸,方两角高,衣以白布。"孔颖达疏:"翣,形似扇,以木为之,在路则障车,入椁则障柩也。凡有六枚,二画为黼,二画为黻,二画为云气。"又"绛旐",犹"丹旐"。旧时出丧所用的红色铭旌。唐柳宗元《为韦京兆祭太常崔少卿文》:"丹旐即路,祖奠在庭。"宋苏舜钦《韩忠宪公挽词》之二:"霜风吹缟帐,野月照丹旐。"又"宸仪",帝王的仪容。南朝陈徐陵《陈文皇帝哀策文》:"讵仿佛于宸仪,终缠绵于号擗。"又"宦宦",遥远貌。晋陶潜《自祭文》:"宦宦我行,萧萧墓门。"南朝宋鲍照《拟行路难》诗之十四:"故乡宦宦日夜隔,音尘断绝阻河关。"

> 哀子嗣皇帝讳,慕切充穷,诚殷遣奠。瞻象服其如在,攀龙车而不见;闵慈范于长陵,戢神晖于前殿。示人轨训,先王典则。爰命史臣,扬言圣德。

按,此节文句乃描述唐中宗祭奠武后之哀痛孺慕情景,并命史臣颂扬武后崇高品德。"哀子嗣皇帝",指唐中宗李显。"哀子",古称居父母之丧者为哀子,后则专指居母丧者。《仪礼·士丧礼》:"哀子某,为其父某甫筮宅。"《礼记·杂记上》:"祭称孝子孝孙,丧称哀子哀孙。"孔颖达疏:"丧则痛慕未申,故称哀也。故《士虞礼》称哀子,而卒哭乃称孝子也。"南朝齐谢朓《齐敬皇后哀册文》:"哀子嗣皇帝,怀蜃卫而延首,想鸾辂而抚心。"又"充穷",谓内心悲戚,若有所失。语出《礼记·檀弓上》:"始死,充充如有穷。"南朝陈徐陵《陈文帝哀策文》:"充穷靡寄,孺慕奚凭。"又"遣奠",古代称将葬时的祭奠。《礼记·檀弓下》:"始死,脯醢之奠;将行,遣而行之;既葬而食之。"汉郑玄注:"将行,将葬也。葬有遣奠。"又"象服",古代后妃、贵夫人所穿的礼服,上面绘有各种物象作为装饰。《诗·墉风·君子偕老》:"象服是宜。"毛传:"象服,尊者所以为饰。"陈奂传疏:"象服未闻,疑此即袆衣也。象,古橡字,《说文》:'橡,饰也。'象服犹橡饰,服之以画绘为饰者。"唐钱起《贞懿皇后挽词》:"有恩加象服,无日祀高禖。"又"如在",《论语·八佾》:"祭如在,祭神如神在。"谓祭祀神灵、祖先时,好像受祭者就在面前。后称祭祀诚敬为"如在"。《后汉书·顺帝纪》:"深恐在所慢违'如在'之义,今遣侍中王辅等,持节分诣岱山、东海、荥阳、河、洛,尽心祈焉。"又"龙车",《艺文类聚》卷七一引汉应劭《汉仪》:"天子法驾,所乘曰金根车,驾六龙。"后因以"龙车"指天子的车驾。宋王安石《题永昭陵》诗:"龙车不可望,投老涕沾衣。"《宣和遗事》前集:"(天子)到晚后乘龙车凤辇,去三十六宫二十四苑闲游。"又"慈范",犹"慈容",慈祥和蔼的容颜。清龚自珍《烬余破簏中获书数十册皆慈泽也书其尾》诗:"乍读慈容在,长吟故我非。"又"戢",藏匿;怀藏。汉苏武《报李陵书》:"身幽于无人之处,迹戢于胡塞之地。"《资治通鉴·晋愍帝建兴元年》:"朕愧戢于心,何敢忘之!"又"轨训",轨范法则。《周书·儒林传·乐逊》:"但可宣风正俗,纳民轨训而已。"又"典则",典章法则;准则。《书·五子之歌》:"有典有则,贻厥子孙。"孔传:"典,谓经籍;则,法。"《南齐书·东昏侯纪赞》:"乃隳典则,乃弃彝伦,玩习兵火,终用焚身。"

三

天生后稷,飞鸟覆翼。天护武王,跃鱼隕航。施于成康,武子有光。丰沛之疆,河汾之阳。异气发祥,圣后其昌。

按,自此节文字始之篇章,均为追悼武后之词。而此节乃先记叙武后一族之渊源所自。"后稷",周之先祖。相传姜嫄践天帝足迹,怀孕生子,因曾弃而不养,故名之为"弃"。虞舜命为农官,教民耕稼,称为"后稷"。《诗·大雅·生民》:"厥初生民,时维姜嫄……载生载育,时维后稷。"《韩诗外传》卷二:"夫辟土殖谷者后稷也,决江疏河者禹也,听狱执中者皋陶也。"又"覆翼",遮蔽;保护。《诗·大雅·生民》:"诞置之寒冰,鸟覆翼之。"汉刘向《列女传·母仪》:"鸟兽覆翼,乃复收恤。"又"天护武王,跃鱼隕航","武王",指周武王。"跃鱼隕航",指周武王渡河,鱼跃入舟中事。《史记·周本纪》:"武王渡河,中流,白鱼跃入王舟中,武王俯取以祭。"《汉书·司马相如传下》:"盖周跃鱼隕杭,休之以燎。"又"成康",周成王与周康王之并称。史称其时天下安宁,刑措不用,故用以称至治之世。《诗·周颂·执竞》:"不显成康,上帝是皇。"《汉书·景帝纪赞》:"周云成康,汉言文景,美矣。"又"武子",谓周武王之后代。按上文"天生后稷,飞鸟覆翼。天护武王,跃鱼隕航。施于成康,武子有光"诸句,均以周朝诸王比拟武则天之先祖,以示武周其族所自,自高身价。检《新唐书·后妃上》:"御史傅游艺率关内父老请革命,改帝氏为武。又胁群臣固请,妄言凤集上阳宫,赤雀见朝堂。天子不自安,亦请氏武,示一尊。太后知威柄在己,因大赦天下,改国号周,自称圣神皇帝,旗帜尚赤,以皇帝为皇嗣。立武氏七庙于神都。尊周文王为文皇帝,号始祖,姒似曰文定皇后;武王为康皇帝,号睿祖,姒姜曰康惠皇后;太原靖王为成皇帝,号严祖,姒曰成庄皇后;赵肃恭王为章敬皇帝,号肃祖,姒曰章敬皇后;魏义康王为昭安皇帝,号烈祖,姒曰昭安皇后;祖周安成王为文穆皇帝,号显祖,姒曰文穆皇后;考忠孝太皇为孝明高皇帝,号太祖,姒曰孝明高皇后。罢唐庙为享德庙,四时祠高祖以下三室,余废不享。至日,祀上帝万象神宫,以始祖及考姒配,以百神从祀。尽王诸武。"① 又"丰沛之疆,河汾之阳","丰沛",汉高祖乃丰沛邑人,因以丰沛称高祖故乡。汉王充《论衡·命义》:"犹高祖初起,相工入丰沛之邦,多封侯之人矣,未必老少男女俱贵而有相也。"金元好问《读书》诗:"丰沛帝乡多将相,莫从兴运论人材。""河汾",黄河与汾水的并称。亦指山西省西南部地区。《史记·晋世家》:"唐在河汾之东,方百里,故曰唐叔虞。"唐苏颋《汾上惊秋》诗:"北风吹白云,万里渡河汾。"按,此两句指则天皇后所出之地望。《新唐书·则天皇后纪》:"则天顺圣皇后……并州文水人也。"② 又《新唐书·后妃上》:"诏并州文水县为武兴,比汉丰、沛,百姓世给复。"③ 又"异气发祥","异气",指天空出现的特异气象。祥瑞之象。《晋书·张华传》:"(雷)焕曰:'仆察之久矣,惟牛斗之间颇有异气。'华曰:'是何祥也?'焕曰:'宝剑之精,上彻于天耳。'""发祥",显现吉利的征象。《诗·商颂·长

---

①　欧阳修,宋祁.新唐书[M].北京:中华书局,1975:3481-3482.

②　欧阳修,宋祁.新唐书[M].北京:中华书局,1975:81.

③　欧阳修,宋祁.新唐书[M].北京:中华书局,1975:3481-3482.

发》："濬哲维商，长发其祥。"郑玄笺："深知乎维商家之德也，久发见其祯祥矣。"汉班固《典引》："发祥流庆，对越天地者，舄奕乎千载。"又"圣后"，此处指武则天皇后。

　　　　穆穆皇皇，作合于唐。至哉坤德，沉潜刚克。奇相月偃，惠心泉塞。苹藻惟勤，纮綖
　　　　是则。训自闺阃，风行邦国。

　　按，此节称颂武则天禀赋刚强品德，以及入唐宫后之明慧与恪遵妇职。"穆穆皇皇，作合于唐"，"穆穆"，仪容或言语和美。《诗·大雅·文王》："穆穆文王，于缉熙敬止。"毛传："穆穆，美也。"《荀子·大略》："言语之美，穆穆皇皇。""皇皇"，美盛貌；庄肃貌。《诗·鲁颂·泮水》："烝烝皇皇，不吴不扬。"毛传："皇皇，美也。"《礼记·曲礼下》："天子穆穆，诸侯皇皇。"孔颖达疏："诸侯皇皇者，自庄盛也。""作合"，《诗·大雅·大明》："文王初载，天作之合。"后因以"作合"指男女结成夫妇。晋潘岳《南阳长公主诔》："肇自弱笄，有馥其芬，言告言归，作合于荀。"宋曾巩《宗室承操新妇王氏进封国夫人制》："具官某新妇某氏，作合宗藩，躬有驯德。"又"至哉坤德，沉潜刚克"，"坤德"，"坤"指女，女性。《易·系辞上》："坤道成女。""坤德"，喻指皇后功德。《镜花缘》第六十七回："伏维陛下，坤德无疆，离晖久照。""刚克"，谓以刚强取胜。《书·洪范》："三德：一曰正直，二曰刚克，三曰柔克。"孔颖达疏："二曰刚克，言刚强而能立事。"《北史·常爽传》："崔浩、高允，并称爽之严教，奖励有方。允曰：'文翁柔胜，先生刚克，立教虽殊，成人一也。'"又"奇相月偃，惠心泉塞"，"奇相"，非凡的相貌。《金史·后妃传下·睿宗贞懿皇后》："后教之有义方，尝密谓所亲曰：'吾儿有奇相，贵不可言。'""月偃"，即"偃月"。横卧形的半弦月。《太平御览》卷四引汉京房《易飞候》："正月有偃月，必有嘉主。"此处指额骨如半月之形，相法认为极贵之相。《战国策·中山策》："其容貌颜色，固已过绝人矣；若乃其眉目准頞权衡，犀角偃月，彼乃帝王之后，非诸侯之姬也。"鲍彪注："偃月，额骨。"《后汉书·皇后纪下·顺烈梁皇后》："相工茅通见后，惊，再拜贺曰：'此所谓日角偃月，相之极贵，臣所未尝见也。'""惠心"，明慧之心。惠，通"慧"。《后汉书·皇后纪上·光武郭皇后论》："及至移意爱，析嬿私，虽惠心妍状，愈献丑焉。"《文选·谢瞻〈张子房诗〉》："惠心奋千祀，清埃播无疆。"刘良注："明惠之心。""泉塞"，即"渊塞"，深远诚实。汉傅毅《舞赋》："简惰跳踃，般纷挐兮；渊塞沉荡，改恒常兮。"晋袁宏《三国名臣序赞》："公衡仲达，秉心渊塞。媚兹一人，临难不惑。"又"苹藻惟勤，纮綖是则"，"苹藻"，用作祭祀的代称。唐韩愈《顺宗实录五》："（王氏）自服勤苹藻，祗奉宗祧。"宋司马光《祭齐国献穆大长公主文》："苹藻必亲，无违妇职。""纮綖"，《国语·鲁语下》载公父文伯劝其母勿绩，其母教训文伯应勤职不怠，并谓"王后亲织玄紞，公侯之夫人加之以纮、綖……男女效绩，愆则有辟，古之制也"。后因以"纮綖"为贵显人家妇女具有勤俭美德的典故。北周庾信《周大都督阳林伯长孙瑕夫人罗氏墓志铭》："苹藻维敬，纮綖是勤。"明张居正《祭封一品严太夫人文》："肃肃母训，煌煌令仪，纮綖苹藻，筐筥枲丝。"又"训自闺阃，风行邦国"，"闺阃"，宫院或后宫；内室。亦特指妇女居住的地方。汉班固《白虎通·嫁娶》："妇事夫有四礼焉……闺阃之内，衽席之上，朋友之道也。"《资治通鉴·齐明帝建武元年》："帝王之子，生长富厚；朝出闺阃，暮司方岳，防骄剪逸，积代常典。""邦国"，国家。《诗·大雅·瞻卬》："人之云亡，邦国殄瘁。"晋刘琨《劝进表》："或多难以固邦国，或殷忧以启圣明。"按，此节文句乃美誉武则天入为唐高宗皇后，以及秉有"服勤苹藻，祗奉宗祧"之明慧勤俭妇道。然今考之于典籍所载，此处所言其实多有隐饰美化。考《新

唐书》卷七十六《后妃上》记武则天入宫先为唐太宗才人，后为唐高宗立为皇后过程云："文德皇后崩，久之，太宗闻士蔧女美，召为才人，方十四。……既见帝，赐号武媚。及帝崩，与嫔御皆为比丘尼。高宗为太子时，入侍，悦之。王皇后久无子，萧淑妃方幸，后阴不悦。它日，帝过佛庐，才人见且泣，帝感动。后廉知状，引内后宫，以挠妃宠。才人有权数，诡变不穷。始，下辞降体事后，后喜，数誉于帝，故进为昭仪。一旦顾幸在萧右，寝与后不协。后性简重，不曲事上下，而母柳见内人尚宫无浮礼，故昭仪伺后所薄，必款结之，得赐予，尽以分遗。由是后及妃所为必得，得辄以闻，然未有以中也。昭仪生女，后就顾弄，去，昭仪潜毙儿衾下，伺帝至，阳为欢言，发衾视儿，死矣。又惊问左右，皆曰：'后适来。'昭仪即悲涕，帝不能察，怒曰：'后杀吾女，往与妃相谗媢，今又尔邪！'由是昭仪得入其訾，后无以自解，而帝愈信爱，始有废后意。久之，欲进号'宸妃'，侍中韩瑗、中书令来济言：'妃嫔有数，今别立号，不可。'昭仪乃诬后与母厌胜，帝挟前憾，实其言，将遂废之。长孙无忌、褚遂良、韩瑗及济濒死固争，帝犹豫；而中书舍人李义府、卫尉卿许敬宗素险侧，狙势即表请昭仪为后，帝意决，下诏废后。诏李勣、于志宁奉玺绶进昭仪为皇后，命群臣及四夷酋长朝后肃义门，内外命妇入谒。朝皇后自此始。"①

　　七庙肃祇，六宫允厘。中外和睦，遐迩清夷。家道以正，王化之基。

　　按，此数句仍为倾心赞颂武则天之语。"七庙肃祇，六宫允厘"，"七庙"，《礼记·王制》："天子七庙，三昭三穆，与太祖之庙而七。"此指四亲庙（父、祖、曾祖、高祖）、二祧（远祖）和始祖庙。后以"七庙"泛指帝王供奉祖先的宗庙。唐杨炯《盂兰盆赋》："上可以荐元符于七庙，下可以纳群动于三车。""肃祇"，肃，庄重；严肃。《礼记·玉藻》："手容恭，目容端，口容止，声容静，头容直，气容肃，立容德，色容庄，坐如尸。"唐韩愈《息国夫人墓志铭》："戁强以肃，成敏以和。""祇"，通"褆"，安。《诗·小雅·何人斯》："壹者之来，俾我祇也。"毛传："祇，病也。"郑玄笺："祇，安也。一者之来见我，我则知之，是使我心安也。"马瑞辰通释："传以祇为痕之假借，笺以祇为褆之假借。此承壹者之来言之，当以笺义为允。"按，此处所谓"七庙肃祇"，易令人误以为谓李唐七庙，然实际乃指武氏之七庙（详见下文）。又"六宫允厘"，"六宫"，古代皇后的寝宫，正寝一，燕寝五，合为六宫。《礼记·昏义》："古者，天子后立六宫，三夫人、九嫔、二十七世妇、八十一御妻，以听天下之内治，以明章妇顺，故天下内和而家理。"郑玄注："天子六寝，而六宫在后，六官在前，所以承副施外内之政也。"因用以称后妃或其所居之地。《周礼·天官·内宰》："以阴礼教六宫。"郑玄注："六宫谓后也。""允厘"，谓治理得当。《书·尧典》："允厘百工，庶绩咸熙。"孔传："允，信；厘，治。"唐白居易《君子不器赋》："既居家而必达，亦在邦而允厘。"又"遐迩清夷"，"清夷"，亦作"清彝"。清平；太平。汉蔡邕《贞节先生陈留范史云铭》："通清夷之路，塞邪枉之门。"唐李白《感时留别从兄徐王延年从弟延陵》诗："愿言保明德，王室仫清夷。"又"王化"，天子的教化。《诗大序》："《周南》《召南》，正始之道，王化之基。"《后汉书·张酺传》："吾为三公，既不能宣扬王化，令吏人从制，岂可不务节约乎？"按，此数句称颂武则天之语，实亦与史实相距甚远。检《新唐书·后妃上》载："后见宗庙，再赠士蔧至司徒，爵周国公，谥忠孝，配食高祖庙。母杨，再封代国夫人，家食魏千户。后乃制《外戚诫》献

　　① 欧阳修,宋祁.新唐书[M].北京:中华书局,1975:3474-3475.

诸朝,解释讥噪。于是逐无忌、遂良,踵死徙,宠煽赫然。后城宇深,痛柔屈不耻,以就大事,帝谓能奉己,故扳公议立之。已得志,即盗威福,施施无惮避,帝亦儒昏,举能钳勒,使不得专,久稍不平。麟德初,后召方士郭行真入禁中为蛊祝,宦人王伏胜发之,帝怒,因是召西台侍郎上官仪,仪指言后专恣,失海内望,不可承宗庙,与帝意合,乃趣使草诏废之。左右驰告,后遽从帝自诉,帝羞缩,待之如初,犹意其忠,且曰:'是皆上官仪教我!'后讽许敬宗构仪,杀之。初,元舅大臣怫旨,不阅岁屠覆,道路目语,及仪见诛,则政归房帷,天子拱手矣。群臣朝、四方奏章,皆曰'二圣'。每视朝,殿中垂帘,帝与后偶坐,生杀赏罚惟所命。当其忍断,虽甚爱,不少隐也。"①又上引《新唐书》载武后逼害外家亲戚云:"始,士彟娶相里氏,生子元庆、元爽。又娶杨氏,生三女:伯嫁贺兰越石,蚤寡,封韩国夫人;仲即后;季嫁郭孝慎,前死。杨以后故,宠日盛,徙封荣国。始,兄子惟良、怀运与元庆等遇杨及后礼薄,后衔不置。及是,元庆为宗正少卿,元爽少府少监,惟良司卫少卿,怀运淄州刺史。它日,夫人置酒,酣,谓惟良曰:'若等记畴日事乎? 今谓何?'对曰:'幸以功臣子位朝廷,晚缘戚属进,忧而不荣也。'夫人怒,讽后伪为退让,请惟良等外迁,无示天下私。由是,惟良为始州刺史;元庆,龙州;元爽,濠州,俄坐事死振州。元庆至州,忧死。韩国出入禁中,一女国姝,帝皆宠之。韩国卒,女封魏国夫人,欲以备嫔职,难於后,未决。后内忌甚,会封泰山,惟良、怀运以岳牧来集,从还京师,后毒杀魏国,归罪惟良等,尽杀之,氏曰'蝮',以韩国子敏之奉士彟祀。初,魏国卒,敏之入吊,帝为恸,敏之哭不对。后曰:'儿疑我!'恶之。俄贬死。杨氏徙鄸、卫二国,咸亨元年卒,追封鲁国,谥忠烈,诏文武九品以上及五等亲与外命妇赴吊,以王礼葬咸阳,给班剑、葆杖、鼓吹。时天下旱,后伪表求避位,不许。俄又赠士彟太尉兼太子太师、太原郡王,鲁国忠烈夫人为妃。"②

四

皇曰内辅,后其谋咨。谋咨伊始,皇用嘉止。

按,自此四句以及之后数节文句,皆为记述武后辅佐乃至取代唐高宗治国理政之事迹。"内辅",在朝中辅弼君主。《汉书·傅喜传》:"喜行义修絜,忠诚忧国,内辅之臣也。""谋咨",即"咨谋"。讨论商酌。《诗·小雅·皇皇者华》:"载驰载驱,周爰咨谋。"南朝梁刘勰《文心雕龙·书记》:"议政未定,故短牒咨谋。""嘉止","嘉",嘉许;表彰。《书·文侯之命》:"汝多修,扞我于艰,若汝予嘉。"北魏郦道元《水经注·榖水》:"何汤,字仲弓,尝为门侯,上微行夜还,汤闭门不内,朝廷嘉之。""止",语气助词。用于句末,表确定语气。《诗·召南·草虫》:"亦既见止,亦既觏止,我心则降。"晋陶潜《命子》诗:"於皇仁考,淡焉虚止。"按此四句《旧唐书·则天皇后纪》记云:"帝自显庆已后,多苦风疾,百司表奏,皆委天后详决。自此内辅国政数十年,威势与帝无异,当时称为'二圣'。"③《资治通鉴》卷二百显庆五年亦载:"十月,上初苦风

---

① 欧阳修,宋祁.新唐书[M].北京:中华书局,1975:3476-3477.

② 欧阳修,宋祁.新唐书[M].北京:中华书局,1975:3476-3477.

③ 刘昫,等.旧唐书[M].北京:中华书局,1975:115.

眩头重,目不能视,百司奏事,上或使皇后决之。后性明敏,涉猎文史,处事皆称旨。由是始委以政事,权与人主侔矣。"①

　　亦既顾命,聿怀代己。圣后谦冲,辞不获已。从宜称制,于斯为美。

　　按"顾命",《书·顾命》:"成王将崩,命召公、毕公率诸侯相康王,作《顾命》。"孔传:"临终之命曰顾命。"孔颖达疏:"顾是将去之意,此言临终之命曰顾命,言临将死去回顾而为语也。"后因以"顾命"谓临终遗命,多用以称帝王遗诏。《后汉书·阴兴传》:"帝风眩疾甚,后以兴领侍中,受顾命于云台广室。"《南史·褚彦回传》:"明帝崩,遗诏以为中书令、护军将军,与尚书令袁粲受顾命,辅幼主。"按"亦既顾命"事,《旧唐书·高宗纪下》永淳二年十二月载高宗崩后"宣遗诏:'……军国大事有不决者,取天后处分。'"②《新唐书·后妃上》亦载:"帝晚益病风不支,天下事一付后。"③又"谦冲",犹谦虚。三国魏曹操《报荀彧书》:"前后谦冲,欲慕鲁连先生乎?"宋苏轼《赐皇叔改封徐王颢上表辞免册礼允诏》之一:"虽莫称朕所以极褒崇之心,而将使卿庶几获谦冲之福。"又"从宜称制","从宜",采取适宜的做法。《礼记·曲礼上》:"礼从宜,使从俗。"《汉书·朱博传》:"博治郡,常令属县各用其豪桀以为大吏,文武从宜。"颜师古注:"各因其材而任之。""称制",代行皇帝的职权。《汉书·高后纪》:"惠帝崩,太子立为皇帝,年幼,太后临朝称制。"《后汉书·皇后纪上·和熹邓皇后》:"邓后称制终身,号令自出。"

　　仗义当责,忘躯济厄。神器权临,大运匪革。宗祧永固,寰区奄宅。负扆肃清,垂旒光赫。

　　按,此节以及之后篇章,乃叙述武后当政后忘我勤政治国,并取得"鸿业大勋"。"济厄",救助灾难、困苦。"济",《易·系辞上》:"知周乎万物,而道济天下。"唐韩愈《原道》:"为之医药,以济其夭死。""厄",灾难;困苦。《公羊传·宣公十五年》:"君子见人之厄则矜之,小人见人之厄则幸之。"汉王逸《九思·遭厄》:"悼屈子兮遭厄,沉玉躬兮湘汨。"又"神器权临,大运匪革","神器",代表国家政权的实物,如玉玺、宝鼎之类,借指帝位、政权。《汉书·叙传上》:"世俗见高祖兴于布衣,不达其故……不知神器有命,不可以智力求也。"颜师古注引刘德曰:"神器,玺也。"《文选·左思〈魏都赋〉》:"刘宗委驭,巽其神器。"吕延济注:"神器,帝位。""大运",谓天命,上天的旨意。《史记·天官书》:"日月晕适,云气,此天之客气,其发见亦有大运。"《后汉书·明帝纪》:"朕承大运,继体守文。"又"宗祧永固,寰区奄宅","宗祧",宗庙。《左传·襄公二十三年》:"纥不佞,失守宗祧,敢告不吊。纥之罪,不及不祀。"杜预注:"远祖庙为祧。"《孔子家语·哀公问政》:"圣人因物之精,制为之极,明命鬼神,以为民之则,而犹以是为未足也。故筑为宫室,设为宗祧。""奄宅",抚定,谓统治。晋陆机《答贾谧》诗:"赫矣隆晋,奄宅率土。"唐元稹《册文武孝德皇帝赦文》:"昔我高祖太宗化隋为唐,奄宅区夏,包举四海。"按,此处所谓"神器权临,大运匪革。宗祧永固,寰区奄宅"云云,亦乃有违史载之美誉。

　　①　司马光.资治通鉴[M].北京:中华书局,1956:6322.
　　②　刘昫,等.旧唐书[M].北京:中华书局,1975:112.
　　③　欧阳修,宋祁.新唐书[M].北京:中华书局,1975:3476.

其实武后于唐高宗崩后不久即废去本应即位之睿宗、中宗，并革唐为周，建立武周政权，又迁走李唐祖庙，新立武周七庙。《旧唐书·则天皇后纪》即载："弘道元年十二月丁巳，大帝崩，皇太子显即位，尊天后为皇太后。既将篡夺，是日自临朝称制。……嗣圣元年春正月甲申朔，改元。二月戊午，废皇帝为庐陵王，幽于别所，仍改赐名哲。己未，立豫王轮为皇帝，令居于别殿。大赦天下，改元文明。皇太后仍临朝称制。庚午，废皇太孙重照为庶人。……三月，庶人贤死于巴州。夏四月，……丁丑，迁庐陵王哲于均州。……九月，大赦天下，改元为光宅。旗帜改从金色，饰以紫，画以杂文。改东都为神都，又改尚书省及诸司官名。……垂拱元年……三月，迁庐陵王哲于房州。颁下亲撰《垂拱格》于天下。……二年春正月，皇太后下诏，复政于皇帝。以皇太后既非实意，乃固让。皇太后仍依旧临朝称制，大赦天下。……四年春二月，毁乾元殿，就其地造明堂。……五月，皇太后加尊号曰圣母神皇。……永昌元年春正月，神皇亲享明堂，大赦天下，改元，大酺七日。……夏四月，诛蒋王恽、道王元庆、徐王元礼、曹王明等诸子孙，徙其家属于巂州。……载初元年春正月，神皇亲享明堂，大赦天下。依周制建子月为正月，改永昌元年十一月为载初元年正月，十二月为腊月，改旧正月为一月，大酺三日。神皇自以'曌'字为名，遂改诏书为制书。……九月九日壬午，革唐命，改国号为周。改元为天授，大赦天下，赐酺七日。乙酉，加尊号曰圣神皇帝，降皇帝为皇嗣。丙戌，初立武氏七庙于神都。追尊神皇父赠太尉、太原王士彟为孝明皇帝。兄子文昌左相承嗣为魏王，天官尚书三思为梁王，堂侄懿宗等十二人为郡王……二年正月，亲祀明堂。春三月，改唐太庙为享德庙。"①又"负扆肃清，垂旒光赫"，"负扆"，亦作"负依"。背靠屏风，指皇帝临朝听政。《荀子·正论》："居则设张容负依而坐。"杨倞注："户牖之间谓之依，亦作扆、扆、依音同。"《淮南子·泛论训》："周公继文王之业，履天子之籍……诛管蔡之罪，负扆而朝诸侯。"高诱注："负，背也。扆，户牖之间。言南面也。""肃清"，犹清平，多指国家、社会安定太平，法纪严明。《汉书·韦贤传》："王朝肃清，唯俊之庭，顾瞻余躬，惧秽此征。"晋陆机《汉高祖功臣颂》："二州肃清，四邦咸举。""垂旒"，古代帝王贵族冠冕前后的装饰，以丝绳系玉串而成。汉班固《白虎通·绋冕》："垂旒者，示不视邪。"南朝梁沈约《皇雅》："执珽朝群后，垂旒御百神。"

> 洸洸我君，四海无氛。英才远略，鸿业大勋。雷霆其武，日月其文。
> 洒以甘露，覆之庆云。制礼作乐，还淳返朴。宗祀明堂，崇儒太学。四海慕化，九夷禀朔。沉璧大河，泥金中岳。巍乎成功，靡然向风。

按，此节仍为颂扬武后之政绩。"洸洸我君"，"洸洸"，威武貌。《诗·大雅·江汉》："江汉汤汤，武夫洸洸。"宋王禹偁《大阅赋》："赳赳洸洸，卫社之将帅；皇皇济济，扈跸之公卿。"又"洒以甘露，覆之庆云"，"甘露"，甘美的露水。《老子》："天地相合，以降甘露。"古人认为甘露降，是太平瑞征。《汉书·宣帝纪》："乃者凤皇集泰山、陈留，甘露降未央宫……获蒙嘉瑞，赐兹祉福，夙夜兢兢，靡有骄色。""庆云"，五色云。古人以为喜庆、吉祥之气。《列子·汤问》："庆云浮，甘露降。"《汉书·天文志》："若烟非烟，若云非云，郁郁纷纷，萧萧轮囷，是谓庆云。庆云见，喜气也。"又"宗祀明堂，崇儒太学"，"宗祀"，谓对祖宗的祭祀。《孝经·圣治》："昔者周公郊祀后稷以配天；宗祀文王于明堂以配上帝。"《宋书·武帝纪中》："夷羿乘衅，荡覆王

---

① 刘昫，等.旧唐书[M].北京：中华书局，1975：116-121.

室,越在南鄙。迁于九江。宗祀绝飨,人神无位。"《汉书·叙传上》:"夫以匹妇之明,犹能推事理之致,探祸福之机,而全宗祀于无穷,垂策书于春秋。""明堂",墓前祭台,又称为券台。《后汉书·独行传·范冉》:"其明堂之奠,干饭寒水,饮食之物,勿有所下。"李贤注:"此言明堂,亦神明之堂,谓圹中也。"按,《旧唐书·则天皇后纪》记"宗祀明堂"事云:"载初元年春正月,神皇亲享明堂,大赦天下。……二年正月,亲祀明堂。……三年正月,亲祀明堂。"① "崇儒太学",《新唐书·后妃上》载此事云:"后乃更为太平文治事,大集诸儒内禁殿,撰定《列女传》《臣轨》《百僚新诫》《乐书》等,大氐千馀篇。"② 又《旧唐书·则天皇后纪》载:"太后尝召文学之士周思茂、范履冰、卫敬业,令撰《玄览》及《古今内范》各百卷,《青宫纪要》《少阳政范》各三十卷,《维城典训》《凤楼新诫》《孝子列女传》各二十卷,《内轨要略》《乐书要录》各十卷,《百僚新诫》《兆人本业》各五卷,《臣范》两卷,《垂拱格》四卷,并文集一百二十卷,藏于秘阁。"③ 又"四海慕化,九夷禀朔","慕化",向慕归化。《书·旅獒》"遂通道于九夷八蛮"孔传:"四夷慕化,贡其方贿。"唐白居易《代忠亮答土蕃东道节度使论结都离等书》:"若非皇天辅德,明神福仁,北虏何为归明,南蛮何为慕化。""九夷",泛称少数民族。《书·旅獒》:"遂通道于九夷八蛮。"孔传:"九、八,言非一。"《文子·精诚》:"故秦楚燕魏之歌,异声而皆乐,九夷八狄之哭,异声而皆哀。""禀朔",犹"告朔",指诸侯于每月朔日行告庙听政之礼。《左传·文公六年》:"闰月不告朔,非礼也。"杜预注:"经称'告月',传称'告朔',明'告月'必以朔。"又"沉璧大河,泥金中岳","沉",古代祭川泽曰沉。因向水中投祭品,故名。《周礼·春官·大宗伯》:"以狸沉祭山林川泽。"贾公彦疏:"祭山林曰埋,川泽曰沉。"《淮南子·说山训》:"尸祝斋戒以沉诸河。"高诱注:"祀河曰沉。""沉璧",犹"沉玉",指古代祭水时,把玉沉于水中。《左传·襄公十八年》:"晋侯伐齐,将济河,献子以朱丝系玉二毂……沉玉而济。"元陈赓《游龙祠》诗:"骞菱沉玉答灵贶,割牲酾酒传巫言。""泥金",古代帝王行封禅礼时所用的玉牒有玉检、石检,检用金缕缠住,用水银和金屑泥封。事见《后汉书·祭祀志上》。后因以借指封禅。南朝梁刘勰《文心雕龙·封禅》:"树石九旻,泥金八幽。"《旧唐书·后妃传上·太宗贤妃徐氏》:"齐桓小国之庸君,尚图泥金之事。""中岳",指位于今河南登封市北面的嵩山,古名嵩高。《史记·封禅书》:"昔三代之居,皆在河洛之间,故嵩高为中岳,而四岳各如其方。"又"靡然",草木顺风而倒貌。喻望风回应,闻风而动。《史记·平准书》:"彭吴贾灭朝鲜,置沧海之郡,则燕齐之间,靡然发动。"按"沉璧大河"事盖指《旧唐书·则天皇后纪》垂拱四年所记"夏四月,魏王武承嗣伪造瑞石,文云:'圣母临人,永昌帝业。'令雍州人唐同泰表称获之洛水。皇太后大悦,号其石为'宝图',擢授同泰游击将军。五月,皇太后加尊号曰圣母神皇。秋七月,大赦天下。改'宝图'曰'天授圣图',封洛水神为显圣,加位特进,并立庙。就水侧置永昌县。……十二月己酉,神皇拜洛水,受'天授圣图',是日还宫。明堂成"。④ 又《新唐书·后妃上》亦载此事云:"承嗣伪款洛水石,导使为帝,遣雍人唐同泰献之,后号为'宝图',擢同泰游击将军。于是氾人又上瑞石,太后乃郊上帝谢况,自号圣母神皇,作神皇玺,改宝图曰'天

① 刘昫,等.旧唐书[M].北京:中华书局,1975:120-122.
② 欧阳修,宋祁.新唐书[M].北京:中华书局,1975:3476.
③ 刘昫,等.旧唐书[M].北京:中华书局,1975:133.
④ 刘昫,等.旧唐书[M].北京:中华书局,1975:119.

授圣图',号洛水曰永昌水,图所曰圣图泉,勒石洛坛左曰'天授圣图之表',改汜水曰广武。"①又"泥金中岳"事,《旧唐书·则天皇后纪》载:"万岁登封元年腊月甲申,上登封于嵩岳,大赦天下,改元,大酺九日。丁亥,禅于少室山。"②又"靡然",草木顺风而倒貌。喻望风响应,闻风而动。《史记·平准书》:"彭吴贾灭朝鲜,置沧海之郡,则燕齐之间,靡然发动。"

五

> 乃复明辟,深惟至公。归闲于太庭之馆,受养于长乐之宫。品汇胥悦,讴歌载隆。鼎祚既穆,璇枢已肃。庶保太和,长介景福。

按,自此节起乃记叙武后深明至公大义,归位于唐中宗,安享"庶保太和"以颐养天年,终因积忧劳染疾而薨。临逝时尚留惠言颁宠赐,顾念及子民百姓。"乃复明辟","明辟",谓还政于君。《后汉书·皇后纪上·和熹邓皇后纪论》:"邓后称制终身,号令自出,术谢前政之良,身阙明辟之义。"《后汉书·杜根栾巴等传赞》:"邓(邓太后)不明辟,梁(梁太后)不损陵。慊慊栾杜,讽辞以兴。"按"乃复明辟,深惟至公",谓则天皇后深明至公大义,还政于唐中宗。此誉其实亦有所美化,其实乃不得不如此耳。《旧唐书·则天皇后纪》神龙元年正月记其实情云:"上不豫……癸亥,麟台监张易之与弟司仆卿昌宗谋反,皇太子率左右羽林军桓彦范、敬晖等,以羽林兵入禁中诛之。甲辰,皇太子监国,总统万机,大赦天下。是日,上传皇帝位于皇太子,徙居上阳宫。戊申,皇帝上尊号曰则天大圣皇帝。"③又"归闲于太庭之馆,受养于长乐之宫",《旧唐书·中宗纪》神龙元年正月载"丁未,天后徙居上阳宫"。④ 又"品汇胥悦","品汇",事物的品种类别。《晋书·孝友传序》:"分浑元而立体,道,贯三灵;资品汇以顺名,功苞万象。"唐韩愈《感春》诗之二:"幸逢尧舜明四目,条理品汇皆得宜。"又"鼎祚既穆,璇枢已肃","鼎祚",犹国祚,国运。《晋书·汝南王亮等传序》:"光武雄略纬天,慷慨下国……休祉盛于两京,鼎祚隆于四百。"《周书·晋荡公护传》:"臣所以勤勤恳恳,干触天威者,但不负太祖之顾托,保安国家之鼎祚耳。""璇枢",比喻枢纽,关键。《淮南子·主术训》:"事欲鲜者,执柄持术,得要以应众,执约以治广,处静持中,运于璇枢,以一合万,若合符者也。"唐许敬宗《奉和执契静三边应诏》:"乾灵振玉弩,神略运璇枢。"又"庶保太和,长介景福","太和",谓太平。三国魏曹植《七启》:"吾子为太和之民,不欲仕陶唐之世乎。"《文选·颜延之〈宋文皇帝元皇后哀策文〉》:"太和既融,收华委世。"李善注:"太和,谓太平也。""介",佐助。《诗·豳风·七月》:"为此春酒,以介眉寿。"郑玄笺:"介,助也。"宋曾巩《仙沅县君曾氏墓志铭》:"既艰其生,又不介之寿。""景福",洪福;大福。《诗·周颂·潜》:"以享以祀,以介景福。"三国魏曹植《精微篇》:"圣皇长寿考,景福常来仪。"又"如何靡怙,而降斯酷。后弄孙其未淹,人丧妣其焉速","怙",依赖;凭恃。《诗·小雅·蓼莪》:"无父何怙,无母何恃。"陆德明释文:"《韩诗》云:

---

① 欧阳修,宋祁.新唐书[M].北京:中华书局,1975:3480.
② 刘昫,等.旧唐书[M].北京:中华书局,1975:124-125.
③ 刘昫,等.旧唐书[M].北京:中华书局,1975:132.
④ 刘昫,等.旧唐书[M].北京:中华书局,1975:136.

'怙,赖也。'"《汉书·匈奴传下》:"莽新即位,怙府库之富欲立威。""弄孙",逗玩孙儿。北魏崔鸿《十六国春秋·后赵·石虎》:"但抱子弄孙日为乐耳。"宋戴敏《郑公家》诗:"弄孙时掷果,留客旋煎茶。""淹",久,长久。唐玄奘《大唐西域记·磔迦国》:"岁月既淹,率其邑人,矫杀迦湿弥罗王而自尊立。"《新唐书·姚崇传》:"崇尤长吏道,处决无淹思。"又"嗣皇擗摽,列辟扶服。九族号咷,万姓荼毒","擗摽",抚心,拍胸,形容哀痛的样子。语本《诗·邶风·柏舟》:"静言思之,寤辟有摽。"朱熹集传:"辟,拊心也。摽,拊心貌。"高亨注:"辟,读为擗,拍胸也。"《文选·马融〈长笛赋〉》:"雷叹颓息,掐膺擗摽;泣血泫流,交横而下。"李周翰注:"擗摽,抚心也。""列辟",指公卿诸官。唐王维《京兆尹张公德政碑》:"天子犹日省三揖列辟,日听万方舆颂。"赵殿成笺注:"班固《典引》:'德臣列辟,功君百王。'李周翰注:'列辟,百官也。'""扶服",亦作"扶伏",亦作"扶匐",同"匍匐",伏地爬行,形容急遽,竭力。《礼记·檀弓下》:"《诗》云:'凡民有丧,扶服救之。'"《诗·邶风·谷风》作"匍匐救之"。"九族",以自己为本位,上推至四世之高祖,下推至四世之玄孙为九族。《书·尧典》:"克明俊德,以亲九族。"孔传:"以睦高祖、玄孙之亲。""荼毒",悲痛。《隋书·越王侗传》:"奉讳之日,五情崩陨,攀号荼毒,不能自胜。"《新唐书·吕才传》:"世之人为葬巫所欺,忘僻踊荼毒,以期徼幸。"又"积忧劳而弗念兮,构氛沴而成灾","弗念","念",安宁,舒适。《文选·张衡〈东京赋〉》:"且归来以释劳,膺多福以安念。"薛综注:"念,宁也。"《魏书·尒朱荣传》:"去月二十五日圣体康念,至于二十六日奄忽升遐。""氛沴",毒气。唐玄奘《大唐西域记·迦摩缕波国》:"入蜀西南之境,然山川险阻,嶂气氛沴,毒蛇毒草,为害滋甚。"又"感大渐之将逝兮","大渐",谓病危。《书·顾命》:"王曰:呜呼!疾大渐,惟几。"《列子·力命》:"季梁得病,七日大渐。"张湛注:"渐,剧也。"又"付圣子其得所兮","圣子",指唐中宗李显。考《旧唐书·中宗纪》:"中宗大和圣昭孝皇帝讳显,高宗第七子,母曰则天顺圣皇后。显庆元年十一月乙丑,生于长安。"[①]又"颁宠锡以留诀兮,节礼数以送哀","宠锡",帝皇的恩赐。唐白行简《李娃传》:"天子异之,宠锡加等。"宋曾巩《明州拟辞高丽送遗状》:"州郡当其道途所出,迎劳燕饯,所以宣达陛下宠锡待遇之意,此守臣之职分也。"按《旧唐书·则天皇后纪》载则天大渐前后事云:"神龙元年春正月,大赦,改元。上不豫,制自文明元年已后得罪人,除扬、豫、博三州及诸逆魁首,咸赦除之。……冬十一月壬寅,则天将大渐,遗制祔庙、归陵,令去帝号,称则天大圣皇后;其王、萧二家及褚遂良、韩瑗等子孙亲属当时缘累者,咸令复业。是日,崩于上阳宫之仙居殿。"[②]又"邈终天而一往兮","终天",久远。谓如天之久远无穷。晋潘岳《哀永逝文》:"今奈何兮一举,邈终天兮不反。"

六

　　光阴荏苒兮气序回互,泣尽冬霜兮悲生春露。攒途云启兮同轨毕赴,湘川未从兮汉茔盖袝。古则礼阙,今也仪具。呜呼哀哉！

　　①　刘昫,等.旧唐书[M].北京:中华书局,1975:135.
　　②　刘昫,等.旧唐书[M].北京:中华书局,1975:132-133.

按，自此节起至文末，皆记述祔葬武后于乾陵之情景，并赞颂武后超轶帝皇文母，德可配地之高风亮节。"泣尽冬霜兮悲生春露"，此句除抒发悲悼武后之情外，亦点明武后乃薨于寒冬，至祔葬时又历尽春季。据《旧唐书·则天皇后纪》，武后薨于神龙元年冬十一月壬寅，神龙二年五月庚申祔葬乾陵。[①] 又"攒途云启兮同轨毕赴，湘川未从兮汉茔盖祔"，"攒"，停棺待葬；待葬的棺枢。北周庾信《周太子太保步陆逞神道碑》："天子以大臣之丧，躬辍听讼；东朝以师傅之尊，亲临攒祭。"《太平广记》卷四五九引五代范资《玉堂闲话·张氏》："启攒之际，觉其秘器摇动，谓其还魂，剖而视之，见化作大蛇。""同轨"，指古代华夏诸侯国。《左传·隐公元年》："天子七月而葬，同轨毕至。"杜预注："言同轨，以别四夷之国。"汉班固《白虎通·崩薨》："天子七月而葬，同轨必至。"按"湘川未从"，指大舜葬九疑而娥皇女英未从。《史记》卷一《五帝本纪》载舜"南巡狩，崩于苍梧之野。葬于江南九疑，是为零陵"。《集解》引《礼记》曰："舜葬苍梧，二妃不从。[②]""汉茔盖祔"，意为武后将祔葬于乾陵。又"古则礼阙，今也仪具"，此两句意为古代娥皇女英未从大舜葬于零陵，乃于礼有缺；而武后祔葬乾陵，则礼仪完备。

> 夜漏尽兮晨挽发，转相风兮摇画月。厌河洛兮不临，去嵩邙兮飘忽。指咸阳之陵寝，历长安之宫阙。旋六马兮须期，考三龟兮中歇。呜呼哀哉！

按"晨挽发"，指枢车在早晨出发。"转相风兮摇画月"，"相风"，此处称观测风向的仪器。常用作仪仗。晋潘岳《相风赋》："立成器以相风，栖灵乌于帝庭。"《晋书·舆服志》："次相风，中道。"又"厌河洛兮不临，去嵩邙兮飘忽"，"厌"，嫌弃；憎恶；厌烦。《论语·宪问》："夫子时然后言，人不厌其言；乐然后笑，人不厌其笑；义然后取，个不厌其取。"《北史·周纪上》："天厌我魏邦，垂变以告，惟尔罔弗知。""河洛"，此处指洛水。三国魏曹植《洛神赋》："臣闻河洛之神，名曰宓妃。"清顾炎武《日知录·湘君》："江湘之有夫人，犹河洛之有宓妃也。""嵩邙"，嵩山和邙山的并称。唐韩愈《送石处士序》："先生居嵩、邙、瀍、穀之间，冬一裘，夏一葛。"金赵秉文《寄陈正叔》诗："嵩邙竞秀容多可，河洛交流忌独清。"按"厌河洛兮不临，去嵩邙兮飘忽"两句，意为因临洛水而有"逝者如斯夫"之伤感，故厌而不临；因嵩邙墓葬累累，触动伤逝之情，故迅疾离去。又"指咸阳之陵寝"，"陵寝"，古代帝王陵墓的宫殿寝庙，借指帝王陵墓。《后汉书·祭祀志下》："殇帝生三百余日而崩，邓太后摄政，以尚婴孩，故不列于庙，就陵寝祭之而已。"唐杜甫《重经昭陵》诗："陵寝盘空曲，熊罴守翠微。"又"旋六马兮须期，考三龟兮中歇"，"六马"，秦以后，皇帝之车驾用六马。《史记·秦始皇本纪》："始皇推终始五德之传……衣服旄旌节旗皆上黑。数以六为纪，符、法冠皆六寸，而舆六尺，六尺为步，乘六马。"汉蔡邕《独断》："法驾，上所乘曰金根车，驾六马，有五色。""须期"，犹"须时"，等待时机。宋叶适《送刘德修》诗："蛰雷正须时，春雨宜满泽。""三龟"，古代卜筮之法。《书·金縢》："乃卜三龟，一习吉。"孔传："以三王之龟卜。"孔颖达疏："《周礼·太卜》：'掌三兆之法：一曰玉兆，二曰瓦兆，三曰原兆。'三兆各别，必三代之法也。《洪范》卜筮之法，'三人占，则从二人之言'。是必三代之法并用矣。"按，三王，指太王、王季、文王。

---

① 刘昫，等.旧唐书[M].北京：中华书局，1975：132.

② 司马迁.史记[M].北京：中华书局，1959：44-45.

出国门兮夷由，览旧迹兮新忧。备物森兮如在，良辰阒兮莫留。当赫曦之盛夏，宛萧瑟之穷秋。山隐隐兮崩裂，水回回兮逆流。呜呼哀哉！

按"出国门兮夷由，览旧迹兮新忧"，"夷由"，亦作"夷犹"。犹豫；迟疑不前。《楚辞·九歌·湘君》："君不行兮夷犹。"王逸注："夷犹，犹豫也。"《后汉书·马融传》："或夷由未殊，颠狈顿踬。"李贤注："夷由，不行也。""旧迹"，指往日所经行之处所。又"备物森兮如在，良辰阒兮莫留"，"备物"，指仪卫、祭祀等所用的器物。《左传·定公四年》："备物典策，官司彝器。"孔颖达疏引服虔云："当谓国君威仪之物，若今伞扇之属。"王引之《经义述闻·春秋左传下》"备物典策"："备物即服物也。经传多言服物……'服'与'备'古字通。"《文选·干宝〈晋纪总论〉》："始当非常之礼，终受备物之锡。"张铣注："备物，谓祭器之物。"又"当赫曦之盛夏"，"赫曦"，炎暑炽盛貌。三国魏曹植《诰咎文》："炎旱赫羲，飙风扇发。"《文选·潘岳〈在怀县作〉诗之一》："初伏启新节，隆暑方赫羲。"张铣注："赫曦，炎盛貌。"按，武后祔葬在神龙二年五月，乃盛夏，故有此句。又"山隐隐兮崩裂，水回回兮逆流"，按此两句乃以山崩水逆流，抒发哀痛之情。

挂旌旐于松烟，即宫闱于夜泉。下幽翳兮无日，上穹隆兮盖天。隧路严兮百灵拱，殿垣虚兮万国旋。如有望而不至，怨西陵之茫然。呜呼哀哉！

按"挂旌旐于松烟，即宫闱于夜泉"，"旌旐"，指铭旌，导引灵柩的魂幡。南朝梁王筠《昭明太子哀册文》："诏撰德于旌旐，永传徽于舞缀。"隋炀帝《秦孝王诔》："旌旐飘飘而从风，笳管酸嘶而响谷。""夜泉"，犹"幽泉"，指阴间地府。南朝梁江淹《伤爱子赋》："伤弱子之冥冥，独幽泉兮而永閟。"《旧唐书·忠义传上·王义方》："请重鞫正义死由，雪冤气于幽泉，诛奸臣于白日。"又"下幽翳兮无日，上穹隆兮盖天"，"幽翳"，隐蔽。汉王粲《思友赋》："身既逝兮幽翳，魂眇眇兮藏形。"晋葛洪《抱朴子·弹祢》："是以高游凤林，不能幽翳蒿莱。""穹隆"，亦作"穹窿"，中间隆起，四周下垂貌，常用以形容天的形状。汉扬雄《太玄·玄告》："天穹隆而周乎下。"范望注："穹隆，天之形也。"《尔雅·释天》"穹苍"晋郭璞注："天形穹隆，其色苍苍，因名。"又"隧路严兮百灵拱，殿垣虚兮万国旋"，"隧路"，墓道。《文选·谢庄〈宋孝武宣贵妃诔〉》："山庭寝日，隧路抽阴。"李善注引郑玄《周礼》注："隧，墓道也。"宋王安石《神宗皇帝挽辞》之二："城阙宫车转，山林隧路归。""百灵"，各种神灵。《文选·班固〈东都赋〉》："礼神祇，怀百灵。"李善注："《毛诗》曰：'怀柔百神。'"唐李白《天长节使鄂州刺史韦公德政碑》："今主上明圣，怀于百灵。"又"怨西陵之茫然"，"西陵"，陵墓名。三国魏武帝陵寝，在河南省临漳县西。《彰德府志·地理志二》："操且死，令施繐帐于上，朝晡，上酒及糗粮，使宫人歌吹帐中，望吾西陵。西陵即高平陵也，在县西南三十里，周回一百七十步，高一丈六尺。"南朝齐谢朓《铜雀台》诗："郁郁西陵树，讵闻歌吹声。"按此处"西陵"，乃代指武后所祔葬之乾陵。又"轶帝皇之高风兮，钦文母之余懿"，"轶"，后车超前车，引申为超越。《左传·僖公三十二年》："君命大事：将有西师过轶我，击之，必大捷焉。"《汉书·扬雄传》："轶五帝之遐迹兮，蹑三皇之高踪。"颜师古注："轶亦过也。""文母"，文德之母。对后妃的称颂。《诗·周颂·雝》："既右烈考，亦右文母。"毛传："文母，大姒也。"郑玄笺："文德之母。"《后汉书·邓骘传》："伏惟和熹皇后圣善之德，为汉文母。"又"时来存乎立极兮，数往归乎配地"，"立极"，树立最高准则。

唐杜甫《有事于南郊赋》：“所以报本反始，所以庆长立极。”明唐顺之《廷试策》：“陛下敬一以昭事，中和以立极。”“配地”，谓功德与地一样博大深厚。《礼记·中庸》：“博厚配地。”孔颖达疏：“博厚配地，言圣人之德博厚，配偶于地，与地同功，能载物也。”又“惟圣慈之可法分，播徽音于后嗣”，“圣慈”，圣明慈祥。旧时对皇帝或皇太后的谀称。《后汉书·孔融传》：“臣愚以为诸在冲龀，圣慈哀悼，礼同成人。”唐杨巨源《春日奉献圣寿无疆词》之六：“造化膺神契，阳和沃圣慈。”此处用以称誉武后。“徽音”，犹德音，指令闻美誉。《诗·大雅·思齐》：“大姒嗣徽音，则百斯男。”郑玄笺：“徽，美也。”南朝齐谢朓《齐敬皇后哀策文》：“爰定厥祥，徽音允穆。”

七

此文乃崔融受唐中宗之命，为其祔葬武则天皇后时所撰之哀册文。作为哀册文，诚如明代徐师曾所言：“按哀辞者，哀死之文也，故或称文。夫哀之为言依也，悲依于心，故曰哀；以辞遣哀，故谓之哀辞也。……或以有才而伤其不用，或以有德而痛其不寿。幼未成德，则誉止于察惠；弱不胜务，则悼加乎肤色。此哀辞之大略也。”[①] 则哀辞记叙逝者之生平，称颂其功业道德乃应有之义，此亦诚如吴讷《文章辨体序说》谓碑铭之所言：“大抵碑铭所以论列德善功烈，虽铭之义称美弗称恶，以尽其孝子慈孙之心；然无其美而称者谓之诬，有其美而弗称者谓之蔽，君子之所弗由也欤！”这也告诉我们哀册文也同碑铭一样“称美弗称恶”。[②] 故检唐时哀册文，乃颇多颂扬逝者之语，而未见显恶揭弊者。如徐彦伯所撰之《中宗孝和皇帝哀册文》中云：

> 拱默当宁，赓歌抚弦。尧亲更睦，妫德逾膻。万宝阜成，四门光辟。宵衣若厉，道风犹庀。野接翘车，殿横儒席。留连镐宴，婉娈辞客。润洽泉鱼，恩周卉毳。鞮译鹙轮，要荒走币。削觚反朴，宽刑薄税。俗富京坻，人忘疵疠。帝图广运，天意难诬。旖旎祥策，张皇瑞符。仙芝抱础，神蓂摇厨。龟负绨检，麟衔斗枢。孝思罔极，崇庸克赛。亲幸国阳，式陈昭配。[③]

又如苏颋所撰《睿宗大圣真皇帝哀册文》亦颂扬云：

> 予从代王，子事周母。退象藏密，冲襟释负。不为震惊，自得谦受。权乃复亨，塞而自开。固推皇弟，仍陟元台。鸣牝构孽，纷虹肆妖。飙驰神武，电扫奸回。三让天下，再登宸极。顺夫盹心，忘我帝力。鞮译修贡，亲贤任职。乐英已敷，礼纬重绎。宗庙率祀，郊丘肇禋。养而迎夏，茇以祈春。静默沿道，和平返淳。智周翔泳，功济陶钧。

① 徐师曾.文体明辨序说[M].北京：人民文学出版社，1982：153.
② 吴讷.文章辨体序说[M].北京：人民文学出版社，1982：53.
③ 李昉.文苑英华：卷八百三十六[M]北京：中华书局，1966：4410.

　　以上之例均可见哀册文内容乃仅颂扬逝者之功业道德,以遣哀悼之情为本色。崔融所撰此哀册文即如此,随后徐彦伯、苏颋所撰中宗、睿宗哀册文亦均具此本色。问题在于哀册文尽管以歌功颂德为本色,但在我们所读到的上述三篇哀册文中,显然多有隐恶扬善,乃至谀颂之辞者,这只要将此三篇哀册文之歌功颂德与史家和当时人之记述评骘对照即可明了。如《旧唐书·中宗纪》末史臣评云:"廉士可以律贪夫,贤臣不能辅孱主。诚以志昏近习,心无远图,不知创业之难,唯取当年之乐。孝和皇帝越自负扆,迁于房陵,崎岖瘴疠之乡,契阔幽囚之地。所以张汉阳徘徊于克复,狄梁公哽咽以奏论,遂得生还,庸非己力。洎涤除金虎,再握璇衡,不能罪己以谢万方,而更漫游以隳八政。纵艳妻之煽党,则桀、纣争衡;信妖女以挠权,则彝伦失序。桓、敬由之覆族,节愍所以兴戈,竟以元首之尊,不免齐眉之祸。比汉、晋之惠、盈辈为优,苟非继以命世之才,则土德去也。"① 又《旧唐书·睿宗纪》史臣亦谓:"法不一则奸伪起,政不一则朋党生,上既启其泉源,下胡息于奔竞。观夫天后之时,云委于二张之第;孝和之世,波注于三王之门。献奇则除设盈庭,纳贿则斜封满路,咸以进趋相轨,奸利是图,如火投泉,安得无败? 洎景龙继统,污俗廓清,然犹投杼于乘舆之间,抵掌于太平之日。以至书频告变,上不自安,宫臣致御魅之科,天子慊巡边之诏。彼既弯弓而射我,我则号泣以行刑。此虽镇国之尤,亦是临轩之失。夫君人孝爱,锡之以典刑,纳之于轨物,俾无僭逼,下绝觊觎,自然治道惟新,乱阶不作。孝和既已失之,玄真亦未为得。赞曰:孝和、玄真,皆肖先人。率情背礼,取乐于身。夷涂不履,覆辙攸遵。扶持圣嗣,赖有贤臣。"② 从以上史臣对中宗、睿宗之评骘,不难看到史评与两帝王之哀册文间巨大之裂痕。如果我们再读读以下两文,则可立马看清其对武后之评述与武则天哀册文之方凿圆枘。武后时骆宾王《代李敬业讨武氏檄》指斥武后有云:"伪临朝武氏者,性非和顺,地实寒微。昔充太宗下陈,曾以更衣入侍。洎乎晚节,秽乱春宫。密隐先帝之私,阴图后庭之嬖。入门见嫉,蛾眉不肯让人;掩袖工谗,狐媚偏能惑主。践元后於翚翟,陷吾君於聚麀。加以虺蜴为心,豺狼成性,近狎邪佞,残害忠良,杀子屠兄,弑君鸩母,神人之所共疾,天地之所不容。犹复包藏祸心,窥窃神器,君之爱子,幽在别宫;贼之宗盟,委以重任。呜乎,霍子孟之不作,朱虚侯之已亡。燕啄皇孙,知汉祚之将尽;龙漦帝后,识夏庭之遽衰。"③ 又《旧唐书·则天皇后纪》载:"史臣曰:治乱时也,存亡势也。使桀、纣在上,虽十尧不能治;使尧、舜在上,虽十桀不能乱;使懦夫女子乘时得势,亦足坐制群生之命,肆行不义之威。观夫武氏称制之年,英才接轸,靡不痛心于家索,扼腕于朝危,竟不能报先帝之恩,卫吾君之子。俄至无辜被陷,引颈就诛,天地为笼,去将安所? 悲夫! 昔掩鼻之谗,古称其毒;人彘之酷,世以为冤。武后夺嫡之谋也,振喉绝襁褓之儿,菹醢碎椒涂之骨,其不道也甚矣,亦奸人妒妇之恒态也。然犹泛延谠议,时礼正人。初虽牝鸡司晨,终能复子明辟,飞语辩元忠之罪,善言慰仁杰之心,尊时宪而抑幸臣,听忠言而诛酷吏。有旨哉,有旨哉! 赞曰:龙漦易貌,丙殿昌储。胡为穹昊,生此夔魖? 夺攘神器,秽亵皇居。穷妖白首,降鉴何如。"④

　　上引骆宾王、史臣之评述,乃立足于李唐正统立场之语,虽不无丑化贬斥成分,但所述基

　　① 刘昫,等.旧唐书[M].北京:中华书局,1975:151.
　　② 刘昫,等.旧唐书[M].北京:中华书局,1975:162.
　　③ 董诰.全唐文[M].上海:上海古籍出版社,1990:886.
　　④ 刘昫,等.旧唐书[M].北京:中华书局,1975:133.

本合乎史实。他们对包括武后在内三位帝王多有揭弊挞伐之语,这与上述三篇哀册文多有明显差异,即此可提醒我们,哀册文多非客观全面准确记述与评骘逝者之文。明白于此以读武后哀册文,我们不仅可以明了此文乃崔融立足于武后和唐中宗之立场而撰之杰作,而且也可以理解文中仅"论列德善功烈"之合理性,因这乃哀册文这一文类之本然;但同时亦需明白,此文中时有隐恶扬善,乃至有违史实之记述,其谀颂之辞亦时而可见。此正如吴讷所谓"无其美而称者谓之诬"。我们不可全信其所言,将之完全作为研究评骘武后之根据,此亦读此文之不得不知也。

A Textual Study on Cui Rong's *Elegy for Empress Wu Zetian*

Wu Zaiqing

(The Chinese Department of Xiamen University，Xiamen，Fujian，361005)

Abstract：This article gives a chapter-and-verse based annotation to *the Elegy for Empress Wu Zetian*，explaining its archaic and recondite etiquettes，names，appellations and allusions etc. Meanwhile，some classical works and literatures are cited to interpret and corroborate some specific statements from this elegy，relevant historical records are used to reveal the historical facts hidden underneath the rhetorical veneer，and some brief commentaries are provided，all of which，hopefully，may unmask the true history and help readers to better understand this elegy and form proper evaluations of it.

Key words：Cui Rong；*Elegy for Empress Wu Zetian*；annotation；textual study

（学术编辑：胡旭）

吴在庆,男,厦门大学中文系教授。

《大慧普觉禅师语录》(二卷本)
新见宋人佚作辑证*

赵　昱

(武汉大学　文学院，湖北　武汉　430072)

摘要：《大慧普觉禅师语录》二卷本，系《大慧普觉禅师语录》三十卷本之外的又一种大慧宗杲语录，它的内容源出《大慧普觉禅师宗门武库》而又有所增加。其中新见宋人佚作20首(篇)，可为《全宋诗》《全宋文》补遗之一助。

关键词：大慧宗杲；语录；《全宋诗》；《全宋文》；辑佚

《大慧普觉禅师语录》二卷，署"参学比丘法宏、道谦编"，卷首有释祖庆题识："(祖庆)尝欲焚前录，俾学者自悟西来直指，不滞文字语言。今复镂此板，何也？正欲枷上着杻，缚上增绳，令渠自透自脱。灵利汉一见，便知落处，更于此录，求玄妙，寻言句，一任钻龟打瓦。淳熙戊申重阳日住钟山小师(祖庆)谨书。"卷末有其跋语："大慧先师以无量三昧辩才，秉佛慧炬，洞烛人心。承学之徒，随说抄录，散落诸方，末后最庵道印法兄，裒次编正，总为一集，名曰《广录》，前后颠末，了然无遗。昔释迦老子，住世七十九年，说法三百余会。临涅槃时，于金棺中现露双跌，以示迦叶。迦叶告诸比丘，佛已涅槃，凡金刚舍利，非我等事，我等当结集法藏，无令断绝。道印法兄之用心，与迦叶等。然当时迦叶一言之后，阿难依教奏行，佛之奥义，遍满沙界。祖庆亲炙先师之日最久，敢不奉承道印法兄之用心？镂版刊行，以广其传，庶几见者闻者，同悟真如，佛之慧命，永永不绝。古语云：'自未得度先度人者，菩萨发心。'学者当有以亮(祖庆)附丽阿难之本意。绍熙元年四月结制日，(祖庆)谨跋。"今收入《卍续藏经》第121册，题曰《普觉宗杲禅师语录》[1]。

释法宏、释道谦皆为大慧宗杲(1089—1163)座下弟子，后者尝编《大慧普觉禅师宗门武库》一卷，收录大慧宗杲禅师讲述的历代禅林逸事。而《大慧普觉禅师语录》既然同署法宏、道谦之名，卷上的各则顺序、内容又几与《大慧普觉禅师宗门武库》全同，两书之前后关系，正如大慧宗杲弟子释晓莹《云卧纪谭》所附《云卧庵主书》所述：

> 今华藏琏兄住保安，日有书来云："祖咏住越之兴善已数年，在临安时，缀集大慧始末，作《年谱》一册，不肯上径山与前辈看详，急于刊行，亦多疏脱。"愚于是答其书，纠其

* 本文为教育部人文社会科学重点研究基地北京大学中国古文献研究中心"十三五"重大项目"《全宋诗》失收诗人诗作及专卷汇编"(项目批准号：16JJD750004)阶段性成果。

① 释法宏,释道谦. 普觉宗杲禅师语录[M]//卍续藏经：第121册. 台北：新文丰出版公司,1976：47-102.

《年谱》之谬。……今略叙《武库》之权舆：乃绍兴十年春，信无言数辈在径山，以前后闻老师语古道今，聚而成编。福清真兄戏以《晋书·杜预传》中"武库"二字为名。……张徽猷昭远有偈嘲老师曰："小庵庵主放憨痴，爱向人前说是非。只因一句臭皮袜，几乎断送老头皮。"由是山头识者，莫不以"武库"二字为忧。故千僧阁首座江州能兄揭榜子于阁门曰："近见兄弟录得老师寻常说话，编成册子，题名《武库》，恐于老师有所不便，可改为《杂录》，则无害焉。"其后，又伪作李参政汉老跋，而以绍兴辛酉上元日书于小溪草堂之上。其实老师则不知有《武库》。及于绍兴庚午，在衡阳见一道者写册，取而读，则曰："其间亦有是我说话，何得名为《武库》？"遂曰："今后得暇，说百件与丛林结缘，而易其名。"未几，移梅阳。至癸酉夏，宏首座以前语伸请，于是闲坐间有说，则宏录之。……时福州礼兄亦与编次。宏遂以老师洋屿众寮榜其门，有兄弟参禅不得，多是杂毒入心之语，取禀而立为《杂毒海》。宏之亲录，为德侍者收；礼之亲录，在愚处。……①

　　绍兴十年（1140），信禅师等人将大慧宗杲在径山时的机语、应答等结集，又取《晋书·杜预传》"预在内七年，损益万机，不可胜数，朝野称美，号曰'杜武库'，言其无所不有也"之语，编成《武库》。次年，宗杲因与张九成"谤讪朝政"②而遭遇长达十六年之久的流放。绍兴二十三年，宏首座续记宗杲言说，录而编之，取名《杂毒海》，即《大慧普觉禅师宗门武库》《大慧普觉禅师语录》二书之蓝本③。而出于政治避害的现实需要，《武库》成书之后，宗杲的弟子们又伪造了李邴（字汉老）作于绍兴十一年上元日小溪草堂的跋语一篇，以求借重于朝野名公，为宗杲张目。今览《大慧普觉禅师语录》，上卷以信禅师所编《武库》、宏首座所录《杂毒海》为基础，并略有内容增加；下卷首列李邴跋语，尤为不伦，次录当时名公为大慧宗杲所作偈、赞、祭文以及大慧宗杲"赞方外道友""赞佛祖"等系列作品。全书的编排、题署，既不符合宋代禅僧语录的正常体例，又径取法宏、道谦之名，驳杂无序，显系《大慧普觉禅师宗门武库》之后才拼凑问世。

　　不过，尽管这部二卷本语录究属伪作，但它在南宋中期已经成书，并且保留了他处未见的大量记载，自当有其文献价值；特别是卷下集中收录的偈、赞、祭文，多有《全宋诗》④和《全宋文》⑤失收之作。兹分不见于《大慧普觉禅师宗门武库》的新出诗偈赞颂（10家、16首）⑥和时贤祭文（4家、4篇）两个部分，逐录于次。

　　① 释晓莹. 云卧纪谭[M]//卍续藏经：第148册. 台北：新文丰出版公司,1976：45-47. 其中张滉（字昭远）嘲戏大慧宗杲的偈作，《全宋诗》册37卷2053页23088张昭远名下亦失收。

　　② 脱脱. 宋史卷三七四：张九成传[M]//宋史：第33册. 北京：中华书局,1977：11579.

　　③ 哈磊.《大慧语录》的编辑与版本系统[J]. 西南民族大学学报（人文社科版）,2008(9)：107.

　　④ 北京大学古文献研究所. 全宋诗[M]. 北京：北京大学出版社,1998.

　　⑤ 曾枣庄,刘琳. 全宋文[M]. 上海：上海辞书出版社,合肥：安徽教育出版社,2006.

　　⑥ 据朱刚、陈珏《宋代禅僧诗辑考》，"大慧语录，除《大正藏》所收《大慧普觉禅师语录》三十卷外，尚有《续藏经》所收《普觉宗杲禅师语录》二卷，其卷下所载大量'赞'，《全宋诗》未录，而《全宋文》已录入，此不复抄"（复旦大学出版社2012年版454页脚注①）。其实除了大慧宗杲《赞方外道友》《赞佛祖》的系列作品之外，《普觉宗杲禅师语录》卷下所载张浚、李邴、冯楫、徐林、赵令衿（字表之，《全宋文》册284卷6439页17以字立目）、吴伟明、蔡枢、张滉（字昭远，《全宋文》册158卷3403页78以字立目）、郑昂诸家《大慧禅师真赞》，《全宋文》于各人名下亦已见录，兹又不赘。

一、新出诗偈颂赞(10家、16首)

诗、偈、颂、赞本为不同文体,尤其传统的颂与赞,前者可以追溯至《诗经》,"美盛德而述形容",后者源出"唱发",与颂的功用近似,"其颂家之细条"①;二者一般均采用四言韵语的形式,与诗的题目、形式分别判然。但是自唐宋以降,大量涌现的佛教偈、颂、赞作品,却不仅与五言诗、七言诗、杂言诗所具有的对仗、押韵等特征呈现出极高的相似性,甚至反映在文人学士的文体观念以及作家别集的分体编次方面,它们之间也开始出现了相互浸润、融合的迹象,"与'诗'的界限已无法彻底划清"②。正是基于这样的发展现实,《全宋诗》的僧人名下,收录了为数众多的偈、颂、赞作品,以期更加宏阔、立体地反映两宋三百年间僧诗创作的繁荣景象。当然,这种扩大了文体边界的操作,一方面由于原则、尺度被模糊而造成了实际收录的不尽统一,另一方面也导致了《全宋诗》和《全宋文》在这一部分的篇目重出,进而一度引发了广泛、热烈的讨论③。对于诗与偈、颂、赞的文体区别与形式趋同,究竟应当如何看待、解释,特别是认识论层面之于方法论层面,即文体观念的新的变化对于古籍整理工作的具体推进指导,或许始终见仁见智,难有定论④。这里则仍将四者统而称之,并就其人生平或作品异文,附以按断说明。

(一)李光1首

大慧禅师真赞

往年曾见老维摩,今朝忽着僧衣服。因甚丹青邈不成,只为从来无面目。(《大慧普觉禅师语录》卷下)

按:李光(1078—1159),字泰发(一作泰定),越州上虞(今浙江上虞东南)人。《全宋诗》册25卷1421—1428录其诗八卷,《全宋文》册154卷3306—3318录其文十三卷,此首失收。

(二)刘岑1首

大慧禅师真赞

瞿昙系,四十九。此杰孙,世希有。姿如天人仰如斗,七十五年狮子吼。接物利生

---

① 刘勰. 文心雕龙:颂赞[M]//黄叔琳,李详.杨明照.增订文心雕龙校注.北京:中华书局,2012:107-109.

② 李更.偈赞颂管窥:从《全宋诗》对偈赞颂的收录说起[M]//北京大学中国古文献研究中心集刊:第七辑.北京:北京大学出版社,2008:632.

③ 李更.偈赞颂管窥:从《全宋诗》对偈赞颂的收录说起[M]//北京大学中国古文献研究中心集刊:第七辑.北京:北京大学出版社,2008:621.

④ 例如,陈尚君在《〈先秦汉魏晋南北朝诗〉再检讨》一文中强调,释家的歌诗赞颂,唐代以后更多具备了诗歌的节奏、押韵等形态,而《〈全唐诗续拾〉前言》亦称:"赋、铭、赞、颂等韵文,六朝以来均视为文而不视为诗,尽管并不科学,但历代沿守,自无必要改变。但也有特殊情况,……有些作者的五七言诗用铭、箴、赞、颂之类命篇。凡此之类,本书均酌情予以收入,以便研究。"(陈尚君.汉唐文学与文献论考[M].上海:上海古籍出版社,2008:47-48,64.)

慈父母,写之丹青传不朽。(《大慧普觉禅师语录》卷下)

按:刘岑(1087—1167),字季高,号杍山居士,吴兴(今浙江湖州)人。《全宋诗》册 29 卷 1683 页 18882—18883 录其诗二首,《全宋文》册 177 卷 3884 录其文一卷,此首失收。

(三)莫俦 1 首

闻大慧普觉禅师圆寂

俦与佛日大慧普觉禅师游,逾三纪矣,忽闻圆寂,不胜悲怆。天下独步宗师云亡,孰不叹惜。自惟衰耄,屏迹海濒,莫遑躬致茶果之奠,聊赋诗一首,以写我心云尔。

竹篦常握振宗风,妙喜横行四海中。乔岳下览众山小,真龙尽洗凡马空。名标普觉白日并,塔跃宝光祥霭笼。居士幽栖身懒动,遥瞻明月恨何穷。(《大慧普觉禅师语录》卷下)

按:莫俦(1089—1164),字寿朋,吴县(今江苏苏州)人。《全宋诗》册 30 卷 1718 页 19346—19347 录其诗二首,此首失收。

(四)释宗杲 1 首

颂一首

赵州狗子无佛性,道火何曾口被烧。昨夜蓦然帘上发,南海波斯鼻孔焦。(《大慧普觉禅师语录》卷上)

《大慧普觉禅师语录》:师因遗火烧帘,次日告香,举"狗子无佛性"话,乃云:"欲识佛性义,当观时节因缘。"云门大师道:"若是得底人,道火何曾烧着口。"因作颂云云。

按:释宗杲(1089—1163),号大慧,俗姓奚,宣州宁国(今安徽宣城)人。《全宋诗》册 30 卷 1720—1724 录其诗五卷,此首失收。

(五)刘仪凤 1 首

大慧禅师真赞

平生凌跨佛祖,骂得半文不直。被人猫画将来,一句何曾道得。道不得,听不闻,只这些子,函盖乾坤。所以四方学者,云集其门。没讨头处,翻裤作裈。我与此老,素无冤结。一回见面,眼中钉橛。不须到处,露渠丑拙。河清海晏秋天高,谁家瓮里无明月。(《大慧普觉禅师语录》卷下)

按:刘仪凤(1110—1176),字韶美,普州(今四川安岳)人。《全宋文》失收其人。

(六)释文温 1 首

上张商英

知府左司也大奇,教我东门南门西门北门收死尸。愿左司早入中书生个大男儿,更证阿耨多罗三藐三菩提。(《大慧普觉禅师语录》卷上)

《大慧普觉禅师语录》：无尽居士自左司出守南昌，年饥，乃开东湖以济民。民困役死无数。时有寂禅师者，吴越钱氏之裔，住上蓝。无尽令选一得力行者，收瘗遗骸满千数，即与度牒。寂差行者文温，福州人，操闽音，作诗上无尽云云。寂欲檛楚。无尽知之，令人传语长老："行者诗好，休要打他。"

按：释文温，福州(今属福建)人。与张商英同时。《全宋诗》失收其人。

(七)梦中白衣人1首

赠许知可

施医功普，陈楼间阻。殿上呼卢，唤六作五。(《大慧普觉禅师语录》卷上)

《大慧普觉禅师语录》：许知可，毗陵人。尝获乡荐，省闱不利而归。舟次吴江平望，夜梦白衣人谓之曰："汝无阴德，所以不第。"知可曰："某家贫，无资可以遗人。"白衣者曰："何不学医，吾助汝智慧。"知可辄寤。思践其言，果得卢、扁之妙。凡有病者，无问贵贱，诊候与药，不受其直。病者日填门，无不愈者。后举又中乡评，赴春官，叙舟平望，梦前白衣人相见，以诗赠之云云。思之不悟其意。后登第唱名，本第六人，因上名殿试罢不禄，遂升第五，乃在陈、楼之间。方省前诗谶也。

按：许叔微，字知可，真州(今江苏仪征)人。高宗绍兴三年(1133)进士。著有《本事方》十卷、《伤寒方》三卷(宋陈振孙《直斋书录解题》卷一三)。梦中白衣人之诗又见《夷坚志》甲志卷五"许叔微"条，作"药有阴功，陈楼间处。堂上呼卢，唱六作五"[①]，文字稍异。《全宋诗》失收其人。

(八)郑绩7首

大慧禅师真赞

真个临济儿孙，透彻三玄三句。拈出丹霞㡮头，江北江南独步。德山歌，禾山鼓，雪峰毬，岩头舞。平地骨堆，做尽路布。争如四海一闲人，襟韵飘飘袖轻举。塞上将军只识彪，辟易方知有真虎。

人言此老喜谈禅，此事谁人敢授传。少室峰前无剩语，二祖风流遍大千。立雪齐腰兹事且置，明月堂前又怎么生。熏风飔飔今犹昔，正好披襟抚舜弦。

偈五首

双槐居士郑绩，隆兴改元十月九日，致薄祭于大慧普觉禅师塔前，遂作五偈，以道追慕之情。

岭外归来又八年，舌头无骨口澜翻。有时穿透九流去，涌出杨岐顶𩕳禅。

句里呈机也大奇，个中消息不思议。只缘心地明如日，识得飞龙或跃时。

明月堂前月色新，青山过雨绝纤尘。松风凄断碧云合，不见堂中旧主人。

殿角生凉得力句，纵说横说河沙数。如今木倒藤亦枯，且道句归何处去。

---

① 洪迈.夷坚志[M].北京:中华书局,2006:38.

八月十日五更钟，吹毛用了匣藏锋。想当杀活自由处，不美沙场定远功。

（以上《大慧普觉禅师语录》卷下）

按：郑绩，字禹功，号双槐居士，吴兴（今浙江湖州）人。高宗绍兴四年（1134），佛灯守珣尝语临终时限。孝宗隆兴元年（1163），作偈追祭大慧宗杲。另与李彭（《日涉园集》卷四《次九弟游云居韵兼简郑禹功博士》等）、刘一止（《苕溪集》卷五《次韵郑禹功见贻一首》）、曾几（《茶山集》卷二《闻东湖荷花盛开未尝一游寄郑禹功》等）等皆有交。《全宋诗》失收其人，《全宋文》册 148 卷 3204 页 398—399 录其文两篇，《大慧禅师真赞》失收。

（九）陈亚卿 1 首

大慧禅师真赞

伟哉此老，有逼人之风韵，有如王之气宇。以正知见，主张大法；以大力量，荷担诸祖。纵口说禅，如雷如霆；恣意骂人，如风如雨。分别邪正，如正人端士之在庙堂；临机杀活，如谋臣猛将之临行伍。杜撰长老，嫉之如仇仇；本色衲僧，爱之如父母。杨岐一宗，历五世而光明盛大者，赖此老以为法道之主。至其驴鞴方来，钳锤后学，道出常情，众人莫得而拟议者，不过一条黑竹篦子。仁禅仁禅，切须荐取。（《大慧普觉禅师语录》卷下）

按：陈亚卿，字次仲，号东峰居士（《大慧普觉禅师语录》卷一九），闽县（今福建福州）人。徽宗宣和三年（1121）进士。高宗绍兴十七年（1147）以朝散郎通判汀州。《全宋文》失收其人。

（十）傅忠厚 1 首

大慧禅师真赞

堂堂径山，人中之杰。举世背毁，我独面折。人谓汲黯，不在朝列。下笔纵横，雷驱风卷。人谓东坡，不在翰苑。我知斯人，人天之师。威武不屈，贫贱不移。蒲团挂杖，笑视轩羲。（《大慧普觉禅师语录》卷下）

按：傅忠厚，失其名，以字行。尝为经略司干办公事，大慧宗杲谪居衡阳时与之相识[①]。郑刚中《北山集》卷一九又有《傅经干以所业一编出示戏赠一绝》，不知是否同一人。《全宋诗》《全宋文》失收其人。

---

① 《大慧觉禅师普说》卷五下："傅经干请普说，师云：'经干道友，妙喜初不相识。去岁经由衡阳，特来相访，一见便如故人。……'"（释蕴闻.大慧觉禅师普说[M]//卍正藏经：第 59 册.台北：新文丰出版公司，1980：1001.）

二、时贤祭文(4家、4篇)

(一)陈辉

祭大慧禅师文

佛法寖季,异见相攻。不有杰然,孰振其宗。猗欤大慧,道峻而通。孔老梵释,内外混融。雄辩俊仪,如河决东。襄裳从之,靡求不供。下动闾里,上倾王公。历载五十,莫婴其锋。晚归龙井,谈笑示终。师岂有逝,道俗所恫。馈奠之薄,聊写我胸。尚享!

按:陈辉,字晦叔,福唐(今福建福清)人。孝宗隆兴元年(1163)以两浙转运副使兼知临安府。是岁大慧宗杲圆寂,因而有此祭文,末署"朝请大夫直敷文阁知临安军府事赐紫金鱼袋"。《全宋文》失收其人。

(二)□易

祭大慧禅师文

惟师昔以道法,鸣于东南。领袖万僧,声名弥天。虽释其衣,而心实儒。贯穿百家,气雄万夫。以言违世,一跌几年。生死穷达,如不动山。虽困其身,道则愈明。四海导师,斗南一人。昔寓衡岳,时始见师。一见如旧,胸襟坦夷。生平自念,所遇孔艰。深中厚外,其徒实繁。与师一语,目明心开。西来妙旨,虽未究该。而其大节,荷师深知。今则已矣,谁其告之。呜呼!子方病归,几卧九泉。僧悦忽来,报师之迁。拊枕失声,挥涕咨嗟。知几百岁,复生师耶。师固超然,我心则勤。此一瓣香,非师莫陈。洋洋湘江,万折必东。我之怀师,岂有穷哉。尚享!

按:□易,失其姓[①],祭文末署"奉直大夫直秘阁"。《全宋文》失收其人。

(三)罗公旦

祭大慧禅师文

呜呼哀哉,师真无意于兹世耶?抑佛祖之道,当平沉而莫之继耶?何一病遽蜕,人天欲挽而不可冀也。师之春秋七十有五,不可谓不寿,而大法所系,学者宗仰,虽百年而犹未慰也。自临济以来,显道设教者不知其几,而光明俊伟未有如师之比也。方其首众京师,结庵洋屿,头角未露于诸方,霆震已惊于群耳。盖师之所得,尽先圣之渊秘,而材力雄健,又有绝乎其类者矣。观其开辟道奥,论议骏发,浩乎如河海之莫际。及夫戏弄翰墨,一落千字,并孔老以为言,混三教而一致。世皆称师聪明之过人,博闻而强记,而不知此皆其细也。握千圣之要机,揭明鉴而洞视,自凡学道之徒,有过乎前者。不待片辞之徒,而浅深洪纤,皆得其肝肺,则师之服人,有前辈之所未至。故一时震动,四方响

---

① 核之前后各篇署名体例,几乎全为姓氏大字书、名字小字书,因此这里以"易"为作者之名。

应,魁磊不群之士,悉云赴而川会。一登鄮岭,两主径山,抠衣于座下者率二万指,名声登彻于九重,而王公以下,莫不敛衽而钦事。昔其未见于世也,众欲正其师位,而其得罪迁徙也。日夜望其复归,归而既老矣,赢粮影从者,视所之而辄诣。及其谢病退卧,而众环绕弗散者,犹幸其一言之诲。呜呼,孰知奄分忽焉而不复见也!法鼓晨裂,流星夜坠,剡尺纸以上奏,即吉祥而飚逝。我生不淑,习业蒙翳,疏导洗涤,惟师之恃。今师已矣,野干乱鸣,蛙黾嘈杂,将何所而止戾也。薄奠敬陈,继以雪涕,非独悼一己之曷从,盖将为天下学者畏也。尚享!

按:罗公旦,孝宗隆兴元年(1163)为临安府观察判官,主持大慧宗杲丧事(《大慧普觉禅师年谱》)。《全宋文》失收其人。

(四)袁祖严

祭大慧禅师文

呜呼!天地虽大,有形斯彰。日月虽明,有数可量。惟我大慧,孰为乎方? 若其有陈,为谤之端。往岁瞻礼,寓于四安。亲授法语,尽平生欢。岂期遗诲,遽成永诀。波旬外道,罔不欣悦。从渠喧嚣,如汤沃雪。孰知我师,不用言说。本自无生,今则何灭。四方有知,涕泪哽嗌。引脰长号,馈奠以别。尚享!

按:袁祖严,号无住居士。与周必大有交(《文忠集》卷一六八《泛舟游山录》)。《全宋文》失收其人。

上述佚篇之外,另有清净居士李琛《祭大慧禅师文》,《全宋文》册 129 卷 2792 页 292 已收,小传称其"绍圣间人"。然而北宋哲宗绍圣时(1094—1098)距离南宋孝宗隆兴元年(1163)将近七十年,殆非同一人。

The Collection and Research of the Lost Works of Song Dynasty Discovered in *Quotations from Dahui Pujue Zen Master* (大慧普觉禅师语录)

(the Version of Two Volumes)

Zhao Yu

(Chinese college of Wuhan University; Hubei Wuhan, 430072)

Abstract: The two-volume version of *Quotations from the Dahui Pujue Zen Master* is another version of Dahui Zonggao's quotations in addition to the thirty-volume one. Its content came from *the Key Wisdom of Dahui Pujue Zen Master* (大慧普觉禅师宗门武库) and has developed. In this book, 20 pieces of newly found Song people's lost works are involved, which can be helpful to the editing of *the Poetry of the Whole Song Dynasty* (全宋诗) and *the Essays of the Whole Song Dynasty* (全宋文).

Key words：Dahui Zonggao；quotations；*the Poetry of the Whole Song Dynasty*；*the Essays of the Whole Song Dynasty*；collection of scattered writings

（学术编辑：钱建状）

赵昱,男,武汉大学文学院副教授。

清代赐谥对明末殉节诸臣遗集流传的影响

颜庆余

（江南大学　人文学院，江苏　无锡　214122）

摘要：明朝殉节诸臣遗集的文本流传，受到清朝审查制度和文治政策的深刻影响。顺治朝和乾隆朝两次赐谥，是对这些明朝死节忠臣的重新评价，成为诸臣遗集编刊的官方许可。诸臣遗集在结集刊行时，集名多取清廷所赐谥号，卷首多附刊赐谥谕旨和《明史》本传等官方文献，正文则删除触忌违碍的字句。明朝殉节诸臣的忠臣身份有助于其遗集的流传，而遗集流传则有助于诸臣声名自传于后世，不必依赖于史书的记述和评断。

关键词：明朝忠臣；文本流传；清谥

一、引言

文本总是在流传过程中发生变化。造成文本变化的因素多种多样，在不同的案例中，文本流传状况各不相同，变化的原因可以是审美、技术、道德、政治等方面的任何因素，需要具体问题具体分析。在明朝覆灭过程中甘心殉难死节的士大夫文人，因其特殊的政治身份，身后遗留的作品通常流传不广，甚至湮没不存。与一般文人的作品不同，明朝殉节诸臣遗集的文本流传，牵涉到清朝的审查制度和文治政策，在存藏、结集和刊行上，经常遭遇诸多困难。

清朝的书籍审查制度严苛，文字禁忌多，经常酿成惨狱，并销毁相关书籍。乾隆朝后期，下诏开设四库馆，通过各地藏书家的进呈，广征各省图书，又通过各级官员和清高宗的查核检阅，详列应该禁毁的书目。[①] 这是一次盛世修书，更是一场持续多年的全面的禁书活动，明末士人著述多触忌违碍，是禁毁的重点。章炳麟指出："乾隆焚书，无虑二千种，畸重记事，而奏议、文献次之，其阴鸷不后于秦矣。"[②]其中死节之臣如孙承宗、袁继咸、钱肃乐、张肯堂等，不明顺逆，坚持抗清，其著述都因触犯清朝忌讳而遭受销毁。

然而，清朝又有意褒扬这一批死节的明臣，赠官赐谥，立碑建祠，借此劝励臣节、笼络人心。[③] 清廷追谥明臣之举，主要有两次，一次是顺治朝追谥大学士范景文等十六人；另一次是乾隆朝追谥刘铤等一千五百多人，规模最大，影响也最为深广。赐谥与禁毁两种褒贬相反

---

① 陈正宏，谈蓓芳.中国禁书简史［M］.上海：学林出版社，2004：194-248.

② 章炳麟.訄书详注［M］.徐复，注.上海：上海古籍出版社，2017：831.

③ 潘洪钢.论清代谥法［J］.文史哲，2007（2）：71.

的手段，看似矛盾，实则都有其明确的用意。章炳麟指出：

> 乾隆之世，于前代谊士，方赠谥树表，扬厉而不厌。及一夕焚其书，不日狂吠，则日悖逆。何一人之言，而前后驳异如是也？夫患臣僚之携贰，则褒遗忠以炫之；惧汉族之怀旧，则毁故书以窒之。二者相违，而皆以愚民。惟民也卒受其愚，哀哉！①

清高宗赐谥明臣的时间是乾隆四十一年（1776），正是四库馆开始采进各省图书之际。明朝死节之臣虽然得谥，其遗集仍然可能遭受禁毁。赐谥和禁毁，恩威并施，都是驭下的手段，既能起到愚民的作用，又对明臣遗集的文本流传产生明显的影响。

本文考察明朝殉节诸臣遗集数十种。这些遗集中比较著名的几种，如陈子龙、张煌言、夏完淳、瞿式耜诸人的诗文集，都已经得到较为深入的考订，并有较为完善的整理本问世。不过，这一批文本流传状况相类似的遗集，还从未被当成一个整体、一种现象来考察和讨论。清廷赐谥明臣的举措，特别是乾隆朝颁行《钦定胜朝殉节诸臣录》，已经得到较多的讨论。不过，这些论著多是讨论史事和政策，并不涉及清廷赐谥如何影响诸臣遗集流传的问题。②

这些遗集的文本流传大多受到清朝的审查制度和文治政策的影响。乾隆朝后期的赐谥和禁书，因其覆盖广、规模大，影响尤为深远。明朝殉节诸臣遗集在清代，特别是在乾隆朝以后的结集刊行、增订重刻，反映的正是文本流传与政治权力之间的联系。在清朝书籍审查的文网中，在清廷重新评价明朝死节之臣的背景下，这些遗集如何存藏、编集和刊刻，在编刊过程如何自我审查，最终刊刻成书后又出现什么样的文本变化，这些都是值得深入研讨的问题。

二、忠谥名集

清朝定鼎之初，就有意识地将赐谥作为一种统治手段，即使是在南方仍有弘光、隆武等政权抵抗的形势下，仍然下诏褒扬明朝崇祯末年的死节之臣。顺治十年（1653），清世祖令礼部官员谕祭明末殉难诸臣范景文等十六人，并各有赐谥。③ 这一些死节的明臣，南明已有赠谥，这样就出现了一人兼有明朝所赠的旧谥和清朝所赐的新谥，如范景文，明谥文贞，清谥文忠。这一批明臣中，范景文、倪元璐等十二位有集存世。

乾隆朝追谥明臣，规模更大，影响更深远。乾隆四十一年，舒赫德、于敏中主编《钦定胜朝殉节诸臣录》十二卷，由武英殿刊刻、颁行。此书是承清高宗谕旨，为明朝殉节诸臣议谥的一本官修官籍，通过表彰杀身成仁的忠义之士，风励臣节。殉难诸臣的行事，主要取自《明

---

① 章炳麟，訄书详注[M].徐复，注.上海：上海古籍出版社，2017：834.

② 可参见：王记录.史馆修史与清代帝王文治：以乾隆朝为中心[J].山西师范大学学报，2006（3）：100-101；陈永明.《钦定胜朝殉节诸臣录》与乾隆对南明殉国者的表彰[M]//清代前期的政治认同与历史书写.上海：上海古籍出版社，2011.；张存榜.浅析《钦定胜朝殉节诸臣录》的编纂及晚明之殉节现象[J].唐山师范学院学报，2018（1）：117-120.

③ 清实录：第三册：世祖章皇帝实录卷七十八[M].北京：中华书局，1986：619.

史《御批历代通鉴辑览》《大清一统志》等官修史书。赐谥的对象主要是明季和南明的殉节诸臣,兼及建文殉节诸臣,顺治年间已经赐谥的则不在其列。殉节诸臣中比较有名的,在明朝或南明大多已经议谥,乾隆朝的赐谥实际上也是改谥。明季启祯年间的赐谥得到认可,而南明福王、唐王、桂王的赐谥则受到批判,改谥针对的主要是南明诸朝的赐谥。

《诸臣录》的赐谥办法有两种,一种是专谥,按名定谥,如忠肃、忠定、忠敬等,收录刘綖以下凡26人,大多有专传载诸《明史》;另一种是通谥,又分为四类,其中"忠烈"124人、"忠节"122人、"烈愍"377人、"节愍"882人。乾隆朝赐予的谥号,专谥全部和通谥的前两类,都是以"忠"字领起的双音节词。这显示出议谥时褒扬忠贞的单一导向,不可避免地掩盖得谥者各自的成就。相形之下,无论是明谥,还是顺治朝的赠谥,都比较多样化,经常包含"文"字,既重其节,也重其文,更符合得谥者的真实情况。

专谥诸臣中,卢象昇、史可法、陈子龙等十七位有遗集存世。刘綖、曹文诏等八人既无遗集存世,又无作品见诸书目著录。张肯堂有《莞尔集》,见诸《千顷堂书目》,又有《寓农初议》,见诸《清代禁毁书目》,二书后来都已失传。通谥诸臣人数众多,难以一一考察,阅读所及,得蔡道宪、夏完淳等遗集十余种。

顺治朝、乾隆朝两次赐谥涉及的明朝殉节忠臣,遗集传存至今的当在四十种以上。这些遗集各有不同的结集刊行的时间,以乾隆朝开设四库馆为分界,部分是在此前刊刻行世,部分则是在此后才结集成书。此前已经行世的遗集,大多由各省进呈四库馆,经过层层审查,可能得到著录,也可能列入禁毁名单。约略而言,这些遗集的文本流传情况可分成三种类型。

第一类,是进呈并被《四库全书》著录,如范景文、倪元璐、卢象昇、孙传庭等集。略述其中数种。

范景文《范文忠公初集》十二卷,康熙年间刊行,以顺治朝赐谥名集。此集是其《思仁堂存稿》《澜园存稿》等诗文集与《摄铨稿》《抚豫稿》等奏疏集的合编。《四库全书》著录此集,题作《范文忠集》。康熙本在道光和光绪年间都有重刻本。

倪元璐有多种诗文集进呈四库馆,其中明崇祯十五年(1642)刊刻的《鸿宝应本》十七卷和清顺治八年(1651)刊行的《倪文正公遗稿》二卷,遭到禁毁,而《倪文贞公文集》二十卷等,《四库全书》著录。《清代禁毁书目》称:"查《倪文正遗诗》,系明倪元璐撰。元璐全集已另有新刻删订之本,此系原刻,中多干碍处,应请销毁。"[①]禁毁的是以明谥名集的清初刻本,著录的是乾隆三十七年(1772)刻本,此本经过其玄孙倪安世删订,并改用清谥名集。

卢象昇《卢忠烈集》三卷,由其子孙编纂,初刻于康熙二十七年(1688),后有乾隆二十七年(1762)补编本。四库著录此集,改题《忠肃集》。卷首四库馆臣乾隆四十三年九月提要称:"旧本题曰《忠烈集》,盖用明福王时旧谥,未为定论,今即蒙特典褒荣,光垂千古,谨改题所赐新谥,昭表章之至意焉。"[②]后嘉庆十八年(1813)活字印本《卢忠肃公集》十卷附录一卷,即沿用四库著录时改题的集名。

孙传庭《白谷集》五卷,四库著录,收奏疏三卷、杂著和诗各一卷。卷首四库馆臣乾隆四十四年三月提要,特意提及乾隆四十一年(1776)赐谥忠靖。后有《孙忠靖公遗集》八卷,咸丰

---

① 姚觐元.清代禁毁书目[M].北京:商务印书馆,1957:273.

② 卢象昇.卢忠烈集[M]//景印文渊阁四库全书:1296 册.台北:台湾商务印书馆,1986:590.

六年(1856)代州孙氏刻本,是以四库本为基础,增入原先单行的《鉴劳录》《省罪录》,又补遗诗一卷。

凌义渠《凌忠清公集》六卷,清初刊行,以南明弘光朝所赠"忠清"谥号名集。四库著录此集,改用乾隆赐谥,题作《凌忠介公集》。后光绪四年(1878)刊行的《凌忠介公集》十卷,沿用四库本的改题。

第二类,是进呈四库馆却遭遇禁毁,如李邦华、王家彦、孙承宗、徐石麒等集。略述其中数种。

李邦华在明崇祯十七年(1644)自杀殉难,南明赐谥忠文,顺治朝赐谥忠肃。《皇明李忠文先生集》六卷,由其集名看,应是南明刻本。乾隆七年(1742)徐大坤刻本《文水李忠肃先生集》六卷,是南明刻本的重刻,收录内容、卷端署名和版刻行款都不变,只是在卷首增加序言、祭文、肖像等,在卷末增加挽诗、墓志铭等资料,又将集名中的明谥改作清谥,"皇明"二字改作"文水"二字。乾隆朝后期,南明刻本进呈四库馆,遭受禁毁。道光年间又刊行《明总宪李忠肃公集》十六卷。南明、乾隆和道光三刻都传存至今。

王家彦《王忠端公文集》十一卷,顺治十六年(1659)刊行;吴麟徵《吴忠节公遗集》四卷,弘光刻本,康熙五十五年(1716)重修;马世奇《澹宁居文集》十卷《诗集》三卷,清初刊行,乾隆二十一年(1756)重修;孙承宗《高阳集》二十卷,顺治十二年(1655)刊行,嘉庆十二年(1807)重修,又题《孙文正公全集》;吕维祺《明德先生文集》二十六卷,康熙二年(1662)刊行,乾隆四十八年(1783)重修;徐石麒《可经堂集》十二卷,顺治八年(1651)刊行。这六家遗集,王家彦集以明谥命名,吴麟徵集以清谥命名,孙承宗集在嘉庆朝重修改用清谥名集,其余三家都不用谥号名集。在乾隆朝禁毁后,这六家遗集都有传本存世,但乾隆朝以后都未见重刻。

刘理顺《刘文烈公全集》十二卷,顺治十五年(1658)刊行,康熙年间有重修本,用清谥名集,乾隆朝禁毁后仍有传本存,后又有光绪二十四年(1898)重刻本。

吴甘来《吴庄介公遗集》六卷,顺治年间刊行,用清谥名集,乾隆朝禁毁后失传,今存咸丰七年(1857)柏左山房重刻本。袁继咸《六柳堂集》,顺治年间刊行,乾隆朝禁毁后失传,今仅见咸丰年间重刻的《袁袁山遗集》四卷。杨廷麟《兼山诗集》四卷,康熙三十二年(1693)刻本,禁毁后仍有传本存世,后又有同治三年(1864)活字印本《杨忠节公遗集》六卷,诗文俱收,并用清谥名集。

钱肃乐《钱忠介公集》二十卷,全祖望纂辑,时在乾隆前期,在乾隆赐谥之前,因此用南明赠谥"忠介"名集。此集没有进呈四库馆,但因清初刊行的钱肃乐《庚辰春偶吟》一卷进呈后遭遇禁毁,此集在清代始终未能刊行,仅以钞本传存,直至民国二十二年(1933),列入张氏约园《四明丛书》,才刊刻行世。

张煌言遗集,全祖望纂辑,当时未能刊刻。传世有傅以礼长恩阁钞本,以清谥名集,题作《张忠烈公集》十二卷。此集没有进呈四库馆,但集中收录的《北征纪略》《冰槎集》等小集,有抄本单行,进呈后遭到禁毁。此集清末始有铅印本,改题《张苍水全集》,宣统元年(1909)由上海国粹丛编社出版。后又有民国二十三年(1934)张氏约园刻《四明丛书》本《张苍水集》九卷。

第三类,是乾隆四十一年赐谥以后结集成书,如祁彪佳、陈子龙、瞿式耜、夏完淳等集。略述其中数种。

乾隆朝末期。史可法《史忠正公集》四卷,刊行于乾隆四十九年(1784),以清谥名集。史可法遗集此前已有康熙三十六年(1697)刊刻的《史道邻先生遗稿》三卷,流传不广,似未进呈四库馆。二本之间篇目互有多寡，似无渊源关系。左懋第《左忠贞公剩稿》四卷，以清谥名集，刊行于乾隆五十八年(1793)，与乾隆朝前期刊行的《梅花屋诗草》一卷、《萝石山房文钞》四卷二种，合为《左懋第全集》。

嘉庆朝。陈子龙《陈忠裕全集》三十卷与夏完淳《夏节愍全集》十卷，都由王昶主持编校，先后刊行于嘉庆八年(1803)和嘉庆十四年(1809)。周凤翔《周文忠公集》七卷，刊行于嘉庆十八年(1813)。三集都以清谥名集。

道光朝。瞿式耜《瞿忠宣公集》十卷、祁彪佳《祁忠惠公遗集》十卷二集，都刊行于道光十五年(1853)。蔡道宪《蔡忠烈公遗集》六卷，道光二十六年(1846)刊行，是以先前刊刻的《悔刻集》二卷为基础，增入诸多传记资料的重刻本。三集都以清谥名集。贺逢圣《贺文忠公遗集》四卷，初刻于道光八年(1828)，重刻于同治八年(1869)。集名取明谥"文忠"而非清谥"忠壹"。陈子壮《陈文忠公遗集》十一卷，道光二十年(1840)刊行，集名取明谥"文忠"而非清谥"忠简"。此集十一卷由《练要堂集》六卷和《秋痕》五卷构成。《秋痕》即康熙年间刊刻的《陈文忠公遗集》五卷，又题《练要堂后集》。

咸丰朝。张国维《张忠敏公遗集》十卷，咸丰七年刊行。施邦曜《施忠愍公遗集》七卷，咸丰年间刊行，光绪年间重修。二集都以清谥名集。

综上，明朝殉节诸臣遗集大多以谥号命名，有意表现作者的社会身份和政治声誉。集名所用谥号多数是清谥。原先不以谥号名集的，通常会在重刻时改用谥号名集。原先以明谥名集的，通常也会在重刻时改用清谥。王家彦、贺逢圣、陈子壮三集仅存以明谥名集的版本，较为少见。总体而言，这些遗集的作者是得到清廷重新评价的忠贞之臣，这些遗集的文本是经过清廷严密审查，允许流传的作品。矢志反清的明朝殉节诸臣的遗集，多数是以清廷赐谥命名，这无疑是一个意味深长的现象，最能体现文本流传过程中政治权力的影响。

三、诸臣遗集的编校

与一般文人的诗文集相比，明朝殉节诸臣的遗集在改朝换代后的流传，更为显著地受到朝廷文治政策的影响。清廷的赐谥，是对明朝殉节诸臣的官方认可，在一定程度上，也是对其遗集行世的官方许可。顺治朝与乾隆朝先后赐谥的两批明朝殉节诸臣，又有所不同。顺治朝赐谥诸臣大多于崇祯末殉节，没有抗清之实，在清初就得到新朝的褒扬，其遗集多数在顺治、康熙年间就已刊行。而乾隆赐谥诸臣，如陈子龙、瞿式耜、张煌言、钱肃乐等，大多在南明时期坚持抗清，最终死节，在乾隆朝以前大多没有得到官方认可，其作品长期未能结集刊行，因此流传湮晦。乾隆赐谥，重新评价，促成乾隆朝以后这批抗清死节之臣的遗集的编校刊行。不过，自清初至乾隆朝，这一百余年间，这些存藏艰难、流传湮晦的遗集，文本错讹散佚最为严重。以下有关明朝殉节诸臣遗集的文本流传的考察，以乾隆赐谥诸臣为主。

明朝殉节诸臣遗集大多流传不广。陈子龙集是一个典型的例子。陈子龙生前刊行多种小集，如《安雅堂文稿》《湘真阁稿》《属玉堂集》等七种，又有诗文见于《壬申几社文选》《陈李倡和集》《云间三子新诗合稿》等总集。顺治四年(1647)五月，陈子龙抗清被执，投水自尽。此后，友人宋徵璧收存其遗文，门人王澐纂辑其全集，都未能刊行问世。乾隆朝前期，吴光裕掇拾丛残，刊刻陈集，却不幸版片散失，没有传本，未能进呈四库馆。陈子龙全集的编刊行世,迟至嘉庆朝,即同邑王昶校刊的《陈忠裕全集》三十卷。卷首王昶序指出:"及公湛渊抱石,黍离麦秀之歌,往往为人讳匿。"①道光年间李兆洛校订瞿式耜集,有题识称:"右《瞿忠宣公集》十卷,常熟许氏所藏,国初未敢行世,故四库书中不著其目。"②"未敢行世"一语,可与王昶"讳匿"一词相印证,共同揭示出诸臣遗集流传的特殊背景。

诸臣遗集流传的状况,可举全祖望纂辑的张煌言、钱肃乐二集为例。全祖望记述张煌言遗集幸存于世的经过:

> 吾闻尚书既被执,籍其居,无所有,但得笺函二大麓,皆中原荐绅所与往来。送入帅府,荐绅辈惧,遣说客请焚之。帅府亦恐摇人心,如其请,投之一炬。火既息,有二残册耿耿不可蒸。左右异而视之,则尚书之集也。说客因窃置怀而出,遂盛传于人间。③

遗集残册,劫火仅存,只是无从考实的传闻,却可以视为殉节诸臣遗集流传状况的表征。在明清易代的乱世劫火中,更多节义之士的遗集不幸散佚。全祖望留心浙东文献,搜访最勤,也只能慨叹说:

> 自明之季,吾乡号称节义之区,其可指而数者四十余人,而惟忠介暨苍水二家之集得传,其余如彤庵、眉仙、跻仲、笃庵、长升、默农、幼安诸公,盖四十余人中之表表者,或不过断简残编,或并只字不可得,则是二家之集不亦与球璧同其矜贵也与。④

同邑诸公遗集或者仅存断简残编,或者完全亡佚,只字不存,只有张、钱二集幸而得传。如果说张集幸存的经过近于传闻之辞,那么,钱集流传的过程则可缕述而言。钱肃乐就义后,遗集由其诸弟在漂流海外的波涛锋矢之间,艰难存藏。其四弟钱肃图详述遗集几次佚失的经过:

> 一失于借观者取去,复从残涔败箧中缀缉校书,仅存者十之七。一失于翁洲城陷,吾数人俱就絷缚,荒芦蔓草,仓卒覆匿,墟烬之余,仅存者亦十之七。归里后,稍就编次,正本为乘桴所携,余复校录于残涔败箧中,或篇章散亡,或字迹漫漶,展转译书,其仅存者又止十之七矣。⑤

钱肃乐遗集最终残存二十卷,子孙藏守于家,秘而不出。全祖望记述钱肃图嘱咐其子说:"谨收箧笥,即至亲密友不可出示。"⑥这种情形,与王昶所谓"讳匿"、李兆洛所谓"未敢行世",可相参照。

---

① 陈子龙.陈子龙诗集[M].施蛰存,马祖熙,标校.上海:上海古籍出版社,2006:773.
② 瞿式耜.瞿忠宣公集[M]//明别集丛刊:5辑57册.合肥:黄山书社,2016:346.
③ 张煌言.张忠烈公集[M]//续修四库全书:1388册.上海:上海古籍出版社,2002:270-271.
④ 钱肃乐.钱忠介公集[M]//明别集丛刊:5辑82册.合肥:黄山书社,2016:10.
⑤ 钱肃乐.钱忠介公集[M]//明别集丛刊:5辑82册.合肥:黄山书社,2016:12.
⑥ 钱肃乐.钱忠介公集[M]//明别集丛刊:5辑82册.合肥:黄山书社,2016:9.

在这样的情形下,明朝殉节诸臣的作品即使幸存,也大多流传不广,或者只有若干单行小集,或者只有辗转传写的钞本。前者如陈子龙,明末刊行《湘真阁稿》等多种小集,入清后长期隐匿不彰,乾隆朝各省进呈图籍,可能仍然搜采不及。① 后者如祁彪佳的作品,在道光年间《祁忠惠公遗集》的结集刊行之前,大多以稿钞本流传,如稿本《祁忠敏稿》五卷、明末钞本《远山堂诗始》、清初钞本《远山堂诗集》十卷,以及多种稿钞本的尺牍集。

遗集的辗转传抄,经常造成严重的文本残损和讹误。周凤翔尽管在顺治朝已有赐谥"文忠",其遗集也得到《浙江通志》著录,却一直未有刊本。嘉庆年间其族孙周源编刻《周文忠公集》七卷时,残损情况是"遗集半饱壁蟫,此不过十之三四",讹误情况是"原本伪舛百出,稍稍校改残字,阙疑仍其旧"。② 夏完淳生平有《玉樊堂集》《内史集》《南冠草》三集,一直流传湮晦,其中《玉樊堂集》,正文前署"道林禹余稽复孝渊氏著",隐去作者真实姓名。嘉庆年间三集汇编为《夏节愍全集》,庄师洛担任纂辑校订之役,指出:

> 余辑《陈忠裕集》后,兼辑夏节愍诗文,零星掇拾,积之既久,遂衮然成集。然所得俱系钞本,亥豕鲁鱼,不可枚举。自是每得一本,即互相校勘,善得从之,疑者仍之。虽未能一一无憾,以视他本之阙伪满纸,似为少胜。③

王昶有诗题咏《玉樊堂集》曰:"字断疑科斗,文残恨鲁鱼。"④说的也是夏完淳遗集存在的鲁鱼亥豕的文字讹误。

明朝殉节诸臣遗集大多是由其后人艰难存藏,出于畏疑避忌的心理,隐匿不出,流传不广,经常是以小集或钞本的形式传世,文本多有残损讹误。这种文本流传状况主要是由殉节诸臣的特殊身份所导致的特殊情况,清初仍然坚持抗清的殉节诸臣尤其如此。乾隆朝后期的赐谥和重新评价,对于这一批殉节明臣的遗集传布而言,是一个转折点。《夏节愍全集》在光绪年间增补重刻时,吴庆坻在重刻序言中,谈及夏完淳、张煌言等人的遗集流传情况:

> 我高宗纯皇帝扶植纲常,垂教万世,特诏褒谥胜国死节之臣。……当国初时,胜国遗黎,沦湮晦晦,虽有文字,莫敢显暴。乾隆朝诏搜遗书,有司奉行不善,或持摭字句,文致奇祸。自纯皇帝大公至正,诏旨宽宏,于是向之沦湮淹晦者,始稍稍出。⑤

这是清末人的回顾,虽然将禁毁之举归咎于有司只能是曲说讳饰,却能清楚地指出乾隆赐谥褒扬对于诸臣遗集流传的意义。

清廷对明朝殉节诸臣的赐谥,无论是顺治朝,还是乾隆朝,都是对其忠贞之节和忠臣身份的认可。官方认可的影响,最直接地体现在遗集的题名上。如前所述,多数遗集是以清廷

① 据雷梦辰《清代各省禁书汇考》北京图书馆出版社 1997 年版第 48 页,乾隆四十六年(1781)湖北省奏缴书籍中有"陈大樽稿三部"。但未记载具体是哪一种集子。
② 周凤翔.周文忠公集[M]//明别集丛刊:5 辑 71 册.合肥:黄山书社,2016:74.
③ 白坚.夏完淳集笺校[M].上海:上海古籍出版社,1991:656.
④ 王昶.春融堂集[M].刻本.1807(清嘉庆十二年).
⑤ 白坚.夏完淳集笺校[M].上海:上海古籍出版社,1991:663.

赐谥命名。乾隆朝的赐谥，褒扬规模更大，相距年代更远，又有专书颁布刊行，因此对于诸臣遗集流传的影响，远大于顺治朝的赐谥。这种影响，不仅体现在谥号名集上，还体现为遗集卷首附刊乾隆谕旨等官方文书的做法上。

史可法《史忠正公集》四卷的乾隆四十九年（1784）刻本，最早采取这一做法。此本由其曾孙史山清纂辑，玄孙史开纯校订，卷首附刊《钦定胜朝殉节诸臣录》有关史可法的片段、清高宗的赐谥谕旨、敕赐专谥文、御制题像诗、御制《书明臣史可法复书睿亲王事》、赐题遗像谕旨，以及于敏中等朝臣八人的和诗；卷末则附录《明史》本传等传记资料、后人的祠记、像赞、拜墓诗、祭文等文献。卷末顾光旭《史忠正公集后序》指出：

> 乙未仲冬，恭逢我圣天子下褒锡之诏，举易名之典，赐谥忠正，表扬其大节，而推阐其学术心事。天章叠被，云汉昭回。有司承诏旨，修墓葺祠，刻公遗像，岁以春秋祭祀，恭泐御制书事及公复睿亲王书于壁，以示久远。公全集开纯手编凡四卷，卷首恭录宸翰暨在廷诸臣应制之作，卷末则以诸名人题咏附焉。①

在这段记述中，乾隆赐谥褒扬，有司修葺祠墓、立像祭祀，与史可法遗集编刊，是一系列先后相承的事件，赐谥是前提和起因，遗集编刊是后续的结果。这实际上是说，史可法其人得到认可，是其文得以传布的前提和背景。从遗集构成看，卷首和卷末的附属文本是表明史可法其人得到认可的文献，而正文四卷作为史可法作品的文本，只有依托于卷首和卷末的文献，才能结集成书，刊刻行世。

在乾隆朝以后诸臣遗集编刊中，这种做法颇为常见。祁彪佳《祁忠惠公遗集》十卷，道光刻本卷首附刊作者的官服半身像。这幅作者肖像置于右半叶，对应的左半叶是《钦定胜朝殉节诸臣录》的专谥评语："祁彪佳，廉静自守，抚辑有方，绩著居官，节全临难，今谥忠惠。"②专谥评语之后，同在左半叶，是张岱、杜甲撰写的两篇像赞。这似乎是将专谥评语挪用为作者肖像的像赞。③

左懋第《左忠贞公剩稿》四卷，乾隆刻本卷首附刊一叶清高宗谕旨："乾隆四十年十一月初十日，大学士舒赫德、于敏中等奉上谕，集议具奏，胜朝殉节臣督师经理河北、兵部右侍郎兼右金都御史、充通问使左懋第，仗节难挠，蹈死不悔，出疆之义，无愧全贞，拟谥忠贞，奉旨依议，赐谥忠贞。"此叶版面饰以云龙戏珠的图案，颇具视觉修辞的意味。卷首左彤九《凡例》称："窃思乾隆四十年先忠贞公与刘忠介公同蒙专谥，刘忠介公既幸邀宽政，于忠贞公复何所畏疑。"④乾隆赐谥被视为一种"宽政"，也就是遗集得以刊行的许可。卷首的赐谥谕旨，是显示这种"宽政"的官方文书。

张国维《张忠敏公遗集》，咸丰刻本卷首有林鹗序，并附刊一幅"张忠敏公遗像"，正文十

① 史可法．史忠正公集［M］//续修四库全书：1387 册．上海：上海古籍出版社，2002：248-249．
② 祁彪佳．祁忠惠公遗集［M］//明别集丛刊：5 辑 77 册．合肥：黄山书社，2016：392．
③ 傅以礼《华延年室题跋》卷中著录此集，提出："杜氏原编，体例尚有可商者，如《胜朝诸臣殉节录》，自应并采所载行略，不应仅录赐谥数语列入像后，况此乃谥议，非像赞乎？"（李慧，主父志波，标点．上海：上海古籍出版社，2009：158．）
④ 左懋第．左懋第全集［M］//明别集丛刊：5 辑 75 册．合肥：黄山书社，2016：127-128．

卷前有首一卷,后有附录六卷。首卷收《高宗纯皇帝御制题胜朝殉节诸臣录》《诰命》《明史稿本传》《四库全书》提要等,都是体现官方权威的文献。附录收录其仕路有关制词、诰命,其著述有关的序跋,后人相关题咏和祭文。

杨廷麟诗,康熙年间刊行《兼山集》四卷,乾隆朝遭受禁毁。同治年间以活字印行的《杨忠节公遗集》六卷,卷一、二是《兼山遗文》,卷三即康熙刊本《兼山诗集》,卷五、六为附录。卷首附刊乾隆谕旨、《御制题胜朝殉节诸臣录有序》、《四库全书总目提要》、《钦定胜朝殉节诸臣录》通谥忠节诸臣的片段,以及《明史》本传等传记,又摹刻"清江杨忠节公遗像"。卷首杨世仪同治三年(1864)《凡例》称:

> 数十年前,嘉鱼所刻之金忠节公遗集、湖南所刻之蔡忠烈公遗集,二书行世已久,体例称善。吾邑杨忠节公遗集,与金、蔡二公之书颇同一类,编次时同人以为当悉仿之以为式,故自卷首以至卷终,皆参用金、蔡二书之体例也。[①]

凡例所举金铉、蔡道宪二家遗集的体例,都是卷首附刊谕旨、赐谥文书等文献,并附录诸家传记和祭文吊诗等资料,蔡集卷首又附有作者肖像二幅。杨世仪编刊杨廷麟遗集时,效仿这一体例,并且明确提出这些遗集"颇同一类"。这意味着,明朝殉节诸臣遗集被视为具有相同性质的一类文集,应采取相同的编刊体例。

张煌言《张忠烈公集》十二卷,在清代虽未能刊行,传世的清末傅氏长恩阁钞本仍然具备前举诸臣遗集的特征。卷首有全祖望等三序、黄宗羲撰墓志铭等传记文献,又附刊《钦定胜朝殉节诸臣录》通谥忠烈诸臣的片段。乾隆赐谥,不仅体现于卷首,还体现于卷端的署名:"皇朝赐谥忠烈明赞理恢勤机务察视浙直水陆兵马兼理粮饷兵部尚书兼东阁大学士鄞张煌言撰。"卷末郑勋跋文记述:"全庶常祖望既定尚书诗文集十二卷……乾隆四十一年诏定《胜朝殉节诸臣录》,尚书以原官褒谥忠烈。越十六年壬子,鄞万斯大之孙福谋立石于墓之门。海宁陈鳣大书曰:皇清赐谥忠烈明兵部尚书苍水张公之墓。"[②]与顾光旭有关史可法遗集的记述相似,郑勋的记述也是将乾隆赐谥、乡人修墓等事件与全祖望纂辑张煌言遗集联系起来。

陈子龙《陈忠裕全集》嘉庆刻本,卷首附刊《钦定胜朝殉节诸臣录》所收御制诗并序与《乾隆四十一年月日礼部颁发专谥文》,收录《明史》本传、祠墓、各集原序、全集序跋和凡例,摹刻"陈忠裕公像",又附录《年谱》三卷;卷末则收录诸家评论、投赠诗、哀吊诗和后跋。卷首末收录的文献,都有助于表现一位得到官方认可的忠臣形象。这也是明朝殉节诸臣遗集编校的一般做法。庄师洛在《凡例》第一条明确指出:

> 公殉难捐躯,《明史》久经论定,恭逢高宗纯皇帝崇奖忠贞,易名赐谥,显微阐幽,增光泉壤。伏读上谕:"刘宗周、黄道周、熊廷弼、王允成、叶向高诸臣所言,若当时能采而用之,败亡未必若彼其速。是其书为明季丧乱所关,足资考镜,惟当改易违碍字句,无庸销毁。又彼时直臣如杨涟、左光斗、李应升、周宗建、缪昌期、赵南星、倪元璐,所有书籍,并当以此类推。即有一二语伤触本朝,本属各为其主,亦止须酌改一二语,实不忍并从

---

① 杨廷麟.杨忠节公遗集[M]//明别集丛刊:5辑69册.合肥:黄山书社,2016:100.
② 张煌言.张忠烈公集[M]//续修四库全书:1388册.上海:上海古籍出版社,2002:406.

焚弃,致令湮没不彰。"天语煌煌,真亘古未有之旷典。惟是公遗稿,各种散见,向未汇刊成集,是以流传绝少。谨竭累年之力,蒐罗放逸,虽于公著作,犹未全备,而上谕所云"为明季丧乱所关,足资考镜"者,是集或亦其百中之一。①

清高宗谕旨指示明朝忠臣遗集不必销毁焚弃,有其存世的价值。谕旨定调后,其中提及的诸臣遗集,大多得到四库著录。庄师洛引述乾隆谕旨,显然是作为纂辑陈子龙集的依据。谕旨又提出,诸臣遗集应当"改易违碍字句"。四库著录诸遗集,自然已经遵照谕旨,删改触忌的字句。这是官方的审查制度。在陈子龙遗集的校订问题上,庄师洛《凡例》明确声称:"缺佚已为不少,存者实无违碍。"②从《陈忠裕全集》嘉庆刻本的实际情况看,删改之处颇多,主要是"胡""虏"一类字词,删改的办法主要是空字和改字。施蛰存、马祖熙标校的《陈子龙诗集》,已经依据存世的《湘真阁稿》等集,校改部分改字,校补部分空字。

这是诸臣遗集编校刊行时的自我审查。陈子龙遗集的编校需要这样删改,其他遗集也是如此。左懋第《左忠贞公剩稿》四卷,删去很多违碍字句,代以墨钉和空格。卷一《恭述微臣奉臣不屈疏》,文中有二十余处墨钉,大约三百字没有印出,又有数十处空格。卷四《十椽楼遗诗》中,多首有字句删改,《过定兴悲辞》一首的墨钉、空格最多,如开篇数句:"中国恤群黎,未忍勤远师。□□■■■,■■■■■。时当丙子岁,遂尔■秋骑。"③版面上醒目的墨钉和空格,成为自我审查的标志。

史可法遗集,先有康熙年间刊行的《史道邻先生遗稿》三卷,后有乾隆朝刊行的《史忠正公集》四卷。罗振常校读二本,编成《史可法集》,《凡例》指出二本的差异:

> 论其篇页多寡,无甚悬殊,惟其每篇内容则大不同。《遗稿》乃据原稿,祠本则经过删润,一奏议中有相差七百余字者,且禁忌之字,概已改削,致语句亦多更易。盖《遗稿》辑于康熙中叶,公之遗文,世间尚不乏钞藏;祠本则后八十余年,仅就正史、稗官所载删节之文纂录,多非全豹。又其时文禁网甚密,禁忌语句不得不删润。苟无《遗稿》,不获见庐山真面矣。④

与出于原稿的《史道邻先生遗稿》相校,《史忠正公集》(祠本)经过史开纯的删润,已非原貌,语句多所更易,禁忌文字一概改削,奏疏甚至可删去数百字。不过,这些删削并不直接体现在版面上,删削之处不经校读,无从得知。这是隐晦的自我审查,与左懋第集不同。

四、忠臣成为作者

《左传》记载鲁人穆叔有关死而不朽的三种类型或者途径,依次是立德、立功和立言。德

① 陈子龙.陈子龙诗集[M].施蛰存,马祖熙,标校.上海:上海古籍出版社,2006:776.
② 陈子龙.陈子龙诗集[M].施蛰存,马祖熙,标校.上海:上海古籍出版社,2006:776.
③ 左懋第.左懋第全集[M]//明别集丛刊:5辑75册.合肥:黄山书社,2016:193.
④ 史可法.史可法集[M].罗振常,校补.上海:上海古籍出版社,1984:2.

行、功业和言论三者，都有助于一个人的声名流传不废，死而不朽。这三者又有分别，立德和立功都依赖史官的记述，才能进入后人的阅读和记忆；而立言，如果理解成自己的著书立说的话，则是凭借自己书写的文章，流传后世。这其中的分别，在曹丕《典论•论文》中得到明确的阐述：

> 盖文章经国之大业，不朽之盛事。年寿有时而尽，荣乐止乎其身，二者必至之常期，未若文章之无穷。是以古之作者，寄身于翰墨，见意于篇籍，不假良史之辞，不托飞驰之势，而声名自传于后。①

文章可以传之无穷，作者凭借自己的文章，就能让声名"自"行流传于后世，而不必"假"借史官的记述。在如何不朽的议题上，曹丕主张文章具有无可比拟的作用，作者由此掌握了自己的命运。对照德与言的传统论说，曹丕的主张实际上背离《论语•宪问》中"有德者必有言"的立场，极大地提高言（文章）的地位，认定不朽的根本途径是成为作者。

在三不朽、德与言、文之功用等命题上，自古至今的历史积累了大量的论说和实践，不同背景下的具体事例，各有其独特的内涵。明朝殉节诸臣及其遗集，就是这样的事例。

明朝殉节的诸多忠臣，以其杀身成仁的道德和经时济世的功业，载诸《明史》《钦定胜朝殉节诸臣录》等史册。这是立德、立功的不朽。明末忠臣的不朽，依赖清朝官私史籍的记述，并不依赖自己的文章。遗集序跋多有此类论说，如史开纯《史忠正公集序》称："公之大节，固不待文章传。"②又如周源《周文忠公集跋》称："夫以公之精忠亮节，当与倪文贞、刘忠介诸公并耀千古，原不赖文集以传。"③

顺治朝和乾隆朝两次赐谥，认可明朝殉节诸臣忠贞的德行，流传湮晦的遗集由此得以刊刻行世。这是文以人传。清廷褒扬的忠臣身份，在一定程度上是这些遗集行世传布的官方许可。忠臣身份的标志是清朝赐予的新谥，体现在遗集的文本上，是包含清谥的集名与卷首的赐谥谕旨。文本流传的背后，是政治权力的因素。这又是文以人重。忠臣未必都是沉思翰藻的能文之士，遗集受人看重，多是出于作者的忠臣身份。四库提要评论凌义渠诗文曰："其生平之志如此，卒之见危授命，克践其言，足为千古完人，不必以诗文之工拙论也。"④金士升为乃师杨廷麟诗集作序曰："先生不必以诗文重，诗文实以先生重也。"⑤

忠臣的不朽既然不依赖其文章，那么，后人艰难存藏并苦心刊刻其遗集的意义何在？黄堂《跋江门先生残诗》指出："公之大节炳炳千秋，固无俟以诗传，然读其诗，益见公之死非徒少年侠烈之气，区区仓卒逼迫，计无所之而就死者也。"⑥周源在《周文忠公集跋》既指出周凤翔以气节著称，不依赖文集而声名不朽，又指出："公平生性情学问所自见，舍文集又曷以耶。"⑦这两篇跋文都提及遗集的意义在于"见"。蔡道宪诗可让读者"益见"其临事捐躯不仅

① 萧统.文选[M].北京:中华书局,1977:720.
② 史可法.史可法集[M].罗振常,校补.上海:上海古籍出版社,1984:6.
③ 周凤翔.周文忠公集[M]//明别集丛刊:5辑71册.合肥:黄山书社,2016:74.
④ 凌义渠.凌忠介公集[M]//景印文渊阁四库全书:1297册.台北:台湾商务印书馆,1986:380.
⑤ 杨廷麟.兼山集[M]//明别集丛刊:5辑69册.合肥:黄山书社,2016:60.
⑥ 蔡道宪.蔡忠烈公遗集[M]//明别集丛刊:5辑89册.合肥:黄山书社,2016:134.
⑦ 周凤翔.周文忠公集[M]//明别集丛刊:5辑71册.合肥:黄山书社,2016:74.

仅出于仓猝逼迫之下的侠烈之气,而是涵养素定的从容选择。周凤翔文集"自见"其平生的性情和学问,这是记载其精忠亮节的史书未能涉及的方面。由此可知,诸臣遗集的意义,正在于"见"其作者在史书记载的忠贞气节之外更丰富的侧面。这可以说是对曹丕"见意于篇籍,不假良史之辞"之说的回应。忠臣必须假借"良史之辞",然而史书表现的只是忠臣有限的侧面,主要是节义的一面。当忠臣成为作者,则可以自"见"其平生的性情、学问和涵养于自己的篇章文籍,其声名可以自行流传于后世,不必依赖史书的记述和评断。

明朝殉节诸臣既是立德、立功的忠臣,又是立言的作者。这两种身份决定其遗集流传的复杂状况。陆廷抡为左懋第《萝石山房文钞》作序称:"文以人传,而人又以文传。"①孙星衍为周凤翔《周文忠公集》作序称:"文固以忠传,忠亦以文永。"②这两种论说都指出身份与文本之间的相互关系。明朝殉节诸臣的忠贞臣节在清朝受到认可,有助于其遗集在文字禁忌苛严的背景下流传,而遗集流传后世也有助于诸臣忠贞声名的永久流传。围绕明朝殉节诸臣遗集的编校实践和相关论说,既能看到忠臣身份对于文本流传的影响,又能体认文本流传对于忠臣不朽的意义。

Posthumous Titles Granted by the Qing Dynasty and the Collected Works of the Martyr Officials from the Ming Dynasty

Yan Qingyu

(College of Humanity, Jiangnan University, Wuxi, Jiangsu, 214122)

Abstract: The textual transmission of collected works of the martyr officials from the Ming Dynasty was deeply influenced by the censorship and cultural policy of the Qing Dynasty. Posthumous titles granted by Emperor Shunzhi and Qianlong were regarded as reevaluation of those officials, and permission to publish or republish their works. Their collections of works were usually named after their posthumous titles by the Qing, with appendices of imperial edicts and amendment of texts. The identities of loyal officials contributed to the transmission of their works, and vice versa.

Keywords: martyr officials loyal to the Ming Dynasty; textual transmission; posthumous titles by the Qing Dynasty

（学术编辑:王传龙）

颜庆余,男,江南大学人文学院副教授。

---

① 左懋第.左懋第全集[M]//明别集丛刊:5辑75册.合肥:黄山书社,2016:207.
② 周凤翔.周文忠公集[M]//明别集丛刊:5辑71册.合肥:黄山书社,2016:3.

据海外馆藏《永乐大典》补《全宋诗》80 首

陈立琛,洪嘉俊,程浩炜

(厦门大学 中文系,福建 厦门 361005)

摘要:本文据哈佛燕京图书馆、英国牛津大学博德利图书馆、大英图书馆、爱尔兰切斯特·比蒂图书馆、英国伦敦大学亚非学院所藏《永乐大典》辑补《全宋诗》,共得80 首。其中包括《全宋诗》已收诗人 31 家 54 首,以及《全宋诗》未收诗人 2 家 26 首。在据《永乐大典》新发现卷册进行补遗时,应特别注意穷尽式利用。一要对所有可见卷册的全部文字内容进行详细比对,确保应用尽用;二要把各种体式和内容的诗歌均囊括到补遗的范围中,做到能全则全。

关键词:《永乐大典》;《全宋诗》;补遗

自 1998 年由傅璇琮、孙钦善等主编的《全宋诗》(全七十二册)①出版以来,不断有学者投入到拾遗补阙的工作中。截止到 2018 年,已出版或发表的《全宋诗》补遗著作与论文多达234 部(篇)②,其中包括《全宋诗订补稿》③、《全宋诗订补》④、《全宋诗辑补》⑤、《宋代禅僧诗辑考》⑥等重要专著。这些补遗成果接连问世,对于丰富和扩充宋诗总集、促进宋诗研究而言,实有裨益。

近来,我们翻阅国家图书馆出版社 2013 年以来影印出版的海外馆藏《永乐大典》残卷,从中寻《全宋诗》失收之作。经详细阅读、比对,最终于《哈佛燕京图书馆藏〈永乐大典〉》⑦、《英国牛津大学博德利图书馆藏〈永乐大典〉》⑧、《大英图书馆藏〈永乐大典〉》⑨、《爱尔兰切斯特·比蒂图书馆藏〈永乐大典〉》⑩、《英国伦敦大学亚非学院藏〈永乐大典〉》⑪中,新发现宋诗

① 北京大学古文献研究所.全宋诗:全七十二册[M].北京:北京大学出版社,1998.
② 杨玉峰.全宋诗补遗与宋代文学研究[M].杭州:浙江工商大学出版社,2020:181-202.
③ 张如安.全宋诗订补稿[M].北京:群言出版社,2005.
④ 陈新,张如安,叶石健,等.全宋诗订补[M].郑州:大象出版社,2005.
⑤ 汤华泉.全宋诗辑补:全十二册[M].合肥:黄山书社,2016.
⑥ 陈珏,朱刚.宋代禅僧诗辑考[M].上海:复旦大学出版社,2012.
⑦ 解缙,姚广孝.哈佛燕京图书馆藏.永乐大典:全三册[M].北京:国家图书馆出版社,2013.
⑧ 解缙,姚广孝.英国牛津大学博德利图书馆藏.永乐大典:全十九册[M].北京:国家图书馆出版社,2015.
⑨ 解缙,姚广孝.大英图书馆藏.永乐大典:全二十四册[M].北京:国家图书馆出版社,2016.
⑩ 解缙,姚广孝.爱尔兰切斯特·比蒂图书馆藏.永乐大典:全三册[M].北京:国家图书馆出版社,2019.
⑪ 解缙,姚广孝.英国伦敦大学亚非学院藏.永乐大典:全五册[M].北京:国家图书馆出版社,2020.

80 首。这些诗既未收入《全宋诗》中，也不见于其他相关补遗成果。现将这些诗依次列出，为《全宋诗》补遗工作略尽绵力。

一、《全宋诗》已收诗人 31 家 54 首

以下补辑按《全宋诗》收录先后顺序排列：

(一)陈舜俞 1 首

和刘凝之慈竹

　　慈竹慈竹，森青倚绿。结根不相离，岁久丛以来。为君荫墙屋，鸟雀不敢宿。为君护篱落，犬彘不可触。晴日明月中，清影上茵褥。风摇雨洒时，幽响荐吟属。主人爱惜意，不比闲草木。群龙相让非朋党，幼春七世长亲睦。韩元长记，幼春七世。苟非斯人徒，荆棘碍平陆。高怀久疾世，对此尤不足。指我效骚吟，亦用悼颓俗。何为言少钱，白酒闻正熟。

　　按：见于爱尔兰切斯特·比蒂图书馆藏《永乐大典》卷 19865（一屋）第 20 页，诗前标注出自《陈舜俞集》。作者小传见《全宋诗》第 8 册第 4945 页。《全宋诗》及相关辑补著作与文章未收录此诗，今补之。

(二)周敦颐 2 首

南安书院主静铭

　　山下出泉，至静而清。汩之则乱，清奚从生。人之为人，禀二五精。厥初本静，天性清明。形生神发，感物为情。纷纶交错，善恶已萌。君子修之，敬立德成。中正仁义，存养益宏。静虚明通，不外一诚。动主乎静，体立用行。

谨动铭

　　吉凶悔吝，自动而出。恶居其三，善止于一。必纯乎天，去妄之失。无妄则诚，浑然至质。几微弗审，易为邪汩。物欲横流，正道日窒。君子谨之，检身自律。仁义礼智，真智融溢。动直公溥，不离一实。用和曰德，动罔不吉。

　　按：见于大英图书馆藏《永乐大典》卷 8269（十九庚）第 2—3 页，诗前标注出自《宋周濂溪集》，并注明"附录篇载《南安书院主静铭》曰"，"附录篇载《谨动铭》"。周濂溪即周敦颐，世称濂溪先生，其小传见《全宋诗》第 8 册第 5061 页。《全宋诗》及相关辑补著作与文章未收录此诗，今补之。

(三)刘敞 1 首

题阁后丛竹寄直儒院长时退居南阳

　　萧萧庭偶竹，亦有凌云意。逼此高阁阴，秋来更憔悴。怜君隆中卧，不见孤直心。

岁晚霜露繁,蟪蛄正悲吟。

按:见于爱尔兰切斯特·比蒂图书馆藏《永乐大典》卷 19865(一屋)第 13 页,诗前标注出自《刘公是先生集》。公是先生为刘敞别号,其小传见《全宋诗》第 9 册第 5615 页。《全宋诗》及相关辑补著作与文章未收录此诗,今补之。

(四)刘季孙 1 首

司农王主簿敏仲

白首念朋好,莫如先大夫。从容名理接,恍惚死生殊。紫汉抟鹏翼,丹山识凤雏。城南枉车盖,论旧涕洟俱。

按:见于英国牛津大学博德利图书馆藏《永乐大典》卷 14607(六暮)第 15 页,诗前标注出自《诗海绘章》,并注明"刘景文《司农王主簿敏仲》诗"。刘景文,即刘季孙,字景文,其小传见《全宋诗》第 12 册第 8324 页。《全宋诗》及相关辑补著作与文章未收录此诗,今补之。

(五)郑侠 1 首

和老人令寝归侍之什

法有归宁谒,於情盖顺人。翘兹无一夜,不梦侍慈亲。戏彩令忘念,勤王欲致身。诗新道何古,闻者凛精神。

按:见于大英图书馆藏《永乐大典》卷 13340(二寘)第 8 页,诗前标注出自"郑侠《西塘集》"。作者小传见《全宋诗》第 15 册第 10411 页。《全宋诗》及相关辑补著作与文章未收录此诗,今补之。

(六)吕大临 1 首

克己复礼铭

凡厥有生,均气同体。胡为不仁,我则有己。立己与物,私为町畦。胜心内发,扰扰不齐。大人存诚,心见帝则。初无客骄,作我蟊贼。志以为帅,气为卒徒。奉辞于天,孰敢侮予。且战且来,胜私窒欲。昔为寇雠,今为臣仆。方其未克,窒我室庐。妇姑勃蹊,安敢厥馀。亦既克之,皇皇四达。洞然八荒,皆在我闼。孰曰天下,不归吾仁。疴痒疾痛,举切其身。一日至之,莫非吾事。颜何人哉,希之则是。

按:见于大英图书馆藏《永乐大典》卷 8268(十九庚)第 1 页,诗前标注出自《能改斋漫录》,并注明"宋吕大临与叔微仲,丞相弟也,为《克己复礼铭》"。作者小传见《全宋诗》第 18 册第 11759 页。《全宋诗》及相关辑补著作与文章未收录此诗,今补之。

(七)吕南公 9 首

东斋六铭并序

某来枞阳,枞阳之大夫扫斋於听事之东以馆之。日给之食,又借之书以养焉。斋之东北有室,室纵二筵横半之。某居其中,偃然与文字起居,不知此世多滋堂僭厦也。室有窗,窗之右有户,户外之左有方池。方池之前,周而限之者土垣,土垣之外,林之老高,流之弯萦,萧然、潆然媲岩野者,某时厌坐卧,则挽旧编循池依垣以步耳。目垣外虚旷,亦自宜也。旧常多感,感之积无以纤发则惧。夫抑且蔽也,少纤之为窗、户、方池、垣四铭,又为书簏、酒壶铭,皆以自警也。某曰:"铭之作,吾不忍效昔人捕影迹以图附其说。"至於沽腴事鵩苟耀文笔者,吾又免之。若然,斯六铭其可然无愧也已。

窗铭

有明勿恃,有隙勿启。资尔天日,保尔虚室。朴而椁,素而幌。不流于华,不荡乎空。映书映文,迩乎晓昏,尔明可尊。

户铭

阖足以晦,辟足以明。若枢若扁,顺而勿情。乌乎得汝由而非罪疾也者,非户之祥也耶。

方池铭

池如之何,去流取定。方如之何,去圆取正。胡能不盈,有岸斯广。胡能不竭,有源斯养。维风及雨,或激其平。尔龟尔鱼,勿污其清。事常感人,人感或蔽。勒铭池傍,以辅吾志。

垣铭

表毋甚高,以蔽余见。质毋不厚,以亏余限。中亡失宜,孰踰孰窥。中亡易言,尔奚属斯。咨尔垣分,其安其支。

书囊铭

岂无弊囊,伤於束勒。亦有高架,尘蠹侵食。徛斯簏分,方而有容。不华於外,以垣其中。行可以携,坐可以隐。君子之器,用无不顺。容不在多,贵於能达。蓄不在固,利於频发。不发不达,伊簏之藿。

酒壶铭

富而分人,赠愁以喜。贫而居中,立亦不倚。能分能立,其象君子。杖头之钱,方外之宾。交招世逸,莞摄天真。作熙作淳,资汝蒸人,何千万春。

举业囊铭

余年桐乡之明年当有司请贡士之春。同居争治举场事业。时以率余。余不得免也。稍强为之寘囊壁间以积其文。暇日又题囊腹为铭以自悲。其词云:

孰干我才,以乱吾学。董冗掎丽,成此脆恶。岂不有效,腰金曳朱。岂不误事,饥肠白罴。咨尔囊分,蓄我穷欤,聚吾通乎。

剪铭

始以功利,终以功钝。彼弃彼收,在我无闷。吁是可是,可以为人臣之训。

尺铭

天下之短长,资汝然后知。汝虽无情,不得不为。乌乎,孰赋汝材,使至于资。

按:见于大英图书馆藏《永乐大典》卷 8269(十九庚)第 4—5 页,诗前标注出自"宋吕南公《灌园集》"。作者小传见《全宋诗》第 18 册第 11802 页。《全宋诗》及相关辑补著作与文章未收录此诗,今补之。

(八)释文准 3 首

颂古三首

我手何似佛手,天上人间希有。直饶总不恁么,也似枷上著杻。
我脚何似驴脚,奉为衲僧拈却。昔年有病未瘥,如今又遭毒药。
若问生缘真俗气,生缘断处堕无为。二途不涉如何也,八十婆婆学画眉。

按:见于英国伦敦大学亚非学院藏《永乐大典》卷 10116(二纸第四)第 11 页,诗前标注出自《颂古联珠》,并注明"湛堂准曰"。湛堂准即释文准,号湛堂,其小传见《全宋诗》第 21 册第 14265 页。《全宋诗》及相关辑补著作与文章未收录此三首诗,今补之。

(九)孙觌 1 首

谢景思提举砚铭

挈凤味,糁鼠须。汗绿竹,编青蒲。绌金匮,论石渠。记先友,读父书。

按:见于大英图书馆藏《永乐大典》卷 8269(十九庚)第 16 页,诗前标注出自"宋孙氏《谢景思提举砚铭》"。《圣宋名贤五百家播芳大全文粹》收此铭,署名孙仲益[①]。孙仲益,即孙觌,字仲益,其小传见《全宋诗》第 26 册第 16903 页。《全宋诗》及相关辑补著作与文章未收录此诗,今补之。

(十)释宗杲 1 首

颂古

以字不成八字非,烁迦罗眼不能窥。一毛头上重拈出,忿怒那吒失却威。

按:见于大英图书馆藏《永乐大典》卷 8032(十九庚)第 2 页,诗前标注出自《颂古联珠》,并注明"径山果曰","果"字应为"杲"字之误。径山杲,即释宗杲,曾居杭州径山寺,其小传见《全宋诗》第 30 册第 19363 页。《全宋诗》及相关辑补著作与文章未收录此诗,今补之。

---

① 魏齐贤,叶棻.圣宋名贤五百家播芳大全文粹[M].北京:北京图书馆出版社,2006.

(十一)张九成 3 首

颂古三首

我手何似佛手,天下衲僧无口。纵饶撩起便行,也是鬼窟里走。讳不得。

我脚何似驴脚,又被糯胶粘着。反身直上兜(兜)率天,已自连他老鼠药。吐不得。

人人有个生缘,铁围山下几千年。三灾烧到四禅天,者汉犹自在傍边。杀得工夫。

按:见于英国伦敦大学亚非学院藏《永乐大典》卷 10116(二纸第四)第 11—12 页,诗前标注出自《颂古联珠》,并注明"张无垢曰"。张无垢,即张九成,号无垢,其小传见《全宋诗》第 31 册第 19985 页。《全宋诗》及相关辑补著作与文章未收录此三首诗,今补之。

(十二)朱翌 1 首

桃竹

名字疑称竹,形模正类棕。能参君子类,并策岁寒功。正直少陵杖,虚圆太白筒。亭亭立荒寂,斜日古祠中。

按:见于爱尔兰切斯特·比蒂图书馆藏《永乐大典》卷 19865(一屋)第 25 页,诗前标注出自"宋朱翌《潜山集》"。作者小传见《全宋诗》第 33 册第 20809 页。《全宋诗》及相关辑补著作与文章未收录此诗,今补之。

(十三)胡铨 1 首

忆青原法豉

青原不到一年强,久渴斋厨法豉香。澹老笔端还有口,凭君说似虎头冈。(原注:虎头冈,青原小山名。)

按:大英图书馆藏《永乐大典》卷 13341(二置)第 10 页,诗前标注出自"胡铨《澹庵集》"。作者小传见《全宋诗》第 34 册第 21573 页。《全宋诗》及相关辑补著作与文章未收录此诗,今补之。

(十四)释道枢 1 首

颂古

旻德一喝如雷响,兴化一喝响如雷。锦袍玉带真潇洒,记得当年老万回。

按:见于大英图书馆藏《永乐大典》卷 13203(一宋)第 6 页,诗前标注出自《颂古联珠》,并注明"懒庵枢颂曰"。懒庵枢,即释道枢,号懒庵,其小传见《全宋诗》第 37 册第 23256 页。《全宋诗》及相关辑补著作与文章未收录此诗,今补之。

(十五)洪适 2 首

愚轩铭

山鸟可移,我志不辍。佛鸟可为,我禅不灭。用智囊心,巧不如拙。

痴室铭

自痴莫知,人痴孰治。名室以痴,其痴则非。

按:见于大英图书馆藏《永乐大典》卷 8269(十九庚)第 3 页,诗前标注出自"宋洪适《盤洲集》"。作者小传见《全宋诗》第 37 册第 23411 页。《全宋诗》及相关辑补著作与文章未收录此诗,今补之。

(十六)姜特立 1 首

嗜好

平生嗜好老方定,何物最关今日情。李杜苏黄好诗卷,只应相伴送余生。

按:见于大英图书馆藏《永乐大典》卷 13341(二寘)第 11 页,诗前标注出自"姜特立诗"。作者小传见《全宋诗》第 38 册第 24074 页。《全宋诗》及相关辑补著作与文章未收录此诗,今补之。

(十七)曾丰 1 首

丛书铭并序

清江乡贡进士邹师韩,揭其家塾曰丛书,属余为记。余适坐官纷,而师韩又怵於归,立顷不容冥搜,姑从省文法而为铭,曰:

万物华前,或耽以娱。君岂恶华,而易以书。问书几何,淯签乱裒。姑撮其概,经史子集。君味其间,经辟则醪。至史子集,漉馀而糟。吾书六经,吾道一贯。以书视经,犹物之玩。况吾书外,复以他乱。君曰太初,并经则无。文字生焉,精牺已具。一非不足,万非有馀。吾斋吾名,吾何择夫精牺。

按:见于大英图书馆藏《永乐大典》卷 8269(十九庚)第 14 页,诗前标注出自"宋曾丰《樽斋集》"。作者小传见《全宋诗》第 48 册第 30163 页。《全宋诗》及相关辑补著作与文章未收录此诗,今补之。

(十八)释居简 2 首

临川王正叔啸隐铭

怀壮图啸,长舒自乐。蘧庐中之天地,岂特以天地为蘧庐。学道兮自娱,饮水兮饭蔬。是谓立天下之正位兮,居天下之广居。

檐隙铭

顾余最古,屋老不支。涂垍陀剥,檐隙庋器用者数板,下设小塌,开数棂,纳月疏风。作於斯,息於斯。非酬酢事物於外,亦必於斯,铭曰:

适斯陋,陋吾愉愉。安斯隘,隘吾舒舒。善斯独,非吾所谓道正斯立。昌吾居乎。

按:前一首见于大英图书馆藏《永乐大典》卷 8269(十九庚)第 2 页,诗前注明"宋北涧禅师";后一首见于大英图书馆藏《永乐大典》卷 8269(十九庚)第 6 页,诗前标注出自《宋北涧禅师集》。北涧禅师即释居简,号北涧,其小传见《全宋诗》第 53 册第 33032 页。《全宋诗》及相关辑补著作与文章未收录此诗,今补之。

(十九)戴复古 1 首

题道旁馆

道旁谁是馆,借我驻高轩。翁妪出迎客,儿童为扫门。好花罗石洞,远水没云根。倘遂卜邻约,为农此老村。

按:见于英国伦敦大学亚非学院藏《永乐大典》卷 11313(十罕)第 19 页,诗前标注出自《戴石屏诗集》。戴石屏,即戴复古,自号石屏,其小传见《全宋诗》第 54 册第 33453 页。《全宋诗》收录此人,未录此诗,他人辑补成果亦未见此诗,可补。《全宋诗》及相关辑补著作与文章未收录此诗,今补之。

(二十)蔡沈 1 首

圣竹(原注:一名《人面竹》)

建安志中土宜录,独是山中产奇竹。连根错节势如虋,文采纵横烂人目。当年禹制荆杨贡,篠簜箘簵争来送。三邦所底皆有名,不闻有竹如此灵。竹乃人面形,人可禽兽情。杖之足以相依凭,取节便可观其生。龙孙矫矫端有神,葛陂春雨烟漠漠,变化顷刻风雷惊。

按:见于爱尔兰切斯特·比蒂图书馆藏《永乐大典》卷 19866(一屋)第 19 页,诗前标注出自《蔡九峰集》。蔡九峰,即蔡沈,号九峰,其小传见《全宋诗》第 54 册第 33643 页。《全宋诗》收录此人,未录此诗,他人辑补成果亦未见此诗,可补。《全宋诗》及相关辑补著作与文章未收录此诗,今补之。

(二十一)叶梦得 1 首

赐砚铭

绍兴己未六月,臣某待罪建康。之明年,皇帝以所尝御砚赐臣。臣某谨再拜稽首而为之铭,曰:

咸池之渊,奎钩所直。发为天地,号令攸出。惟太山云,肤寸万方。帝泽之储,而臣之藏。

按:见于大英图书馆藏《永乐大典》卷 8269(十九庚)第 16 页,诗前标注出自《宋叶石林集》。叶石林即叶梦得,号石林居士,其小传见《全宋诗》第 56 册第 35232 页。《全宋诗》及相关辑补著作与文章未收录此诗,今补之。

(二十二)袁甫 6 首

达原斋铭

泉始达,流涓涓。泉有自,道孰先。满宇宙,无非原。日用间,井井然。问礼乐,吾何言。

止善斋铭

兼山艮，艮其背。何所止，善之至。静乎是，动乎是。既曰动，曷谓止。听绵蛮，会斯意。

存诚斋铭

诚本存，贵存存。不可睹，不可闻。可睹闻，皆乾坤。邪既闲，纯乎纯。每闲邪，礼是门。

养正斋铭

初始生，命曰蒙。赤子心，天地通。本自正，养何功。养乃固，生不穷。非助长，常融融。

縠山柯水之胜闻天下，作知乐、仁寿二铭。

知乐铭

动无非妙，试观诸水。日夜周流，莫见终始。此不可见，寂然而已。知者何乐，盖乐乎是。

仁寿铭

瞻彼山矣，形若块然。振古青青，发育无边。静乃如此，妙不可传。仁者默识，以永天年。

按：前四首见于大英图书馆藏《永乐大典》卷 8269（十九庚）第 4 页，后两首见于第 7 页，诗前标注出自《宋袁蒙斋集》。袁蒙斋即袁甫，号蒙斋，其小传见《全宋诗》第 57 册第 35846 页。《全宋诗》及相关辑补著作与文章未收录此诗，今补之。

（二十三）武衍 1 首

积雪折竹有感

清修抱节碧栏东，雪雪俄摧玉一丛。拟奏通明劾滕六，只愁天路有刚风。

按：见于爱尔兰切斯特·比蒂图书馆藏《永乐大典》卷 19866（一屋）第 25 页，诗前标注出自《江湖续集》所引《适安藏拙余稿·续卷》，并注明"古汴武衍朝宗《积雪折竹有感》"。武衍朝宗，即武衍，字朝宗，其小传见《全宋诗》第 62 册第 38965 页。《全宋诗》及相关辑补著作与文章未收录此诗，今补之。

（二十四）萧立之 1 首

慈竹

旧将义竹诲诸王，太液池边梦事长。此语不知谁记省，可怜南内剩凄凉。

按:见于爱尔兰切斯特·比蒂图书馆藏《永乐大典》卷 19865(一屋)第 20 页,诗前注明"萧立诗"。考萧立其人,《古今图书集成·明伦汇编·氏族典》卷 187"萧姓部列传三"下有一人名萧立,下按语注"仕梁自廷尉",则此萧立为梁人;唐独孤及有诗《海上寄萧立》,此萧立为唐人;此外,据《古今图书集成·方舆汇编·职方典》卷 1532"石阡府城池考",明嘉靖石阡府知府亦名萧立(晚于《永乐大典》成书年代,舍去)。《永乐大典》卷 6523 亦引萧立诗,诗前标注出自《江湖续集》。知本诗亦当同出于《江湖续集》,《永乐大典》所引萧立,当为南宋末江湖诗人。则上述诸"萧立"均不符,符合条件者唯宋末萧立之。萧立之,字斯立,疑传抄中"之"字脱落,误作"萧立"。萧立之小传见《全宋诗》第 62 册第 39133 页。《全宋诗》及相关辑补著作与文章未收录此诗,今补之。

(二十五)张志道 1 首

过龙游

蹋首见龙游,诸山翠浪浮。阳坡眼白狭,阴洞锁苍虬。树密云藏屋,滩长石齿舟。呼儿具尊酒,听客话杭州。

按:见于哈佛燕京图书馆藏《永乐大典》卷 8842(二十尤)第 4 页,诗前标注出自"张志道《碧霞洞天诗稿》"。作者小传见《全宋诗》第 63 册第 39410 页。《全宋诗》及相关辑补著作与文章未收录此诗,今补之。

(二十六)家铉翁 2 首

水竹诗(两首)

谁家修竹两三竿,胜似繁红烂熳看。为报主人勤护笋,春来日日报平安。(原注:城中无竹,惟陈子新楼下有丛竹焉。闻雪压,请扶之。)

谁家傍郭水成陂,十里环城仅见之。为报主人多种柳,成阴莫待十年迟。(原注:城内无水,常遇刘器之,见宅后陂水,鸥鹭集其间,但欠树木荫庇故云。)

按:见于爱尔兰切斯特·比蒂图书馆藏《永乐大典》卷 19865(一屋)第 15 页,诗前标注出自《瀛洲集》。家铉翁,著有《则堂集》。据史广超《"永乐大典本"宋代佚诗文的价值》一文,家铉翁晚年居河间,该地唐称瀛洲,故其集亦称《瀛洲集》①。作者小传见《全宋诗》第 64 册第 39940 页。《全宋诗》及相关辑补著作与文章未收录此诗,今补之。

(二十七)释祖钦 1 首

颂古

同时照用不同时,权实双行作者知。有得虽然亦有失,还他龙虎自交驰。

按:见于大英图书馆藏《永乐大典》卷 13203(一宋)第 6—7 页,诗前标注出自《颂古联珠》,并注明"雪岩钦颂曰"。雪岩钦,即释祖钦,号雪岩,其小传见《全宋诗》第 65 册第 40576

---

① 史广超."永乐大典本"宋代佚诗文的价值[N].光明日报,2018-12-19(15).

页。《全宋诗》及相关辑补著作与文章未收录此诗,今补之。

(二十八)蒲寿宬1首

佚题名

磊磊涧底石,泠泠涧中泉。修廊度曲折,绿葆环漪连。湍流决细响,磴藓含新研。朗诵纪禊篇,感慨思此贤。

按:见于爱尔兰切斯特·比蒂图书馆藏《永乐大典》卷 19865(一屋)第 15 页,诗前标注出自"蒲寿宬《心泉学诗稿》"。作者小传见《全宋诗》第 68 册第 42739 页。《全宋诗》及相关辑补著作与文章未收录此诗,今补之。

(二十九)赵师鲁1首

寓居北窗桃竹

天气昏沉醉梦中,坐窗何以慰衰翁。怡颜雪后狶狶绿,暖眼春来灼灼红。报答元无歌与酒,破除但有雨和风。未妨结子成阴事,况复新梢翠拂空。

按:见于爱尔兰切斯特·比蒂图书馆藏《永乐大典》卷 19865(一屋)第 25 页,诗前标注出自《鲁文清公集》。"鲁文清公",应为赵师鲁,谥文清,其小传见《全宋诗》第 68 册第 43233页。《全宋诗》及相关辑补著作与文章未收录此诗,今补之。

(三十)释超信3首

颂古三首

主宾相见展家风,问答分明箭挂锋。伸手问君如佛手,铁关金锁万千重。
遍参知识扣玄微,偶尔相逢话道奇。我脚伸为驴脚问,平生见处又生疑。
莫怪相逢不相识,宗师须是辨来端。乡关风月俱论尽,却问生缘道却难。

按:见于英国伦敦大学亚非学院藏《永乐大典》卷 10116(二纸第四)第 11 页,诗前标注出自《颂古联珠》,并注明"海印信颂曰"或"海印信曰"。宋正受《嘉泰普灯录总目录》"南岳第十一世"下列有"平江府定慧海印信禅师",为"琅琊广照慧觉禅师法嗣",又"南岳第十二世"下列"平江府穹隆智圆禅师"为"定慧海印超信禅师法嗣"①,可见海印信禅师即为海印超信禅师。根据禅宗称呼传统,以别号加法号相称,法号的头一个字可省略,如径山宗杲禅师,径山为别号,宗杲为法号,可简称径山杲(见前文)。同理,海印超信禅师法号应为超信。或以为海印信即释海印,如宋宗晓《乐邦遗稿》"释不可以少善根得生彼国"一节中"海印禅师托生朱防御"一条下引《武库》云:"海印信和尚,嗣琅琊,桂府人也,住苏州定慧寺……"②将"海印"与"海印信"混用,误。宋惟白《建中靖国续灯录目录》"庐陵清原山行思禅师第十一世"下

---

① 正受.嘉泰普灯录:第一册[M].上海:上海古籍出版社,2004:124.
② 宗晓.乐邦遗稿[M].宗教大学藏本.元禄十七年(1707):261.

列有"云居山文庆海印禅师",为"潭州云盖志颙禅师法嗣"①,其别号、法号与宗派师承与海印信有异,不可混同。《全宋诗》第 71 册第 45068 页"信禅师",应即释超信,该小传过于简短,不如《全宋诗订补稿》第 176 页释超信小传详细,宜加以增广如后者。《全宋诗》及相关辑补著作与文章未收录此三首诗,今补之。

(三十一)李公明 1 首

月山方丈之前异竹孤竹因赋小律

　　幽深浮世远,清劲小窗开。人力不到处,山灵著意栽。敲风鸣夜室,含露滴秋阶。了了真如境,禅人莫厌来。

　　按:见于爱尔兰切斯特·比蒂图书馆藏《永乐大典》卷 19866(一屋)第 17 页,诗前标注出自《宋李公明集》。作者小传见《全宋诗》第 72 册第 45362 页收录此人,未录此诗,他人辑补成果亦未见此诗,可补。《全宋诗》及相关辑补著作与文章未收录此诗,今补之。

二、《全宋诗》未收诗人 2 家 26 首

(一)李冲元 10 首

鞠城等铭并序

　　孔子曰:"听讼,吾犹人也。必也使无讼乎。"又曰:"上失其道,民散久矣。如得其情,则哀矜而勿喜。"盖自大道既隐,纯朴已散,虽尧舜之世,犹曰:"罪疑惟轻。"又曰:"与其杀不辜,宁失不经。"然则听狱之际,圣人专以敬慎而哀矜者,岂以民陷非僻之习、冒金木之讯。上之人亦有罪焉,三代已还,教民无党庠遂序之法,养民无井田夫家之制。饥寒困苦,逼於垂死之地,而又於先王忠信孝弟,未尝闻知。一旦陷於有罪,而刑之无所不至,此志士仁人所以挟书永叹。思致主於三代之隆者,其说有在是也。冲元不敏,而复迂僻鄙陋,不通世故,承之决曹掾,虽小官贱吏,而实民命之所悬,愧无皋陶种德之实,而忧不能致孔子使无讼之道。故因修治图圄,既成,乃为鞠成等铭,凡十一篇,置於座右以自励云。

鞠城铭

　　画地不入,刻木不对。敢或为此,底民于罪。使死灰而复然,匪予心之所畏。回也盗饭,参乎杀人。唯穀鸯而养虎,未知焉得仁。

盂铭

　　襄也挈德以饱汝,今也数粒以食汝。予为黍则勤,而德则弗新。予一食而九覆俎,思平反以榖汝。

---

　　①　惟白.建中靖国续灯录[M].蓝吉富,禅宗全书.史传四部.北京:北京图书馆出版社,2004:10.

门铭

仁汝宅也,汝奚不居。礼汝门也,汝安可逾。既出彼则入此,固将食汝以同鱼。冠缨不足带有馀,将曰繄谁之辜。予忍为董子百仞之深渊,亦不蕲于公驷马之高车。

枷铭

尔负虽重,负尔之负,予也亦重。尔其若去,则亦释予之负。

杖铭

能自杖也而后可以杖人,无倚榜掠而曰吾能得其真。弱者茹恨以自屈,强者捍楚而获信。咎孰于归,归乎予身。

梏铭

与其梏罪人之手也,毋若梏吏之手。宵人之滋,君子之丑。

匜铭

尔之所蹈,曾弗谋于道。匜曰弃汝,不言教告。古之人一举足不敢忘其亲,盍视尔履,乌有表端而影跛。

绁铭

听讼者欲其绳之直,不欲如绳之急。呜呼,莫纽於好出而恶入,莫弛於吏纵而弗戢,莫酷於系一而连十。苟遁理而禁,虽纠固而何及。

杻铭

福生有基,绝恶者於其微。两兵斗於桑女,杀人起於扬灰。初则弗戒而悼绝者之不属,犹不稼而闵饥。

衣铭

呜呼。教之不勤,俾尔残义而贼仁,余不能与物为春,徒俾尔不寒而温。

按:见于大英图书馆藏《永乐大典》卷8269(十九庚)第5—6页,诗前标注出自《袁州府宜春志》,并注明"李冲元鞠城等铭并序"。铭后复有如下文字:"李冲元,字元中,少年迈往善言,论人物如壁,共为山泽之游,号龙眠三友,元祐三年亦登第,典狱宜。春作《鞠城》等十一铭,其贤可知。"然而其所列之铭仅有十首,或此处"十一铭"为"十铭"之误,或确有十一铭而抄录时有一首脱漏。《钦定古今图书集成·理学汇编·字学典》卷100引《万姓统谱》:"李冲元,字元中,舒州龙眠人。举进士,工书翰,追踪钟王,与李公麟、李亮工同时登第,号龙眠三李。"[1]综上可知其生平。《全宋诗》及相关辑补著作与文章未收录其人其诗,今补其诗,并补其小传如下:

---

① 陈梦雷等原辑,蒋廷锡等重辑.古今图书集成[M].北京:中华书局,1986:172.

　　李冲元,字元中,舒州龙眠人。元祐三年(1088 年)进士,与李公麟、李亮工同时登第,号龙眠三李。工书翰,追踪钟繇、王羲之。事见《永乐大典》卷八二六九、《字学典》卷一〇〇。

(二)厉伯韶 16 首

富龙

富龙坦坦降平原,博换周旋四气全。穴在天心招福禄,子孙见世去朝天。

乳龙

乳龙入脉似悬丝,山不交加力不孤。若有吉星相照对,姓名高挂播京都。

逆龙

逆龙粗恶似刀锵,擘脉分枝不可当。若更高峰侵碧汉,后孤前逼定遭殃。

枉龙

枉龙山水大难当,人口年年有死亡。更被恶神山水破,其家应少白头郎。

飞龙

飞龙落处势回翔,羽翼遮拦力更强。乳节心胸安穴处,荣华名誉众推扬。

暴龙

暴龙伤暴不须寻,山势波波祸患侵。若也崩洪招枉暴,颠风渴癫日加深。

分龙

分龙之地恶还多,五逆衰残岂奈何。寺观庙坛犹似可,人居败绝更奔波。

毒龙

毒龙磊石乱如麻,奔枕陂滩大不佳。自缢投河顽恶子,不然屠杀火烧家。

舞龙

舞龙摇曳似生蛇,慢处安坟实可夸。世代子孙为将相,伫看白屋总成家。

狂龙

狂龙山勇去无回,坐穴危危后不来。石脉焦枯流水急,儿孙活业变成灰。

揖龙

揖龙节上好安坟,富贵荣华不用论。好认龙行宽与猛,莫教入穴却无魂。

鬼龙

鬼龙山水要柔和,不用高峰及大河。终是子孙难稳便,黄泉疾病每来过。

生龙

生龙偏注人长寿,福禄荣华万事成。昔日彭公年八百,至今万代尚传名。

驾龙

驾龙何处觅真踪,接水迎山福禄隆。后脉不随星不照,儿孙终是不英雄。

病龙

病龙懒散欠精明,山水朝来家不宁。产难堕胎并寄死,子孙疾病不光荣。

福龙

福龙山回水有情,或分子母无相刑。目前不发无灾否,日久须知见败迤。

　　按:见于大英图书馆藏《永乐大典》卷14219(四霁)第1—2页,诗前标注出自《地理大全》,并注明"厉伯韶十六龙诗"。宋刘克庄《后村先生大全集》卷105《跋蔡公杂帖》云:"莆人重黄涅盘、厉伯韶两墓师如神。"①《永乐大典》卷14218记载:"世传黄巢之乱,杨筠松窃秘府之书,避地江南,传其术者,如厉伯韶、范越凤辈是也。"明陈弟《世善堂藏书目录》卷下有"厉伯韶《地理钩元博山经抄》二卷"②。厉伯韶,《钦定古今图书集成·博物汇编·艺术典》卷679引《地理正宗》作厉伯绍,称其为"宁都人,杨公高弟"③。杨筠松为唐末五代人物,厉伯韶既为其弟子,至晚不过北宋。然而明叶盛《水东日记》卷14记载:"相传嘉定中有厉布衣者,自江右来广,精地理之学,名倾一时。"(据其下文,此厉布衣即指厉伯韶)④嘉定(1208—1224)为南宋中后期年号,若厉伯韶真为"杨公高弟",则其生平需跨五代两宋,此一惑也。或者所谓"杨公高弟"仅指承续其学说,而非直接师事之,亦有可能。厉布衣又称赖布衣,"广人口音,称赖布衣云"(《水东日记》卷14)⑤。清王朝梧说法与叶盛同。王朝梧在为孙星衍所写的赠言中写道:"自宋以来所秘者,曾、杨、廖、赖。然曾、杨、廖氏各有传书,而赖布衣者,仅传其浙中宅墓数处及《催官》伪书。近日考之,知为厉伯韶也。江右人读厉为赖,不知其名,而以布衣呼之。"⑥又据《四库提要·催官篇》:"《催官篇》二卷,宋赖文俊撰。文俊字太素,处州人,尝官于建阳,好相地之术,弃职浪游,自号布衣子,故世称曰赖布衣。所著有《绍兴大地八钤》及《三十六钤》今俱未见。"⑦据此,赖布衣名为赖文俊。若说赖与厉方音相近尚说得通,伯韶与文俊之中古音发音相去甚远,似不至于混淆。则厉伯韶与赖文俊为一人或是两人存

①　刘克庄.后村先生大全集[M].成都:四川大学出版社,2008.
②　陈弟.世善堂藏书目录[M].清抄本:92.
③　陈梦雷等原辑,蒋廷锡等重辑.古今图书集成:第47册[M].北京:中华书局,1986:58243.
④　纪昀,等.景印文渊阁四库全书:第1041册[M].台北:台湾商务印书馆,1986:83.
⑤　纪昀,等.景印文渊阁四库全书:第1041册[M].台北:台湾商务印书馆,1986:83.
⑥　王朝梧.问字堂集序[M]//孙星衍,孙渊如诗文集.商务印书馆据涵芬楼原刊本影印本,1919:8.
⑦　纪昀,等.景印文渊阁四库全书:第808册[M].台北:台湾商务印书馆,1986:153.

疑,此二惑也。《艺术典》卷 679 收厉伯绍与赖文俊为两人,引《地理正宗》:"厉伯绍,宁都人,杨公高弟";"赖文俊,宁都人,曾文遄婿,世称布衣"[①]。赖文俊既为曾文遄之婿,则其生平应不能晚至南宋。又,《艺术典》称赖文俊为宁都人,与《四库提要》称其为处州人有异,何者为是存疑,此三惑也。今姑存之。《全宋诗》及相关辑补著作与文章未收录其人其诗,今补其诗,并补其小传如下:

> 厉伯韶,或作厉伯绍,宁都人,生平在南宋嘉定前后。传承杨筠松之学,精于地理,为时人所推重。著有《地理钧元博山经抄》二卷。江右、广人方音读厉为赖,故又称赖布衣。或谓即赖文俊,存疑,姑置之以备一说。赖文俊著有《催官篇》《绍兴大地八钤》《三十六钤》,后两者已佚。事见《钦定古今图书集成·艺术典》卷六七九、《水东日记》卷一四、《四库提要·催官篇》等。

三、余　论

在据《永乐大典》补《全宋诗》的过程中,我们有了一定的思考,现略加讨论。我们认为,在以海外新发现《永乐大典》残卷进行补遗时,应尤其注意穷尽式利用:一是对所有可见卷本的文字内容进行覆盖式比对,确保应用尽用;二是把各体式和题材的诗歌均囊括到补遗的范围内,做到能全则全。

应用尽用,即当前所有可用于诗歌补遗的《永乐大典》文献资料都应得到充分的关注和使用。事实上,《全宋诗》在编纂时已使用了《永乐大典》中的部分材料。然而或是由于某些新发现的卷目因尚未影印出版而无法参考,或是由于浩大工程中偶然发生又在所难免的疏漏,其对《永乐大典》资源的利用并不充分。类似的情况也出现在相关辑补著作中。比如,《全宋诗辑补》第 6 册第 2549 页据《永乐大典》卷 19866 补陈景沂《异竹》一首,这表明该书的编者接触到了《永乐大典》,至少接触到了卷 19866 的内容。然而,本文所补的蔡沈《圣竹》、武衍《积雪折竹有感》、李公明《月山方丈之前异竹孤竹因赋小律》三首诗,同样出自《永乐大典》卷 19866,该书编者们却没有关注和采录。为减少这类情况的发生,应首先全面掌握材料,然后逐册逐卷、逐页逐篇、逐句逐字地过目筛选、核对查证。

我们所补 80 首宋诗,并非均匀分布于各馆所藏《永乐大典》残卷中。相反,因其百科全书式的编纂方式,相同、相近、相关的内容被编录到一起,故常有一批诗集中出现于某一卷中,或是毕其一卷未见一首诗的情况。在 2013 年以来影印出版的 12 种海外馆藏《永乐大典》残卷中,大英图书馆所藏卷本可补诗最多,有 57 首;英国伦敦大学亚非学院、爱尔兰切斯特·比蒂图书馆、哈佛燕京图书馆、英国牛津大学博德利图书馆所藏卷本分别可补 10、11、1、1 首;其余 9 个馆藏版本则查无可补诗篇。尽管各版各卷可补诗歌篇目存在有无与多少的差别,但仍需逐一细看确认,不可轻忽。

能全则全,就是要尽可能地考虑到各种类型的诗,只要不违背断代诗歌总集收录要求,

---

① 陈梦雷等原辑,蒋廷锡等重辑.古今图书集成:第 47 册[M].北京:中华书局,1986:58243.

均应考虑收录。我们所补宋诗,除一般的诗外,还包括 12 首颂古、35 首铭,乃至 16 首堪舆诗,这些都是形式或内容上稍显特殊的诗体。对于这些相对"非主流"甚至"有争议"的诗,应审慎判断,不可滥加收录,也不宜轻易放过。

比如,关于佛教偈颂是否收录的问题,《全唐诗·凡例》明确指出"《唐音统签》有道家章咒、释氏偈颂二十八卷,《全唐诗》所无,非诗歌之流,删"[①],可见其认为佛家偈颂不是诗,不应收录。然而后来人们所理解的诗的范围有所扩大,《全宋诗·凡例》中已无拒收偈颂的规定性说明[②],《全宋诗辑补·凡例》亦表示"酌收《全宋诗》已收赞颂作者及其他稀见作者、冷僻文献中的赞颂及其他韵语,佛教偈颂及韵语赞词依例收录"[③]。颂古乃佛教偈颂的一种,其富于宗教义理,往往语带机锋,但体制短小,字数句数及用韵符合通常的诗歌规范,《全宋诗》《全宋诗订补》《全宋诗辑补》《全宋诗订补稿》《宋代禅僧诗辑考》均有收录,故我们亦予辑补。

又如铭是否收录的问题。有学者明确反对将铭文收入诗歌总集,其理由一是铭偏重"赞颂与警戒"及"对单个物体的观察",与诗歌偏重"抒发感强"及"对整个外部世界的观感"不同;二是"传统上一直把铭与诗视作两个不同的文学体裁";三是《全宋诗》所收铭大多"与传统铭文的题材分类基本一致"且部分能见于《全宋文》[④]。然而,诗歌有主流范式,也有非主流范式,有一般类型,也有特殊类型,后者不应被完全排除在外。铭具有文的某些特征,与一般的诗歌有异,但并非全然不具有诗的要素。而传统的文体分类方式固然应继承,但适当微调亦非不可,事实上传统文体分类也并非一成不变。况且,诗与非诗之间未必有一道鲜明而不可逾越的鸿沟,少数兼具诗与文的文体特性的作品,两边兼收亦无不可。具体来看,我们所补之铭大都体制短小,句尾押韵,符合诗的基本特征。况且,有些铭读之较偈颂更含诗味,既然偈颂可收录为诗,则此类铭也不应被排除在外。

当然,《永乐大典》也有其局限性。我们在查找核对的过程中,便发现不少《永乐大典》出错之处,盖其仓促编成,又出于众手,难免出现各种错讹。我们虽不可对其过度信据,也不应过度怀疑,应审慎判断,具体分析。考据学讲究孤证不立,非有多条有力证据不肯轻下论断。但面对一些稀有文献,这一条操作起来难度甚大。如有些诗作仅见于《永乐大典》,按照孤证不立原则,则无法确定《永乐大典》引该诗时是否出错。理论上《永乐大典》确有出错的可能,直接下一个绝对肯定的结论确有不宜。但若据此臆测直接认定其为假,也实在欠妥。较稳妥的做法是存而不论,暂且存疑,聊备一说,以待来日佐证或推翻。本文对于某些佚诗的处理正本于此。

①　彭定求,曹寅,沈三曾,等.全唐诗[M].北京:中华书局,1960:8.
②　北京大学古文献研究所.全宋诗:全七十二册[M].北京:北京大学出版社,1998:23-25.
③　汤华泉.全宋诗辑补:全十二册[M].合肥:黄山书社,2016:1.
④　张昌红.全宋诗指瑕 27 例[J].嘉兴学院学报,2013(1):77.

To Replenish **80** Poems of Song Based on the Findings of
The Yongle Canon Reserved Overseas

Chen Lichen; Hong Jiajun; Cheng Haowei

(Department of Chinese Language and Literature, Xiamen University, Fujian, Xiamen 361005)

Abstract：Based on the findings of *The Yongle Canon* housed at Harvard-Yenching Library, Bodleian Library of University of Oxford in UK, British Library, Chester Beatty Library in Ireland and School of Oriental and African Studies of University of London in UK, we can replenish 80 poems of Song, which include 54 poems of 31 poets who have been involved in *Complete Collection of Song Poetry*, and 26 poems of 2 poets who haven't been seen in *Complete Collection of Tang Poetry*. When we replenish poems according to the newly discovered volumes of *The Yongle Canon*, special attention should be paid to taking full use of them. That means, one the one hand, all contexts of the available volumes need to be checked carefully to ensure the best use has been made. And on the other hand, poems in various styles and contents should be included in the scope of replenishing as complete as possible.

Key words：*The Yongle Canon*; *Complete Collection of Song Poetry*; replenishing

（学术编辑：刘荣平）

陈立琛，男，厦门大学中文系 2021 级硕士研究生。
洪嘉俊，男，厦门大学中文系 2021 级硕士研究生。
程浩炜，男，厦门大学中文系 2021 级硕士研究生。

书评

*Journal of
Chinese Studies,
Xiamen University*

中国现代美学的系统建构

——评杨春时教授的《中国现代美学思潮史》*

高　上

（黄淮学院　文化传媒学院，河南　驻马店　463000）

摘要：杨春时教授主编的《中国现代美学思潮史》是学界第一部从思潮角度考察中国现代美学史的著作。该著指出，美学思潮是美学思想对现代性的反映，是美学史的基本单位。该著运用现代性理论，通过对现代性体验的深刻把握，对中国现代美学史上的美学思潮进行了精准的定位和公允述评，展现了中国现代美学的历史演变规律，提出超越后现代美学，以新的现代性体验建设新现代美学的观点。该著不仅完成了对中国现代美学思潮历史的全面梳理，也展开了对中国现代美学的系统建构。

关键词：现代性；现代性体验；现代美学；美学思潮

杨春时教授主编的《中国现代美学思潮史》既是国家社会科学基金重点项目，也是 2019 年国家出版基金项目的重大成果，该著于 2020 年由百花洲文艺出版社刊行面世，在学界广受好评，产生重大影响。厦门大学代迅教授指出，"中国现代美学史的著作众多，但以美学思潮建构中国现代美学史的著作独此一家，因此该书具有特殊的意义"。代迅教授认为"该书以美学思潮的演变为主线索，清晰而丰富地展开了中国现代美学的历史画卷"，称赞此书为中国现代美学史"以美学思潮构史的开山之作"。① 扬州大学简圣宇教授指出，"该著对中国现代美学思潮史的细致阐析，使其呈现出一种历史的厚重感和结构的纵深感"，由此，该著"不仅帮助读者追溯了过去的历史，而且向读者启示了未来发展的趋势"，"作为第一部从思潮史角度切入中国现代美学研究的学术著作，在学术史上具有奠基性和开创性的地位"。② 以笔者所见，该著之所以具有重大而深远的意义，在于其对中国现代美学的深刻破题：杨春时教授勘破了中国现代美学发展历史纷繁复杂的表象，高屋建瓴地指出："美学思潮得以形成的最根本的原因就在于现代性体验，而美学思潮的性质就在于对现代性的态度。"③

---

* 基金项目：国家社科基金年度一般项目"中国现代报纸的作家新闻报道史料整理、汇编与研究"（21BZW034）阶段性研究成果。

① 代迅.以美学思潮构史的开山之作：评杨春时教授《中国现代美学思潮史》[N].中国新闻出版广电报，2020-7-8(6).

② 简圣宇."现代性体验"视域下的美学思潮史研究：从杨春时教授主编的《中国现代美学思潮史》谈起[J].徐州工程学院学报(社会科学版)，2021(1)：34-40.

③ 杨春时.中国现代美学思潮史[M].南昌：百花洲文艺出版社，2020：1.

一、对现代性体验的深刻把握

《中国现代美学思潮史》的突出特点，首先在于对现代性体验的深刻把握。在该著中，杨春时教授一方面提纲挈领地强调，"现代性是现代社会的基本精神力量，是解释现代社会历史的最根本的理论"。[①] 另一方面，杨春时教授指出，"美学思潮得以形成的，最根本的原因就在于现代性体验，而美学思潮的性质就在于对现代性的态度"，[②]强调了"现代性"对中国美学思潮的推动：也即现代性对中国现代美学史发生、发展的关键作用。这两方面判断对作为思想史的《中国现代美学思潮史》而言，意味着高度的理论自觉，也奠定了全书的体系基础。中国素有渊厚的史传传统，也形成了多样的著史体例，但无论是编年体这种以时间顺序排列史料的著史策略，或是纪事本末体这种以事件为核心的叙述方法，还是纪传体这类以人物为单元的记载方式，都很难允切、周全地梳理和呈现中国现代美学纷繁复杂的历史。我们知道，可靠的历史叙述绝不是史料和史料的简单相加，而必须有一以贯之的判断。贡布里希认为，在艺术史领域，如果人们抛弃黑格尔关于新时代的论述，就"很难不面对着互无关联、无法理解的关于往昔的碎片"——"一个统一性的原则"[③]是被需要的。黄仁宇先生在论及英国史家的学术特点时也曾指出，他们"多注重分析而不注重综合"，"在学术上因专长而产生门派"[④]。黄先生说他们长于分析，显然不全是褒奖。在美学思想史领域，同样存在着诠释学循环(der hermeneutische Zirkel)——读解历史现象的活动不是"还原本意"，而是建立在"前见"和"前理解"之上。杨春时教授指出，"对历史性的对象的研究，要有现代理论为'前见'，通过'视域融合'，达到新的理解，阐发对象的意义"。[⑤]《中国现代美学思潮史》这部大著对现代性以及现代性体验的深刻把握，就是该著可靠的"前见"，也奠基了该著最为基础的理论系统。

在中国古典美学的视野中，"凡一代有一代之文学。楚之骚，汉之赋，六代之骈语，唐之诗，宋之词，元之曲，皆所谓一代之文学，而后世莫能继焉者也"。[⑥] 诚如王国维的这一概述，特定文学、美学现象的形成，必然与各个时代独特的历史语境相关——文学、美学思想现象在线性的时间中呈现，也必然与线性的时间相关联。但是，王国维的概述也还只是对现象的描述，而没有进一步地探讨现象背后的动因。对于时代文学的话题，影响更为广大的，是胡适先生檄文般的激烈判断："文学者，随时代而变迁者也。一时代有一时代之文学。周秦有周秦之文学，汉魏有汉魏之文学，唐宋元明有唐宋元明之文学。此非吾一人之私言，乃文明进化之公理也。"他又具体阐述道："吾辈以历史进化之眼光观之，决不可谓古人之文学皆胜于今人也。左氏史公之文奇矣，然施耐庵之《水浒传》视《左传》《史记》何多让焉？《三都》《两

① 杨春时.中国现代美学思潮史[M].南昌：百花洲文艺出版社，2020：1.
② 杨春时.中国现代美学思潮史[M].南昌：百花洲文艺出版社，2020：2.
③ E.H.贡布里希.阿佩莱斯的遗产[M].范景中，译.南宁：广西美术出版社，2018：100.
④ 黄仁宇.资本主义与二十一世纪[M].北京：生活·读书·新知三联书店，1997：158.
⑤ 杨春时.中华美学概论[M].北京：人民出版社，2018：410.
⑥ 王国维.王国维全集：第三卷[M].杭州：浙江教育出版社，2009：3.

京》之赋富矣，然以视唐诗，宋词，则糟粕耳。此可见文学因时进化，不能自止。"① 耐人寻味的是，当适之先生自觉地以进化学说这种现代理论探讨中国古典文学的历史时，是否能够意识到，他所热情提倡的白话文文学，与之前的唐宋元明各个时代文学之间，存在着深刻的分野甚至断裂？在《中国现代美学思潮史》中，杨春时教授指出："现代性一旦确立，就带来了生活方式的变革，这个变革终结了传统的生活方式，具有断裂性。"② 这一断裂是古老中国从前现代到现代的深刻转型，这一转型的内涵，绝非唐诗、宋词、元曲在平仄韵律、审美情调等方面的微妙演进所能比拟，亦不是在唐诗、宋词、元曲、明清小说之后缀上白话文做尾巴。当然也就不能简单地用胡适们的"文明进化"理论相比附。我们探讨中国现代美学的历史，就必须以现代性的高度自觉，勘破各种纷繁复杂的思想现象。

吉登斯认为，现代性的所指是"社会生活或组织模式"，"大约 17 世纪出现在欧洲，并且在后来的岁月里，程度不同地在世界上产生影响"。③ 波德莱尔则以诗人的敏感，体悟到现代性的精神维度："现代性就是过渡、短暂、偶然；它是艺术的一半，另一半则是永恒与不变。"④ 现代性理论是杨春时教授长期耕耘、素有创见的学术领域，在《中国现代美学思潮史》中，他亦提纲挈领地重申了一系列已得到学界广泛认同的基本判断："现代性是现代社会的基本精神力量，是解释现代社会历史的最根本的理论"，"现代性的核心是理性精神……它首先指人是世界的主体"，"工具理性即科学精神，它大大促进了生产力的发展"，"现代社会的另一个根基就是价值理性。所谓价值理性，就是人文精神，它承认人的主体地位，尊重人的价值，特别是个体价值。现代社会的意识形态都建立在价值理性上，它与工具理性一道推动了历史的进步"。⑤

在简洁、透彻地厘定现代性的定义之后，杨春时教授更进一步地明确了现代性体验与美学思潮的关系。在《中国现代美学思潮史》中，他发出美学思潮是现代性体验的"反思形式"的判断，他提出，"美学思潮得以形成的最根本的原因就在于现代性体验，而美学思潮的性质就在于对现代性的态度"。⑥ 限于篇幅，杨春时教授的判断言简意赅，但绝非出于独断，而是来自他精深的理论体系。在大著《作为第一哲学的美学——存在、现象与审美》中，他以 48 万字的规模，严谨论证了"审美即现象是对存在意义的领会，美学即充实的现象学"，在此基础上，杨春时教授指出，"审美体验是对存在意义的发现和领会，这就是充实的现象学和本源的存在论；哲学思维是对审美体验的反思和对存在意义的论证，这才是确定的存在论。因此，美学不是艺术哲学，而是自由之学、超越之学；也不是哲学的分支，而是现象学和存在论的统同一，是第一哲学"。⑦ 也正是在《作为第一哲学的美学——存在、现象与审美》的理论奠基上，《中国现代美学思潮史》才展开了对现代性体验与美学的深刻把握，杨春时教授指出，"现代性体验就是人们对现代生存方式的一种根本体验"，"艺术反思日常生活，超越意识形态支配下的日常体验，就是本真的生存体验"，"人们通过对审美体验的反思，获得了现代

① 胡适.胡适文选[M].上海：上海远东出版社，1995：4-5.
② 杨春时.中国现代美学思潮史[M].南昌：百花洲文艺出版社，2020：1-2.
③ 吉登斯.现代性的后果[M].田禾，译.南京：译林出版社，2000：1.
④ 波德莱尔.波德莱尔美学文选[M].郭宏安，译.北京：人民文学出版社，1987：485.
⑤ 杨春时.中国现代美学思潮史[M].南昌：百花洲文艺出版社，2020：2.
⑥ 杨春时.中国现代美学思潮史[M].南昌：百花洲文艺出版社，2020：1.
⑦ 杨春时.作为第一哲学的美学：存在、现象与审美[M].北京：人民出版社，2015：515.

性体验的自觉,并进一步形成美学、哲学思想"。①

《中国现代美学思潮史》超越了一般的美学史著作,既不是史料和史料的简单叠加,也不是描述现象的泛泛之论,而是在深刻把握现代性体验的理论基础上,对中国现代美学历史展开追溯,也在追溯历史的过程中,对中国现代美学进行系统的建构。

二、对美学思潮的精准定位

在深刻把握现代性体验的基础上,《中国现代美学思潮史》又从思潮角度破门而入,展开了对中国现代美学历史的研究。该著从西方现代美学思潮的原发性、连续性和典型性出发,建立了可靠的参照坐标,克服了中国现代美学外源性、后发性和复杂性的困难,实现了对各个美学思潮的精准定位,这是该著的第二个重要特点。

在 21 世纪的今天,我们面向中国美学走向现代的百年历史,犹然会为那风云激荡的历史现场所震撼,依然会被那坎坷波折的心路历程所打动——我们向来崇敬的前贤先哲们所开辟的中国美学现代化的思想进路,并不是玄想于安静而闲暇的书桌前,而是开始于中西文明激烈撞击、古老的中华民族遭遇前所未有的深重危机的艰难时刻。作为时代精神的重要领域,美学用形上却深刻的方式记录着各个时代以及代际转换的历程。杨春时先生指出:"鸦片战争以来中国对西方列强的抵抗,不断以失败告终,国门大开,西方物质文明、精神文明传入,中国人眼界打开,中华文明为唯一文明的天朝大国心态扫地以尽,中国先进知识分子意识到学习西方文明的必要性。"②"西学东渐,中西文化开始了冲突、交流;与此同时,西方文学理论也开始传入,并与中国传统文学理论相遭遇。在这场初次遭遇中,中国的一些理论家有意识地进行了中西文论的对话,试图达到汇通中西、创造中国近代文学理论的目的。这是中国近代史上第一次,也是唯一的一次对话(如果不包括改革开放以来的第二次对话)。"③此番历史情境,为梳理中国现代美学历史带来了别样的魅力,同时也是巨大的困难——"20 世纪中国美学思想又是极其庞杂、混乱和不成体系的,各种来源不同、背景不同、内涵不同的观念都在同一名称下混然杂处,而同一思想往往又换上不同的新名词、新面貌被反复申述。当人们自以为已走过了遥远的路途时,往往会突然发现自己又鬼打墙似地转回了原地"。④ 诚如邓晓芒先生所述,中国现代美学的发生和发展太过纷繁复杂,在中西思想交汇、冲撞的情境下,美学思想名家辈出,异说蜂起,概念驳杂,观点众多,既蔚为大观,又难以梳理。

面对上述困难,在《中国现代美学思潮史》中,杨春时教授明确地提出他的著史观点,"美学史并非史料的罗列,历史与人的观念有关,是人的阐释的结果,当然也要尊重客观性",他指出,"无论是艺术史,还是美学史,都不能以年代或者朝代划分,应该以思潮为基本单

---

①　杨春时.中国现代美学思潮史[M].南昌:百花洲文艺出版社,2020:3-4.
②　杨春时.中西文论初次对话失败的历史经验[J].海南师院学报,1996(4):12-17.
③　杨春时.百年文心:20 世纪中国文学思想史[J].哈尔滨:黑龙江教育出版社,2000:1.
④　邓晓芒.20 世纪中国美学之回顾与反省[J].福建论坛(文史哲版),1999(4):2-9.

位"。① 基于这一判断,他提出了《中国现代美学思潮史》编撰体例的理论基础:"艺术思潮和美学思潮打破了时间的自然性,使艺术史和美学史得以构成。"②以思潮为单位著史,杨春时教授素有心得,成就卓著。他对现代性与文学思潮的研究成果深刻精湛,在学界影响深远。他指出:"文学思潮是大规模的文学运动,是一定时代产生的共同审美理想在文学上的自觉体现。从根本上说,文学思潮是文学对现代性的反应。"③"正是现代性的发生和发展使文学具有了自觉性,产生了不同的文学思潮,如回应现代性、呼吁理性精神的启蒙主义;反抗理性桎梏和城市文明束缚的浪漫主义;揭露和批判资本主义社会黑暗、堕落的现实主义以及全面抗议现代性导致的异化的现代主义等。那么,古典主义是什么?古典主义是对现代性的政治形式——现代民族国家的回应。"④在把握现代性与文学思潮的关系,明确文学思潮是文学对现代性的反应之后,现代文学激荡、复杂的思潮、流派就得到了透彻的解释,对其进行历史梳理也成为可能。

一些学者面对复杂的现代审美现象,时常在"现代"一词前强加修饰词,提出各种"X现代"之类的概念,却往往缺乏解释效力,只是加重了喧哗,导致学术话语的纷乱和通胀,带来更多的困惑。杨春时教授则在《中国现代美学思潮史》中明确地指出,"现代性只有一个,并没有所谓的后现代性"。⑤在现代性体验与美学思潮的关系方面,杨春时教授很早就指出,"现代性体验是对现代生存意义的根本把握,审美是现代性体验最本真的形式,而其反思形式即美学思潮。前现代性的体验为崇高精神,由此产生了古典美学思潮。早期现代性体验为虚无意识导致的焦虑,由此产生了现代美学思潮。后期现代性体验为虚无意识导致的无聊情绪,由此产生了后现代美学思潮。但以解构主义、身体性为代表的后现代美学丧失了超越性,不能反思无聊的意义。美学的出路是超越后现代美学,以新的现代性体验建设新现代美学"。⑥基于一贯的思索和判断,他精准地定位了围绕现代性而发生、发展的各种美学思潮,为全书结构进行了系统的奠基。他指出,现代性体验可以分为不同阶段,第一个是现代性还没有发生或实现的时候的前现代性体验,第二个是现代性发生、发展时期的早期现代性体验,第三个是现代性高度发展的时期的后期现代性体验,"在这三个阶段里发生的不同美学思潮,大致对应着古典美学思潮、现代美学思潮和后现代美学思潮"。⑦在这里,杨春时教授不仅揭示了现代美学历史演变的一般规律,也提出了美学的出路——超越后现代美学,以新的现代性体验建设新现代美学⑧。这就使得《中国现代美学思潮史》不仅是一部面向过去的思想史著述,也基于对美学思潮的精准定位,对美学思潮历史规律的把握,成为一部面向未来,建设中国现代美学的大著。

经过对美学思潮的精准定位,杨春时教授清晰地建构了《中国现代美学思潮史》一书的结构:在历时性的轴线上,一边是现代性的发生、发展,一边是美学思潮对现代性的反应。值

---

① 杨春时.中国现代美学思潮史[M].南昌:百花洲文艺出版社,2020:4.
② 杨春时.中国现代美学思潮史[M].南昌:百花洲文艺出版社,2020:4.
③ 杨春时.中国现代文学思潮史[M].南京:南京大学出版社,2011:16.
④ 杨春时.现代民族国家与中国新古典主义[J].文艺理论研究,2004(3):36-42.
⑤ 杨春时.中国现代文学思潮史[M].南京:南京大学出版社,2011:5.
⑥ 杨春时.现代性体验与美学思潮[J].天津社会科学,2015(1):156-163.
⑦ 杨春时.中国现代文学思潮史[M].南京:南京大学出版社,2011:5.
⑧ 杨春时.中国现代文学思潮史[M].南京:南京大学出版社,2011:16-18.

得我们注意的是,在论述中国和西方各个时代的艺术现象时,很多论著甚至教材,都有不加判断地使用各种"主义""思潮"等概念的倾向。这种倾向既忽视了中国、西方的历史和现实语境,也忽视了中国现代美学发生和发展的特殊背景,导致了很多本应避免的论述混乱。比如,殷国明教授就曾系统缕叙过古典主义概念在西方文化中的复杂所指,提到了这种概念使用上的复杂性:古典主义(Classicism)在本意上是指希腊罗马的优秀文化遗产,"指的是以希腊罗马文化艺术为标准的传统风格和样式,因此被普遍认定为最高和最典雅的艺术风范",但随着时间的推移,古典主义概念不断地泛化、游移,它"不再是一种对确定的文学现象和美学理论的认定,而成为一种对某种理想的文学风格和艺术风格的描叙","从文艺复兴、新古典主义、启蒙运动,一直到20世纪东西方各种文学运动和思潮的转译和传播,古典主义在不同历史时空中的重演和重现,就显得更加扑朔迷离了。"[①]"古典主义"这个在西方语境中已经异常纷繁复杂的概念,在被引进中国现代美学学术后,各位学者对其产生了不同的理解,他们又在论辩和争鸣中不断转变、修正各自的观点和论述,言人人殊,着实造成了很多的困扰和误读。类似的状况还普遍存在于"启蒙主义""浪漫主义""现实主义""现代主义""后现代主义"等等概念中。如果不能从总体的高度穿透众说纷纭的话语迷雾,对这些中国现代美学的基本概念加以清晰判断和定位,则撰写一部可靠的中国现代美学历史几无可能。

面对上述难题,在《中国现代美学思潮史》中,杨春时教授以现代性和现代性体验破题,指出了纷繁复杂的历史表象背后的根本动因。他明确地指出:"西方历史具有现代性的原发性,所以它的发展具有连续性。"[②]在典型的西方现代美学思潮发生、发展的坐标上,前现代性体验是指现代性还没实现的时候人们对现代性的想象,在美学领域体现为崇高精神和古典美学思潮。现代性一方面是进步,一方面也是异化,在现代性建立的早期,虚无化导致了对现代性的否定和批判,产生了焦虑和现代美学思潮。对西方世界而言,"二战"以后,西方进入后期现代社会,后期现代性的体验,虚无化导致的无聊情绪形成了后现代美学思潮。尽管中国现代美学思潮的历史显出外源性、后发性和复杂性,但在西方现代美学思潮的坐标比照下,《中国现代美学思潮史》实现了对各个美学思潮的精准定位。

《中国现代美学思潮史》对美学思潮的精准定位,更进一步地体现了以美学思潮为单元著史的优势。在中国现代美学历史中,名家辈出,观点更迭,同一学者也会同时或先后存在不同的思想倾向。《中国现代美学思潮史》不以美学家个体或时间顺序为单元著史,而是在精准定位各个美学思潮的基础上,围绕美学思潮对中国现代美学进行清晰缕叙。比如,王国维先生作为中国现代美学的开山者,其美学思想兼涉中西,又有不同时期的转向、变化,显得既丰富又复杂。《中国现代美学思潮史》清晰地将其思想划分为两个部分,在"早期现代主义美学"和"新古典主义美学"两个篇章中各自展开,既尊重了王国维美学思想前后发展的事实,也有利于思想史的厘定和叙述。又比如,李泽厚先生从事美学研究时期既久,贡献卓绝,其美学思想宽阔且深刻。《中国现代美学思潮史》从精准定位各个美学思潮的基础出发,剖析了李泽厚先生各个时期的不同思想倾向,将其复杂且不断修正的美学思想划分到"客观论美学"、"新启蒙主义美学"和"新古典主义美学"三章,分别展开述评,不仅实现了对李泽厚美

---

①　殷国明.西方古典主义与中国现代文学:一种比较性描叙的尝试[J].暨南学报(哲学社会科学版),1999(11):22-35.

②　杨春时.中国现代文学思潮史[M].南京:南京大学出版社,2011:4.

学思想的全面考察，也在全书的结构中体现了清晰的系统。

三、对思潮、流派的公允述评

在对现代性体验的深刻把握、对美学思潮的精准定位的基础上，《中国现代美学思潮史》以自觉、清晰的历史意识，实现了对各个思潮、流派的公允述评，这是该著的第三个重要特点。

我们知道，中国现代美学从来不是尘封在图书馆冷僻角落的冰冷卷轴，从其发生、发展至今，都一直饱含着热切的现实关怀，也一直伴随着前贤时彦、各个流派的辩论和争鸣。邓晓芒先生指出，20世纪中国美学的最突出特点，便是与百年来时代风云变幻息息相关，"美学正如任何意识形态一样，总是一个时代精神的反映；但中国美学与西方美学相比，具有直接地成为（或把自己当作）时代精神的'号筒'的特色。这是与中国传统'文以载道'、文艺为政治服务的儒家主导思想模式分不开的，也与20世纪的中国处于一个急剧变动并面临生存危机的时代条件有关"。① 扬州大学教授简圣宇指出："各种思潮接踵登上历史舞台，彼此之间既有冲突又存在着内在的逻辑联系，如同新浪推旧浪，共同为推动中国美学史的发展奉献力量。它既是已经发生了的一段历史，又正在以或隐或现的方式影响着当下中国美学的演化过程。"②也正是这种对时代精神的积极关切和对当下中国美学的影响，中国现代美学不仅有历史上各个思潮、流派的论争，也有思潮内部甚至美学家个体的思想变化、理论修正，更因为中国现代美学的当下性，在目前活跃的美学家那里，仍存在着相互之间的论争和思想的发展、建设。这一境况向中国现代美学历史的撰述者提出了艰难的问题：如何才能实现对各个思潮、流派的公允述评？

《中国现代美学思潮史》以自觉、清晰的历史意识回答了上述问题，这种历史意识来自杨春时教授对历史解释学的理解和超越。在论述文化阐释学的特点时，杨春时教授指出，"理解、阐释是一场对话，而对话要求向对方开放，这就需要有一种对对方的尊重和同情，这是理解和阐释的动力和前提"。③《中国现代美学思潮史》对各个思潮、流派的论述，就来自具备充分同情和理解的历史意识。在历史意识的基础上，该书具备了突破具体思潮、流派论说的宏观高度，对各种思潮、流派以及各位前贤时彦的思想、理论的历史合理性给予充分的阐发，对其历史贡献做出充分的肯定，也不讳言其理论缺陷和历史局限。这种对各个思潮、流派的公允述评，一方面实现了对历史上各个思潮、流派的客观评价，这是建构了中国现代美学的历史；另一方面，也进行了对当下并存、活跃的各个思潮、流派的分析和批判，这是在建构中国现代美学的当下和未来。

比如《中国现代美学思潮史》对新古典主义美学思潮的论述，就体现了其评价美学思潮的客观和公允。新古典主义美学思潮是中国现代美学的重要组成部分，诞生既早，影响亦

① 邓晓芒.20世纪中国美学之回顾与反省[J].福建论坛（文史哲版），1999(4):2-9.
② 简圣宇."现代性体验"视域下的美学思潮史研究：从杨春时教授主编的《中国现代美学思潮史》谈起[J].徐州工程学院学报（社会科学版），2021(1):34-40.
③ 杨春时.文化解释学引论[J].东南学术，2019(4):56-64.

大,但争议甚至贬低却伴随其诞生至今。我们知道,中国现代美学重要的生成背景之一,就是中与西、新与旧的照面和冲突。陈望衡先生指出:"近代中国对西方文化的引入,经历了'夷务'——'洋务'——'西学'——'新学'几种称呼不同的阶段。从贬义性的'夷'到尊重性的'新',三字之易,反映着深刻的思想变革过程。"①这一历史语境意味着,新古典主义美学思潮就诞生于"新""旧"两种倾向的争鸣中。而且,又因为中国现代美学格外突出的现实关切,这种争鸣的价值评判从一开始就没有遵循学术内部的逻辑,而往往被现实世界的风云激荡所影响——余英时先生就不无幽默感地说道:"从清朝末年到民国初年,我们发现政治的现实是没有一个值得维护的现状。所以保守主义很难说话。"②余英时先生认为,"严格地说,中国没有真正的保守主义者,只有要求不同程度变革的人而已"。他在评价因"科玄论战"而被定论为保守主义者的张君劢时指出,张氏实际上是主张西方式的宪政民主最有力者,张氏也不反对科学,不过是坚持科学不能解决人生问题——其思想也是来自西方,是受了德国人文学传统的影响。③ 甚至作为个体的美学家,也不能自外于现实世界新旧交锋的冲击。王恩洋先生曾评价美学家王国维之死:"先生之死,有谓其殉节逊清者,有谓其出于身家境遇之不如意者。江西陈寅恪先生则谓其丁新旧文化变革之际,以浸润于旧文化之深,莫适于新思潮风起云涌之世,眷怀故物,发愤自杀,可谓特识也。"④五四以来,"新"成为最主流的价值取向,西方求新、中国守成的判断又几成定论。蒋孔阳先生也曾经论述道:"西方虽然也有古典主义,也不断地有古今之争,但总的来说,西方美学思想的精神是向前的,是要求变和要求新的。这在浪漫主义运动之后,显得更为突出。到了二十世纪,则差不多日新月异,一个一个新的流派,象昙花一样一个接着一个开放出来。"⑤他的论述也隐约体现了这一判断的影响。在这种情势下,守成、复古或者守旧的具有古典倾向的美学思想,自然是受到批判、被边缘化的,其价值不能受到肯定和发掘,也就很难发挥其历史贡献。

对于上述问题,《中国现代美学思潮史》做了深刻的剖析,揭示了中国古典美学式微的深层原因:"从根本上说,中国古典美学是一种前现代的、古典型态的美学,已经不能完全适应现代生活和艺术",在理论体系上,中国美学"没有形成一个严密而系统的理论",无法抵挡具有明确的概念体系和严谨的逻辑论证的西方美学。"这种西学取代中学的趋势,一方面体现了学术现代化的趋势;另一方面也产生了一种偏向,就是全盘否定中国学术传统,抹杀其合理思想,并且把它从现代中国美学中排除出去。"⑥这一剖析以清晰的历史意识,客观地指出了中国古典美学的历史地位和局限,也说明了西方美学在五四以后成为中国现代美学的主导的根本原因,更说明了新古典主义美学的历史合理性,它是中学对西学的"反思和反弹,与西化浪潮逆向而行"。⑦《中国现代美学思潮史》也清晰地定义了新古典主义美学,指出:"新

① 陈望衡,周茂凤."美学":从西方经日本到中国[J].艺术百家,2009(5):72-76.
② 余英时.中国近代思想史上的激进与保守[M]//知识分子立场:激进与保守之间的动荡.长春:时代文艺出版社,2000:8.
③ 余英时.中国近代思想史上的激进与保守[M]//知识分子立场:激进与保守之间的动荡.长春:时代文艺出版社,2000:10.
④ 王恩洋.王国维先生之思想[M].上海:上海佛学书局,1939:1.
⑤ 蒋孔阳.中国古代美学思想与西方美学思想的一些比较研究[J].学术月刊,1982(3):43-48.
⑥ 杨春时.中国现代文学思潮史[M].南京:南京大学出版社,2011:341.
⑦ 杨春时.中国现代文学思潮史[M].南京:南京大学出版社,2011:341.

古典主义美学是 20 世纪以来在中国美学的现代转型过程中，主张在现代条件下依据和发扬中国美学传统，重建中国美学的思潮。"①面对"新""旧""中""西"的长期历史争议，《中国现代美学思潮史》也明确地指出，新古典主义美学不是简单复制传统美学，而是力图中国美学现代化，它既运用现代哲学来阐释和论证中国美学思想，也以现代美学为参照，建构系统的美学理论，它"坚持中国美学的思想本位，反对西方美学思想本位，同时积极吸收现代西方的美学思想，以求达到中体西用之目标"。"新古典主义美学不是传统美学的自然延伸，而是中国美学的现代版。"②这一论述不仅突破了关于新古典主义美学的历史争议，也在建设性的立场上肯定了新古典主义美学的历史合理性和历史贡献，既公允地评价了新古典主义美学这一重要思潮，也为中国现代美学的建构展开了可能。

笔者认为，《中国现代美学思潮史》的重大意义和深远影响，不仅在于对中国现代美学思潮历史的全面梳理，更在于对中国现代美学的系统建构。杨春时教授的大著之一《作为第一哲学的美学——存在、现象与审美》③，"从西方美学的历史经验出发，同时吸收中华美学思想资源，构建出一个体系庞大且内容完整的现代美学理论体系"。④ 杨春时教授的另一部大著，《中华美学概论》⑤则"明确地从现代美学出发，在古今对话中揭示古典美学思想的内涵和潜在的逻辑，以重建中华美学体系。"⑥《中国现代美学思潮史》则将两部大著的理论与判断一以贯之，把学术目光凝注于中国现代美学从 19 世纪末至今的发生和发展的历史，完成对中国现代美学历史的全面考察。一方面，这部大著面向历史，出发于对现代性以及现代性体验的深刻把握，并以这一理论考察和梳理中国现代美学的历史，揭示了中国现代美学发展演进的规律，系统建构了中国现代美学的历史。另一方面，《中国现代美学思潮史》又指向未来，通过对当前活跃着的各个美学思潮的分析、检讨，系统地探索和建构了中国现代美学。该著提出"超越后现代主义，建设新现代主义美学"⑦的观点，也应当成为中国现代美学未来建设的方向。而且，作为一部集体撰述的重要著作，《中国现代美学思潮史》的作者中既有杨春时教授等德高望重的学界泰斗，又有风华正茂的中青年学者，他们在学界的辛勤耕耘，以及他们参与写作这部著作的贡献，也都是对中国现代美学的系统建设。《中国现代美学思潮史》的影响绝不会止于面世近期的惊艳，而将以其对中国现代美学的系统建构，在未来中国美学学术的发展中愈发显示其深邃且宽广的理论力量。

---

①　杨春时.中国现代文学思潮史［M］.南京：南京大学出版社，2011：340.

②　杨春时.中国现代文学思潮史［M］.南京：南京大学出版社，2011：340-341.

③　《作为第一哲学的美学——存在、现象与审美》一书于 2015 年 10 月由人民出版社出版，2018 年荣获福建省社会科学优秀成果奖一等奖。

④　郑绍楠.中华美学的重建之路：评杨春时的《中华美学概论》［J］.厦大中文学报，2020（12）：279-287.

⑤　《中华美学概论》一书于 2018 年 10 月由人民出版社出版，已经列入"中华外译项目"和"中国图书对外推广计划"。

⑥　高上.发掘中国现代美学建设的传统资源：读杨春时先生的《中华美学概论》［J］.学术评论，2020（6）：74-80.

⑦　杨春时.中国现代文学思潮史［M］.南京：南京大学出版社，2011：16.

Systematic Construction of Modern Chinese Aesthetic
—Comment on *History of Modern Chinese Aesthetic Ideological Trend* Edited by Professor Yang Chunshi

Gao Shang

(Schoolof Culture & Media, Huanghuai University, Zhumadian City, Henan Province, 463000)

Abstract: *History of Modern Chinese Aesthetic Ideological Trend* edited by Professor Yang Chunshi is the first work to examine the history of modern Chinese aesthetics from the perspective of ideological trends. The book defines aesthetic ideological trends in terms of the reflection of aesthetic thought on modernity. Aesthetic ideological trends are basic units of aesthetic history. The book uses the theory of modernity, through a profound grasp of the experience of modernity, to accurately position and fairly review the aesthetic ideological trends in the history of modern Chinese aesthetics, showing the evolution law of modern Chinese aesthetics, and putting forward the viewpoint of transcending postmodern aesthetics and building new modern aesthetics with new modernity experience. The book not only completes a comprehensive review of the history of modern Chinese aesthetics but also carries out a systematic constructing work of modern Chinese aesthetics.

Keywords: modernity; modernity experience; modern Chinese aesthetics; aesthetic ideological trend

高上,男,黄淮学院文化传媒学院讲师。

科幻电影研究理论建构新突破

——读黄鸣奋教授的"科幻电影创意研究系列"三部曲

许哲敏

（厦门大学　电影学院,厦门　361005）

摘要:《科幻电影创意研究系列》三部曲以总篇幅超过 200 万字的体量建立了危机叙事、后人类伦理和黑镜定位相结合的科幻电影理论研究体系。其超越文本跨文化视角、具有学术自觉和民族自觉意识的星座式审视、另辟蹊径不落窠臼的创新分析路径,极大地增强了我国科幻电影研究话语权与主动权,是具有示范意义的科幻电影研究力作,应在世界范围内的相关研究中占有其一席之地。

关键词:黄鸣奋;科幻电影研究;创新

科幻电影被视为国家软实力的象征,近年来在我国受到诸多的瞩目与扶持。从 2020 年 8 月国家电影局、中国科协印发的《关于促进科幻电影发展的若干意见》,到 2021 年 6 月国务院印发的《全民科学素质行动规划纲要（2021—2035 年）》（国发〔2021〕9 号）中"加强科幻影视创作"[①],再到 2022 年 2 月国家电影局发布的《"十四五"中国电影发展规划》中"落实促进科幻电影发展联系机制"[②],均可为例。在后疫情时代与逆全球化大潮的背景下,科幻电影中关于危机、伦理等方面的思考与推演值得重视。在此语境中,黄鸣奋教授于 2019—2020 年出版的学术巨著"科幻电影创意研究系列"三部曲显得尤为可贵。该系列著作由《危机叙事》（2019 年,55 万字）、《后人类伦理》（2019 年,85 万字）、《黑镜定位》（2020 年,61 万字）组成,其问世可谓应时代之需——科幻电影被从国家层面"作为促进电影高质量发展的新动能"、顺时代之变——目前世界正适逢"百年未有之大变局",其为我国科幻电影的应变提供可资参考的文本、展科幻之思——提出"科幻电影创意源于面向未来的忧患意识""科幻电影创意的重点是后人类语境中的科技伦理、幻想伦理和创造伦理""科幻电影创意在方法论上的特色是以映射科技为切入点激浊扬清"。该系列著作在福建省第十四届社会科学优秀成果奖评选中获得一等奖,表明了社科界的高度肯定。

在世界范围内,与科幻电影的产业规模相应的,关于科幻电影的学术研究成果尽管随着其发展已呈蔚为壮观之势,但仍以美国、英国等科幻电影高度发展的国家的相关研究最为繁盛。在黄鸣奋教授的"科幻电影创意研究系列"出版前,我国与此相关的学术著作数量寥寥,

---

① 国务院印发《全民科学素质行动规划纲要（2021—2035 年）》[EB/OL].（2021-11-24）[2022-04-13] https://www.kxsz.org.cn/yw/202111/t20211124_3106087.shtml.

② 国家电影局,国家电影局发布"十四五"中国电影发展规划[EB/OL].（2021-11-09）[2022-04-15] https://www.cfa.org.cn/cfa/ljwm/dt/20211112201533182723/index.html.

且关注领域多为科幻小说、世界科幻影史、类型片分析及科普性的科幻作品介绍。可以说，黄鸣奋教授这一系列著作是对科幻电影研究西方中心论的突围，填补了我国相关学术空白。它们描刻出科幻电影与危机、伦理、科技等的多维繁复关系，进行条理清晰、张弛有度的深刻分析，对推动科幻电影的高质量发展有重要的理论意义与实践意义。其宏阔的跨文化视野、独到的星座式审视、需要理论与传播九要素理论在科幻电影分析中的精深推演，具有中国学派文化批评特色的研究图景，开启并追问科幻电影之于时代、人类、世界、未来的审美、叙事、反思与变革。此外，据中国知网及《新华文摘》显示，黄鸣奋教授应是目前国内发表研究科幻电影相关学术成果数量最多，且该领域相关成果被《新华文摘》全文转载最多的学者。正如学者陈亦水所言，黄鸣奋教授"重新规划科幻电影研究的新思路与新方法，某种程度上开辟了当代科幻电影研究的新路径"。[①]

一、跨文化视野：超越文本

"科幻电影立足于面向未来。"[②]更重要的是，其在面向未来的过程中始终给予屏幕前的观众以某种"居安思危"启示感。多元世界的文化冲突、科技论调、政治差异等等赋予其出品的科幻电影的文化底色、艺术特色均不尽相同，特定的文化传统或某种既定的民族特色研究基调可能会将相关研究导入某种窠臼，因此，有意识地运用具有更开阔的"跨文化视野"为"科幻电影创意研究系列"三部曲提供了包含诸多立场通道的对话共同体。这可能也是在全球化与逆全球化两股热潮同时汇流的语境中，在不同传统及殊异文化背景中探寻一种相对稳定的具有共识性、普遍性的分析视野的有益尝试。

在"科幻电影创意研究系列"三部曲中可以看到一种既面向科幻电影文本本身，又指向文本之外的跨文化对话。更有意思的是，这种跨文化对话不囿于人类社会自身，而且包含了具有科幻特色的"非人"种族／媒介／意识等等异质所共组的平台。一部科幻电影的生成，常涉众多学科，近两年来，在推动科幻电影作品高质量发展的进程中，询唤搭建由科学家、艺术家、哲学家、心理学家等等共组的专家团队为"科"字当头的科幻电影保驾护航的呼声愈来愈烈，其相关举措也正逐步推广。"科幻电影创意研究系列"三部曲显然比业界更早地注意到这种跨文化视野与跨学科深度介入的重要性与必要性，并落实于研究成果的字里行间中。黄鸣奋教授具有深厚的理论基础，其多年在新媒体领域的深耕中出版的鸿篇巨制即已彰显其广博而精深的积淀。其代表作《西方数码艺术理论史》（六卷本）从数码编程的艺术潜能、数码文本的艺术价值、数码媒体的艺术功能、数码文化的艺术影响、数码现实的艺术渊源和数码进化的艺术取向等六方面构成对西方数码艺术理论的历史爬梳与分析，是我国首部此类专著。《数码艺术潜学科群研究》（四卷本）汪洋肆意、意出尘外，在学科与学科、理论与应用的汇聚点间，研讨开掘某些新学科产生的潜在与可能。《位置叙事学：移动互联时代的艺术创意》（三卷本）更是在西方叙事空间转向的基础上以位置为关键词，创新性地将增强现

---

① 陈亦水.打开科幻电影研究的新路径：评黄鸣奋教授的"科幻电影创意研究系列"三部曲[J].艺术广角，2020(6)：124-132.

② 黄鸣奋，危机叙事[M].北京：中国电影出版社，2019：绪论1.

实、大数据、网络地域文学等勃兴事物等叙事潜能与分析囊括其间。"科幻电影创意研究系列"三部曲可以说是对其以往论著的进一步开掘与拓展,与之相较,更进一步地彰显其前瞻、包容与深厚。在科幻电影中拣选出关于危机、伦理、科技等相关内容的影片并不难,难的是有条不紊且全面深刻地进行分析。这种全面且深刻之透析,更需要思及对不同社会领域的深入了解。例如,在《危机叙事》中,黄鸣奋教授以其在《需要理论与艺术批评》中所提出的需要模式为参照细分出十八个社会领域,以其在《需要理论与文艺创作》中所阐释的角色理论为这十八个社会领域进行深度推演。在此书中,关于人口性危机又细分为生育、医疗、军事危机;经济性危机涉及生产、分配、流通危机;知识性危机涵盖科学、教育、文化危机;规范性危机着眼道德、礼仪、法律危机;意向性危机包括艺术、管理、政治危机;反思性危机又及哲学、历史与宗教危机等等。从上述简述中即可看出其触及的领域之广、学科之多。更重要的是,这些著作并非停留在描绘科幻电影危机叙事的谱系图,更深入其内在逻辑,循着危机定位与成因、危机涉及的相关角色分析、危机的应对策略分析的路径描绘科幻电影中危机叙事的复杂图景。以《危机叙事》中分析的军事危机为例。作者将军事危机成因分为自然、社会与心理三大层面,以此为基础,细致地阐释其间多元共生与相互诱导的过程,分析所涉及的社会关系中最重要的国家关系、军队关系及军民关系,并指出相关影视作品所具备的理论价值和实践价值。如果与现实中正在发生的军事危机相互映照,可以看到这部分研究不仅点明了军事危机所具备的普遍特征与典型关系,对科幻电影中关于军事危机的内容进行深层思考,而且进一步阐发现实与科幻影像之间的张力、联系与差异。这些归置于危机总议题下的触及多领域、多层面的分议题的描刻与研究,让我们不仅看到其影像表现如何,而且明了其历史语境与相关勾连、形成原因与现实关怀、应对策略与历史判断,把握现实世界与虚拟世界的交叠与错置;不仅看到其何所然,并知其为然。此中,更可见类似于梅洛-庞蒂的视看理论的"可见性"与"不可见性"的关系——顺着某种可见性的引导与揭示,人们得以尝试接近被遮蔽的不可见者,以期知道它如何成为它。[①]

更重要的是,在"科幻电影创意研究系列"三部曲中,跨文化视野不仅提供了某种开放视界,更推进其形成这种开放视界之下的某种独立思考与理解,不陷入人云亦云,不被纷繁复杂的多元文化冲击所左右,具有自觉意识与定位。"科幻电影创意研究系列"三部曲始终贯穿着一个鲜明的基调,即对现实、对人类命运的关切,特别是对人类命运共同体的呼吁。这种关切与呼吁,不仅是以其核心文本科幻电影为例证,更将其与当下、与过去、面向未来进行举隅、联系与比较。例如,在《后人类伦理》的"科幻电影创意与新媒体伦理"一节中,作者在阐释新媒体在科幻电影中开拓进取、大显身手的表现的基础上,进一步指出新媒体走火入魔的可能性——分析媒体世界化、现实化、灾难化之后的可能后果。同时将它们与19世纪以来的现实历史相比较,提出"科幻电影不仅为大众娱乐提供了丰富的资源,而且充当了科学、媒体和艺术互动的桥梁"。[②] 众所周知,新媒体的极速发展与形态变化是当下世界的主流趋势,日新月异的发展态势和极具政治、经济、文化价值的媒介属性值得更多人思考其未来何为。该书中的相关分析既从表层引导大众看到科幻电影的相关演绎,便于某些从业者、电影爱好者、决策制定者按图索骥,又从深层上发掘影像背后的寓意,提醒大众按图索骥之余切

---

① 何浙丹.梅洛-庞蒂身体哲学视域中的画家视看问题[J].江淮论坛,2014(2):87-91,129.

② 黄鸣奋.后人类伦理[M].北京:中国电影出版社,2019:471.

不可照本宣科,"我们倾向于将它们(科幻电影)通过互动所形成的气场视为引导新媒体前行的机制,它们所起作用并非验证某种科学原理,而是开拓创造、创新的思路"。① 又如,《黑镜定位》的"科技生态:人类对异形"一节不仅基于当代对异形进行考察,还将这种定位置于人类图像历史中,指出异形样式的多寡与人的创作力与想象力受到尊重的程度息息相关。② 再如,《后人类伦理》的"科幻电影创意与发展伦理"一节既对英国、美国、日本、德国、中国等相关电影进行横向比较,又就不同国度学者对此议题的不同见解的观念进行比较,并深度透析科幻电影中的末日、生态、世界三种伦理观念的具体表现、伦理依据、伦理关系等,在此基础上指出由科幻电影相关方面的表现表明"不同国家对于人类命运共同体意识仍然存在不同理解和不同表述",这三种伦理观念"适应可持续发展的需要而彼此融合,呈现出走向人类命运共同体的大趋势"。③

二、星座式审视:学术自觉

黄鸣奋教授关于审视科幻电影的星座观的正式提出,是在"科幻电影创意研究系列"三部曲之后的又一鸿篇巨制《中国科幻电影的多维定位》中。然而,在"科幻电影创意研究系列"三部曲中,这种具有鲜明写作立场的星座式审视已然有所显现。他指出:"科幻电影的创意宛如思想火花在历史的长河中闪烁,最后定格于繁星般的影片之中。每部影片都有自己的创意,每颗星星都是有价值的存在。从创意的角度看,关键是人们仰望星空时产生什么样的联想,所谓'星座'的观念,就是因为这样的联想产生的。"④对于浩如繁星的科幻电影,不管是"只见树木,不见森林"抑或"只见森林,不见树木",都难免失之偏颇。然而,"既见树木,又见森林"之势对于其分析而言又并非易事,因此,黄鸣奋教授在"科幻电影创意研究系列"三部曲中所秉持的星座式审视显得尤为可行、可贵。

尽管不同时代、不同地区对于星座的划定迥然各异,如公元前 270 年希腊诗人阿拉托斯的《物象》记录了四十七个星座,我国西汉史学家司马迁的《史记》中记载着二十八星宿及四象等。一颗一颗零散的星星按照某种章法/想象/位置构成星座,换言之,星座的构成必须倚赖某种"关系"构成。与星座的构成法类似,可以看到,在"科幻电影创意研究系列"三部曲所显现的星座式审视中,"关系"被置于首位,找到并且揭示众多散点式个案的关系,并由此有序交织成为一个庞大的整体。此中,如若仅将审视停留于"某颗星星"上,可能会导致"关系"的中断甚至闭塞,因此,有机梳理、架构某种/某些"关系"是星座式审视的前提。在"科幻电影创意研究系列"三部曲中,可见非常鲜明的围绕主论题的放射状关系网,并遵循着逐层深入细化的分节规律。实际上,书中每一章的分析都可被视为一种关系的集合,这种集合,其实就是某种"星座"的显现。或许连黄鸣奋教授也未意识到,其研究中显露的星座观,正与本雅明(Walter Benjamin)的"星丛"(constellation,也是星座之义,国内学者在表述本雅明的

---

① 黄鸣奋.后人类伦理[M].北京:中国电影出版社,2019:475.
② 黄鸣奋.黑镜定位[M].北京:中国电影出版社,2020:356.
③ 黄鸣奋.后人类伦理[M].北京:中国电影出版社,2019:635.
④ 黄鸣奋.中国科幻电影的多维定位[Z].未刊稿.

此概念时多译为星丛)概念有相近之处。本雅明的星丛构型理论指出,星丛依靠自身引力将群星牵引、聚拢于周围,由此每一颗单子都在星丛的整体结构中获得全新意义;与此同时星丛却并不取消单子的独立存在,而是让群星如其所是般构成一个充满异质性张力的共在。① 可以看到,二者对于个体与整体的关系的见解与运用不谋而合。"科幻电影创意研究系列"三部曲中所表现的星座式审视至少是三个层面的。首先,是创意层面的,科幻电影文本被按照某种艺术特色进行重新归纳,形成某种关于特定创意的集合。其次,是题旨层面的,以叙事学、后人类学、未来学、社会学、伦理学等为参照系,开启其主题内涵与外延等的思想星丛。再次,是功能层面的,阐释科幻电影与科技共舞中的创意功能合集。它们分别对应着科幻电影创意如何、为何、何为这三重意义上的思考。实际上,这三个层次的创意相互交叠交织,共同构成一个较为完整的科幻电影创意宇宙。

这种星座式审视,恰与近几年在影视分析中兴起的"中观研究"(middle-level study)有所呼应。中观研究曾在政治学、经济学中受到重视,后由美国电影学者大卫·波德维尔引入电影理论中,他认为,中观研究"不是从主体性、意识形态或总体文化的意义上建立理论,而是根据特定的现象建构理论关于视点、文类和类似现象的专题研究,已导致了不同的观点富有成果的交锋"。② 科幻电影是电影工业中的重要乃至关键的组成部分。对于目前的我国科幻电影创作及研究的现状而言,过于宏观的宇宙式巡礼或微观的细数星星式审视显然并不合适。"中观"研究聚焦有限范围的问题,采用理性与经验结合的方式探究,并最终形成具体性的解释。③ 显然,星座式的审视便于从具体的研究中深入到更具普遍性的论证及对内涵意指的总结的写作立场,与此中观研究方法有所契合。不过,"科幻电影创意研究系列"三部曲并不完全采用波德维尔在中观研究中倡导的实证研究,也不过度渲染其中的经验色彩。不论是着眼危机的叙事分析,还是基于后人类语境的伦理研究,抑或取意黑镜的科技透视,都具有高屋建瓴的跨学科"大理论"的提纲挈领,再分而治之,回归文本现场、生产场域、时代背景、消费语境、现实问题等多元领域,具体问题具体分析,由面及点,又由点及面。

更重要的是,在国家大力倡导"讲好中国故事""增强文化自信"的背景下,"科幻电影创意研究系列"三部曲将中国科幻电影也纳入星座式审视中加以探析,显得更具意义。在很长一段时间里,对国产科幻电影的失望之声时有耳闻,尽管《流浪地球》的精良创作与繁荣热映在某种程度上缓解了此种文化焦虑,甚至被视为国产科幻电影崛起之路的扬帆起航,但在科幻电影界,中国力作的乏善可陈似乎已成为某种"共识"与刻板印象。诚然,我国科幻电影创作仍在趔趄探索阶段,远未达到全面繁荣时期,但中国科幻电影是世界科幻电影宇宙中不可或缺的点点恒星,此乃不争的事实,在构建科幻电影"星座"时将其剔除在外显然并不合适。而在近几年的相关研究成果中,以大量国产科幻电影作为例证的并不多见(《流浪地球》大概是被提及最多的国产科幻电影)。在"科幻电影创意研究系列"三部曲中,我们不仅看到诸多西方科幻电影作品,更可贵的是,国产科幻电影也被频频加以引用作为例证,读者也许可以从中赫然发现,原来国产科幻电影除了院线电影外,还有数量众多的网络电影,原来其规模

① 刘金平.姿势的星丛:从东方姿势展演到阿甘本的姿势—影像[J].北京电影学院学报,2021(2):4-13.

② 大卫·鲍德韦尔.当代电影研究和宏大理论的嬗变[M]//后理论:重建电影研究.麦永雄,等译.北京:中国社会科学出版社,2000:38.

③ 王永收.论波德维尔电影诗学的中观研究策略[J].求索,2014(6):146-150.

已超远大众的"数量寥寥"的刻板印象，而且其创意在某种程度、某些方面也颇具亮点。从"科幻电影创意研究系列"三部曲对中外作品的条理有据的分析中，客观性立场非常鲜明。其更多的是陈述、分析相关作品创意中切合某个论题的闪光点，使中外作品交相辉映，同时，并不掩盖其各自的问题所在与行动轨迹。正如《黑镜定位》的后记中所言："本书系不是着眼于具体作品优劣的评论……而是（着眼）科幻电影创意的多种可能性。"①在一个又一个相关论题的星座式审视中，读者并不会陷于某些国外科幻大片西方审美所主导的窠臼中，同时，书中所采用的跨文化视野与星座式审视相结合的方法，又使得其对国产科幻电影的引述不显盲目自大，并能同步发掘国内外相关作品在某些论题下的星光暗淡之处。例如，《后人类伦理》一书在论及"科幻电影创意与生态伦理"时指出，相关作品在处理生态问题时使人类活动带有"原罪"，人类"现代"的积极意义被遮蔽，而且过分的视觉刺激与同质性灾情场景的使用，不仅会引起观众审美疲劳，更影响生态叙事与批判效果。②在国产科幻电影尚未明确找到其文化主体性与成功的国际传播之路前，这种星座式审视似乎更具有实践意义与某种指引力，此中基于实例作品富有说服力的说明、自成一体的阐释框架与理论分析中富有反思性的驳诘，使之指向最为鲜活的文化现实与某种尚未到来的未来。在这种写作立场中也可见黄鸣奋教授对于科幻电影从市场导向转向价值观导向、从中外差异式比较研究走向中外跨文化研究的学术自觉。

三、理论新实践：另辟蹊径

相较于黄鸣奋教授此前"体大理多"的学术巨制③，如《数码艺术潜学科群研究》（四卷本）、《位置叙事学》（三卷本）等，"科幻电影创意研究系列"三部曲显得更为生动务实，更具研究方法论示范意义。近年来，西方科幻电影研究以技术实践、跨媒介叙事与类型片分析为主导，如罗伯逊（B. Robertson）的《千星之城：维塔数字、工业光魔创造的数字环境》（2017）④着意特效技术在数字环境中的运用。斯科拉里（Carlos A Scolari）的《迷失：跨媒介故事叙述和扩展/压缩策略》以科幻电影《迷失》为例论述以电影作为叙事引擎推动跨媒介叙事发展（2013）。⑤哈斯勒-福雷斯特（H. D. Hassler-Forest）等人的《星球大战与跨媒介叙事史》（2017）提出：《星球大战》是一个"跨媒介互文性的商业超级系统"，《星球大战》既是媒体专营权，也是跨媒介故事世界，要强调文化与产业之间的复杂谈判，这些谈判不仅塑造了品牌及

①　黄鸣奋.黑镜定位[M].北京:中国电影出版社,2020:484.

②　黄鸣奋.后人类伦理[M].北京:中国电影出版社,2019:620.

③　张经武.叙事学的"位置转向"及其艺术创意价值:黄鸣奋教授三卷本《位置叙事学》评介[J].厦大中文学报,2018:232-240.

④　ROBERTSON B. BY THE THOUSANDS: Weta Digital, ILM, and Rodeo FX create digital environments and CG creatures for Luc Besson's Valerian and the City of a Thousand Planets. Computer Graphics World[J].2017,40(4):8-14.

⑤　SCOLARI C A. Lostology: Transmedia storytelling and expansion/compression strategies. Semiotica[J].2013(195):45.

其许多叙事线索，而且塑造了跨国媒介格局的更大的组织。[①] 特罗特（J. P. Telotte）主编的《作为邪典电影的科幻电影》（2016）则专注科幻电影具有幻想与邪典的双重性，提出这种双重性的作用在于呈现裂痕（并延伸到产生这种体验的文化中）。[②] 而对作为科幻电影基层建筑的危机叙事、伦理研究，在"科幻电影创意研究系列"三部曲之前，国内外学者较少以专著形式予以重点论述。对于电影评论者而言，必须积极回应艺术实践出现的新问题、艺术理论面临的新挑战，艺术批评才能获得更为长久生命力。在科幻研究中，未来话语权、定义权日益受到重视。在当下，不可否认的事实是，科幻文化的主导权仍为西方强国所垄断，如何突围？或可从科幻电影理论研究先行。对于尚在蹒跚前行的我国科幻电影而言，如何进行危机叙事，如何看待伦理问题，如何理解科幻、科技、伦理、文化等多边角力等底层问题，进行相关梳理和研究显然是必要且重要的，只有在底层逻辑通达可信的基础上，科学与幻想的共舞才能更为绚烂。

如前所述，不管是跨文化视野或星座式审视，都有赖于可行的分析路径。"科幻电影创意研究系列"三部曲采取了黄鸣奋教授在文艺心理学、传播学、叙事学理论研究中所提出的需要系统理论、传播要素理论及位置叙事学作为分析路径。

在《危机叙事》的分析中，社会需要模式之于危机创意的推演实际上是从创意的角度思考危机对于人类需求层面的破坏力（再现危机）、约束力（表现危机）、遭遇的抵抗力（危机应对），并将其置于科幻的语境中进行深刻剖析。而具体危机的划分又被置于发生论的角度之下进一步统筹分类，因而更显逻辑严谨。如此，书中的第三章将科学危机、教育危机与文化危机按照发生论的逻辑统筹于知识性危机之中，[③]并由此思考三个层面的可能性，人类/非人类对科学/教育/文化的需要、科学/教育/文化的发展调试中的自身需要、因科学/教育/文化而产生的需要。在西方的科幻理论分析中，乌托邦/反乌托邦/异托邦的三元分立较为明显，将需要系统理论引入危机叙事的分析路径中，有益于模糊这三元分立所带有的价值导向与既定论调的偏颇，对于需要在某种程度上解放思想的科幻创意实践而言，这种分析路径也许更带有启发性。

在《位置叙事学》（三卷本）中，黄鸣奋教授提出以创意再现维度、创意表现维度和创意创新维度构成的坐标系作为传统叙事学和新兴的位置叙事学的接口，由社会层面、产品层面、运营层面三个层面，主体、对象、中介、手段、内容、本体、方式、环境、机制九个要素构成的位置叙事学理论框架。此种分析路径的优势在于架构宏大，体例完整，线索清晰，逻辑明朗，层次分明且逐层推进。作为黄鸣奋教授国家社会科学基金结项成果的《后人类伦理》正可作为此方法论的示范。此中，我们不仅看到其理论层面的参考意义，更看到其对于应用层面的实践价值。从伦理出发，其研究具体化为伦理定位、伦理关系与伦理观念，关注其在自然界、人类社会和自我意识这三重维度中的定位、成因、后果及其间的创意创新性。于是，在定位标记与伦理分析双举并行的坐标中，科幻电影创意中的各层面、多维度的伦理分析变得丰满而

① HASSLER-FOREST D，GUYNES S A. Star wars and the history of transmedia storytelling[M]. Amsterdam University Press，2017.

② TELOTTE J P，DUCHOVNAY G. Science fiction double feature：the science fiction film as cult text[M]. Liverpool：Liverpool University Press，2016：5.

③ 黄鸣奋.危机叙事[M].北京：中国电影出版社，2019：110.

具象,如产品层面关涉工具伦理(机器、武器、网络)、心态伦理(认知、情感、意志)、媒体伦理(语言、电视、新媒体)等,每一维度的展开都是一次思想、理论、伦理、政治、文化、叙事等意蕴丰富的创意空间的开启。更有意思的是,在以位置叙事学作为理论框架的同时,《后人类伦理》还引入了进化论的观点,这回应了作者一以贯之的人文关怀与某种前瞻性,例如,在本书的绪论对科幻电影与新媒体的互动关系的考察中,媒介进化论思想渗透较为明显,其不仅从媒介考古学的角度进一步梳理了新媒体的发展对科幻电影形态的影响,更揭示了科幻电影置于技术—文化—传播—电影四者互动关系中的应用。第一章"自然生命的伦理考察"将科幻电影中的变种人、电子人、类智人作为社会层面的主体考察,并指出"自然生命本来存在于自然界,人类正是从中发展而来。在科幻语境中,自然生命受到人类科技的巨大影响,所谓人为进化由此而来,自然生命正在向人为生命转变"。①

《黑镜定位》是三部曲中最具时代性的著作。它以黑镜为喻,透视科幻电影与科技的关系。该书承袭了《位置叙事学》中关于定位的思想,但又不是《后人类伦理》的框架复刻。科技对于科幻电影而言,如同危机元素一样是不可或缺的创意构成。以黑镜作为科幻的某种比喻,新奇、大胆且贴切。其指出"科幻是将科技之光折射、反射或映射到自然、心理与社会,以期烛幽阐微的黑镜"。② 从历史背景的造镜,到科学知识的衍化、科技形态的定位,再到科技文化的表现以及心理映射中的镜中之像,书中列举了四十五种科技形态的嬗变与其在科幻电影创意中的具体演绎,其中不乏颇具匠心的挖掘、发现与反思。如书中第三章第二节的"反常合道:科幻电影对科技内容的异常演绎"中,其借鉴古代文论中苏轼的提法,将具有自反且自洽的科幻内容异常演绎情况分为诸事有常的贡献、诸事无常的局限与反常合道的价值三个阶段,并将其置于马克思主义理论的视野中,指出在此异常情况中的反常合道的价值在于"意识到绝对真理与相对真理的统一。科学的活力在于其自我更新与自我批判"。③ 而这种富有力度和见解的分析的背后,需要有强有力的多学科背景的积淀、支撑与消化。从中,我们也看到了科幻电影研究不同于西方理论分析的另一具有开创性的路径。在多元技术极速发展、元宇宙概念不断复论的媒介生态中,此书关于科幻电影创意中科技的作用功能的分析使其不仅具有叙事学、美学的意义,更具有科技哲学的意味及某种现实实践的指导意义。

四、结语

"科幻电影创意研究系列"三部曲以总篇幅超过 200 万字的体量建立了危机叙事、后人类伦理和黑镜定位相结合的科幻电影理论研究体系,其特色在于超越文本的跨文化视角,具有学术自觉、民族自觉意识的星座式审视,另辟蹊径不落窠臼的创新分析路径。它极大地增强了我国科幻电影研究话语权与主动权,以科幻电影创意为核心,勾连起哲学、艺术学、传播学、叙事学、社会学、经济学、政治学、军事学、法学等诸多学科,不盲从于西方思潮与研究模

---

① 黄鸣奋.后人类伦理[M].北京:中国电影出版社,2019:140.
② 黄鸣奋.黑镜定位[M].北京:中国电影出版社,2020:2.
③ 黄鸣奋.黑镜定位[M].北京:中国电影出版社,2020:231.

式，打破史式构架与类型分析的既定模式，另辟蹊径，自成一体又恰如其分地开辟出既具有中国学者气度，又兼备某种全球性话语的分析路径，是具有示范意义的科幻电影研究力作，并应在世界范围内的相关研究中占有其一席之地。

A New Breakthrough in the Theoretical Construction of Science Fiction Film Research — Reading the Trilogy of "The Series Study on Creativity in Science Fiction Films" by Professor Huang Mingfen

Xu Zhemin

(School of Film，Xiamen University，Xiamen，361005)

Abstract：With a total length of over 2 million words，the trilogy of *The Series Study on Creativity in Science Fiction Films* has established a theoretical research system on science fiction films by combining Crisis Narration，Post-human Ethics and Black Mirror Orientation. The trilogy transcends the cross-cultural text perspective and equips itself with both the constellation examination that is academically and ethnically self-aware，and an innovative analysis path that breaks away from the convention，which gains great power of discourse and initiative for Chinese science fiction film research. Being a masterpiece of science fiction film research with exemplary significance，it is entitled to its due place in relevant research worldwide.

Keywords：Huang Mingfen，science fiction film research，innovation

许哲敏，女，厦门大学电影学院 2019 级博士研究生。

汉语语法学史共时"国别化"范畴新模式[*]

——评《日本近现代汉语语法学史》

杨杏红

(闽南师范大学 文学院,福建 漳州 363000)

摘要:李无未教授的《日本近现代汉语语法学史》是国际汉语语法学史研究的一部巨著,在中国第一次建立汉语语法学史共时"国别"学术话语的新范畴,具有重要的开拓性意义。文章认为,该书在研究方法、研究思路、研究对象等方面已经完全有别于已有的学术研究成果,非常值得特别关注,其开拓性学术意义主要表现在两个方面:从共时国别化和区分语体两个方向指出了汉语语法分支学史研究的可能性;从全球史观和跨学科两个角度明确了汉语语法学史理论体系范畴重新构建的可行性。另外,该书针对国外历史文献整理和挖掘的难点有所总结,并提供了全域性收集和逐本深挖等具体经验模式,启发学术思路,极具有可参照性。

关键词:汉语;语法学史;日本;书评

20 世纪的后 20 年是汉语语法学史研究的鼎盛时期,成果丰硕,参与其中的主要有王力(1981)、孙玄常(1983)、林玉山(1983)、马松亭(1986)、龚千炎(1987)、邵敬敏(1990/2011)、朱林清(1993)、陈昌来(2002)等学者,他们的著述研究范围虽有一定的差别,但基本上都是以时间为线索,以中国大陆学者的语法研究成果为主要对象①。到 21 世纪初,汉语语法研究层层出新,而汉语语法学史研究则处于低迷状态,成为不太时髦的选题,究其原因大概是无法出新,包括新的材料、新的方法、新的理论等方面。2018 年商务印书馆出版了李无未教授的《日本近现代汉语语法学史》打破了这一僵局,未出版之前已见"筚路蓝缕,以启山林"的评价②,该书出版序言也刊登了"守正出奇,探微知著"的书评③,皆认为是中国学者第一次以

---

* 本文是 2022 年国家社会科学基金一般项目"中国台湾地区(1885—1945)汉语语法学史研究"(22XYY008)的部分研究成果。

① 王力.中国语言学史[M].北京:中华书局,1981.孙玄常.汉语语法学简史[M].合肥:安徽教育出版社,1983.林玉山.汉语语法学史[M].长沙:湖南教育出版社,1983.马松亭.汉语语法学史[M].合肥:安徽教育出版社,1986.龚千炎.中国语法学史稿[M].北京:语文出版社,1987.邵敬敏.汉语语法学史稿[M].北京:商务印书馆,1990;邵敬敏.汉语语法学史稿(修订本)[M].北京:商务印书馆,2011.朱林清.汉语语法研究史[M].南京:江苏教育出版社,1991.陈昌来.二十世纪的汉语语法学[M].太原:书海出版社,2002.

② 王丽艳.透视东亚汉语语法学史全景之窗:《日本近现代汉语语法学史》评介[J].古汉语研究,2016(2):99-102.

③ 李湘.守正出奇,探微知著:读《日本近现代汉语语法学史》[M]//李无未.日本近现代汉语语法学史,北京:商务印书馆,2018:1-12.

开阔的眼界和系统的思考方式,对日本近现代汉语语法学史进行的全景式透视。从研究方法、研究思路、研究对象等角度充分肯定了该书在汉语语法学史研究中的价值意义。

2021年12月该书被评为福建省第十四届社会科学优秀成果一等奖,可谓实至名归。一部有价值的学术著作,不仅在于著作本身呈现出来的丰富内容,更在于对后学的影响以及由此带来的系列成果。经过近四年时间的发酵,该书似乎有一石激起千层浪之效果,其所倡导的研究方法为语法学史的研究开辟了一片新境地,指引着汉语语法学史以及学术史研究的新范式,对我们这些从事语法学史研究的后辈来说,也从该书中得到许多有价值的课题启发。《日本近现代汉语语法学史》一书的价值已得到学界的充分认可,无需再做讨论,此处我更愿意以此书为指引就汉语语法学史研究谈一些未来展望,期望能与同行专家和青年学者共勉,也激起更多大家更多的学术史研究热情和动力。

一、汉语语法共时"国别化"分支学史研究的可能性

在《马氏文通》出版半个世纪后,开始陆续出现汉语语法学史的相关成果,目前看到的较早的研究文章是1955年胡附、文炼的《汉语语法简史》一书,该文较简单地梳理汉语语法学史的脉络。20世纪80年代出现了单本汉语语法学史著作,90年代后的汉语语法学史研究更为详细,以邵敬敏《汉语语法学史稿》《新时期汉语语法学史(1978—2008)》为例,两本加在一起堪称巨著,精细化研究线路凸显。任何学术史的研究都是从粗到细不断深耕的过程,但当研究的内容越发复杂时,就需要进行分支研究,那么如何进行分类,因分类标准的确立各有不同。

《日本近现代汉语语法学史》为汉语语法学史分支研究确立的标准:国别化研究;分语体研究。

(一)国别化汉语语法学史

国内日本汉语语法学史的研究大致经历了三个阶段。[①] 第一阶段为附录研究:1959年日本学者编撰的《中国语学研究史》由王立达编译《汉语研究小史》在国内出版,该书寥寥数语的描述让国内学者第一次了解日本汉语语法研究的历史和现状。随着两国学者间的交流逐渐增多,80年代后王力、孙玄常、林玉山、马松亭、邵敬敏等学者的汉语语法著作中都以附录的形式呈现了日本汉语语法学的材料,零星资料不断被发现,只是难见细节描述。第二阶段为个案研究:1989年国内学者杜皋撰文介绍了张廷彦和田中庆太郎编纂的《官话文法》一书的主要内容和价值意义等,是较早开启个案研究的文章,而近30年来日本汉语语法历史文献个例研究层出不穷,从微观部分补充了日本语法学史研究的许多细节。第三阶段为系统研究:日本学者牛岛德次《日本汉语语法研究史》一书是最早的简明通史,介绍了从江户时代到20世纪70年代末日本汉语语法研究的基本情况,1993年在中国翻译出版,但因篇幅较小让人"意犹未尽"。李无未教授从2008年致力于日本近现代汉语语法学草创、发展期相关

---

① 杨杏红.文化交涉学视域下的日本汉语语法学史[J].云南师范大学学报(对外汉语教学与研究版) 2021(3):78-84.

著作的个案研究,十年精耕深垦终成著作,《日本近现代汉语语法学史》从宏观史、中观史、微观史三个层面梳理日本近现代汉语语法学的基本情况,为特定时期的国别汉语语法学史研究树立了典范。

境外国别化的汉语语法学史研究,大致都会经历上述三个阶段。我们注意到近年来不同国家和地区早期汉语语法研究文献不断地被发掘,这当中西方和东亚各国历史汉语语言学文献的研究成果已较为丰富,当个案的介绍累积到一定数量,就有必要进行系统的研究。暨南大学邵敬敏教授 2016 年主持国家社科基金重大项目"境外汉语语法学史及数据库建设"设立美国与美洲组、欧洲与非洲组、日本与韩国组、中国港澳台组五个组别充分证明了这一研究的必要性。2020 年李葆嘉先生《西洋汉语文法学三百年鸟瞰》一文基于 60 多种西方汉语文法论著,描述了近代西方学者研习汉文法的脉络,也为西方汉语语法史的研究打开了窗户。[①] 相信沿着这一学术路径进行深入探寻,可以预计在未来的不久,国别化、地域化、特定时期的各类汉语语法学史研究将会得到极大的发展。

为什么要花力气去研究境外的汉语语法学史?细读该书,会发现在许多篇目的字里行间都有所流露,"千万不可忘记曾经在世界范围内,即有许多中国以外的学者对中国语法所付出的心血和汗水""国外学者独特的视角,新颖而神奇,对此我们不得不由衷地感慨万千"等等话语饱含着学者的睿智和情怀。汉语语法学史的研究应该有多维多面的视角,在重点关注中国学者语法研究成果的同时,还应关照域外学者汉语语法研究的情况。国别化汉语语法学史研究意义是多重的,除了可以了解某个国家汉语语法学史的发展历程,还可以进行国别化汉语语法学史之间的对比研究,如该书最后就提出了"法国近现代汉语语法学史与日本近代汉语语法学史有哪些相同点和不同点呢?""他们之间在理论上有没有什么直接的关系呢?"等有趣的课题,而更为重要的在于以域外汉语语法理论体系形成过程为对照点,以旁观者的角度来深化对国内现代汉语语法学理论形成的认识,可以进一步揭示汉语语法学思想形成的本质特征。

(二)共时分支汉语语法学史

翻开《日本近现代汉语语法学史》一书的目录,可以看到该书并没有采用一般语法学史著作"分期编年"的惯用体例,而是以书目为纲,着重不同时期、不同类型著作之间的沿革发展和渗透影响,这种"散点连缀"的安排形成了"一个颇具新意的学史切入视角"。[②] 连接这些"散点"的线索共有三条,全书也就分为了三个部分:第一部分主要评述的是以北京官话为基础的日本汉语口语语法研究发展历程,第二部分主要评述的是日本文言语法研究的发展历程,第三部分则主要是从汉语学习用书的角度分析了教材、词典等编纂的历史。前面两部分主要以语体进行区分,这种分类方式在国内的汉语语法学史研究中几乎不被提及,这是因为国内的汉语语法研究在《马氏文通》文言语法开始后不久就转为口语语法的研究,时间上是先后关系,而日本的汉语语法研究文言语法和口语语法来源不同、发展的路径不同,类似于并行关系,也正因为如此,该书明确地指出了日本汉语口语语法来源于 1877 年大槻文彦

———————
① 李葆嘉.西洋汉语文法学三百年鸟瞰[J].华东师范大学学报(哲学社会科学版),2020(3):1-24.
② 李湘.守正出奇,探微知著:读《日本近现代汉语语法学史》[M]//李无未.日本近现代汉语语法学史.北京:商务印书馆,2018:1-12.

的解《文学书官话》的《中国文典》，而文言语法研究起点是《冈氏之中国文典》，借鉴的是英国人日根尾的《英文典》体系，表现出与中国汉语语法学研究不一样的起点和发展。无论口语还是文言日本汉语语法研究终极目标都具有实用性的特点，因此该书第三部分基础会话教材、词典编著等相关情况的介绍还是有必要的，可以让我们了解汉语文法研究应用性和学术性相互融合的情况。

不过应该注意到，日本汉语语法学史的研究可以从"文白""古今""体用"等方面进行分类型研究，但并不是所有国家的汉语法学史研究都必须参照这一划分的标准，只是这种研究的方式为我们提供了一个思路，那就是各国的汉语语法学研究都具有自己独特的发展轨迹，在进行国别化汉语语法学史研究时，应该充分把握国别特点的不同。以西方汉语文法学史研究为例，早期传教士最先到达的是中国南方方言地区，目前能看到的最早的汉语文法可能是成稿于 1620 年的《漳州话文法》（作者不详）和 1634 年多明我会士徐方济写成的《漳州话文法》等。这些早期汉语文法著作都以闽方言为研究对象，可见在西方汉语语法学史的国别研究过程中，可能必须考虑汉语方言语法学史发展的这一分支脉络，才能抓住特点和要害。

当不同类型的语言学史料文献收集、整理、挖掘到一定程度时，汉语语法学史的研究就可以开始汉语语法分支学科的历史梳理。李无未教授曾提到汉语口语语法学史、方言语法学史、古代汉语语法学史等深入研究都可以丰富汉语语法学史研究的内涵，而修辞语法学史、计算语法学史等交叉学科学术史的梳理亦可以从不同方面促进整个汉语语法学史研究的进一步发展。在这些方面，他及其团队也先试先行，2021 年其博士生许彬彬立项的福建省社科基金"闽南方言语法学史研究"就是这方面研究的重要成果。

二、汉语语法学史共时"国别化"范畴重新构建的可行性

汉语语法学史在近七十年的发展过程中，基本上是围绕着国内语法学家的语法学著作而展开，划定特定的范围当然可以集中力量深入分析，但有时也具有一定的局限性，即在研究的过程中常有"只缘身在此山中"的遗憾。2022 年国家社会科学基金项目语言学方向性条目 43 为中国现代语法学思想史研究，要完成这样的课题，可能跳出地域、学科的局限，提供一个史论建设的新角度，从更为广阔的视角来看到汉语语法学史的形成和发展历程。

《日本近现代汉语语法学史》为汉语语法学史的重新构建明确了两个角度：汉语语法学的全球史观；汉语语法学史的跨学科研究。

(一)汉语语法学的全球史观

随着明清时期西方、日韩等域外汉语语法历史文献地不断发现，汉语正在走向世界，汉语学术史研究国际化的步伐不断加快，部分学者开始重新思考中国汉语语法学史的形成期的诸多问题，但系统理论构建还不多，目前初见成效的大概只有李无未教授的相关学说。他从 2014 年就开始注意东亚语法理论"环流"现象，《日本近现代汉语语法学史》的序言从现代"文典"式"品词"的角度进行了举证，认为"模仿英国'英语文典'等西方'品词'语法理论体系而创造了日语'文典'式'品词'著作理论体系"，"对中国和韩国语法研究产生了巨大的影响，

许多学者或留学生模仿'文典'式'品词理论'研究自己的'国语',直接促进了这种语法理论模式的运行和扩散"。细数近现代东亚学者著书立说的出版情况,更为清晰可见,如猪狩幸之助《汉文典》和儿岛献吉郎《汉文典》(正·续)经翻译后于1903年、1905年分别在杭州和上海出版,成为最早被介绍到中国的日本汉文典;1906年中国学者来裕恂在日本留学期间编撰了汉文典,亦是中国文法学受日本汉文典影响的表现之一;黎锦熙的《新著国语文法》1932年被介绍到日本,在之后的十多年间,出现四个不同的译本,相关研究论文几十篇,受其语法思想影响,日本也出版了大量的汉语语法教材和著作,此书成为20世纪三四十年代日本汉语语法教学和研究的必读书目;王力、刘复等中国学者语法著作对日本汉语语法学发展的影响。诸多事实无一不证明了当时东亚地区各国语法学研究相互辐射、相互影响和兼容发展。

近年基于近代西方语言学理论传入东亚各国以及当时特殊的政治形势,李无未教授进一步提出来源于德国学者甲柏连孜汉藏语系框架的上田万年"东亚语言学"理论,他本人及其后辈在东亚地区语言学方面的著述不断,可构建一个中国、日本、韩国、越南等国为一体的东亚语言学史。目前这一理论目前虽还在进一步论证过程中,但已经把中国大陆和台湾地区、日本、朝鲜、越南等东亚国家和地区与欧美各国学者汉语语法理论研究之间的渊源关系描述得较为清晰,为汉语语法学史全球史观的构建迈出了重要的一步。

细读该书,会发现该书不仅描述了日本近现代汉语语法著作的详细内容,更有研究方法上指导,让后辈学者有路可寻,有径可走。书中多次提到"谱系"构建是汉语语法学"东亚语言学"建立的重要方法,这一方法虽是借用了裴特生《十九世纪欧洲语言学史》的"谱系分类法"原则和方法,但在使用过程中,李无未教授提出了汉语语法历史文献确认"谱系"的独特着眼点,认为判断东亚语法文献"谱系"关系的基本标准是"'凡例'或'序言'中理论观念、编排的逻辑结构、语言要素的呈现、功能体系"等参照点。"谱系"概念不同于传统语法学史研究所使用"师承""学派",它打破了学术史研究桎梏,内涵更为科学,也更适合跨国别的学术史构建。这一方法不仅可以有效理清学术史发展过程中的复杂关系,可以找到学术脉络"交错与分离的符号性特征",也可以更准确地重新定义著作、学者的作用。因此,该书提到的有关研究对象的确定、研究思路的梳理、研究材料的辨识、研究方法的运用等内容都可以成为范式,提供方法论的指导,有效运用到汉语语法学全球史观的研究之中来。

(二)汉语语法学史的跨学科研究

李无未教授的学术研究领域较为宽广,除了其极为擅长的音韵学研究之外,在文字、词汇、语法、汉语第二语言教育等各个方面均有所涉足,先生常说语法研究是自己的"偶得",但也许正是这种"跨界"才能站在一个更高的视角考察汉语语法学史。把"汉语语法学"放在整个语言学史,甚至更为宏大的经济、社会、军事等历史背景下进行语法学史的考察,是该书隐藏的一大特点,这可能也是未来汉语语法学思想史能够重新构建的一条有效路径。

汉语语法学产生之初,多使用"文法"这一概念,其内涵比今天我们谈到"语法"要宽泛一些,常指"文章写作之法"。翻阅近现代域外的汉语历史文献,就会发现纯粹的汉语语法著作并不多见,大部分文法著作都夹杂着语音、词汇、汉字、文化等诸多内容。该书在整理日本近现代语法文献的过程中,既关注会话、阅读等各类汉语教材和汉语杂志中的语法研究,也同时关注文法教材中语音、文字、词汇等语言要素的研究,如该书中提到的日本《中国语杂志》

(1938—1943)，就会发现里面有翻译、学习法、基础口语教材、考试指南等多种专刊，语法分析与这些内容交织在了一起；又如何盛三《北京官话文法》一书中记录了当时中国正在进行的语言文字改革，梳理了从德川时代到 1928 年 330 多年间与日本汉语教学相关的教师、学生、教材、教法等，被评价为"日本第一部汉语语法学史著作"等等。可见，近代域外历史文法文献的整理过程中，必须要注意到语言学各类要素资料之间的相互联系，简单地进行剥离有时可能会忽略掉有效的信息。该书的最后一章设立了综合篇，虽看似与语法学史研究关系不明显，但其深意也就在此。

基于特定历史时期的政治关系，日本近现代汉语语法学的发展又与政治、经济、教育等其他因素有着密切关系。李无未教授认为日本"现代语言学之父"上田万年最早从德国和法国带回了以比较语言学为主的语言学理论，在日本政府对东亚实行殖民侵略政策的大背景下，上田万年对东亚各国的语言调查和研究进行了周密的殖民语言战略"布局"，通过殖民教育的学制改革，最终完成对东亚从学术研究到基础教育的全面殖民化语言战略，也带来了东亚语言学重大的学术变局和语法研究的实用化需求。后藤朝太郎是上田万年主要弟子之一，该书最后一篇就介绍日本汉语语法学理论体系构建的第一部著作汉语语法理论著作《现代中国语言学》，指出汉语"音韵组织、语汇、文章法、语系"等各个部分的研究要充分，是中国语言研究理论由"粗放到精致，由零散到集中，由不自觉到自觉而科学的基本标志"，基于这一理论，作者分析了汉语"语序"特点，"品词"区分等汉语语法研究的独特性问题，这些语法理论的认识推进了日本汉语语法学发展。可见学术史的研究不能只顾及自己的"一亩三分地"，只有放在历史的大背景下材料才能真切地认识。

龚千炎谈到"历史上的每一位语法学家、每一部语法著作、每一次语法讨论，都不是孤立存在的，有它的横向纵向联系，有它的前因后果，我们要紧密联系社会发展，从纵横交错的语法学发展网络中把握个体"。[①] 该书应该深刻地体现了这一学术史描述的基本观点，在纵向比较中，勾勒出不同国家学者之间的"谱系"关系，在横向比较中则不仅关注不同国别之间的关联，更是注意到语言学理论在语法学发展中的作用以及语法学研究与特殊历史时期政治、经济、军事的其他要素之间的关系发展，让我们看到了更为宏大的汉语语法学历史研究场面，也能更准确地构建汉语语法学史的科学体系。

三、破解共时"国别化"汉语语法学史文献收集整理的"两难"谜题

如果说前面提到的汉语语法学史未来发展的可期之处众多学者都预想到了，即为什么现在还看不到太多有价值的成果呢？也许大部分问题来源于想做但是手上没有文献，有了文献却很难下手。语法学史的研究必须建立在扎实、艰苦的文献整理基础上，一部高质量的史稿，所掌握史料必须丰富、全面、准确。认真阅读该书的后记，会发现李无未教授详尽地说明了该书资料收集的方法和研究的路径，这一点也是阅读该书的收获之一。

《日本近现代汉语语法学史》分享了历史文献整理挖掘的有效方法：以目录为线，多方收集；以方法为眼，逐本深挖。

---

① 龚千炎.中国语法学史稿［M］.北京：语文出版社，1987：2.

(一)以目录为线,多方收集

历史语言文献材料收集难度较大,关注的人并不多,但并不是无法实现,参考前人的文献汇编以及研究目录是最快捷的方式。书中介绍了李无未教授有关日本汉语语法学文献收集的开端正是来自六角恒广先生《中国语教本类集成》40 册和牛岛德次《日本汉语语法研究史》两书,前者是影印集成,后者则有丰富的目录资料,他从中挖掘"属于中国学者自己需要的资源",开始不遗余力地收集。该书的后记中,提到了发现文献的诸多"偶然",如"在厦门大学图书馆 4 楼的旧书库里,堆放着无人清理、满是灰尘的旧书",找到了《中国文典》《冈氏之中国文典》;在早稻田大学中央图书馆找到了《中国语学》月刊;在关西大学东西学术研究中心,阅读到了鳟泽彰夫教授的藏书等等。这些珍藏资料,看似偶然之得,但细想也只有具有良好的前期文献积累素养才能有这些看似"意外"的必然之获。

每每谈到如何收集资料,李无未教授总是眉飞色舞。他曾提及在日本访学期间,几乎每天去逛东京神保町旧书市场,发现有关的书就立即购买,一年下来带回几十万元的文献。的确,这十多年,从日本、韩国,到法国,还有宝岛台湾,每次从境外回来,他的行李几乎全都是收集来的各类古籍文献。因为疫情,他就借助于现代网络的技术进行收集,国内孔夫子旧书网几乎每天都要浏览一遍,一有发现及时购买,目前大概已是贵宾客户了。数年积累,他的家已然成为国内资料最全的域外汉语文献研究中心;在著书论文过程中,他总能及时查阅各种文献,旁征博引,相互印证,发现各种文献之间的关系,这与他对文献的占有不无关系。

(二)以方法为眼,逐本深挖

面对一本本尘封已久的古籍,如何入手是另一个难题,一些域外文献可能从未有人见过,作者、描写对象、著述原因等等相关信息需要一一求证,更为艰难的是域外文献使用汉语写作的极少,大多使用作者本国或者熟知的语言来撰写,而因历史久远,比当代的外语文献阅读更为困难。学术史研究要看的文献数量庞大,面对困难可能有偷懒的情况发生,如看一下文献的目录和序言,翻一下大致的内容,写几百字就介绍完了,但这种研究往往经不起太大的推敲。李无未教授古典文献功底深厚,中国传统"考据、归纳、整理"文献分析方法运用自如,在日本近现代汉语语法文献的整理中,其"一本本书去挖掘,一本本书去细读,一本本书去理解,一本本书去梳理"的微观研究方法,为我们提供了解决这类问题的有效示范,唯有扎实方见成效,后辈学人应该有这一认真的态度克服域外历史文献阅读的困难。

在文献的细读和梳理过程中,正确的方法论指导能够达到事半功倍的效果。李无未教授认为东亚历史语言文献之间呈现出辐射、兼容、新畴、演化等不同的四种模式,只有基于东亚特有的古典文献学基础,才可以进入到具体思考的模式,寻求到最合适文献的呈现方式和方法。以文中提到的黎锦熙《新著国语文法》为例,如果我们仅从中国一个国家视野的文献入手,你所能见到的,不过是一个线性的《新著国语文法》文献系列流动脉络,而以日本、韩国、越南视野解读则可以看到学术血脉的连续性、完整性、系统性、变异性等特征,从中可见"中国语法研究所牵涉的面是非常宽广的,远远超出了许多中国语法学者的想象"。域外汉语语法文献的深挖要善于打破界限,突破学科的限制,客观呈现历史的自然状态,这种"跨文化"视野审视会带来意想不到的效果。

正如书中所言"运用第一手资料的笨功夫自然会带来很多的收获"。李无未教授对日本汉语语法学史的研究过程,起点大概是二十年前对外汉语教学材料的目录整理,2008 年的《对外汉语教学论著总目》(80 万字)、《对外汉语教学论著指要》(70 万字)两部研究资料汇编巨著,2011 年出版的《日本汉语音韵学史》,2015 年整理出版了《日本汉语教科书汇刊(江户明治编)》60 册,2014 年出版了《东亚汉语史书系:东亚视阈汉语史论》,2018 年《日本近现代汉语语法学史》,收获丰硕不言而喻。最近几年他基于"东亚语言学"体系致力于台湾近现代汉语研究文献的整理,2017 年出版《台湾汉语音韵学史》让我们看到了台湾地区尘封已久的历史语言学材料所具有的独特价值,开辟了地域学术史的研究先河。

四、小结

唐代著名史学家刘知几曾指出"史"有三长,包括方法、资料、观点,三者缺一不可,这是对史学家提出的要求,也是对史学著作评价的标准。李无未教授《日本近现代汉语语法学史》以独特的框架、精辟的见解、丰富的史料为汉语语法学史的研究开辟了新的空间,不愧为汉语语法学史发展过程中的转向之作。在书中他说到,该书是一部"抛砖引玉之作"。的确,在进一步的阅读过程中,我们发现还有一些可以继续深入挖掘和探讨的问题,如基于单篇著作的语法学史分析,有时可能历时的线索呈现不够清晰,特别是同一个学者的语法学思想的发展和变化,可能会有疏漏的地方等等。当然,这些问题也为后来者提供了许多可以发挥的空间。

从目前的研究情况来看,学界已经基本肯定境外汉语语法研究具有悠久的历史,并取得了相当杰出的成就,"这些研究对中国境内的汉语语法研究产生过深远影响,也是连接中国境内汉语语法学界与境外汉语语法学界的重要桥梁和纽带,是汉语语法学登上国际舞台并提高话语权的中转站和推动力"。① 如何进行有效的梳理,重新系统构建汉语语法学史的相关问题,可能还需要一定的时间,但沿着李无未教授开创的这一路径,相信未来可期。

A New Model in the Category of "Nationalization" in the History of
Chinese Language Grammar Studies
——A Review on *the History of Modern and Contemporary Chinese
Language Grammar Studies in Japan*

Yang Xinghong

(Chinese college of Minnan Normal University；Zhangzhou，363000)

Abstract：Professor Li Wuwei's *History of Modern and Contemporary Chinese Language Grammar Studies in Japan* is a *magnum opus* on the history of international Chinese grammar. It has established a new category of academic discourse of "nationality"

---

① 邵敬敏,赵春利.关注境外汉语语法学[EB/OL].(2017-05-31)[2022-12-07].http://www.cssn.cn/zt/rwln/xj/xkqy/201706/t20170606_3541708.shtml.

in the history of Chinese language grammar studies in China for the first time，which has important pioneering significance. This paper proposes that the book is completely different from the existing academic research results in terms of research methods，ideas and objects，which are noteworthy. Its pioneering academic significance is mainly manifested in two aspects：it points out the possibility of studying the history of Chinese grammar branches from the aspects of nationalization and styles distinguishing；it also identifies the feasibility of reconstructing the categories of theoretical system in the history of Chinese language grammar studies from the perspectives of global view of history and interdisciplinary studies. In addition，this paper maintains that the book summarizes the difficulties discovered and arranged in the foreign historical documents，and provides specific experience models such as global collection and book-by-book discovery，which inspires academic ideas and is highly referential.

Keywords：Chinese language，history of grammatology，Japan，book review

杨杏红,女,闽南师范大学文学院教授。

本刊征文启事附本刊中文注释技术规范

（一）本刊征文启事

《厦大中文学报》系由厦门大学中文系创办的中国语言文学学术研究丛刊。本刊本着学术至上原则，发表中国语言文学学科领域的优秀学术论文，诚挚欢迎海内外学者惠赐大作。现将相关事项知会如下：

1. 本刊暂定为半年刊，每年 4 月、10 月出版。投稿后一般在一个月内会接到有关稿件处理的通知。

2. 来稿限用中、英文发表，中文 30000 字以内，英文 15000 字以内。

3. 切勿一稿多投，本刊所收论文，以未发表者为限。来稿务必原创，凡涉抄袭、侵害他人权利之事，概由作者承担包括法律在内的一切责任。

4. 所有来稿皆由编审委员会送请二位相关学科专家匿名评审，通过者本刊有权决定刊登期次和顺序。

5. 每篇论文正文前须有三百字左右的中文摘要，三至五个中文关键词，以及篇名、作者名、摘要、关键词的英译。

6. 来稿请附作者信息，包括姓名、单位、职称、邮编、通信地址、电话、电子信箱，以便联系。

7. 为保护环境，请作者尽量通过电子邮件提供稿件的电子版，特殊情况者可邮寄纸质文本。

8. 本刊刊登稿件均为作者研究成果，不代表本刊意见。来稿一经刊出，即付稿酬，并寄样刊 3 册。

9. 本刊已加入中国知网，凡不愿在中国知网上显示自己文章者，请事先告知本刊。本刊稿酬已含中国知网收录的稿酬。

10. 联系方式：

地址：中国福建省厦门市思明南路 422 号厦门大学中文系《厦大中文学报》编辑部（361005）

电子邮箱：xdzwxb123@126.com

电话：0592-2182470

(二)本刊中文注释技术规范

1. 采用页下注（脚注）。

2. 注释格式为：主要责任者.题名：其他题名信息［文献类型标识］.版本项.出版地：出版者，出版年：引文页码.分类示例如下：

（1）引用古籍：

康熙字典：巳集上：水部［M］.同文书局影印本.北京：中华书局，1962：50.

汪昂.增订本草备要：四卷［M］.刻本.京都：老二酉堂，1881（清光绪七年）.

（2）引用近人著作：

徐复观.中国文学精神［M］.上海：上海书店出版社，2005：50-51.

北京大学哲学系美学教研室.西方哲学家论美与美感［M］.北京：商务印书馆，1980：54.

陈登原.国史旧闻：第 1 卷［M］.北京：中华书局，2000：29.

冯友兰.冯友兰自选集［M］. 2 版.北京：北京大学出版社，2008：第 1 版自序.

钱学森.创建系统学［M］.太原：山西科学技术出版社，2001：序 2-3.

（3）引用析出文献：

宋史卷三：本纪第三［M］∥宋史：第 1 册.北京：中华书局，1977：49.

李约瑟.题词［M］∥苏克福，管成学，邓明鲁.苏颂与《本草图经》研究.长春：长春出版社，1991：扉页.

姚中秋.作为一种制度变迁模式的"转型"［M］∥罗卫东，姚中秋.中国转型理论分析：奥地利学派的视角.杭州：浙江大学出版社，2009：44.

（4）引用近人论文：

王宁，黄易青.词源意义与词汇意义论析［J］.北京师范大学学报（人文社会科学版），2002(4)：90-98.

李炳穆.韩国图书馆法［J］.图书情报工作，2008，52(6)：6-21.

(5)引用译作:

杜夫海纳.美学与哲学[M].孙非,译.北京:中国社会科学出版社,1985:52.

(6)引用网络电子文献:

李强.化解医患矛盾需釜底抽薪[EB/OL].(2012-05-03)[2013-03-25].http://wenku.baibu.com/view/47e4f206b52acfc789ebc92f.html.(说明:(2012-05-03)表示网络上传日期,[2013-03-25]表示引用日期。)

吴云芳.面向中文信息处理的现代汉语并列结构研究[D/OL].北京:北京大学,2003[2013-10-14]. http://thesis. lib. pku. edu. cn/dlib/List. asp? lang = gb&type = Reader&DocGroupID=4&DocID=6328.

3. 其他未尽事宜参照 GB/T 7714-2015 执行。

附:1. 文献类型和标识代码:

普通图书 M,会议录 C,汇编 G,报纸 N,期刊 J,学位论文 D,报告 R,标准 S,专利 P,数据库 DB,计算机程序 CP,电子公告 EB,档案 A,舆图 CM,数据集 DS,其他 Z

2. 电子资源载体和标识代码:

磁带 MT,磁盘 DK,光盘 CD,联机网络 OL

《厦大中文学报》编辑部
2022 年 5 月